JOHANN WOLFGANG VON GOETHE

JOHANN WOLFGANG VON GOETHE

DRAMEN I

GONDROM

Dem Text liegt die Weimarer Sophienausgabe von Goethes Werken (Weimar 1887 ff.) zugrunde. Zum Vergleich wurde die Jubiläumsausgabe, herausgegeben von Eduard v. Hellen, Stuttgart 1902 ff., herangezogen. Orthographie und Interpunktion wurden behutsam modernisiert.

Lizenzausgabe für Gondrom Verlag GmbH & Co. KG, Bindlach 1995
© 1982 Redaktionsbüro Dr. Christian Zentner, München
ISBN 3-8112-1304-0

INHALT

GÖTZ VON BERLICHINGEN
Seite 9

CLAVIGO
Seite 139

STELLA
Seite 197

EGMONT
Seite 251

IPHIGENIE AUF TAURIS
Seite 353

TORQUATO TASSO
Seite 427

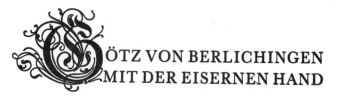

GÖTZ VON BERLICHINGEN MIT DER EISERNEN HAND

SCHAUSPIEL IN FÜNF AUFZÜGEN

Für die Bühne bearbeitet*

---

* Die Bühnenbearbeitung, entstanden hauptsächlich im Jahre 1804,
wurde von Goethe testamentarisch zur Veröffentlichung bestimmt.
Sie weicht stark von früheren Fassungen ab,
leicht erkennbar zum Beispiel am bekannten „Götz-Zitat" (IV, 9).

PERSONEN

Kaiser Maximilian
Götz von Berlichingen
Elisabeth, *seine Frau*
Marie, *seine Schwester*
Karl, *sein Sohn*
Der Bischof von Bamberg
Adelbert von Weislingen
Adelheid von Walldorf
Franz von Sickingen
Hans von Selbitz
Bruder Martin
Franz, *Edelknappe des von Weislingen*
Georg, Faud, Peter – *Knappen des Berlichingen*
Der Hauptmann der Reichstruppen
Edler von Blinzkopf
Franz Lerse
Max Stumpf
Kaiserlicher Rat
Ratsherren von Heilbronn
Gerichtsdiener
Zwei Nürnberger Kaufleute
Sievers, Metzler, Link, Kohl – *Anführer
   der aufrührerischen Bauern*
Der Wirt einer Schenke
Ein Unbekannter
Vier Boten der Feme
Bischöflicher Reiter
Reichsknechte
Reisige von Berlichingen
Der Zigeunerhauptmann
Die Altmutter
Die Tochter
Ein Knabe
Mehrere Zigeuner
Maskengefolge der Adelheid
Frauen und Hausgenossen auf Jagsthausen

ERSTER AUFZUG

ERSTER AUFTRITT

Herberge

*Metzler. Sievers. Zwei Bambergische Knechte. Der Wirt.
Dann Faud und Peter.*

SIEVERS: Hänsel, noch ein Glas Branntwein, und meß christlich!

WIRT: Du bist der Nimmersatt.

METZLER *zu Sievers:* Erzähl das noch einmal vom Berlichingen. Die Bamberger dort ärgern sich, sie möchten schwarz werden.

SIEVERS: Bamberger? Was tun die hier?

METZLER: Der Weislingen ist oben auf dem Schloß beim Herren Grafen schon zwei Tage; dem haben sie das Geleit gegeben. Ich weiß nicht, woher er kommt; sie warten auf ihn, er geht zurück nach Bamberg.

SIEVERS: Wer ist der Weislingen?

METZLER: Des Bischofs rechte Hand, ein gewaltiger Herr, der dem Götz auch auf den Dienst lauert.

SIEVERS: Er mag sich in acht nehmen.

METZLER: Ich bitte dich, erzähl's doch noch einmal. *Vorsätzlich laut:* Seit wenn hat denn der Götz wieder Händel mit dem Bischof von Bamberg? Es hieß ja, alles wäre vertragen und geschlichtet.

SIEVERS: Ja, vertrag du mit den Pfaffen! Wie der Bischof sah, er richtet nichts aus und zieht immer den kürzern, kroch er zum Kreuz und war geschäftig, daß der Vergleich zustand käme. Und der getreuherzige Berlichingen gab unerhört nach, wie er immer tut, wenn er im Vorteil ist.

METZLER: Gott erhalt ihn! Ein rechtschaffner Herr.

SIEVERS: Nun denk, ist das nicht schändlich? Da werfen sie ihm einen Buben nieder, da er sich nichts weniger versieht. Wird sie aber schon wieder dafür zausen.

METZLER: Es ist doch dumm, daß ihm der letzte Streich mißglückt ist. Er wird sich garstig erbost haben.

SIEVERS: Ich glaub nicht, daß ihn lange was so verdrossen hat. Denk auch! Alles war aufs genaueste verkundschaftet: wann der Bischof aus dem Bad käm, mit wieviel Reitern, welchen Weg; und wenn's nicht wär durch falsche Leut verraten worden, wollt er ihm das Bad gesegnet und ihn ausgerieben haben.

ERSTER REITER *der sich indes genähert:* Was skaliert ihr auf unsern Bischof? Ich glaub, ihr sucht Händel!

SIEVERS: Zäumt eure Pferde! Ihr habt an unsrer Krippe nichts zu suchen.

ZWEITER REITER: Wer heißt euch von unserm Bischof despektierlich reden?

SIEVERS: Hab ich euch Red und Antwort zu geben? Seht doch den Fratzen!

Erster Reiter schlägt ihn hinter die Ohren.

METZLER: Schlag den Hund tot!

Fallen über ihn her.

ZWEITER REITER: Komm her, wenn du's Herz hast!

WIRT *reißt sie auseinander:* Wollt ihr Ruhe haben! Tausend Schwerenot! schert euch hinaus, wenn ihr was auszumachen habt! In meinem Hause soll's ehrlich und ordentlich zugehen. *Er schiebt die Reiter hinaus.* Und ihr Esel, was fangt ihr an?

METZLER: Nur nicht geschimpft, Hänsel, sonst kommen wir dir über die Glatze. Deine Grobheit leiden wir nicht mehr.

ERSTER AUFZUG

WIRT: Ei, sieh den vornehmen Herrn!

METZLER: Vornehm genug! Ein Bauer ist jederzeit so gut als ein Reiter und vielleicht so gut als ein Ritter. Es wird sich zeigen. Komm, Kamerad, wir wollen die da draußen durchbläuen.

Sie gehen nach dem Hintergrunde. Zwei Berlichingische Reiter kommen und nehmen Sievers mit hervor. Metzler geht hinaus.

FAUD: Was gibt's da?

SIEVERS: Ei guten Tag, Faud! Peter, guten Tag! Woher?

PETER: Daß du dich nicht unterstehst zu verraten, wem wir dienen!

SIEVERS: Da ist euer Herr Götz wohl auch nicht weit?

FAUD: Halt dein Maul! Habt ihr Händel?

SIEVERS: Ihr seid den Kerls begegnet draußen; 's sind Bamberger.

FAUD: Was tun die hier?

SIEVERS: Der Weislingen ist droben auf dem Schlosse beim gnädigen Herren, den haben sie geleitet.

FAUD: Der Weislingen?

METZLER *der mit zwei schweren Prügeln zurückkommt:* Wo bleibst du? Komm heraus! frisch, und hilf mir zuschlagen!

FAUD *indem sich jene ein wenig entfernen:* Peter, das ist ein gefunden Fressen! Sagte ich dir nicht, er wäre hierher? Hätten wir dort drüben doch eine Weile passen können!

SIEVERS *zu Metzler:* Höre, wenn sich die beiden Reiter zu uns schlügen, es wäre doch sichrer.

METZLER: Wir brauchen sie nicht.

SIEVERS: Sukkurs ist doch besser.

FAUD *zum Wirt:* Ist der Besuch schon lange auf dem Schloß?

WIRT: Schon zwei Tage. Er will eben fort, die Pferde sind schon gesattelt.

FAUD: Wir tun auch wohl und machen uns weiter.

SIEVERS: Helft uns doch erst die Bamberger durchprügeln!

PETER: Ihr seid ja schon zu zwei. Wir müssen fort. Adies.

Ab mit Faud.

METZLER: Schuften, die Reiter! Wenn man sie nicht bezahlt, tun sie dir keinen Streich. Sie sehen aus, als hätten sie einen Anschlag. Wem dienen sie?
SIEVERS: Ich soll's nicht sagen. Sie dienen dem Götz.
BAMBERGISCHE REITER *an der Tür:* Heraus, heraus, wenn ihr Herz habt!
METZLER: Komm! Solange ich einen Bengel habe, fürchte ich ihre Bratspieße nicht.

Beide ab.

WIRT *allein:* Sie müssen sämtlich wacker zuschlagen, wenn jeder die Prügel kriegen soll, die er verdient. Das wollen wir nun ganz gelassen mit ansehn. *Ab.*

ZWEITER AUFTRITT

Wald, eine geringe Hütte im Hintergrunde.

GÖTZ: Wo meine Knechte bleiben! Auf und ab muß ich gehen, sonst übermannt mich der Schlaf. Fünf Tage und Nächte schon auf der Lauer. Es wird einem sauer gemacht, das bißchen Leben und Freiheit. Dafür, wenn ich dich habe, Weislingen, will ich mir's wohl sein lassen. *Er greift nach dem Becher.* Wieder leer! – Georg! – Solange es daran nicht mangelt und an frischem Mut, sollen Herrschsucht und Ränke mir nichts anhaben. – Georg! – Schickt nur, Pfaffen, euern gefälligen Weislingen herum zu Vettern und Gevattern, laßt mich anschwärzen! Nur immer zu! Ich bin wach. Du warst mir entwischt, Bischof! So mag denn dein lieber Weislingen die Zeche bezahlen. – Georg! Hört der Junge nicht! Georg! Georg!

ERSTER AUFZUG

DRITTER AUFTRITT

Götz. Georg, mit Panzer und Blechhaube eines Erwachsenen gerüstet.

GEORG: Gestrenger Herr!
GÖTZ: Wo steckst du! Hast du geschlafen? Was, zum Henker, treibst du für Mummerei! Komm her, du siehst gut aus. Schäme dich nicht, Junge! Du bist brav. Ja, wenn du ihn ausfülltest! Es ist Hansens Küraß.
GEORG: Er wollt ein wenig schlafen und schnallt' ihn aus.
GÖTZ: Er ist bequemer als sein Herr.
GEORG: Zürnt nicht! Ich nahm ihn leise weg und legt ihn an, band mir die Pickelhaube fest und holte meines Vaters altes Schwert von der Wand, lief auf die Wiese und zog's aus.
GÖTZ: Und hiebst um dich herum? Da wird's den Hecken und Dornen gut gegangen sein. – Schläft Hans?
GEORG: Auf Euer Rufen sprang er auf und schrie mir zu, daß Ihr rieft. Da wollt ich den Panzer ausschnallen, da hört ich Euch zwei-, dreimal. – Da verknötelt ich die Riemen an der Haube, und da bin ich nun.
GÖTZ: Geh! Bring Hansen die Waffen wieder und sag ihm, er soll bereit sein, soll nach den Pferden sehn.
GEORG: Die hab ich recht ausgefüttert und wieder aufgezäumt. Ihr könnt aufsitzen, wenn Ihr wollt.
GÖTZ: Fülle mir den Becher nochmals, gib Hansen auch einen, sag ihm, er soll munter sein, es gilt. Ich hoffe jeden Augenblick, meine Kundschafter sollen zurückkommen.
GEORG: Ach, gestrenger Herr!
GÖTZ: Was hast du?
GEORG: Darf ich nicht mit?
GÖTZ: Ein andermal, Georg, wenn wir Kaufleute fangen und Fuhren wegnehmen.
GEORG: Ein andermal? Das habt Ihr schon oft gesagt. O diesmal! diesmal! Ich will nur hintendrein laufen, nur auf

der Seite lauern. Ich will Euch die verschoßnen Bolzen wiederholen.

GÖTZ: Das nächste Mal, Georg. Du sollst erst ein Wams haben, eine Blechhaube und einen Spieß.

GEORG: Nehmt mich mit! Wär ich neulich dabeigewesen, Ihr hättet die Armbrust nicht verloren.

GÖTZ: Weißt du das?

GEORG: Ihr warft sie dem Feind an den Kopf, und einer von den Fußknechten hub sie auf; weg war sie! Gelt, ich weiß?

GÖTZ: Erzählen dir das meine Knechte?

GEORG: Wohl, dafür pfeif ich ihnen auch, wenn wir die Pferde striegeln, allerlei Weisen und lehre sie allerlei lustige Lieder.

GÖTZ: Du bist ein braver Junge.

GEORG: Nehmt mich mit, daß ich's zeigen kann.

GÖTZ: Das nächste Mal, auf mein Wort. Unbewaffnet, wie du bist, sollst du nicht in Streit. Die künftigen Zeiten brauchen auch Männer. Ich sage dir, Knabe, es wird eine teure Zeit werden. Fürsten werden ihre Schätze bieten um einen Mann, den sie jetzt hassen und verfolgen. Geh, Georg, gib Hansen seinen Küraß wieder und bring mir Wein. –

Georg ab.

Wo meine Knechte bleiben? Es ist unbegreiflich. – Ein Mönch! Wo kommt der noch her?

VIERTER AUFTRITT

Götz. Bruder Martin. Dann Georg.

GÖTZ: Ehrwürdiger Vater, guten Abend! Woher so spät?

MARTIN: Dank Euch, edler Herr! Und bin vorderhand nur demütiger Bruder, wenn's ja Titel sein soll. Augustin mit meinem Klosternamen, doch hör ich am liebsten Martin, meinen Taufnamen.

GÖTZ: Ihr seid müd, Bruder Martin, und ohne Zweifel durstig.

Georg bringt Wein.

Da kommt der Wein eben recht.

MARTIN: Für mich einen Trunk Wasser. –

Georg ab.

Ich darf keinen Wein trinken.

GÖTZ: Ist das Euer Gelübde?

MARTIN: Nein, Herr. Es ist nicht wider mein Gelübde, Wein zu trinken; weil aber der Wein wider mein Gelübde ist, so trinke ich keinen Wein.

GÖTZ: Wie versteht Ihr das?

MARTIN: Wohl Euch, daß Ihr's nicht versteht! Essen und Trinken, meine ich, ist des Menschen Leben.

GÖTZ: Wohl!

MARTIN: Wenn Ihr gessen und trunken habt, seid Ihr wie neu geboren. Der Wein erfreut des Menschen Herz, und die Freudigkeit ist die Mutter aller Tugenden. Wenn Ihr Wein trunken habt, seid Ihr alles doppelt, was Ihr sein sollt; noch einmal so leicht denkend, noch einmal so unternehmend, noch einmal so schnell ausführend.

GÖTZ: Wie i c h ihn trinke, ist es wahr.

MARTIN: Davon red ich auch. Aber wir –

Georg mit einem Becher; er setzt zugleich den Tisch vor.

GÖTZ *zieht ihn an die Seite:* Geh auf den Weg nach Dachsbach und lege dich mit dem Ohr auf die Erde, ob du nicht Pferde kommen hörst, und sei gleich wieder hier!

Georg ab.

MARTIN: Aber wir, wenn wir gessen und trunken haben, sind wir gerade das Gegenteil von dem, was wir sein sollen: faul zu jedem stillen Beruf, ungeschickt zum Nachdenken, zerstreut im Gebet und unruhig auf unserm Lager.

GÖTZ: Ein Glas, Bruder Martin, wird Euch nicht im Schlaf stören. Ihr seid heute viel gegangen. *Bringt's ihm:* Glück zum Beruf!

MARTIN: Zum Müßiggange, wollt Ihr sagen. Hätte mich Gott zum Gärtner oder Laboranten gemacht, ich könnte glücklich sein. Mein Abt liebt mich, mein Kloster ist Erfurt in Sachsen; er weiß, ich kann nicht ruhen; da schickt er mich herum, wo was zu betreiben ist. – Ich gehe zum Bischof von Konstanz.

GÖTZ: Gute Verrichtung!

MARTIN: Gleichfalls!

GÖTZ: Was seht Ihr mich so an, Bruder?

MARTIN: Daß ich in Euern Harnisch verliebt bin.

GÖTZ: Hättet Ihr Lust zu einem? Es ist schwer und beschwerlich, ihn zu tragen.

MARTIN: Was ist nicht beschwerlich auf dieser Welt! Und mir kommt nichts beschwerlicher vor als nicht Mensch sein dürfen. O Herr! Was sind die Mühseligkeiten Eures Lebens gegen die Jämmerlichkeiten eines Standes, der die besten Triebe, durch die wir werden, wachsen und gedeihen, aus mißverstandner Begierde, Gott näher zu rücken, verdammt!

GÖTZ: Wäre Euer Gelübde nicht so heilig, ich wollte Euch bereden, einen Harnisch anzulegen, wollt Euch ein Pferd geben, und wir zögen miteinander.

MARTIN: Wollte Gott, meine Schultern fühlten Kraft, den Harnisch zu ertragen, und mein Arm die Stärke, einen Feind vom Pferd zu stechen! – Arme schwache Hand, von jeher gewöhnt, Kreuze und Friedensfahnen zu führen, wie wolltest du Lanze und Schwert regieren! Meine Stimme, nur zu Ave und Halleluja gestimmt, würde dem Feind ein Herold meiner Schwäche sein, wenn ihn Euer Ruf überwältigte. Kein Gelübde sollte mich abhalten, wieder in den Orden zu treten, den mein Schöpfer selbst gestiftet hat.

GÖTZ: Glückliche Wiederkehr!

MARTIN: Das trinkt nur für Euch. Wiederkehr in meinen Käfig ist allemal unglücklich. Wenn Ihr wiederkehrt, Herr, in Eure Mauern, mit dem Bewußtsein Eurer Tapferkeit und Stärke, der keine Müdigkeit etwas anhaben kann, Euch zum erstenmal nach langer Zeit, sicher für feindlichem Überfall, entwaffnet auf Euer Bette streckt und Euch nach dem Schlaf dehnt, der Euch besser schmeckt als mir der Trunk nach langem Durst; da könnt Ihr von Glück sagen.

GÖTZ: Dafür kommt's auch selten.

MARTIN *feuriger:* Und ist, wenn's kommt, ein Vorgeschmack des Himmels. Wenn Ihr zurückkehrt, mit der Beute Eurer Feinde beladen, und Euch erinnert: den stach ich vom Pferd, eh er schießen konnte, und den rannt ich samt dem Pferd nieder, und dann reitet Ihr zu Eurem Schloß hinauf, und –

GÖTZ: Was meint Ihr?

MARTIN: Und Eure Weiber! *Er nimmt den Becher.* Auf die Gesundheit Eurer Frau! *Wischt sich die Augen.* Ihr habt doch eine?

GÖTZ: Ein edles, fürtreffliches Weib.

MARTIN: Wohl dem, der ein tugendsam Weib hat! des lebt er noch eins so lange. Ich kenne keine Weiber, und doch war die Frau die Krone der Schöpfung.

GÖTZ *vor sich:* Er dauert mich. Das Gefühl seines Standes frißt ihm das Herz.

GEORG *kommt gesprungen:* Herr, ich höre Pferde im Galopp! Zwei. Es sind sie gewiß.

GÖTZ: Führ mein Pferd heraus! Hans soll aufsitzen.

Georg geht und nimmt den Tisch samt den Bechern mit.

GÖTZ: Lebt wohl, teurer Bruder, Gott geleit Euch! Seid mutig und geduldig, Gott wird Euch Raum geben.

MARTIN: So geschehe es. Aber jetzt vor dem Abschied bitt ich um Euren Namen.

GÖTZ: Verzeiht mir! Lebt wohl. *Reicht ihm die linke Hand.*

MARTIN: Warum reicht Ihr mir die Linke? Bin ich die ritterliche Rechte nicht wert?

GÖTZ: Und wenn Ihr der Kaiser wärt, Ihr müßtet mit dieser vorliebnehmen. Meine Rechte, obgleich im Kriege nicht unbrauchbar, ist gegen den Druck der Liebe unempfindlich: sie ist eins mit ihrem Handschuh; Ihr seht, er ist Eisen.

MARTIN: So seid Ihr Götz von Berlichingen! Ich danke dir, Gott, daß du mich ihn hast sehen lassen, diesen Mann, den die Mächtigen hassen und zu dem die Bedrängten sich wenden! *Er nimmt ihm die rechte Hand.* Laßt mir diese Hand, laßt mich sie küssen!

GÖTZ: Ihr sollt nicht.

MARTIN: Laßt mich! – Du, mehr wert als Reliquienhand, durch die das heiligste Blut geflossen ist, totes Werkzeug, belebt durch des edelsten Geistes Vertrauen auf Gott!

Georg bringt Helm und Lanze. Götz waffnet sich.

MARTIN: Es war ein Mönch bei uns vor Jahr und Tag, der Euch besuchte, wie sie Euch abgeschossen ward vor Landshut, der konnte nicht enden, wieviel Ihr littet und wie es Euch doch nur am meisten schmerzte, zu Eurem Beruf verstümmelt zu sein, und wie Euch einfiel, von einem gehört zu haben, der auch nur eine Hand hatte und als tapferer Reitersmann doch noch lange diente. Ich werde das nie vergessen.

FÜNFTER AUFTRITT

Die Vorigen. Faud. Peter.
Götz tritt zu den Knechten, sie reden heimlich.

MARTIN: *fortfahrend:* Das werd ich nie vergessen, wie er im edelsten, einfältigsten Vertrauen zu Gott sprach: „Und wenn ich zwölf Hände hätte und deine Gnade wollte mir nicht, was würden sie mir fruchten? So aber kann ich mit einer –"

GÖTZ: In den Haslacher Wald also! *Zu Martin:* Lebt wohl, werter Bruder Martin.

MARTIN: Vergeßt mich nicht, wie ich Eurer nicht vergesse.

GÖTZ: Wer weiß, wo wir uns wiederfinden. Und wenn Ihr wacker auf Euren Wegen bleibt, ich wacker auf den meinigen fortschreite, so müssen wir uns irgendwo wieder begegnen. Ungerechtigkeit, Übermut, Bedrängung, Arglist, Betrug schalten so gut im Kloster als im Freien. Bekämpft sie mit geistlichen Waffen in heiliger Stille, laßt mich das Eisen durchs offene Feld gegen sie führen! Gott segne jede redliche Bemühung und helf uns beiden!

Götz ab mit den Knechten.

MARTIN: Wie mir's so eng ward ums Herz, da ich ihn sah! Er sprach noch nicht, und mein Geist konnte schon den seinigen unterscheiden. Ein tüchtiger Mann kündet sich gleich an.

GEORG: Ehrwürdiger Herr, Ihr schlaft doch bei uns?

MARTIN: Kann ich ein Bett haben?

GEORG: Nein, Herr. Ich kenne Betten nur von Hörensagen, in unsrer Herberge ist nichts als Stroh.

MARTIN: Auch gut. Wie heißt du?

GEORG: Georg, ehrwürdiger Herr.

MARTIN: Georg? – Da hast du einen tapfern Patron.

GEORG: Sie sagen, er wär ein Reiter gewesen. Das will ich auch sein.

MARTIN: Warte. *Er zieht ein Gebetbuch hervor und gibt dem Buben einen Heiligen.* Da hast du ihn. Folge seinem Beispiel, sei brav und fürchte Gott. *Ab.*

GEORG *das Bild betrachtend:* Ach, ein schöner Schimmel! Wenn ich einmal so einen hätte! – Und die goldne Rüstung! – Das ist ein garstiger Drache. – Jetzt schieß ich nach Sperlingen! – Heiliger Georg! mache mich stark und rüstig!

Gib mir so eine Lanze, Rüstung und Pferd, und dann laß mir die Drachen kommen. *Er geht ab.*

SECHSTER AUFTRITT

Jagsthausen. Saal.

Elisabeth. Marie. Karl.

ELISABETH: Ich kann nicht begreifen, wo mein Herr bleibt. Schon fünf Tag und Nächte, daß er weg ist, und er hoffte so bald seinen Streich auszuführen.
MARIE: Mich ängstigt's lange. Wenn ich so einen Mann haben sollte, der sich immer Gefahren aussetzte, ich stürbe im ersten Jahre.
ELISABETH: Dafür dank ich Gott, daß er mich härter zusammengesetzt hat.
KARL: Aber muß denn der Vater ausreiten, wenn's so gefährlich ist?
MARIE: Es ist sein guter Wille so.
ELISABETH: Wohl muß er, lieber Karl.
KARL: Warum denn?
ELISABETH: Weißt du noch, wie er das letztemal ausritt, da er dir Kuchen mitbrachte?
KARL: Bringt er mir wieder mit?
ELISABETH: Ich glaube wohl. Siehst du, da war ein Schneider von Stuttgart, der war ein trefflicher Schütze und hatte zu Köln auf'm Schießen das Beste gewonnen.
KARL: War's viel?
ELISABETH: Hundert Gulden. Und darnach wollten sie's ihm nicht geben.
MARIE: Gelt, das ist garstig, Karl?
KARL: Garstige Leut!
ELISABETH: Da kam der Schneider zu deinem Vater und bat

ihn, er möchte ihm zu seinem Gelde verhelfen. Und da ritt er aus und nahm den Kölnern ein paar Kaufleute weg und plagte sie so lange, bis sie das Geld herausgaben. Wärst du nicht auch ausgeritten?

KARL: Nein! Da muß man durch einen dicken, dicken Wald, sind Zigeuner und Hexen drin.

ELISABETH: Ist ein rechter Bursch, fürcht sich für Hexen!

MARIE: Du tust besser, Karl, lebe du einmal auf deinem Schloß als ein frommer christlicher Ritter. Auf seinen eigenen Gütern findet man zum Wohltun Gelegenheit genug. Die rechtschaffensten Ritter begehen mehr Ungerechtigkeit als Gerechtigkeit auf ihren Zügen. Ja, und ich kann es keinem Friedliebenden verdenken, wenn er sich aus dieser wilden Welt heraus und in ein Kloster begibt.

ELISABETH: Schwester, du weißt nicht, was du redst. Gebe nur Gott, daß unser Junge mit der Zeit brav und nicht etwa zum Duckmäuser wird, zu so einem Weislingen, der überall für einen fürtrefflichen Mann gilt und so treulos an deinem Bruder handelt.

MARIE: Wir wollen nicht richten, Elisabeth. Mein Bruder ist sehr erbittert, du auch. Ich bin bei der ganzen Sache mehr Zuschauer und kann billiger sein.

ELISABETH: Er ist nicht zu entschuldigen.

MARIE: Gar manches, was man von ihm spricht, hat mich für ihn eingenommen. Erzählte nicht selbst dein Mann so viel Liebes und Gutes von ihm? Wie glücklich war ihre Jugend, da sie zusammen als Edelknaben den Markgrafen bedienten!

ELISABETH: Das mag sein. Nur sag, was kann der Mensch je Gutes gehabt haben, der sich von seinem besten, treusten Kameraden lostrennt, seine Dienste den Feinden eines edlen Freundes verkauft und unsern trefflichen Kaiser, der uns so gnädig ist, mit falschen, widrigen Vorstellungen einzunehmen sucht.

Man hört von fern eine muntre Melodie eines Blasinstruments.

KARL: Der Vater! Der Vater! – Der Türmer bläst's Liedel: „Heisa! mach 's Tor auf!"
ELISABETH: Da kommt er mit Beute.

SIEBENTER AUFTRITT

Die Vorigen. Faud.

FAUD: Wir haben gejagt! wir haben gefangen! Gott grüß euch, edle Frauen.
ELISABETH: Alter, habt ihr den Weislingen?
FAUD: Ihn und drei Reiter.
ELISABETH: Wie ging's zu, daß ihr so lange bleibt?
FAUD: Wir lauerten auf ihn zwischen Nürnberg und Bamberg, er wollte nicht kommen, und wir wußten doch, er war auf dem Wege. Endlich kundschaften wir ihn aus: er war seitwärts gezogen und saß geruhig beim Grafen von Schwarzenberg.
ELISABETH: Den möchten sie auch gern meinem Manne feind haben.
FAUD: Ich sagt's gleich dem Herrn. Auf! – und wir ritten in den Haslacher Wald. Und da war's kurios: wie wir so in die Nacht reiten, hütet just ein Schäfer da, und fallen fünf Wölf in die Herd und packen weidlich an. Da lachte unser Herr und sagte: „Glück zu, lieben Gesellen, Glück überall und uns auch!" Und es freut alle das gute Zeichen. Indem so kommt Weislingen hergeritten mit vier Knechten.
MARIE: Das Herz zittert mir im Leibe.
FAUD: Ich und mein Kamerad, wie's der Herr befohlen hatte, nestelten uns an ihn, als wären wir mit ihm zusammengewachsen, daß er sich nicht regen noch rühren konnte, und der Herr und Hans fielen über die Knechte her und nahmen sie in Pflicht. Einer ist entwischt.

ELISABETH: Nun, das wäre glücklich genug geraten.

FAUD: Ja, da half's eben nichts. Wir nahmen Weislingen die ritterlichen Zeichen ab, sein Schwert, den rechten Sporn und den rechten Handschuh, und so war's getan, da war er unser Gefangner.

MARIE: Er wird niedergeschlagen sein.

FAUD: Finster genug sieht er aus.

ELISABETH: Ich bin recht neugierig, ihn zu sehen. Kommen sie bald?

MARIE: Sein Anblick wird mir im Herzen weh tun.

FAUD: Sie reiten eben das Tal herauf. Gleich sind sie hier.

ELISABETH: Ich will nur gleich das Essen zurechtmachen. – Hungrig werdet ihr doch alle sein.

FAUD: Rechtschaffen.

ELISABETH *zu Marien:* Nimm die Kellerschlüssel und hole vom besten Wein! Sie haben ihn verdient. *Ab.*

KARL: Ich will mit, Muhme.

MARIE: Komm, Bursche.

Ab mit Karl.

FAUD: Der wird nicht sein Vater, sonst ging' er mit in Stall.

ACHTER AUFTRITT

Götz. Weislingen. Faud. Peter. Knechte.

GÖTZ *Helm und Schwert abgebend:* Schnallt mir den Harnisch auf und gebt mir mein Wams. Die Bequemlichkeit wird mir wohltun. Bruder Martin, du sagtest recht! Ihr habt uns in Atem gehalten, Weislingen.

Weislingen schweigt.

GÖTZ: Seid gutes Muts. Kommt, entwaffnet Euch. Wo sind Eure Kleider? Ich hoffe, es soll nichts verlorengangen sein. – Ich könnt Euch auch von meinen Kleidern borgen.

WEISLINGEN: Laßt mich so, es ist all eins.

GÖTZ: Könnt Euch ein hübsches, saubres Kleid geben, ist zwar nur leinen. Mir ist's zu eng worden. Ich hatt's auf der Hochzeit meines gnädigen Herrn, des Pfalzgrafen, an, eben damals, als Euer Bischof so giftig über mich wurde. Ich hatte ihm vierzehn Tage vorher zwei Schiffe auf dem Main niedergeworfen, und ich gehe mit Franzen von Sickingen im Wirtshaus zum Hirsch in Heidelberg die Treppe hinauf. Eh man noch ganz droben ist, ist ein Absatz und ein eisern Geländerlein, da stund der Bischof und gab Franzen die Hand, wie er vorbeiging, und gab sie mir auch, wie ich hintendrein kam. Ich lacht in meinem Herzen und ging zum Landgrafen von Hanau, der mir ein gar lieber Herr war, und sagte: „Der Bischof hat mir die Hand geben; ich wett, er hat mich nicht gekannt." Das hört' der Bischof, denn ich redt laut mit Fleiß, und kam zu uns trotzig und sagte: „Wohl, weil ich Euch nicht kannt hab, gab ich Euch die Hand." Da sagt ich: „Herre, ich merkt's wohl, daß Ihr mich nicht kanntet, und hiermit habt Ihr Eure Hand wieder", und reicht sie ihm hin. Da wurd 's Männlein so rot am Hals wie ein Krebs vor Zorn und lief in die Stube zum Pfalzgrafen Ludwig und dem Fürsten von Nassau und klagt's ihnen. Wir haben nachher uns oft was drüber zugute getan.

WEISLINGEN: Ich wollte, Ihr ließt mich allein.

GÖTZ: Warum das? Ich bitt Euch, seid aufgeräumt. Ihr seid in meiner Gewalt, und ich werde sie nicht mißbrauchen.

WEISLINGEN: Dafür war mir's noch nicht bange. Das ist Eure Ritterpflicht.

GÖTZ: Und Ihr wißt, daß die mir heilig ist.

WEISLINGEN: Ich bin gefangen, und das übrige ist eins.

GÖTZ: Ihr solltet nicht so reden. Wenn Ihr's mit Tyrannen zu tun hättet und sie Euch im tiefsten Turm an Ketten aufhingen und der Wächter Euch den Schlaf wegpfeifen müßte –

ERSTER AUFZUG

NEUNTER AUFTRITT

Vorige. Karl. Knechte mit Kleidern.

Weislingen entwaffnet sich.

KARL: Guten Morgen, Vater!
GÖTZ *küßt ihn:* Guten Morgen, Junge! Wie habt ihr die Zeit gelebt?
KARL: Recht geschickt, Vater! Die Tante sagt, ich sei recht geschickt.
GÖTZ: So!
KARL: Hast du mir was mitgebracht?
GÖTZ: Diesmal nicht.
KARL: Ich hab viel gelernt.
GÖTZ: Ei!
KARL: Soll ich dir vom frommen Kind erzählen?
GÖTZ: Nach Tische.
KARL: Ich weiß noch was.
GÖTZ: Was wird das sein?
KARL: Jagsthausen ist ein Dorf und Schloß an der Jagst, gehört seit zweihundert Jahren den Herren von Berlichingen erb- und eigentümlich zu.
GÖTZ: Kennst du den Herrn von Berlichingen?

Karl sieht ihn starr an.

GÖTZ *vor sich:* Er kennt wohl vor lauter Gelehrsamkeit seinen Vater nicht. – Wem gehört Jagsthausen?
KARL: Jagsthausen ist ein Dorf und Schloß an der Jagst.
GÖTZ: Das frag ich nicht. – Ich kannte alle Pfade, Wege und Furten, eh ich wußte, wie Fluß, Dorf und Burg hieß. – Die Mutter ist in der Küche?
KARL: Ja, Vater! Heute haben wir weiße Rüben und einen Lammsbraten.
GÖTZ: Weißt du's auch, Hans Küchenmeister?
KARL: Und für mich zum Nachtisch hat die Tante einen Apfel gebraten.

GÖTZ: Kannst du sie nicht roh essen?
KARL: Schmeckt so besser.
GÖTZ: Du mußt immer was Apartes haben. – Weislingen, ich bin gleich wieder bei Euch. Ich muß meine Frau doch sehn. – Komm mit, Karl.
KARL: Wer ist der Mann?
GÖTZ: Grüß ihn. Bitt ihn, er soll lustig sein.
KARL: Da, Mann, hast du eine Hand! Sei lustig! Das Essen ist bald fertig.
WEISLINGEN *dem Kinde die Hand reichend:* Glückliches Kind, das kein Übel kennt, als wenn die Suppe lange außen bleibt! Gott laß Euch viel Freude am Knaben erleben, Berlichingen.
GÖTZ: Viel Licht, starker Schatten – doch soll mir alles willkommen sein. Wollen sehn, was es gibt.

Ab mit Karl.

ZEHNTER AUFTRITT

WEISLINGEN *allein:* O daß ich aufwachte, und das alles wäre ein Traum! In Berlichingens Gewalt, von dem ich mich kaum losgearbeitet hatte, dessen Andenken ich mied wie Feuer, den ich hoffte zu bewältigen! Und er – der alte treuherzige Götz! Heiliger Gott, was will aus dem allen werden! Rückgeführt, Adelbert, in den Saal, wo wir als Buben unsre Jagd trieben, da du ihn liebtest, an ihm hingst wie an deiner Seele. Wer kann ihm nahen und ihn hassen? Ach, ich bin so ganz nichts hier! – Glückselige Zeiten, ihr seid vorbei, da noch der alte Berlichingen hier am Kamin saß, da wir um ihn durcheinander spielten und uns liebten wie die Engel, da wir hier in der Kapelle nebeneinander knieten und beteten und in keinem ernsten, keinem heitern Augenblick uns trennen konnten. Dieser Anblick regt jedes verklungene Gefühl auf, indes ich zugleich meinen Fürsten, den Hof, die Stadt vor mir sehe, die meinen Unfall erfahren und lebhaften Teil daran nehmen. Wie seltsam drängt sich hier Gegenwart und Vergangenheit durcheinander!

ELFTER AUFTRITT

Götz. Weislingen. Ein Knecht mit Kann und Becher.

GÖTZ: Bis das Essen fertig wird, wollen wir eins trinken. Kommt, setzt Euch, tut, als wenn Ihr zu Hause wärt. Denkt, Ihr seid wieder einmal beim Götz! Haben doch lange nicht beisammengesessen, lange keine Flasche miteinander ausgestochen. *Bringt's ihm:* Ein fröhlich Herz!
WEISLINGEN: Die Zeiten sind vorbei.
GÖTZ: Behüte Gott! Zwar vergnügtere Tage werden wir wohl nicht wieder finden als an des Markgrafen Hof, da wir noch beisammen schliefen und miteinander herumzogen. Ich erinnere mich mit Freuden meiner Jugend. Wißt Ihr noch, wie ich mit dem Polacken Händel kriegte, dem ich sein gepicht und gekräuselt Haar von ohngefähr mit dem Ärmel verwischte?
WEISLINGEN: Es war bei Tische, und er stach nach Euch mit dem Messer.
GÖTZ: Den schlug ich wacker aus dazumal, und darüber wurdet Ihr mit seinem Kameraden zu Unfried. Wir hielten immer redlich zusammen als gute, brave Jungens, dafür erkannte uns auch jedermann. *Schenkt ein und bringt's ihm:* Kastor und Pollux! Mir tat's immer im Herzen wohl, wenn uns der Markgraf so zutrank.
WEISLINGEN: Der Bischof von Würzburg hatte es aufgebracht.
GÖTZ: Das war ein gelehrter Herr und dabei so leutselig. Ich erinnere mich seiner, solange ich lebe, wie er uns liebkoste, unsere Eintracht lobte und den Menschen glücklich pries, der ein Zwillingsbruder seines Freundes wäre.

WEISLINGEN: Nichts mehr davon!

GÖTZ: Warum nicht? Nach der Arbeit wüßte ich nichts Angenehmeres, als mich des Vergangenen zu erinnern. Freilich, wenn ich wieder so bedenke, wie wir Liebs und Leids zusammen trugen, einander alles waren, und wie ich damals wähnte, so sollt's unser ganzes Leben sein! – War das nicht mein ganzer Trost, wie mir diese Hand weggeschossen ward vor Landshut und du mein pflegtest und mehr als Bruder für mich sorgtest – ich hoffte, Adelbert wird künftig meine rechte Hand sein. Und nun –

WEISLINGEN: Oh!

GÖTZ: Wenn du mir damals gefolgt hättest, da ich dir anlag, mit nach Brabant zu ziehen, es wäre alles gut geblieben. Da hielt dich das unglückliche Hofleben und das Schlenzen und Scherwenzen mit den Weibern. Ich sagt es dir immer, wenn du dich mit den eitlen, garstigen Vetteln abgabst und ihnen erzähltest von mißvergnügten Ehen, verführten Mädchen, von der rauhen Haut einer Dritten oder was sie sonst gern hören: Du wirst ein Spitzbube, sagt ich, Adelbert.

WEISLINGEN: Wozu soll das alles?

GÖTZ: Wollte Gott, ich könnt's vergessen, oder es wäre anders! Bist du nicht ebenso frei, so edel geboren als einer in Deutschland? Unabhängig, nur dem Kaiser untertan, und du schmiegst dich unter Vasallen? – Was hast du von dem Bischof? Weil er dein Nachbar ist, dich necken könnte? Sind dir nicht Arme gewachsen und Freunde beschert, ihn wieder zu necken? Verkennst den Wert eines freien Rittersmanns, der nur abhängt von Gott, seinem Kaiser und sich selbst, verkriechst dich zum ersten Hofschranzen eines eigensinnigen, neidischen Pfaffen!

WEISLINGEN: Laßt mich reden!

GÖTZ: Was hast du zu sagen?

WEISLINGEN: Du siehst die Fürsten an wie der Wolf den Hirten. Und doch, darfst du sie schelten, daß sie ihrer Leute und Länder Bestes wahren? Sind sie denn einen Augenblick vor den ungerechten Rittern sicher, die den fürstlichen Untertan auf allen Straßen anfallen, Dörfer und Schlösser verheeren? Wenn nun auf der anderen Seite unsers teuren Kaisers Länder der Gewalt des Erbfeindes ausgesetzt sind, er von den Ständen Hülfe begehrt und sie sich kaum ihres Lebens erwehren: ist's nicht ein guter Geist, der ihnen einrät, auf Mittel zu denken, Deutschland zu beruhigen, die Staatsverhältnisse näher zu bestimmen, um einen jeden, Großen und Kleinen, die Vorteile des Friedens genießen zu machen? Und uns verdenkst du's, Berlichingen, daß wir uns in den Schutz der Mächtigen begeben, deren Hülfe uns nah ist, statt daß die entfernte Majestät sich selbst kaum beschützen kann?

GÖTZ: Ja, ja! Ich versteh! – Weislingen, wären die Fürsten, wie Ihr sie schildert, wir hätten alle, was wir begehren: Ruh und Frieden! Ich glaub's wohl, den wünscht jeder Raubvogel, die Beute nach Bequemlichkeit zu verzehren. Wohlsein eines jeden! Daß sie nur darum ein graues Haar anflöge! Und mit unserm Kaiser spielen sie auf eine unanständige Art. Er meint's gut und möchte gern bessern. Da kommt denn alle Tage ein neuer Pfannenflicker und meint so und so. Und weil der Herr geschwind was begreift und nur reden darf, um tausend Hände in Bewegung zu setzen, so denkt er, es sei auch alles so geschwind und leicht ausgeführt. Nun ergehen Verordnungen über Verordnungen, und wird eine über die andere vergessen; und was den Fürsten in ihren Kram dient, da sind sie hinterher und gloriieren von Ruh und Sicherheit des Staats, bis sie die Kleinen unterm Fuß haben.

WEISLINGEN: Ihr dürft reden, ich bin der Gefangene.

GÖTZ: Wenn Euer Gewissen rein ist, so seid Ihr frei – Weislingen, soll ich von der Leber weg reden? Ich bin euch ein Dorn in den Augen, so klein ich bin, und der Sickingen und Selbitz nicht weniger, weil wir fest entschlossen sind zu sterben eh, als die Luft jemanden zu verdanken außer Gott und unsere Treu und Dienst' zu leisten als dem

Kaiser. Da ziehen sie nun um mich herum, verschwärzen mich bei Ihro Majestät, bei hohen Freunden und meinen Nachbarn und sinnen und schleichen, mich zu übervorteilen. Aus dem Wege wollen sie mich haben, wie es auch wäre. Darum nahmt ihr meinen Buben gefangen, weil ihr wußtet, ich hatte ihn auf Kundschaft ausgeschickt; und darum tat er nicht, was er sollte, weil er mich nicht an euch verriet. Und du, Weislingen, bist ihr Werkzeug!

WEISLINGEN: Berlichingen!

GÖTZ: Kein Wort mehr davon! Ich bin ein Feind von Explikationen; dabei betrügt man sich oder den andern, und meist beide.

Sie stehen abgewendet und entfernt.

ZWÖLFTER AUFTRITT

Marie. Karl. Vorige.

KARL *zu Götz:* Zu Tische, Vater, zu Tische!

MARIE *zu Weislingen:* Im Namen meiner Schwester komme ich, Euch zu begrüßen und Euch einzuladen. *Zu beiden:* Wie steht ihr da? Wie schweigt ihr?

KARL: Habt ihr euch verzürnt? Nicht doch! Vater, das ist dein Gast.

MARIE: Guter Fremdling! Das ist dein Wirt. Laßt eine kindliche, laßt eine weibliche Stimme bei euch gelten.

GÖTZ *zum Knaben:* Bote des Friedens, du erinnerst mich an meine Pflicht.

WEISLINGEN: Wer könnte solch einem himmlischen Winke widerstehen!

MARIE: Nähert euch, versöhnt, verbündet euch!

Die Männer geben sich die Hände, Marie steht zwischen beiden.

Einigkeit vortrefflicher Männer ist wohlgesinnter Frauen sehnlichster Wunsch.

Der Vorhang fällt.

ZWEITER AUFZUG

ERSTER AUFTRITT

Jagsthausen. Zimmer.

Marie. Weislingen.

MARIE: Ihr liebt mich, sagt Ihr. Ich glaube es gern und hoffe mit Euch glücklich zu sein und Euch glücklich zu machen.

WEISLINGEN: Ich fühle nichts als nur, daß ich ganz dein bin. *Will sie umarmen.*

MARIE: Ich bitte Euch, laßt mich! – Dem Bräutigam zum Gottespfennig einen Kuß zu erlauben mag wohl angehen, ich habe mich nicht geweigert; doch Küsse zu wiederholen geziemt nur dem Gatten.

WEISLINGEN: Ihr seid zu streng, Marie! Unschuldige Liebe erfreut die Gottheit, statt sie zu beleidigen.

MARIE: Hegt sie nur im stillen Herzen, damit sie rein bleibe.

WEISLINGEN: O da wohnt sie auf ewig! *Er nimmt ihre Hand.* Wie wird mir's werden, wenn ich dich verlassen soll!

MARIE *zieht ihre Hand zurück:* Ein bißchen eng, hoffe ich; denn ich weiß, wie's mir sein wird. Aber Ihr sollt fort.

WEISLINGEN: Ja, meine Teuerste, und ich will. Denn ich fühle, welche Seligkeiten ich mir durch dieses Opfer erwerbe. Gesegnet sei dein Bruder und der Tag, an dem er auszog, mich zu fangen!

MARIE: Sein Herz war voll Hoffnung für ihn und dich. „Lebt wohl!" sagt' er beim Abschied, „ich will sehen, daß ich ihn wiederfinde."

WEISLINGEN: So ist es geworden.
MARIE: Zur allgemeinen Freude.
WEISLINGEN: Wäre doch auch dem Äußern schnell wie dem Innern geholfen! Wie sehr wünscht ich, die Verwaltung meiner Güter und ihr Gedeihen nicht im Weltleben so versäumt zu haben! Du könntest gleich die Meine sein. Um andrer willen hab ich Eignes hintangesetzt.
MARIE: Auch der Aufschub hat seine Freuden.
WEISLINGEN: Sage das nicht, Marie! Ich muß sonst fürchten, du empfindest weniger stark als ich. Doch ich büße verdient! Und schwindet nicht alle Entsagung gegen diesen Himmel voll Aussichten! Ganz der Deine zu sein, nur in dir und dem Kreis von Guten zu leben; von der Welt entfernt, getrennt, alle Wonne zu genießen, die so zwei Herzen einander gewähren! Ich habe viel gehofft und gewünscht; das widerfährt mir über alles Hoffen und Wünschen.

ZWEITER AUFTRITT

Vorige. Götz.

GÖTZ: Euer Knab ist wieder da. Bring er, was er wolle, Adelbert, Ihr seid frei! – Ich verlange weiter nichts als Eure Hand, daß Ihr inskünftige meinen Feinden weder öffentlich noch heimlich Vorschub tun wollt.
WEISLINGEN: Hier faß ich Eure Hand. Laßt von diesem Augenblick an Freundschaft und Vertrauen gleich einem ewigen Gesetz der Natur unveränderlich unter uns sein. Erlaubt mir zugleich, diese Hand zu fassen – *er nimmt Mariens Hand* – und den Besitz des edelsten Fräuleins.
GÖTZ: Darf ich ja für Euch sagen?
MARIE: Bestimmt meine Antwort nach dem Werte seiner Verbindung mit Euch.
GÖTZ: Es ist ein Glück, daß unsere Vorteile diesmal miteinander gehen. Du brauchst nicht rot zu werden. Deine

Blicke sind Beweis genug. Ja denn, Weislingen! Gebt euch die Hände, und so sprech ich amen! – Mein Freund und Bruder! – Ich danke dir, Schwester! Du kannst mehr als Hanf spinnen. Du hast auch einen Faden gedreht, diesen Paradiesvogel zu fesseln. – Du siehst nicht ganz frei, Adelbert! Was fehlt dir? Ich – bin ganz glücklich; was ich nur träumend hoffte, seh ich und bin wie träumend. Ach, nun geht mein Traum aus! Mir war's heute nacht, ich gäb dir meine rechte, eiserne Hand, und du hieltest mich so fest, daß sie aus den Armschienen ging wie abgebrochen. Ich erschrak und erwachte darüber. Ich hätte nur fortträumen sollen, da würde ich gesehen haben, wie du mir eine neue, lebendige Hand ansetztest. – Ich muß meine Frau rufen. – Elisabeth!

MARIE: Mein Bruder ist in voller Freude.

WEISLINGEN: Und doch darf ich ihm den Rang streitig machen.

GÖTZ: Du wirst anmutig wohnen.

MARIE: Franken ist ein gesegnetes Land.

WEISLINGEN: Und ich darf wohl sagen, mein Schloß liegt in der gesegnetsten und anmutigsten Gegend.

GÖTZ: Das dürft Ihr, und ich will's behaupten. – Hier fließt der Main, und allmählich hebt der Berg an, der, mit Äckern und Weinbergen bekleidet, von Eurem Schloß gekrönt wird; dann biegt sich der Fluß schnell um die Ecke hinter dem Felsen hin. Die Fenster des großen Saales gehen steil herab aufs Wasser, eine Aussicht, viele Stunden weit.

DRITTER AUFTRITT

Vorige. Elisabeth.

ELISABETH: Was schafft ihr?

GÖTZ: Du sollst deine Hand auch dazu geben und sagen: Gott segne euch! Sie sind ein Paar.

ELISABETH: So geschwind?

GÖTZ: Aber nicht unvermutet. Ja, Frauen, ihr könnt, ihr sollt alles wissen. Adelbert begibt sich vor allen Dingen zurück nach Bamberg.

MARIE: Wieder nach Bamberg?

GÖTZ: Ja, wir haben es überlegt, er braucht nichts hinterrücks zu tun. Offen und mit Ehren trennt er sich vom Bischof als ein freier Mann; denn manches Geschäft muß beiseite, manches findet er zu besorgen für sich und andere.

ELISABETH: Und so seid Ihr denn ganz der Eurige wieder, ganz der Unsrige?

WEISLINGEN: Für die Ewigkeit.

ELISABETH: Möget Ihr Euch immer so nach ihr sehnen, als da Ihr um sie warbt. Möget Ihr so glücklich sein, als Ihr sie liebbehaltet!

WEISLINGEN: Amen! Ich verlange kein Glück als unter diesem Titel.

GÖTZ: Dann bereist er seine Güter. Auch mit Fürsten und Herren muß er neue Verbindungen anknüpfen. Alle, die mir zugetan sind, empfangen ihn mit offenen Armen. Die schönsten Ländereien reißt er eigennützigen Verwaltern aus den Händen. Und – Komm, Schwester – komm, Elisabeth! Wir wollen ihn allein lassen, daß er ungestört vernehme, was sein Knabe bringt.

WEISLINGEN: Gewiß nichts, als was ihr hören dürft.

GÖTZ: Braucht's nicht! – Franken und Schwaben! Ihr seid nun verschwisterter als jemals.

Ab mit Elisabeth und Marie.

VIERTER AUFTRITT

WEISLINGEN *allein:* Gott im Himmel! konntest du mir Unwürdigen solch eine Seligkeit bereiten! Es ist zu viel für mein Herz! Wie ich von Menschen abhing, die ich zu beherrschen glaubte, von den Blicken des Fürsten, von dem ehrerbietigen Beifall umher! Götz, teurer Götz, du hast mich mir selbst wiedergegeben, und Marie, du vollendest meine Sinnesänderung. Ich fühle mich so frei wie in heiterer Luft. Bamberg will ich nicht mehr sehen, will alle die lästigen Verbindungen durchschneiden, die mich unter mir selbst hielten. Mein Herz erweitert sich! Hier ist kein beschwerliches Streben nach versagter Größe. So gewiß ist der allein glücklich und groß, der weder zu herrschen noch zu gehorchen braucht, um etwas zu sein.

FÜNFTER AUFTRITT

Weislingen. Franz.

FRANZ: Gott grüß Euch, gestrenger Herr! Ich bring Euch so viel Grüße von Bamberg, daß ich nicht weiß, wo anzufangen; vom Bischof an bis zum Narren herunter grüßt Euch der Hof und vom Bürgermeister bis zum Nachtwächter die Stadt.
WEISLINGEN: Willkommen, Franz! Was bringst du mehr?
FRANZ: Ihr steht in einem Andenken beim Fürsten und überall, daß ich keine Worte finde.
WEISLINGEN: Es wird nicht lange dauern.
FRANZ: So lange Ihr lebt! Und nach Eurem Tod wird's heller blinken als die messingnen Buchstaben auf einem Grabstein. Wie man sich Euern Unfall zu Herzen nahm!
WEISLINGEN: Was sagte der Bischof?
FRANZ: Er war so begierig zu wissen, daß seine Fragen, geschäftig und geschwind, meine Antwort verhinderten. Die Sache wußt er schon; denn Färber, der von Haslach entrann, brachte ihm die Botschaft. Aber er wollte alles wissen. Er fragte so ängstlich, ob Ihr nicht versehrt wäret. Ich sagte: „Er ist ganz und heil von der äußersten Haarspitze bis zum Nagel des kleinen Zehs." Dabei

rühmt ich, wie gut sich Götz gegen Euch betrage und Euch als Freund und Gast behandle. Darauf erwidert' er nichts, und ich ward entlassen.

WEISLINGEN: Was bringst du weiter?

FRANZ: Den andern Tag meldet ich mich beim Marschall und bat um Abfertigung; da sagte er: „Wir geben dir keinen Brief mit, denn wir trauen dem Götz nicht, der hat immer nur einen Schein von Biederkeit und Großmut, und nebenher tut er, was ihm beliebt und was ihm nutzt."

WEISLINGEN: Wie schlecht sie ihn kennen!

FRANZ: „Doch", fuhr er fort, „ist es ganz gut, daß dein Herr ritterlich und freundlich gehalten ist. Sag ihm, er soll sich gedulden, wir wollen desto ungeduldiger an seine Befreiung denken; denn wir können ihn nicht entbehren."

WEISLINGEN: Sie werden's lernen müssen.

FRANZ: Wie meint Ihr?

WEISLINGEN: Vieles hat sich verändert. Ich bin frei ohne Vertagung und Lösegeld.

FRANZ: Nun, so kommt gleich.

WEISLINGEN: Ich komme; aber lange werde ich nicht bleiben.

FRANZ: Nicht bleiben? Herr! Wie soll ich das verstehn? Wenn Ihr wüßtet, was ich weiß, wenn Ihr nur träumen könntet, was ich gesehen habe!

WEISLINGEN: Wie wird dir's?

FRANZ: Nur von der bloßen Erinnerung komm ich außer mir. Bamberg ist nicht mehr Bamberg, ein Engel in Weibesgestalt macht es zum Vorhof des Himmels.

WEISLINGEN: Nichts weiter?

FRANZ: Ich will ein Pfaff werden, wenn Ihr sie seht und nicht außer Euch kommt.

WEISLINGEN: Wer ist's denn?

FRANZ: Adelheid von Walldorf.

WEISLINGEN: Die? Ich habe viel von ihrer Schönheit gehört.

FRANZ: Gehört? Das ist eben, als wenn Ihr sagtet: Ich habe die Musik gesehen. Es ist der Zunge so wenig möglich, eine Linie solcher Vollkommenheit auszudrücken, da das Auge sogar in ihrer Gegenwart sich nicht selbst genug ist.

WEISLINGEN: Du bist nicht gescheit.

FRANZ: Das kann wohl sein. Das letztemal, daß ich sie sah, hatte ich nicht mehr Sinne als ein Trunkener. Oder vielmehr, ich fühlte in dem Augenblick, wie es den Heiligen bei himmlischen Erscheinungen sein mag. Alle Sinne stärker, höher, vollkommner, und doch den Gebrauch von keinem.

WEISLINGEN: Das ist seltsam.

FRANZ: Abends, als ich mich vom Bischof beurlaubte, saß sie gegen ihm. Sie spielten Schach. Er war sehr gnädig, reichte mir seine Hand zu küssen und sagte mir viel Gutes, davon ich nichts vernahm; denn ich sah nur seine Nachbarin, sie hatte ihr Auge aufs Brett geheftet, als wenn sie einem großen Streich nachsänne. Ein feiner lauernder Zug um Mund und Wange! Ich hätte der elfenbeinerne König sein mögen! Adel und Freundlichkeit herrschten auf ihrer Stirne. Und das blendende Licht des Angesichts und des Busens, wie es von den finstern Haaren erhoben ward!

WEISLINGEN: Du bist gar drüber zum Dichter geworden.

FRANZ: So fühl ich denn in dem Augenblick, was den Dichter macht: ein volles, ganz von einer Empfindung volles Herz. Wie der Bischof endigte und ich mich bückte, sah sie mich an und sagte: „Auch von mir einen Gruß unbekannterweise! Sag ihm, auch neue Freunde hoffen auf seine Zurückkunft; er soll sie nicht verachten, wenn er schon an alten so reich ist." Ich wollte was antworten, aber der Paß vom Herzen nach der Zunge war versperrt; ich neigte mich. Alles hätte ich hingegeben, die Spitze ihres kleinen Fingers küssen zu dürfen. Wie ich so stund, warf der Bischof einen Bauern herunter; ich fuhr darnach und berührte im Aufheben den Saum ihres Kleides; das fuhr mir durch alle Glieder, und ich weiß nicht, wie ich zur Türe hinausgekommen bin.

WEISLINGEN: Ist ihr Mann bei Hofe?
FRANZ: Sie ist schon vier Monat Witwe. Um sich zu zerstreuen, hält sie sich in Bamberg auf. Ihr werdet sie sehen. Wenn sie einen ansieht, ist's, als wenn man in der Frühlingssonne stünde.
WEISLINGEN: Auf mich würde das nun wohl anders wirken.
FRANZ: Wieso? Wäre denn wirklich wahr, was hier das Hausgesinde murmelt: Ihr seid mit Marien verlobt?
WEISLINGEN: In diesen Augenblicken. Und so erfahre nur gleich alles: Ich habe dem Bischof entsagt, der Brief ist fort. Ich gebe Bamberg gute Nacht! Hier steigt mein Tag auf. Marie wird das Glück meines Lebens machen. Ihre süße Seele spricht aus den blauen Augen, und klar wie ein Engel des Himmels, gebildet aus Unschuld und Liebe, leitet sie mein Herz zur Ruhe und Glückseligkeit. Packe zusammen! Erst kurze Zeit an Hof, dann auf mein Schloß! In Bamberg möcht ich nicht bleiben, und wenn Sankt Veit in Person mich zurückhielte. *Ab.*

SECHSTER AUFTRITT

FRANZ *allein:* Er komme nur erst, bleiben wird er schon. Marie ist liebreich und schön, und einem Gefangenen und Kranken kann ich nicht übelnehmen, wenn er sich in sie verliebt; in ihren Augen ist Trost, gesellschaftliche Melancholie. – Aber um dich, Adelheid, ist Leben, Feuer, Mut! – Ich würde – Ich bin ein Narr! – Dazu machte mich ein Blick von ihr. O wenn ich nur erst die Türme von Bamberg sehe, nur erst in den Schloßhof hineinreite! Dort wohnt sie, dort werd ich sie treffen! und da gaff ich mich wieder gescheit oder völlig rasend. *Ab.*

ZWEITER AUFZUG

SIEBENTER AUFTRITT

Saal in Jagsthausen.

Hans von Selbitz und Karl.

KARL: Wie meld ich Euch meiner Mutter, edler Herr?
SELBITZ: Sag ihr, Hans von Selbitz grüße sie.
KARL: Hans – wie war es?
SELBITZ: Hans mit einem Bein, Hans ohne Sorgen, wie du willst.
KARL: Das sind lustige Namen. Du bist willkommen. *Ab.*
SELBITZ *allein:* Sieht's doch hier im Hause noch völlig wie vor zehen Jahren; da hängen die Büchsen, da stehen die Truhen, da liegen die Teppiche. Bei mir sieht's leerer aus; da will nichts halten, als was man täglich braucht, und das kaum.

ACHTER AUFTRITT

Selbitz. Elisabeth.

ELISABETH: Willkommen, Selbitz! Wir sahen Euch lange nicht bei uns.
SELBITZ: Desto öfter sah mich Euer Gemahl an seiner Seite im Felde. Nun kündigt er den Nürnbergern Fehde an; das ist recht; denn sie sind's, die den Bambergern seinen Buben verraten haben, und seht, da bin ich schon bereit, ein Gänglein mit zu wagen.
ELISABETH: Ich weiß, mein Mann schickte Georgen nach Euch aus.
SELBITZ: Ein wackrer Junge, den sah ich zum ersten Mal.
ELISABETH: Traf er Euch zu Hause?
SELBITZ: Nicht eben, ich war sonst bei guten Kameraden.
ELISABETH: Kam er mit Euch hieher?
SELBITZ: Er ritt weiter.

ELISABETH: So legt doch den Mantel ab!
SELBITZ: Laßt mir ihn noch ein wenig.
ELISABETH: Warum das? Friert's Euch?
SELBITZ: Gewissermaßen.
ELISABETH: Einen Ritter in der Stube?
SELBITZ: Ich habe so eine Art von Fieber.
ELISABETH: Das sieht man Euch nicht an.
SELBITZ: Deswegen bedeck ich's eben.
ELISABETH: Das Fieber?
SELBITZ: Euch freilich sollt ich's nicht verhehlen.
ELISABETH: Ohne Umstände!
SELBITZ *der den Mantel zurückschlägt und sich im Wams ohne Ärmel zeigt:* Seht, so bin ich ausgeplündert.
ELISABETH: Ei, ei! Einen so tapfern Ehrenmann bis aufs letzte Wams! Wer vermochte das?
SELBITZ: Ein Kleeblatt verwünschter Ritter; ich habe sie aber auch für Verdruß gleich in den Sack gesteckt.
ELISABETH: Figürlich doch?
SELBITZ: Nein, hier in der Tasche klappern sie.
ELISABETH: Ohne Rätsel!
SELBITZ: Da seht die Auflösung. *Er tritt an den Tisch und wirft einen Pasch Würfel auf.*
ELISABETH: Würfel! Das geht also noch immer so fort?
SELBITZ: Wie der Faden einmal gesponnen ist, wird er geweift und verwoben; da ist nun weiter nichts mehr dran zu ändern.
ELISABETH: Ihr habt aber auch gar zu loses Garn auf Eurer Spule.
SELBITZ: Sollte man nicht schludern? Seht nur, liebe traute Frau, da sitz ich vorgestern im bloßen Wams, kraue mir den alten Kopf und verwünsche die viereckten Schelme da. Gleich tritt Georg herein und lädt mich im Namen seines Herrn. Da spring ich auf, den Mantel um und fort. Nun wird's gleich wieder Kleid, Geld und Kette geben.
ELISABETH: Indessen aber?
SELBITZ: Kredit findet sich auch wohl wieder. Eine Anwei-

sung auf den Bürgermeister zu Nürnberg ist nicht zu verachten.

ELISABETH: Auch ohne die stehen Euch Kisten und Kasten offen. Bei uns ist mancherlei Vorrat.

SELBITZ: Vorsorgliche Hausfrau!

ELISABETH: Um nicht nachzusorgen. Was braucht Ihr denn?

SELBITZ: Ohngefähr soviel als ein Kind, das auf die Welt kommt. Nahezu alles.

ELISABETH: Steht zu Diensten, darum ist's da.

SELBITZ: Nicht umsonst. Wir lassen's schätzen, und vom ersten, was ich auf die Nürnberger gewinne, habt Ihr Eure Bezahlung.

ELISABETH: Nicht doch! Unter Freunden?

SELBITZ: Ein Ritter darf nichts geschenkt nehmen, er muß es verdienen, sogar den schönsten Sold, den Minnesold, muß er oft allzuschwer verdienen.

ELISABETH: Ich kann mit Euch nicht markten.

SELBITZ: Nun, so fecht ich im Wams.

ELISABETH: Possen!

SELBITZ: Wißt Ihr was, wir spielen um die Ausstattung: gewinne ich sie, so seid Ihr drum; ist mir das Glück zuwider, nun, so wird's im Felde besser gehen, und dann laßt mich gewähren. Jetzt kommt her.

ELISABETH: Ein Ritter nimmt nichts geschenkt, und eine Hausfrau würfelt nicht.

SELBITZ: Nun, so wollen wir wetten. Das geht doch.

ELISABETH: Eine Wette? Nun gut, so schlagt sie vor.

SELBITZ: Hört mich an. Wenn wir auf unserm Zuge nicht gleich anfangs einen recht hübschen Fang tun, wenn uns nicht nachher durch Verräterei oder Versehen oder sonst eine Albernheit ein Hauptstreich mißlingt, wenn nicht einer von uns was ans Bein kriegt, wobei ich nur wünsche, daß es mein hölzernes treffe, wenn sich nicht gleich Fürsten und Herrn dreinlegen, daß die Händel verglichen werden, wenn man uns nicht deshalb auf ein halb Dutzend Tagefahrten herumzieht und wenn wir zuletzt nicht viel reicher nach Hause kehren, als wir jetzt ausreiten, so will ich verloren haben.

ELISABETH: Ihr kennt Euer Handwerk gut genug.

SELBITZ: Um es mit Lust zu treiben. Auf alle Fälle denk ich mich bei dieser Gelegenheit herauszumustern, daß es eine Weile hinreicht.

ELISABETH: Schwerlich, wenn Ihr Eure Feinde immer an der Seite habt.

SELBITZ: Die sind völlig wie unsre Rittergenossen, heute Feind, morgen Freund und übermorgen ganz gleichgültig.

ELISABETH: Da kommt mein Herr.

NEUNTER AUFTRITT

Vorige. Götz.

GÖTZ: Gott grüß Euch, Selbitz! Das heißt ein bereiter Freund, ein wackrer, schneller Reitersmann.

SELBITZ: Meine Leichtigkeit müßt Ihr eigentlich loben; denn seht: da ich ein hölzern Bein habe, das mich ein wenig unbeholfen macht, so nehm ich dagegen desto weniger Gepäck zu mir. Nicht wahr, Traute?

ELISABETH: Wohlgetan. Das Nötige findet sich überall.

SELBITZ: Aber nicht überall Freunde, die es hergeben.

ELISABETH: Verzieht nur einen Augenblick. Ich lege Euch soviel zurecht, als Ihr braucht, um vor den Nürnbergern mit Ehren zu erscheinen. *Ab.*

SELBITZ: Nehmt Ihr Euren Georg mit? Das ist ein wackrer Junge.

GÖTZ: Wohl! Ich hab ihn unterwegs beschieden. Jetzt ist er zu Weislingen.

SELBITZ: Mit dem seid Ihr wieder versöhnt, das hat mich recht gefreut. Es ging freilich ein wenig geschwind, daß ich's nicht ganz begreifen konnte.

GÖTZ: Ganz natürlich war's doch! Zu ihm war mir die Neigung angeboren wie aus Einfluß der Planeten; mit ihm verlebt ich meine Jugend, und als er sich von mir entfernte, mir schadete, konnt ich ihn nicht hassen. Aber es war mir ein unbequemes Gefühl. Sein Bild, sein Name stand mir überall im Wege. Ich hatte eine Hälfte verloren, die ich wieder suchte. Besser mocht es ihm auch nicht gehen; denn bald, als wir uns wiedersahen, stellte sich das alte Verhältnis her, und nun ist's gut, ich bin zufrieden, und mein Tun geht wieder aus dem Ganzen.

SELBITZ: Welchen Vorschub wird er Euch leisten bei dieser Fehde gegen die Nürnberger und künftig?

GÖTZ: Seine Freundschaft, seine Gunst ist schon bedeutend, wenn er mir nur nicht schadet, meine Freunde fördert, meinen Feinden nicht beisteht. Er wird sich ruhig halten, sich in meine Händel nicht mischen; die wollen wir beide, von wackern Knechten unterstützt, schon ausfechten.

ZEHNTER AUFTRITT

Vorige. Faud.

GÖTZ: Nun sieh da! Wieder zurück, alter Getreuer? Hast du Leute gefunden? Hast du genugsam angeworben?

FAUD: Nach Wunsch und Befehl. Sechs Reisige, zehn Fußknechte, die liegen in den Dörfern umher, daß es kein Aufsehen gebe; sechs Neulinge bring ich mit, die einen ersten Versuch wagen wollen. Ihr müßt sie bewaffnen; zuschlagen werden sie schon. Und nun zu Pferde! Denn zugleich nebst der Mannschaft bring ich die Nachricht, daß die Nürnberger Kaufleute schon zur Frankfurter Messe ziehen.

SELBITZ: Die haben sich zeitig aufgemacht.

GÖTZ: Sollten sie was gemerkt haben?

FAUD: Gewiß nicht; sie ziehen schwach geleitet.
GÖTZ: Auf denn zur Warenschau!
SELBITZ:
> Von ihrem Tand begehr ich nichts,
> Doch wirklich würde mir behagen
> Ein goldner Kettenschmuck herab bis auf den Magen;
> Den hab ich lange nicht getragen.

Alle ab.

ELFTER AUFTRITT

Wald.

Nürnberger Kaufleute.

ERSTER KAUFMANN: Lagern wir uns hier, indessen die Wagen dort unten vorbeiziehen.
ZWEITER KAUFMANN: Gebt den Kober! Ihr sollt mich wieder einmal rühmen, wie ich für kalte Küche gesorgt habe.
ERSTER KAUFMANN: Noch nie bin ich so getrost nach Frankfurt auf die Messe gezogen. Diesmal habe ich nur Tand und Spielzeug mit. Solange die Kinder nicht aussterben, hat mancher Verleger bequem zu leben.
ZWEITER KAUFMANN: Ich habe für die Weiber gesorgt. Auch die sind gute Kunden.

Sie machen Anstalt, sich zu lagern.

ERSTER KAUFMANN: Sieh dort unten, sieh! Was ist das? Heiliger Gott! Reiter aus dem Walde! Gerad auf die Wagen los.
ZWEITER KAUFMANN: Wir sind verloren! Ritter und Reiter! Sie halten den Zug an. Hinunter! Hinunter!
ERSTER KAUFMANN: Ich nicht.
ALLE: Weh uns!

ZWEITER AUFZUG

ZWÖLFTER AUFTRITT

Vorige. Georg im Hintergrunde.

GEORG: Mein Herr muß nicht weit sein; hier erfahr ich es vielleicht. Hört, Kameraden!
ERSTER KAUFMANN: Ach Gott, auch von der Seite! Da sind wir nicht zu retten.
ZWEITER KAUFMANN: Das ist wohl ein anderer! Der gehört nicht dazu. Der hilft uns. Sprich ihn an!
ERSTER KAUFMANN: Was schafft Ihr, edler Herr?
GEORG: Nicht edler Herr, wohl aber ehrlicher Knabe. Wie steht's hier? Habt Ihr keine Ritter und Reiter gesehn?
ERSTER KAUFMANN: Wohl! Da blickt nur hinab! Dort halten sie den Zug an, dort schlagen sie die Fuhrleute. Schon müssen die ersten vom Weg ablenken. O ihr schönen Waren, ihr bunten Pfeifen und Trompeten, ihr allerliebsten Pferdchen und Rasseln, ihr werdet am Main nicht feilgeboten werden! Helft uns, bester junger Mann! Habt Ihr niemand bei Euch? Wenn Ihr sie nur irremachtet, nur einen Augenblick Aufschub! Gibt's denn keine Kriegslist?
GEORG: Es geht nicht. Ich kann Euch nicht helfen, bin zu wenig gegen so viele.
ZWEITER KAUFMANN: Lieber Junge! Herzensjunge! So deck uns nur den Rücken, daß sie uns nicht nachkommen, wir wollen in die nächsten Dörfer und Sturm läuten. Wir wollen die ganze Landschaft gegen das Raubgesindel aufregen.

Die Kaufleute sind im Begriff hinwegzueilen.

GEORG *zieht:* Halt! – Keiner mucke von der Stelle! Wer sich rührt, ist des Todes. Das ist mein Herr, Götz von Berlichingen, der euch züchtigt.
ALLE: O weh, der Götz!
GEORG: Ja, der Götz, an dem ihr so übel handelt, dem ihr

einen guten wackern Knaben an die Bamberger verrietet.
In dessen Hand seid ihr. Da seh ich ihn kommen.

DREIZEHNTER AUFTRITT

Vorige. Götz. Faud. Knechte.

GÖTZ *zu den Knechten:* Durchsucht hier den Wald, hier müssen sich die Kaufleute verbergen. Sie waren von den Wagen abgegangen, die Fußsteige. Daß keiner entrinnt und uns im Lande unzeitige Händel macht.

GEORG *hinzutretend:* Ich hab Euch schon vorgearbeitet. Hier sind sie.

GÖTZ: Braver Junge! Tausendmal willkommen! Du allein? Bewacht sie genau! Aufs genauste!

Faud und Knechte mit den Kaufleuten ab.

GÖTZ: Nun sprich, guter Georg! Was bringst du? Was macht Weislingen? Wie sieht es auf seiner Burg aus? Bist du glücklich hin und wider gelangt? Sprich, erzähle!

GEORG: Wie soll ich es recht fassen? Ich bringe keine glückliche Botschaft.

GÖTZ: Wieso?

GEORG: Hört mich an! Ich tat, wie Ihr befahlt, nahm den Kittel des Bambergischen und sein Zeichen, und damit ich doch mein Essen und Trinken verdiente, geleitete ich Reineckische Bauern gegen den Main zu.

GÖTZ: In der Verkappung? Das hätte dir übel geraten können.

GEORG: So denk ich auch hinterdrein. Ein Reitersmann, der das vorausdenkt, wird keine große Sprünge machen. Aber Weislingen fand ich nicht auf seinem Schlosse.

GÖTZ: So ist er länger am Hof geblieben, als er anfangs willens war.

GEORG: Leider! Und als ich es erfuhr: gleich in die Stadt.

ZWEITER AUFZUG

GÖTZ: Das war zu kühn!

GEORG: Ich hoff Euch noch besser zu bedienen. Nun hört ich im Wirtshause, Weislingen und der Bischof seien ausgesöhnt. Man sprach viel von einer Heirat mit der Witwe des von Walldorf.

GÖTZ: Gespräche.

GEORG: Hört nur! Ich drängte mich ins Schloß, sah ihn, wie er die Frau zur Tafel führte. Sie ist schön, bei meinem Eid! sie ist schön! Wir bückten uns alle, sie dankte uns allen. Er nickte mit dem Kopf und sah sehr vergnügt. Sie gingen vorbei, und das Volk murmelte: „Ein schönes Paar!"

GÖTZ: Das ist nicht gut.

GEORG: Das Schlimmere folgt. Nachher paßt ich wieder auf; endlich sah ich ihn kommen: er war allein mit einem Knaben. Ich stund unten an der Treppe und sagte zu ihm: „Ein paar Worte von Eurem Berlichingen!" Er war bestürzt, ich sah das Geständnis seines Lasters auf seinem Gesicht. Er hatte kaum das Herz, mich anzusehen, mich, einen schlechten Reitersjungen.

GÖTZ: Erzähle du und laß mich richten!

GEORG: „Du bist bambergisch?" sagte er. „Ich bring Euch einen Gruß vom Götz", sagt' ich, „und soll fragen –" – „Komm an mein Zimmer", sagt' er, „wir wollen weiter reden."

GÖTZ: Kamst du?

GEORG: Wohl kam ich und mußt im Vorsaal stehen, lange, lange. Und die seidenen Buben beguckten mich von vorne und hinten. Ich dachte: Guckt ihr! Endlich führte man mich hinein. Da bracht ich Gruß und Anliegen und merkte wohl, daß ich nicht gelegen kam. Da wollt er mich mit leeren Worten abspeisen; weil ich aber wohl wußte, worauf es ankam, und Verdacht hatte und mich vorbereitet hatte, so ließ ich ihn nicht los. Da tat er feindlich böse wie einer, der kein Herz hat und es nicht will merken lassen. Er verwunderte sich, daß ihn ein Reitersjunge zur

Rede setzen sollte. Das verdroß mich. Da fuhr ich heraus und sagte: es gäbe nur zweierlei Leute, brave und Schurken, und ich diente Götzen von Berlichingen. Nun fing er an und schwätzte allerlei verkehrtes Zeug, das darauf hinausging: Ihr hättet ihn übereilt, er sei Euch keine Pflicht schuldig und wolle mit Euch nichts zu tun haben.

GÖTZ: Hast du das aus seinem Munde?

GEORG: Das und noch mehr. Er drohte mir –

GÖTZ: Genug! – Das sollte mir also begegnen!

GEORG: Faßt Euch, guter Herr, wir wollen auch ohne ihn schon zurechtkommen.

GÖTZ: Wie beschämt stehen wir da, wenn man uns das Wort bricht! Daß wir dem Heiligsten vertrauten, erscheint nun als täppischer Blödsinn. Jener hat recht, der uns verriet. Er ist nun der Kluge, der Gewandte; ihn lobt, ihn ehrt die Welt, er hat sich aus der Schlinge gezogen, und wir stehen lächerlich da und beschauen den leeren Knoten.

GEORG: Kommt, Herr, zu den Wagen, daß ich den glücklichen Fang sehe!

GÖTZ: Die ziehen ruhig dahin; dieser Fang ist geglückt, aber jene Beute, die schönere, wünschenswertere, sie ist verloren: das Herz eines alten Freundes. Ich hielt es nur einen Augenblick wieder in Händen.

GEORG: Vergeßt ihn. Er war vor- und nachher Eurer nicht wert.

GÖTZ: Nein, vergessen will ich ihn nicht, nicht vergessen diesen schändlichen Wortbruch. Mit Versprechen und Handschlag, mit Eid und Pflicht soll mich niemand mehr ankörnen. Wer in meiner Gewalt ist, soll's fühlen. Solange ich ihn festhalte, soll er leiden. Das schwerste Lösegeld soll ihn erst spät befreien.

FAUD *hinter der Szene:* Haltet! Haltet!

GÖTZ: Was gibt's?

FAUD *hervortretend:* Verzeiht uns, Herr! Bestraft uns! Ein paar Nürnberger sind entwischt.

GÖTZ: Nach! geschwind nach! Die Verräter!

GEORG: Geschwind! Sie drohten Sturm zu läuten!
GÖTZ: Die übrigen haltet fest. Sogleich sollen sie gebunden werden. Scharf gebunden. Laßt sie niederknien in einen Kreis wie Armesünder, deren Haupt vom Schwerte fallen soll, und wartet auf mein Geheiß.
GEORG: Bedenkt, bester Herr –
GÖTZ: Richte meinen Befehl aus.

Georg ab.

VIERZEHNTER AUFTRITT

Götz, nachher Georg.

GÖTZ: An ihrer Todesangst will ich mich weiden, ihre Furcht will ich verspotten. O daß ich an ihnen nicht blutige Rache nehmen darf! – Und wie, Götz, bist du auf einmal so verändert? Haben fremde Fehler, fremde Laster auf dich solch einen Einfluß, daß du dem ritterlichen Wesen entsagst und gemeiner Grausamkeit frönest? Verwandelst du schon deine Waffenbrüder in Schergen, die schmerzlich binden, durch Herabwürdigung des Missetäters den Tod verkündigen? In einer solchen Schule soll dein wackrer Georg heranwachsen? – Mögen die hinziehen, die nicht mehr schaden können, die schon durch den Verlust ihrer Güter genugsam gestraft sind. *Er macht einige Schritte.* Aber, Marie, warum trittst du so vor mich? Blickst mich mit deinen holden Augen an und scheinst nach deinem Bräutigam zu fragen. Vor dir muß ich zur Erde niedersehen, dich hat mein übereiltes Zutrauen unglücklich gemacht, unglücklich auf zeitlebens. Ach, und in diesem Augenblicke weißt du noch nicht, was bevorsteht, nicht, was schon geschehen ist. Hinaus blickst du vom hohen Erker nach der Straße, erwartest deinen Bruder und spähst, ob er nicht vielleicht den Bräutigam herbeiführe. Ich werde kommen, doch er wird ausbleiben – wird ausbleiben – bis ich ihn heranschleppe wider seinen

Willen, und gefesselt, wenn ich ihn anders erreichen kann. Und so sei's abgeschlossen. Ermanne dich, Götz, und denk an deine Pflicht!

GEORG *mit einem Schmuckkästchen:* Laßt nun den Scherz vorbei sein! Sie sind geschreckt genug. Weiter wolltet Ihr doch nichts. Ihr sagtet ja so oft: Gefangene müsse man nie mißhandeln.

GÖTZ: Ja, guter Junge, so ist es. Geh und binde sie los! Bewache sie bis Sonnenuntergang, dann laß sie laufen und zieh uns nach.

GEORG: Da ist einer drunter, ein hübscher junger Mann. Wie sie ihn binden wollten, zog er das Kästchen aus dem Busen und sagte: „Nimm das für mein Lösegeld, es ist ein Schmuck, den ich meiner Braut zur Messe bringe."

GÖTZ: Seiner Braut?

GEORG: So sagte der Bursche: „Schon fünf Messen dauert unsere Bekanntschaft; sie ist eines reichen Mannes Tochter; diesmal hoffe ich getraut zu werden. Nimm den Schmuck, es ist das Schönste, was Nürnberger Goldschmiede machen können, auch die Steine sind von Wert, nimm und laß mich entwischen."

GÖTZ: Hast du ihn fortgelassen?

GEORG: Gott bewahre! Ich ließ ihn binden, Ihr hattet's befohlen. Euch aber bringe ich den Schmuck, der mag wohl zur Beute gehören. Für den Burschen aber bitt ich und für die andern.

GÖTZ: Laß sehen.

GEORG: Hier.

GÖTZ *den Schmuck beschauend:* Marie! Diesmal komme ich nicht in Versuchung, dir ihn zu deinem Feste zu bringen. Doch du, gute, edle Seele, würdest dich selbst in deinem Unglück eines fremden Glückes herzlich erfreuen. In deine Seele will ich handeln. – Nimm, Georg! Gib dem Burschen den Schmuck wieder! Seiner Braut soll er ihn bringen und einen Gruß vom Götz dazu.

Wie Georg das Kästchen anfaßt, fällt der Vorhang.

DRITTER AUFZUG

ERSTER AUFTRITT

Lustgarten zu Augsburg.

Zwei Nürnberger Kaufleute.

ERSTER KAUFMANN: So sehen wir doch bei dieser Gelegenheit den Reichstag zu Augsburg, Kaiserliche Majestät und die größten Fürsten des Heiligen Römischen Reichs beisammen.

ZWEITER KAUFMANN: Ich wollte, wir hätten unsre Waren wieder, und ich tät ein Gelübde, niemals ein höheres Haupt anzusehen als unsern Bürgermeister zu Nürnberg.

ERSTER KAUFMANN: Die Sitzung war heute schnell geendigt; der Kaiser ist in den Garten gegangen; hier wollen wir stehen, denn da muß er vorbei. Er kommt eben die lange Allee herauf!

ZWEITER KAUFMANN: Wer ist bei ihm?

ERSTER KAUFMANN: Der Bischof von Bamberg und Adelbert von Weislingen.

ZWEITER KAUFMANN: Gerade recht! Das sind Freunde der Ordnung und Ruhe.

ERSTER KAUFMANN: Wir tun einen Fußfall, und ich rede.

ZWEITER KAUFMANN: Wohl! Da kommen sie.

ERSTER KAUFMANN: Er sieht verdrießlich aus. Das ist ein übler Umstand!

GÖTZ VON BERLICHINGEN

ZWEITER AUFTRITT

Der Kaiser. Bischof von Bamberg. Weislingen. Gefolge.
Vorige an der Seite.

WEISLINGEN: Euer Majestät haben die Sitzung unmutig verlassen.
KAISER: Ja. Wenn ich sitzen soll, so muß etwas ausgemacht werden, daß man wieder nachher wandern und reiten kann. Bin ich hieher gekommen, um mir die Hindernisse vorerzählen zu lassen, die ich kenne? Sie wegzuschaffen, davon ist die Rede.
KAUFLEUTE *treten vor und werfen sich dem Kaiser zu Füßen:* Allerdurchlauchtigster! Großmächtigster! –
KAISER: Wer seid ihr? Was gibt's? Steht auf!
ERSTER KAUFMANN: Arme Kaufleute von Nürnberg, Euer Majestät Knechte, und flehen um Hülfe. Götz von Berlichingen und Hans von Selbitz haben unsrer dreißig, die auf die Frankfurter Messe zogen, niedergeworfen, beraubt und äußerst mißhandelt. Wir bitten Eure Kaiserliche Majestät um Hülfe und Beistand, sonst sind wir alle verdorbene Leute, genötigt, unser Brot zu betteln.
KAISER: Heiliger Gott! Heiliger Gott! Was ist das? Der eine hat nur eine Hand, der andere nur ein Bein; wenn sie denn erst zwei Hände hätten und zwei Beine, was wolltet ihr dann tun?
ERSTER KAUFMANN: Wir bitten Euer Majestät untertänigst, auf unsre bedrängten Umstände mitleidig herabzuschauen.
KAISER: Wie geht's zu? Wenn ein Kaufmann einen Pfeffersack verliert, soll man das ganze Reich aufmahnen, und wenn Händel vorhanden sind, daran Kaiserlicher Majestät und dem Reiche viel gelegen ist, daß es Königreich, Fürstentum, Herzogtum und anderes betrifft, so kann euch kein Mensch zusammenbringen.
WEISLINGEN *zu den Kaufleuten, die sich betrübt zurückziehen und auf seine*

Seite kommen: Ihr kommt zur ungelegenen Zeit. Geht! und verweilt einige Tage hier.

KAUFLEUTE: Wir empfehlen uns zu Gnaden. *Ab.*

KAISER: Immer kleine Händel, die den Tag und das Leben wegnehmen, ohne daß was Rechts getan wird! Jeder Krämer will geholfen haben, indes gegen den grimmigen Feind des Reichs und der Christenheit niemand sich regen will.

WEISLINGEN: Wer möchte gerne nach außen wirken, solange er im Innern bedrängt ist? Ließen sich die Empfindlichkeiten des Augenblicks mildern, so würde sich bald zeigen, daß übereinstimmende Gesinnungen durch alle Gemüter walten und hinreichende Kräfte vorhanden sind.

KAISER: Glaubt Ihr?

BISCHOF: Es käme nur darauf an, sich zu verständigen. Mitnichten ist es ganz Deutschland, das über Beunruhigung klagt; Franken und Schwaben allein glimmt noch in den Resten eines innerlichen, verderblichen Bürgerkrieges, und auch da sind viele der Edlen und Freien, die sich nach Ruhe sehnen. Hätten wir einmal diesen hochfahrenden Sickingen, diesen unsteten Selbitz, diesen Berlichingen auf die Seite geschafft, die übrigen Fehdeglieder würden bald zerfallen; denn nur jene sind's, deren Geist die aufrührerische Menge belebt.

KAISER: Im Grunde lauter tapfre, edle Männer, oft nur durch Bedrängungen aufgehetzt. Man muß sie schonen, sich ihrer versichern, und, ging' es endlich gegen den Türken, ihre Kräfte zum Vorteil des Vaterlandes benutzen.

BISCHOF: Möchten sie doch von jeher gelernt haben, einer höhern Pflicht zu gehorchen! Denn sollte man den abtrünnigen Aufrührer durch Zutrauen und Ehrenstellen belohnen? Eben diese kaiserliche Milde und Gnade mißbrauchten sie bisher so ungeheuer, darin findet ihr Anhang seine Sicherheit, daher nährt er seine Hoffnungen und wird nicht eher zu bändigen sein, als bis man sie vor den Augen der Welt zunichte gemacht und ihnen jede Aussicht auf die Zukunft abgeschnitten hat.

KAISER: Milde muß vorangehn, eh Strenge sich würdig zeigen kann.

WEISLINGEN: Nur durch Strenge wird jener Schwindelgeist, der ganze Landschaften ergreift, zu bannen sein. Hören wir nicht schon hier und da die bittersten Klagen der Edlen, daß ihre Untertanen, ihre Leibeignen sich auflehnen, gegen die hergebrachte Oberherrschaft rechten und wohlerworbene Befugnisse zu schmälern drohen? Welche gefährliche Folgen sind nicht zu erwarten! Nun aber geben die Klagen der Nürnberger Kaufleute wohl Anlaß, gegen Berlichingen und Selbitz zu verfahren.

KAISER: Das läßt sich hören. Doch wünschte ich, daß ihnen kein Leid geschehe.

WEISLINGEN: Man würde suchen, sie gefangenzunehmen, sie müßten Urfehde schwören, auf ihren Schlössern ruhig zu bleiben und nicht aus dem Bann zu gehen.

KAISER: Verhielten sie sich alsdann gesetzlich, so könnte man sie wieder zu zweckmäßiger Tätigkeit ehrenvoll anstellen.

BISCHOF: Wir alle wünschen sehnlichst, daß die Zeit bald erscheinen möge, wo Euer Majestät Gnade über alle leuchten kann.

KAISER: Mit den ernstlichsten Gesinnungen, die innere Ruhe Deutschlands, kost es, was es wolle, baldigst herzustellen, will ich die morgende Session eröffnen.

WEISLINGEN: Ein freudiger Zuruf wird Euer Majestät das Ende der Rede ersparen, und Hülfe gegen den Türken wird sich als unmittelbare Folge so weiser, väterlicher Vorkehrungen zeigen.

Der Kaiser, Bischof und Gefolge ab.

DRITTER AUFZUG

DRITTER AUFTRITT

Weislingen. Franz.

FRANZ *der gegen den Schluß des vorigen Auftritts sich im Grunde sehen lassen und Weislingen zurückhält:* Gnädiger Herr!
WEISLINGEN *sich umkehrend:* Was bringst du?
FRANZ: Adelheid verlangt Euch zu sprechen.
WEISLINGEN: Gleich jetzt?
FRANZ: Sie verreist noch diesen Abend.
WEISLINGEN: Wohin?
FRANZ: Ich weiß nicht. – Hier ist sie schon. *Für sich:* O wer sie begleiten dürfte! Ich ging' mit ihr durch Wasser und Feuer und bis ans Ende der Welt. *Ab.*

VIERTER AUFTRITT

Weislingen. Adelheid.

WEISLINGEN: So eilig, schöne Dame? Was treibt Euch so schnell aus der Stadt? aus dem Getümmel, wohin Ihr Euch so lebhaft sehntet? von einem Freunde weg, dem Ihr unentbehrlich seid?
ADELHEID: In so großen Familien gibt's immer etwas zu schlichten. Da will eine Heirat zurückgehen, an der mir viel gelegen ist: ein junges armes Mädchen wehrt sich, einen alten reichen Mann zu nehmen. Ich muß ihr begreiflich machen, welch ein Glück auf sie wartet.
WEISLINGEN: Um fremder Verbindungen willen verspätest du die unsrige.
ADELHEID: Desto heitrer, freier werde ich zu dir zurückkehren.
WEISLINGEN: Wirst du denn auch zufrieden sein, wenn wir auf Selbitz und Berlichingen losgehen?
ADELHEID: Du bist zum Küssen!

WEISLINGEN: Alles will ich in Bewegung setzen, daß Exekution gegen sie erkannt werde. Diese Namen gereichen uns zum Vorwurf! Ganz Deutschland unterhält sich vom Götz, und seine Verstümmelung macht ihn nur merkwürdiger. Die eiserne Hand ist ein Wahrzeichen, ein Wunderzeichen. Märchen von Verwegenheit, Gewalt, Glück werden mit Lust erzählt, und ihm allein wird zugeschrieben, was hundert andere getan haben. Selbst kühne Verbrechen erscheinen der Menge preiswürdig. Ja, es fehlt nicht viel, so gilt er für einen Zauberer, der an mehreren Orten zugleich wirkt und trifft. Wo man hinhorcht, hört man seinen Namen.

ADELHEID: Und das ist lästig! Einen Namen, den man oft hören soll, muß man lieben oder hassen, gleichgültig kann man nicht bleiben.

WEISLINGEN: Bald soll des Reichs Banner gegen ihn wehen. Dabei nur bin ich verlegen, einen tüchtigen Ritter zu finden, den man zum Hauptmann setzte.

ADELHEID: Oh, gewiß meinen Oheim, den Edlen von Wanzenau.

WEISLINGEN: Warum nicht gar! Den alten Träumer, den unfähigen Schleppsack!

ADELHEID: Man muß ihm einen jungen, raschen Ritter zugeben, zum Beispiel seiner Schwester Stiefsohn, den feurigen Werdenhagen.

WEISLINGEN: Den Unbesonnenen, Tollkühnen? Dadurch wird die Sache um nichts besser.

ADELHEID: Seht Euch nur nach recht wackerm Kriegsvolk um, die tüchtig zuschlagen.

WEISLINGEN: Und unter solchen Führern bald zuviel, bald zuwenig tun.

ADELHEID: Da gebt ihnen noch einen klugen Mann mit.

WEISLINGEN: Das wären drei Hauptleute für einen. Hast du den Klugen nicht auch schon ausgefunden?

ADELHEID: Warum nicht? Den von Blinzkopf.

WEISLINGEN: Den schmeichlerischen Schelmen! Tückisch ist er, nicht klug, feig, nicht vorsichtig.
ADELHEID: Im Leben muß man's so genau nicht nehmen; das gilt doch eins fürs andre.
WEISLINGEN: Zum Scheine, nicht bei der Tat. Die Stellen würden schlecht besetzt sein.
ADELHEID: Die Stellen sind um der Menschen willen da. Was wüßte man von Stellen, wenn es keine Menschen gäbe?
WEISLINGEN: Und unsre Verwandten sind die echten Menschen?
ADELHEID: Ein jeder denkt an die Seinigen.
WEISLINGEN: Heißt es nicht auch für die Seinigen sorgen, wenn man fürs Vaterland besorgt ist?
ADELHEID: Ich verehre deine höheren Ansichten, muß aber um Verzeihung bitten, wenn ich dich für die Zeit meines Wegseins noch mit kleinen Aufträgen beschwere.
WEISLINGEN: Sage nur, ich will gedenken.
ADELHEID: Der genannten drei Ritter zur Expedition gegen Berlichingen gedenkst du.
WEISLINGEN: Gedenke ich, aber nicht gern. Es wird zu überlegen sein.
ADELHEID: Du mußt mir's zuliebe tun, da ist's bald überlegt. Laß mich nicht mit Schimpf bestehen. Mein Oheim verzeiht mir's nie.
WEISLINGEN: Du sollst weiter davon hören.
ADELHEID: Karln von Altenstein, den Knappen des Grafen von Schwarzburg, möcht ich noch zum Ritter geschlagen wissen, eh der Reichstag auseinandergeht.
WEISLINGEN: Wohl!
ADELHEID: Das Kloster Sankt Emmeran wünscht einige Befreiungen. Das ist beim Kanzler wohl zu machen.
WEISLINGEN: Wird sich tun lassen.
ADELHEID: Am Hessischen Hofe ist das Schenkenamt erledigt, am Pfälzischen die Truchsessenstelle. Jene, nicht wahr, unserm Freund Braunau, diese dem guten Mirfing.
WEISLINGEN: Den letzten kenne ich kaum.

ADELHEID: Desto besser kannst du ihn empfehlen. Ja, diese Freude machst du mir gewiß, um so mehr, als seine Mitwerber, die Rotenhagen und Altwyl, meine Feinde sind, wo nicht öffentlich, doch im stillen. Das Vergnügen, unsern Widersachern zu schaden, ist so groß, ja noch größer als die Freude, den Freunden zu nützen. Vergiß nur nichts!

WEISLINGEN: Wie werd ich das alles im Gedächtnis behalten!

ADELHEID: Ich will einen Staren abrichten, der dir die Namen immer wiederholen und „Bitte! Bitte!" hinzufügen soll.

WEISLINGEN: Kann er deinen Ton erhaschen, so ist freilich alles gewährt und getan. *Ab.*

FÜNFTER AUFTRITT

Adelheid. Franz, der seinem Herrn zu folgen über das Theater geht.

ADELHEID: Höre, Franz!
FRANZ: Gnäd'ge Frau?
ADELHEID: Kannst du mir nicht einen Staren verschaffen?
FRANZ: Wie meint Ihr das?
ADELHEID: Einen ordentlichen, gelehrigen Staren.
FRANZ: Welch ein Auftrag! Ihr denkt Euch etwas anders dabei.
ADELHEID: Oder willst du selbst mein Star werden? Du lernst doch wohl geschwinder ein als ein Vogel?
FRANZ: Ihr wollt mich selbst lehren?
ADELHEID: Ich hätte wohl Lust, dich abzurichten.
FRANZ: Zieht mich nach Eurer Hand. Befehlt über mich.
ADELHEID: Wir wollen einen Versuch machen.
FRANZ: Jetzt gleich?
ADELHEID: Auf der Stelle.

FRANZ: Nehmt mich mit!
ADELHEID: Das ginge nun nicht.
FRANZ: Was Ihr wollt, geht auch. Laßt mich nicht hier!
ADELHEID: Eben hier sollst du mir dienen.
FRANZ: In Eurer Abwesenheit?
ADELHEID: Hast du ein gut Gedächtnis?
FRANZ: Für Eure Worte. Ich weiß noch jede Silbe, die Ihr mir das erstemal in Bamberg sagtet, ich höre noch den Ton, sehe noch Euren Blick. Er war sanfter als der, mit dem Ihr mich jetzt anseht.
ADELHEID: Nun höre, Franz!
FRANZ: Nun seht Ihr schon milder aus.
ADELHEID: Merke dir einige Namen.
FRANZ: Welche?
ADELHEID: Den Ritter Wanzenau.
FRANZ: Gut.
ADELHEID: Den jungen Werdenhagen.
FRANZ: Er soll nicht vergessen werden.
ADELHEID: Den Hessischen Schenken.
FRANZ: Mit Becher und Kredenzteller immer gegenwärtig.
ADELHEID: Den Pfälzischen Truchsessen.
FRANZ: Ich seh ihn immer vorschneiden.
ADELHEID: Das Kloster Sankt Emmeran.
FRANZ: Mit dem Abt und allen Mönchen.
ADELHEID: Den schönen von Altenstein.
FRANZ: Der ist mir ohnehin immer im Wege.
ADELHEID: Hast du alle gemerkt?
FRANZ: Alle.
ADELHEID: Du sollst sie meinem Gemahl wiederholen.
FRANZ: Recht gern. Daß er ihrer gedenke.
ADELHEID: Mach es auf eine artige Weise.
FRANZ: Das will ich versuchen.
ADELHEID: Auf eine heitere Weise, daß er gern dran denke.
FRANZ: Nach Möglichkeit.
ADELHEID: Franz!

FRANZ: Gnädige Frau!
ADELHEID: Da fällt mir was ein.
FRANZ: Befehlt!
ADELHEID: Du stehst oft so nachdenklich.
FRANZ: Fragt nicht, gnädige Frau.
ADELHEID: Ich frage nicht, ich sage nur. Unter der Menge in dich gekehrt, bei der nächsten Umgebung zerstreut.
FRANZ: Vergebt!
ADELHEID: Ich tadle nicht; denn sieh –
FRANZ: O Gott!
ADELHEID: Ich halte dich für einen Poeten.
FRANZ: Spottet Ihr mein wie andre?
ADELHEID: Du machst doch Verse?
FRANZ: Manchmal.
ADELHEID: Nun, da könntest du die Namen in Reime bringen und sie dem Herrn vorsagen.
FRANZ: Ich will's versuchen.
ADELHEID: Und immer zum Schluß mußt du „Bitte! Bitte!" hinzufügen.
FRANZ: Bitte! Bitte!
ADELHEID: Ja! Aber dringender! Recht aus dem Herzen.
FRANZ *mit Nachdruck:* Bitte! Bitte!
ADELHEID: Das ist schon besser.
FRANZ *ihre Hand ergreifend, mit Leidenschaft:* Bitte! Bitte!
ADELHEID *zurücktretend:* Sehr gut! Nur haben die Hände nichts dabei zu tun. Das sind Unarten, die du dir abgewöhnen mußt.
FRANZ: Ich Unglücklicher!
ADELHEID *sich ihm nähernd:* Einen kleinen Verweis mußt du so hoch nicht aufnehmen. Man straft die Kinder, die man liebt.
FRANZ: Ihr liebt mich also?
ADELHEID: Ich könnte dich als Kind lieben, nun wirst du mir aber so groß und ungestüm. – Das mag nun sein! Lebe wohl, gedenk an die Reime, und besonders üben mußt du dich, sie recht schön vorzutragen. *Ab.*

DRITTER AUFZUG

SECHSTER AUFTRITT

FRANZ *allein:* Die Namen in Reime zu bringen, sie dem Herrn vorsagen? O ich unglücklicher, ungeschickter Knabe! Aus dem Stegreif die Reime zu machen, wie leicht war das! und wie erlaubt, ihr selbst vorzusagen, was ich sonst nicht zu lallen wagte! O Gelegenheit! Gelegenheit! wann kommst du mir wieder! Zum Beispiel, ich durfte nur anfangen:

>Beim alten Herrn von Wanzenau
>Gedenk ich meiner gnäd'gen Frau;
>Beim Marschall, Truchseß, Kämmrer, Schenken
>Muß ich der lieben Frau gedenken.
>Seh ich den schönen Altenstein,
>So fällt sie mir schon wieder ein.
>Lobt sie den tapfern Werdenhagen,
>Ich möchte gleich mit ihm mich schlagen.
>Die ganze Welt, ich weiß nicht wie,
>Weist immer mich zurück auf sie.
>O wie beseligst du mich ganz,
>Nennst du mich einmal deinen Franz
>Und fesselst mich an deine Tritte!
>O schöne Gnäd'ge, bitte, bitte! *Ab.*

SIEBENTER AUFTRITT

Jagsthausen. Saal.

Sickingen und Götz.

GÖTZ: Euer Antrag überrascht mich, teuerster Sickingen. Laßt mich nur erst wieder zur Besinnung gelangen.
SICKINGEN: Ja, Götz! Ich bin hier, deine edle Schwester um ihr Herz und ihre Hand zu bitten.
GÖTZ: So wünsch ich, du wärst eher gekommen. Warum

sollt ich's verhehlen? Weislingen hat während seiner Gefangenschaft ihre Liebe gewonnen, um sie angehalten, und ich sagte sie ihm zu. Ich hab ihn losgelassen, den Vogel, und er verachtet die gütige Hand, die ihm in der Not das Futter reichte. Er schwirrt herum, weiß Gott auf welcher Hecke seine Nahrung zu suchen.

SICKINGEN: Ist das so?

GÖTZ: Wie ich sage.

SICKINGEN: Er hat ein doppeltes Band zerrissen. Wohl Euch, daß Ihr mit dem Verräter nicht näher verwandt worden.

GÖTZ: Sie sitzt, das arme Mädchen, und verbetet Ihr Leben.

SICKINGEN: Wir wollen sie singen machen.

GÖTZ: Wie? Entschließt Ihr Euch, eine Verlassene zu heiraten?

SICKINGEN: Es macht euch beiden Ehre, von ihm betrogen worden zu sein. Soll darum das arme Mädchen in ein Kloster gehn, weil der erste Mann, den sie kannte, ein Nichtswürdiger war? Nein doch! – Ich bleibe darauf, sie soll Königin von meinen Schlössern werden.

GÖTZ: Ich sage Euch, sie war nicht gleichgültig gegen ihn.

SICKINGEN: Traust du mir nicht zu, daß ich den Schatten eines Elenden sollte verjagen können? Laß uns zu ihr.

GÖTZ: Und soll ich mich nicht verwundern, daß Ihr, der Ihr so weit umherschaut, Eure Blicke nicht nach einer reichen Erbin wendet, die Euch Land und Leute zubrächte, anstatt daß ich Euch mit Marien nicht viel mehr als sie selbst übergeben kann?

SICKINGEN: Eine Frau suche ich für meine Burgen und Gärten. In meinen Weilern, an meinen Teichen hoffe ich sie zu finden, dort soll sie sich ein eigenes Reich bereiten. Im Kriegsfelde, bei Hofe will ich allein stehen, da mag ich nichts Weibliches neben mir wissen, das mir angehört.

GÖTZ: Der echte Rittersinn! *Nach der Tür schauend:* Was gibt's? Da kommt ja Selbitz.

DRITTER AUFZUG

ACHTER AUFTRITT

Selbitz. Die Vorigen.

GÖTZ: Woher so eilig, alter Freund?
SELBITZ: Laßt mich zu Atem kommen.
GÖTZ: Was bringt Ihr?
SELBITZ: Schlechte Nachrichten. Da verließen wir uns auf des Kaisers geheime Gunst, von der man uns so manches vorschmeichelte. Nun haben wir die Bescherung.
GÖTZ: Sagt an!
SELBITZ: Der Kaiser hat Exekution gegen Euch verordnet, die Euer Fleisch den Vögeln unter dem Himmel und den Tieren auf dem Felde vorschneiden soll.
SICKINGEN: Erst wollen wir von ihren Gliedern etwas auftischen.
GÖTZ: Exekution? In die Acht erklärt?
SELBITZ: Nicht anders.
GÖTZ: So wäre ich denn ausgestoßen und ausgeschlossen wie Ketzer, Mörder und Verräter!
SICKINGEN: Ihr wißt, Götz, das sind Rechtsformeln, die nicht viel zu bedeuten haben, wenn man sich tapfer wehrt.
SELBITZ: Verlogene Leute stecken dahinter, Mißgönner, mit Butz, Neid und Praktika.
GÖTZ: Es war zu erwarten, ich hab es erwartet, und doch überrascht's mich.
SICKINGEN: Beruhigt Euch.
GÖTZ: Ich bin schon ruhig, indem ich die Mittel überdenke, ihren Plan zu vereiteln.
SICKINGEN: Gerade zur gelegenen Zeit bin ich hier, Euch mit Rat und Tat beizustehen.
GÖTZ: Nein, Sickingen! Entfernt Euch lieber! Nehmt selbst Euern Antrag zurück. Verbindet Euch nicht mit einem Geächteten.
SICKINGEN: Von dem Bedrängten werde ich mich nicht

abwenden. Kommt zu den Frauen! Man freit nicht besser und schneller als zu Zeiten des Kriegs und der Gefahr.

SELBITZ: Ist so etwas im Werke? Glück zu!

GÖTZ: Nur unter einer Bedingung kann ich einwilligen: Ihr müßt Euch öffentlich von mir absondern. Wolltet Ihr Euch für mich erklären, so würdet Ihr zu sehr ungelegener Zeit des Reichs Feind werden.

SICKINGEN: Darüber läßt sich sprechen.

GÖTZ: Nein, es muß zum voraus entschieden sein. Auch werdet Ihr mir weit mehr nutzen, wenn Ihr Euch meiner enthaltet. Der Kaiser liebt und achtet Euch. Das Schlimmste, was mir begegnen kann, ist, gefangen zu werden. Dann braucht Euer Vorwort, und reißt mich aus einem Elend, in das unzeitige Hülfe uns beide stürzen könnte.

SICKINGEN: Doch kann ich ein zwanzig Reiter heimlich zu Euch stoßen lassen.

GÖTZ: Das nehm ich an. Georg soll gleich in die Nachbarschaft, wo meine Söldner liegen – derbe, wackre, tüchtige Kerls. Die deinigen sollen sich nicht schämen, zu ihnen zu stoßen.

SICKINGEN: Ihr werdet gegen die Menge wenig sein.

GÖTZ: Ein Wolf ist einer ganzen Herde Schafe zuviel.

SICKINGEN: Wenn sie aber einen guten Hirten haben?

GÖTZ: Sorg du! Das sind lauter Mietlinge. Und ferner kann der beste Ritter nichts machen, wenn er nicht Herr von seinen Handlungen ist. Man schreibt ihnen dies und jenes vor, ich weiß schon, wie das geht! Sie sollen nach dem Zettel reiten, indessen wir die Augen auftun und selbst sehen, was zu schaffen sei.

SICKINGEN: Nur fort, ohne Zögern bei den Frauen unser Wort anzubringen.

GÖTZ: Recht gern.

SELBITZ: Nun laßt mich den Kuppelpelz verdienen.

GÖTZ: Wer ist der Mann, der mit Euch in den Vorsaal kam?

SELBITZ: Ich kenne ihn nicht, ein stattlicher Mann mit lebhaftem Blick. Er schloß sich an, als er hörte, wir ritten zu Euch.

GÖTZ: Voraus zu den Frauen! Ich folge.

Sickingen und Selbitz ab.

NEUNTER AUFTRITT

Götz. Lerse.

GÖTZ: Gott grüß Euch! Was bringt Ihr?
LERSE: Mich selbst; das ist nicht viel, doch alles, was es ist, biet ich Euch an.
GÖTZ: Ihr seid willkommen, doppelt willkommen! Ein braver Mann und zu dieser Zeit, da ich nicht hoffte, neue Freunde zu gewinnen, vielmehr den Verlust der alten stündlich fürchtete. Gebt mir Euern Namen.
LERSE: Franz Lerse.
GÖTZ: Ich danke Euch, Franz, daß Ihr mich mit einem wackern Manne bekannt gemacht.
LERSE: Ich machte Euch schon einmal mit mir bekannt; aber damals danktet Ihr mir nicht dafür.
GÖTZ: Ich erinnere mich Eurer nicht.
LERSE: Es wäre mir leid. Wißt Ihr noch, wie Ihr um des Pfalzgrafen willen Konrad Schotten feind wart und nach Haßfurt auf die Fastnacht reiten wolltet?
GÖTZ: Wohl weiß ich's.
LERSE: Wie Ihr unterwegs bei einem Dorf fünfundzwanzig Reitern begegnetet?
GÖTZ: Richtig. Anfangs hielt ich sie nur für zwölfe und teilte meinen Haufen, es waren unsrer sechzehn; ich hielt am Dorfe hinter der Scheuer, in willens, sie sollten bei mir vorbeiziehen. Dann wollt ich ihnen nachrucken, wie ich's mit dem andern Haufen abgeredet hatte.
LERSE: Aber wir sahen Euch und zogen auf eine Höhe am

Dorf. Ihr zogt herbei und hieltet unten. Als wir sahen, Ihr wolltet nicht heraufkommen, ritten wir herab.

GÖTZ: Da sah ich erst, daß ich in die Kohlen geschlagen hatte. Fündundzwanzig gegen achte, da galt's kein Feiern. Erhard Truchseß durchstach mir einen Knecht, dafür rannt ich ihn vom Pferde. Hätten sie sich alle gehalten wie er und ein Knecht, es wäre mein und meines kleinen Haufens übel gewahrt gewesen.

LERSE: Der Knecht, von dem Ihr sagtet –

GÖTZ: Es war der bravste, den ich gesehen habe. Er setzte mir heiß zu. Wenn ich dachte, ich hätte ihn von mir gebracht, wollt mit andern zu schaffen haben, war er wieder an mir und schlug feindlich zu. Er hieb mir auch durch den Panzerärmel hindurch, daß es ein wenig gefleischt hatte.

LERSE: Habt Ihr's ihm verziehen?

GÖTZ: Er gefiel mir mehr als zu wohl.

LERSE: Nun, so hoffe ich, daß Ihr mit mir zufrieden sein werdet; ich habe mein Probestück an Euch selbst abgelegt.

GÖTZ: Bist du's? O willkommen! willkommen! Kannst du sagen, Maximilian, du hast unter deinen Dienern einen so geworben?

LERSE: Mich wundert, daß Ihr nicht eher auf mich gefallen seid.

GÖTZ: Wie sollte mir einkommen, daß der mir seine Dienste anbieten würde, der auf das feindlichste mich zu überwältigen trachtete?

LERSE: Eben das, Herr! Von Jugend auf dien ich als Reitersknecht und hab's mit manchem Ritter aufgenommen. Da wir auf Euch stießen, freut ich mich. Euern Namen kannt ich, da lernt ich Euch kennen. Ihr wißt, ich hielt nicht stand; Ihr saht, es war nicht Furcht, denn ich kam wieder. Kurz, ich lernt Euch kennen, und von Stund an beschloß ich, Euch einmal zu dienen.

GÖTZ: Auf wie lange verpflichtet Ihr Euch?

LERSE: Auf ein Jahr, ohne Entgelt.
GÖTZ: Nein, Ihr sollt gehalten werden wie ein andrer und drüber, wie der, der mir bei Remlin zu schaffen machte.

Beide ab.

ZEHNTER AUFTRITT

Von einer Anhöhe Aussicht auf eine weite fruchtbare Gegend. Hinten an der Seite eine verfallene Warte. Übrigens Wald, Busch und Felsen.

Zigeunermutter und Knabe.

KNABE: Mutter! Mutter! Warum so eilig durch die Dörfer durch? An den Gärten vorbei? Mich hungert, habe nichts geschossen.
MUTTER: Sieh dich um, ob die Schwester kommt! Lerne hungern und dursten. Sei Tag und Nacht, im Regen, Schnee und Sonnenschein behend und munter.
KNABE: Die Schwester dort!
MUTTER: Das gute Kind! Das kühne Mädchen! Da steigt sie schon mit munterem Schritt und glühendem Blick den Hügel herauf.
TOCHTER: Keine Furcht, Mutter! Die Fähnlein, die im Felde ziehn, sind nicht gegen uns, nicht gegen den Vater, den braunen Vater.
MUTTER: Gegen wen denn?
TOCHTER: Gegen den Rittersmann, den Götz, den wackern Götz. Der Kaiser ächtet solch edles Haupt. Das frag ich aus, weissag es nun den Begegnenden.
MUTTER: Sind ihrer viel?
TOCHTER: Sie teilten sich. Zusammen hab ich sie nicht gesehen.
MUTTER: Hinüber du in des Vaters Revier, daß er alles wisse,

der Mann der Brust, der Mann der Faust. Geschwind hinüber und säume nicht!

Tochter ab.

KNABE: Sie kommen schon.
MUTTER: Hier drücke dich ans Gemäuer her, an des alten Gewölbes erwünschten Schutz. *Ab.*

ELFTER AUFTRITT

Vortrab. Sodann Hauptmann. Werdenhagen. Blinzkopf. Fähnlein. Dann Zigeunerin und Knabe.

HAUPTMANN: Nun, diese Höhe wäre endlich erstiegen; es ist uns aber auch einigermaßen sauer geworden.
BLINZKOPF: Dafür laßt's Euch belieben und verweilt hier in Ruhe. Werdenhagen zeigt sich stracks dem Feinde und sucht ihn aus der Burg zu locken.

Werdenhagen ab mit einem Trupp.

BLINZKOPF: Ich will nun auch an meinen Posten zum Hinterhalt.
HAUPTMANN: Verzieht noch ein wenig, bis ich eingerichtet bin. Mir kann's niemand so recht machen als Ihr, mein Wertester.
BLINZKOPF: Wir kennen unsre Pflicht, erst Eure Diener, dann Soldaten.
HAUPTMANN: Wo habt Ihr mein Zelt aufgeschlagen?
BLINZKOPF *dienstfertig:* Zunächst hierbei am Walde. Hinter einem Felsen, recht im Schauer.
HAUPTMANN: Ist mein Bettsack abgepackt?
BLINZKOPF: Gewiß, Herr Hauptmann.
HAUPTMANN: Auch meine Feldstühle?
BLINZKOPF: Gleichfalls.

DRITTER AUFZUG

HAUPTMANN: Der Teppich?
BLINZKOPF: Soeben wird er herabgenommen.
HAUPTMANN: Laßt ihn gleich hier aufbreiten.

Es geschieht.

Gebt einen Stuhl! *Setzt sich.* Noch einige Stühle!

Sie werden gebracht.

Nun wünscht ich auch mein Lustgezelt.
BLINZKOPF: Sogleich. Darauf sind wir schon eingerichtet.
HAUPTMANN *indem eine Art von Baldachin über ihn aufgestellt ist:* So recht. Es ist gar zu gemein und unbehaglich, auf rauhem Boden und unter freiem Himmel zu sitzen. Wie sieht es mit dem Flaschenkeller aus?
BLINZKOPF: Ist ganz gefüllt und steht hier.
HAUPTMANN: Einen Tisch! Nun ist's bald recht. Ich mache mir's gern gleich wöhnlich, wenn ich so irgendwo ankomme.
BLINZKOPF: Darf ich mich nun beurlauben?
HAUPTMANN: Ich entlaß Euch nicht gern.
BLINZKOPF: Ich muß fort. Zum Hinterhalt braucht's Klugheit und Geduld. Ja! Die hat nicht jeder. *Ab.*
HAUPTMANN: Jetzt die Würfel her! Und sagt den Junkern, sobald das Lager geschlagen ist, sollen sie sich einstellen.
ZIGEUNERKNABE *der sich indessen mit seltsamen Gebärden genähert hat, fällt vor dem Hauptmann auf die Knie:* Allerdurchlauchtigster, Großmächtigster!
HAUPTMANN: Potz Blaufeuer! das Kind hält mich für den Kaiser! Ich muß doch recht majestätisch aussehen. Stehe auf, Kind! Mutter, bedeut es, daß ich der Kaiser nicht bin. Mir könnt es zur Ungnade gereichen, wenn man erführe, daß ich solche Ehrenbezeigungen angenommen.
MUTTER: Habt Ihr nicht des Kaisers Brief bei Euch? Habt Ihr nicht Auftrag vom Kaiser?
HAUPTMANN: Wie weiß das Euer Kind?
MUTTER: Es ist ein Sonntagskind, es kann's Euch ansehen.

HAUPTMANN: Und wie?

MUTTER: Wer vom Kaiser einen Auftrag hat, den sieht es mit einem Schein um den Kopf.

HAUPTMANN: Ich einen Schein um den Kopf?

MUTTER: Fragt ihn selbst.

HAUPTMANN: Ist's wahr, mein Kind? Siehst du einen Schein um mein graues Haupt?

KNABE *sich in einer Art von Tanz drehend:* Einen lichten Schein, einen milden Schein, er strahlet hell, der güldne Schein – Er färbt sich rot, der wilde Schein. *Schreit und läuft fort.*

HAUPTMANN: Was hast du, gutes Kind? Bleib! Ich will dir ja nichts zuleide tun.

KNABE *in der Ferne:* Ihr seht so fürchterlich aus, so kriegerisch, so siegerisch. Fliehen muß man, zittern und fliehen. *Schreit und entfernt sich.*

HAUPTMANN: Nun, so wollt ich, daß alle meine Feinde Sonntagskinder wären! Nicht nur große Taten, Wundertaten wollt ich tun.

REISIGER: Dort unten gehen die Händel schon los! Sie sind einander in den Haaren.

HAUPTMANN: O wer doch jetzt dort unten wäre! Ich fühle mich einen ganz andern Mann, seitdem ich weiß, daß ich einen Schein um den Kopf habe.

REISIGER: Das Gefecht wird immer stärker; man sieht's am Staube.

HAUPTMANN: Der Hinterhalt ist gewiß zur rechten Zeit hervorgebrochen. Ich muß doch mit Augen sehen, wie es zugeht. *Er setzt sich langsam in Bewegung.*

REISIGER: Waffnet Euch! Rüstet Euch! Der Feind ist auf der Höhe!

HAUPTMANN: Der Feind? Ihr spaßt! Woher käme denn der?

REISIGER: In allem Ernst.

HAUPTMANN: Ist ihn denn niemand gewahr worden?

REISIGER: Aus den Felsenschluchten steigen sie mit Macht herauf, sie rufen: „Sankt Georg und sein Segen! Sankt Georg und sein Degen!" Ein Jüngling zieht vor ihnen her,

gerüstet und geschmückt wie Sankt Georg selbst. Eure Leute fliehen schon um den Hügel herum. Seht nur hin!
HAUPTMANN: Rüstet Euch! Kommt! Rüstet Euch! Schnell! Haltet stand, bis wir in Ordnung sind! O wenn's doch lauter Sonntagskinder wären! *Ab.*

ZWÖLFTER AUFTRITT

Georg. Einige Knechte. Faud. Reichstruppen.

Die Reichstruppen fliehen.

GEORG *mit einer Fahne:* Sie fliehen, ohne sich umzusehen. Welch ein Schrecken überfiel sie! Das kam von Gott!

Knechte kommen und packen auf.

FAUD: Glück zum Probestück! Das ist gut gelungen! Gleich eine Fahne! Du glücklicher Fant! Treibe nur das Volk zusammen, das belädt sich schon. – Macht euch auf, ihr alten Beine! Ich bin doch noch eher beim Herrn als die Saumrosse da. *Ab.*
GEORG: Belastet Euch nicht mit Beute, das bleibt am Ende doch unser, wenn wir brav sind. Ihr könnt's nicht lassen? Nun, so versteckt's nur geschwind in die Felsenschluchten, und dann gleich wieder hinab zu Götzen ins Gefecht!

Knechte räumen meist alles weg.

ZIGEUNERKNABE: Schöner Knabe, frommer Knabe, willst du hören künftige Dinge, hören, was den schönen, frommen Knaben erwartet?
GEORG: Fromm bin ich, deswegen mag ich aus deinem Munde von der Zukunft nichts hören. – Hinunter ins Gefecht mit dem Ehrenzeichen unsrer Vorarbeit!
ZIGEUNERKNABE: Schöner Knabe! Frommer Knabe! Deine Hand! Ich sage dir die Wahrheit, die gute Wahrheit.

GEORG: Hinweg, du Kobold! Frevelhafte Lügenbrut! Ich vertrau auf Gott; was der mir beschieden hat, wird mir werden. – Ich bete zu meinem Heiligen, der wird mich stärken und schützen. Sankt Georg und sein Segen! Sankt Georg und sein Degen! *Ab.*
KNECHTE *wegschleppend:* Sankt Georg und sein Segen!
ZIGEUNERKNABE: Da liegt noch viel, und manches liegt verzettelt an dem Hügel her.
MUTTER: Zusammen, was du fassen kannst, und immer ins Gewölb hinein!

Knabe sammelt und verbirgt's.

MUTTER: Das Gefecht zieht sich am Hügel her. Sie bringen einen Verwundeten herauf.

Verbergen sich.

DREIZEHNTER AUFTRITT

Selbitz verwundet, getragen von Knechten, begleitet von Faud.

SELBITZ: Legt mich hierher! Weit genug habt ihr mich geschleppt. Faud, ich dank dir für das Geleit. Nun zurück zu deinem Herrn, zurück zu Götzen!
FAUD: Laßt mich hier! Drunten bin ich unnütz; sie haben meinen alten Knochen dergestalt zugesetzt, daß ich wie gemörselt bin. Kaum tauglich zum Krankenwärter.
SELBITZ: Nun denn, ihr Gesunden, fort mit euch, ins Gefecht mit euch!

Knechte ab.

SELBITZ: O wer doch wüßte, wie's dort unten zugeht!
FAUD: Geduld! Auf der Mauer da sieht man sich weit um. *Er steigt hinauf.*
SELBITZ: Hier sitzen wir nun, vielleicht um nicht wieder auf-

zustehen. Das muß ein Reitersmann jeden Tag erwarten, und wenn's kommt, will's einem doch nicht gefallen.

FAUD *oben:* Ach, Herr!

SELBITZ: Was siehst du?

FAUD: Eure Reiter fliehen ins weite Feld.

SELBITZ: Höllische Schurken! Ich wollte, sie stünden und ich hätte eine Kugel vor den Kopf. Siehst du Götzen?

FAUD: Die drei schwarzen Federn seh ich mitten im Getümmel.

SELBITZ: Schwimme, braver Schwimmer! Ich bin leider an den Strand geworfen.

FAUD: Ein weißer Federbusch! Wer ist das?

SELBITZ: Jost von Werdenhagen.

FAUD: Götz drängt sich an ihn. – Bau! Er stürzt!

SELBITZ: Jost?

FAUD: Ja, Herr.

SELBITZ: Wohl! Wohl! Der Kühnste und Derbste unter allen.

FAUD: Weh! Weh! Götzen seh ich nicht mehr!

SELBITZ: So stirb, Selbitz!

FAUD: Ein fürchterlich Gedräng, wo er stund. Georgs blauer Federbusch verschwindet auch.

SELBITZ: Komm herunter! Siehst du Lersen nicht?

FAUD: Nichts! Es geht alles drunter und drüber.

SELBITZ: Nichts mehr! Komm! Wie halten sich Sickingens Reiter?

FAUD: Gut. – Da flieht einer nach dem Wald. – Noch einer! Ein ganzer Trupp! Götz ist hin.

SELBITZ: Komm herab!

FAUD: Wohl! Wohl! Ich sehe Götzen! Ich sehe Georgen!

SELBITZ: Zu Pferd?

FAUD: Hoch zu Pferd! Sieg! Sieg! Sie fliehen.

SELBITZ: Die Reichstruppen?

FAUD: Die Fahne mittendrin, Götz hintendrein. Sie zerstreuen sich. Götz erreicht den Fähndrich. Er hat die Fahne – Er hält. Eine Handvoll Menschen um ihn herum. Georg mit des Hauptmanns Fahne seh ich auch.

SELBITZ: Und die Flüchtigen?

FAUD: Zerstreuen sich überall. Hier läuft ein Trupp am Hügel hin, ein anderer zieht sich herauf, gerad hierher. O weh, bester Herr, wie wird es Euch ergehen!

SELBITZ: Komm herunter und zieh! Mein Schwert ist schon heraus. Auch sitzend und liegend will ich ihnen zu schaffen machen.

VIERZEHNTER AUFTRITT

Blinzkopf. Ein Trupp Reichsknechte. Vorige.

BLINZKOPF *fliehend:* Geschwind! Geschwind! Rettet eure Haut! Alles ist auseinander gesprengt. Salviert dem Kaiser ein paar tüchtige Leute für die Zukunft! *Sich umsehend:* Was! Was ist das? Da liegt einer, ich kenn ihn, es ist Selbitz. Er ist verwundet. Fort mit ihm! Auf der Retirade noch ein glücklicher Fang.

FAUD *der heruntergesprungen ist und sich mit bloßem Schwert vor Selbitz stellt:* Erst mich!

BLINZKOPF *der sich zurückzieht:* Freilich sollst du voraus.

Die Knechte kämpfen, die Menge übermannt und entwaffnet Faud und schleppt ihn fort, indem er sich ungebärdig wehrt.

BLINZKOPF: Nun diesen Lahmen aufgepackt!

SELBITZ *indem er ihn mit dem Schwerte trifft:* Nicht so eilig!

BLINZKOPF *in einiger Entfernung:* Wir sollen wohl noch erst komplimentieren?

SELBITZ: Ich will euch die Zeremonien schon lehren!

Anfall der Knechte.

BLINZKOPF *zu den Knechten:* Nur ohne Umstände!

Sie fassen ihn an.

DRITTER AUFZUG

FÜNFZEHNTER AUFTRITT

Lerse. Vorige. Zuletzt Faud.

LERSE: Auf mich! Hierher! Auf mich! Das ist eure Tapferkeit, ein halb Dutzend über **einen**!

Er springt unter sie und ficht nach allen Seiten.

SELBITZ: Braver Schmied! Der führt einen guten Hammer!

Blinzkopf entfernt sich.

LERSE *indem er einen nach dem andern erlegt und den letzten in die Flucht treibt:* Das nimm dir hin – und das wird dir wohl bekommen. – Taumle nur, du fällst doch. – Du bist wohl wert, daß ich noch einen Streich an dich wende. – Bleibe doch, ich kann dich nicht weglassen. Der ist mir entgangen; es muß doch einer ansagen, wie sie empfangen worden sind.

SELBITZ: Ich danke dir! Gib mir deine Hand! Dacht ich doch wahrlich, ich wäre wieder jung und stünd auf meinen zwei Beinen.

FAUD *kommend:* Da bin ich auch wieder mit dem schönsten Schwerte. Seht nur die Beute!

LERSE: Götz zieht herauf.

SECHZEHNTER AUFTRITT

Götz. Georg. Ein Trupp. Vorige.

SELBITZ: Glück zu, Götz! Sieg, Sieg!
GÖTZ: Teuer! Teuer! Du bist verwundet, Selbitz.
SELBITZ: Du lebst und siegst! Ich habe wenig getan. Und meine Hunde von Reitern! – Wie bist du davongekommen?
GÖTZ: Diesmal galt's! Und hier Georgen dank ich das Leben, und hier Lersen dank ich's. Ich warf den Werdenhagen

vom Gaul. Sie stachen mein Pferd nieder und drangen auf mich ein; Georg hieb sich zu mir und sprang ab; ich wie der Blitz auf seinen Gaul; wie der Donner saß er auch wieder. Wie kamst du zum Pferd?

GEORG: Einem, der nach Euch hieb, stieß ich meinen Dolch in die Gedärme, wie sich sein Harnisch in die Höhe zog. Er stürzt', und ich half Euch von einem Feind und mir zu einem Pferde.

GÖTZ: Nun staken wir, bis Franz sich zu uns hereinschlug, und da mähten wir von innen heraus.

LERSE: Die Schuften, die ich führte, sollten von außen hinein mähen, bis sich unsere Sensen begegnet hätten; aber sie flohen wie Reichsknechte.

GÖTZ: Es flohe Freund und Feind. Nur du kleiner Hauf hieltest mir den Rücken frei; ich hatte mit den Kerls vor mir genug zu tun. Werdenhagens Fall half mir sie schütteln, und sie flohen. Ich habe ihre Fahne und wenig Gefangene.

SELBITZ: Werdenhagen ist Euch entwischt?

GÖTZ: Sie hatten ihn gerettet.

SELBITZ: Und Lerse rettete mich. Sieh nur, was er für Arbeit gemacht hat.

GÖTZ: Diese wären wir los. Glück zu, Lerse, Glück zu, Faud, und meines Georgs erste wackre Tat sei gesegnet! Kommt, Kinder, kommt! Macht eine Bahre von Ästen! Selbitz, du kannst nicht aufs Pferd. Kommt in mein Schloß! Sie sind zerstreut, die Unsrigen auch. Wer weiß, was wir wieder zusammenbringen!

Gruppe in Bewegung.

Der Vorhang fällt.

VIERTER AUFZUG

ERSTER AUFTRITT

Jagsthausen. Kurzes Zimmer.

Marie. Sickingen.

SICKINGEN: Du siehst, meine Hoffnungen sind eingetroffen: Götz kehrt siegreich zurück, und du wirst deinen geliebten Bruder, für den du so ängstlich sorgtest, bald wieder vor dir sehen.
MARIE: Er hat sich für einen Augenblick Luft gemacht; wie wenig heißt das gegen die Übel, die ihn bedrohen!
SICKINGEN: Über den Augenblick geht unsre Tätigkeit nicht hinaus, selbst wenn unsere Plane weit in der Ferne liegen. Laßt auch uns das Glück der schönen Stunde nicht versäumen, die mich dir zuführt, die dich zu der Meinigen machen soll.
MARIE: Auch bei diesem deinem edlen Erbieten wächst meine Sorge, meine Verlegenheit! Willst du dich an uns anschließen, wo du weder Macht noch Glück findest? Was treibt dich, einer fremden Unbekannten die Hand zu reichen?
SICKINGEN: Du bist mir weder fremd noch unbekannt. – Deinem Bruder vertrau ich schon lange, und du bist von frühern Zeiten meine Liebe. Lächle nur! Staune nur! Ich will es dir erklären. Vielleicht erinnerst du dich kaum, daß du mit deiner Mutter auf dem Reichstag zu Speyer warst. Dort gab es viele Feste, Bankette und Tänze. An einem schönen Tage tratst du mit deiner Mutter die Stu-

fen herunter in den großen, kühlen, gesellschaftreichen Gartensaal, wo, zu mancherlei Tanzmusik, Trompeten und Pauken erklangen. Mein Oheim ging euch entgegen und reichte deiner stattlichen Mutter die Hand, um sich mit ihr an den Reihen anzuschließen; ich reichte sie dir, dem sanften, liebenswürdigen Kinde. Du warst neu in dieser Welt, und du bewegtest dich darin mit unschuldiger Freiheit, mit himmlischer Anmut. Damals, als du mit deinen blauen Augen zu mir heraufschautest, fühlte ich den Wunsch, dich zu besitzen. Lange war ich von dir getrennt, jener Wunsch blieb lebendig so wie jenes Bild, wie der Eindruck jenes Blickes. – Eigentlich komme ich nur zurück –

ZWEITER AUFTRITT
Vorige. Götz.

GÖTZ: Das wäre soweit gut abgelaufen.
SICKINGEN: Glück zu!
MARIE: Tausendmal willkommen!
GÖTZ: Nun aber vor allen Dingen in die Kapelle.
MARIE: Wie meinst du?
GÖTZ: Ich hoffe, daß ihr einig seid.
SICKINGEN: Wir sind's.
GÖTZ: Nur geschwind, daß ihr auch eins werdet! Ich habe bei meinem Zuge auf alles gedacht und auch einen Kaplan mit hereingeführt. Kommt! Kommt! Die Tore sind geschlossen, wie sich's ziemt. Weibern, Pfaffen und Schreibern muß man zu ihren Hantierungen eine sichre Stätte verschaffen.
MARIE: Hört! sagt, wie steht es überhaupt mit Euch, mit Euern Leuten?
GÖTZ: Das sollst du nachher vernehmen! – Jetzt vor den Altar, und da, im Angesichte Gottes, fromme Wünsche für dich und deinen Gatten, das übrige wird sich geben.

Alle ab.

VIERTER AUFZUG

DRITTER AUFTRITT

Saal mit Waffen, im Grunde eine Kapelltüre.

Lerse und Georg mit Fahnen, eine Reihe Gewappneter an der rechten Seite.

GEORG: Das ist doch lustig, daß wir gleich zum Kirchgange aufziehen.
LERSE: Und daß diese Fahnen gleich ein Brautpaar salutieren.
GEORG: Ich höre zwar das Läuten recht gern, aber diesmal wollt ich, es wäre vorbei, damit wir auskundschafteten, wie es draußen steht.
LERSE: Nicht sonderlich steht's! Das weiß ich ohne Kundschaft.
GEORG: Freilich! Die Unsern sind zersprengt und der andern sind viele, die sich schon eher wieder zusammenfinden.
LERSE: Das tut uns nichts! Wenn sich so ein paar Männer wie Sickingen und Berlichingen verbinden, wissen sie schon, warum. Gib acht, Sickingen führt unserm Herren hinreichende Mannschaft zu. So überlegt ich's, und so wird's werden.
GEORG: Ganz recht. Nur getrost und munter und gelegentlich wacker zugeschlagen! Die Ritter mögen sorgen! Dafür befehlen sie uns ja.

VIERTER AUFTRITT

Die Vorigen. Zwei Chorknaben. Ein Priester. Götz mit Sickingen. Elisabeth mit Marie. Einige Frauen und Männer von den Hausgenossen.

Sie ziehen mit Gesang ums Theater. Die Wache salutiert mit Piken und Fahnen. Der Zug geht in die Kapelle, der Gesang dauert fort.

GEORG *indem er seine Fahne abgibt:* Ich schließe mich auch an. So etwas Feierliches hab ich gar zu gern. *Georg ab.*

Der Gesang endet.

FÜNFTER AUFTRITT

Götz. Lerse. Knechte.

GÖTZ: Wie sieht es aus, Lerse? Die Mannschaft mag sich nun auf die Mauern verteilen.
LERSE: Erlaubt Ihr, so rüsten sie sich noch besser. Das gibt mehr Zutrauen.
GÖTZ: Nehmt von den Harnischen, Pickelhauben und Helmen, was ihr wollt.

Die Knechte rüsten sich auf beiden Seiten. Der Zug kommt aus der Kapelle und zieht durch sie durch. Erst die Hausgenossen, dann die Chorknaben, dann der Priester. Indessen spricht Götz mit Lerse.

GÖTZ: Sind die beiden Tore gut besetzt?
LERSE: Ja, Herr, und für den Augenblick wohl verschlossen und verwahrt.
GÖTZ: Sickingen geht gleich nach der Trauung fort.
LERSE: Ich verstehe. Um Euch Mannschaft zuzuführen.
GÖTZ: Das wird sich finden. Du mußt ihn zum Untertore hinausgeleiten.
LERSE: Ganz recht! Denn vorm Obertore ist's nicht ganz sicher, da schwärmt schon wieder ein Trupp Reichsvögel herum.
GÖTZ: Du führst ihn am Wasser hin und über die Furt, da mag er in Frieden seines Wegs ziehn. Du siehst dich um und kommst bald wieder.
LERSE: Ja, Herr. *Ab.*

SECHSTER AUFTRITT

Sickingen, Marie, Elisabeth aus der Kapelle. Götz.
Man hört in der Ferne Trommeln zu Bezeichnung des feindlichen Anmarsches.

GÖTZ: Gott segne euch, gebe euch glückliche Tage und behalte die, die er abzieht, für eure Kinder.

ELISABETH: Und eure Kinder laß er sein, wie ihr seid, rechtschaffen, und dann mögen sie werden, was sie wollen.
SICKINGEN: Ich danke euch, und danke Euch, Marie. Ich führte Euch an den Altar, und Ihr sollt mich zur Gückseligkeit führen.
MARIE: Wir wollen zusammen eine Pilgrimschaft nach diesem fremden Gelobten Lande antreten.
GÖTZ: Glück auf die Reise! Lerse soll euch auf den Weg bringen.
MARIE: So ist's nicht gemeint; wir verlassen euch nicht.
GÖTZ: Ihr sollt, Schwester.
MARIE: Du bist sehr unbarmherzig, Bruder.
GÖTZ: Vorsicht muß unbarmherzig sein.

SIEBENTER AUFTRITT

Vorige. Georg.

GEORG *heimlich zu Götz:* Sie ziehen sich auf der Höhe zusammen und umlagern von der einen Seite das Schloß. Unten über dem Wasser seh ich noch niemand.

Trommeln, immer wachsend, doch nicht zu nahe.

GÖTZ *für sich:* Gerade wie ich mir's dachte. *Laut:* Ohne Hochzeitsmahl muß ich euch entlassen. – *Halblaut zu Sickingen:* Ich bitte Euch, geht. Ihr versteht mich. Beredet Marien. Sie ist Eure Frau, laßt sie's zum erstenmal fühlen.
ELISABETH: Liebe Schwester, tu, was er verlangt. Wir haben uns dabei noch immer wohl befunden.
GÖTZ: Es muß geschieden sein, meine Lieben. – Weine, gute Marie. Es werden Augenblicke kommen, wo du dich freuen wirst. Leb wohl, Marie! leb wohl, Bruder!
MARIE: Ich kann nicht von euch, Schwester. Lieber Bruder, laß uns hier! Achtest du meinen Mann so wenig, daß du in dieser Not seine Hülfe verschmähst?

GÖTZ: Ja, es ist weit mit mir kommen. Vielleicht bin ich meinem Sturze nahe. Ihr beginnt heut zu leben, und ihr sollt euch von meinem Schicksal trennen. Ich hab eure Pferde zu satteln befohlen. Ihr müßt gleich fort.
MARIE: Bruder! Bruder!
ELISABETH *zu Sickingen:* Gebt ihm nach! Geht.
SICKINGEN: Liebe Marie, laßt uns gehen.
MARIE: Du auch? Mein Herz wird brechen.

Trommeln.

GÖTZ: So bleib denn! In wenigen Stunden wird meine Burg umringt sein!
MARIE: Weh! Weh!
GÖTZ: Wir werden uns verteidigen, so gut wir können.
MARIE: Mutter Gottes, hab Erbarmen mit uns!
GÖTZ: Und am Ende werden wir sterben oder uns ergeben. Du wirst deinen edlen Gatten mit mir in ein Schicksal geweint haben.
MARIE: Du marterst mich.
GÖTZ: Bleib! Bleib! Wir werden zusammen gefangen werden. Sickingen, du wirst mit mir in die Grube fallen. Ich hoffte, du solltest mir heraushelfen.
MARIE: Wir wollen fort! Schwester! Schwester!
GÖTZ: Bringt sie in Sicherheit, und dann erinnert Euch meiner.
SICKINGEN: Ich will nicht ruhen noch rasten, bis ich Euch außer Gefahr weiß.
GÖTZ: Schwester! liebe Schwester! *Er küßt sie.*
SICKINGEN: Fort, fort!
GÖTZ: Noch einen Augenblick! – Ich seh euch wieder. Tröstet euch, wir sehen uns wieder!

Sickingen und Marie ab.

GÖTZ: Ich trieb sie, und da sie geht, möcht ich sie halten. Elisabeth, du bleibst bei mir!

VIERTER AUFZUG

ELISABETH: Bis in den Tod. *Ab.*
GÖTZ: Wen Gott liebhat, dem geb er so eine Frau.

Trommeln.

ACHTER AUFTRITT

Götz. Georg.

GEORG: In kleinen Haufen rücken sie von allen Seiten an. Ich sah vom Turme ihre Piken blinken, ihrer sind nicht wenig; doch wollte mir's vor ihnen nicht bänger werden als einer Katze vor einer Armee Mäuse. Zwar diesmal spielen wir die Ratten.
GÖTZ: Seht nach dem Tor, nach den Riegeln, verrammelt's mit Balken und Steinen!

Georg ab.

NEUNTER AUFTRITT

Götz.

Dann Trompeter in der Ferne.

GÖTZ: Wir wollen ihre Geduld für 'n Narren halten, und ihre Tapferkeit sollen sie mir an ihren eignen Nägeln vorkauen.

Trompete von außen.

Aha! – ein rotröckiger Schurke, der uns die Frage vorlegen wird, ob wir Hundsfötter sein wollen. *Geht ans Fenster:* Was soll's?
TROMPETER *von ferne (NB. Man darf kaum etwas verstehen.):* Kund und zu wissen sei hiemit jedermänniglich, besonders euch

da drinnen in der Burg, daß Ihro Majestät, unser gnädigster Herr und Kaiser Maximilian, dich, Götz von Berlichingen, wegen freventlicher Vergehungen an den Reichsgesetzen und Ordnungen –

GÖTZ: Einen Strick an deinen Hals!

TROMPETER: Nach vorläufiger rechtlicher Erkenntnis in die Acht erklärt, als einen Beleidiger der Majestät –

GÖTZ: Beleidiger der Majestät? Die Ausforderung hat ein Pfaff gemacht.

TROMPETER: Und Befehl gegeben, dich zu fahen und zu stellen, deshalb du vorläufig ermahnt wirst, dich dem ausgesandten Hauptmann auf Gnade und Ungnade zu ergeben und kaiserlicher Milde dich und die Deinigen zu überliefern.

GÖTZ: Mich ergeben? Auf Gnad und Ungnade? Mit wem sprecht ihr? Bin ich ein Räuber? Sage deinem Hauptmann: Vor Ihro Kaiserlichen Majestät habe ich allen schuldigen Respekt! Er aber, sag's ihm – er kann zum Teufel fahren. *Schmeißt das Fenster zu.*

ZEHNTER AUFTRITT

Götz. Lerse. Knechte.

LERSE: Wir haben die Munition ausgeteilt. Pulver ist wohl da, aber die Kugeln sind spärlich zugemessen.

GÖTZ: Hier ist Gießzeug. Sieh dich nach Blei um. Indessen wollen wir uns mit Armbrüsten behelfen. *Indem er eine Armbrust nimmt, zum Knecht:* Trage die übrigen hinauf. Wo ein Bolzen treffen kann, muß man keine Kugel verschwenden.

Man hört von Zeit zu Zeit schießen, doch nicht zu nahe.

VIERTER AUFZUG

ELFTER AUFTRITT

Lerse. Georg.

LERSE: Hier ist nicht lange zu feiern, alle Vorteile gelten! Habe ich doch schon Gefängnisgitter in Hufeisen umschmieden sehen. Das Blei hat hier lange genug ausgeruht, mag es auch einmal fliegen. *Er hebt ein Fenster aus, schlägt die Scheiben ein und wickelt das Blei zusammen, um es einzuschmelzen.*

Draußen wird geschossen.

So geht's in der Welt! Weiß kein Mensch, was aus den Dingen werden kann. Der Glaser, der die Scheiben faßte, dachte gewiß nicht, daß das Blei einem seiner Urenkel garstiges Kopfweh machen könnte. *Er gießt.*

GEORG *kommt mit einer Dachrinne:* Da hast du Blei; wenn du nur mit der Hälfte triffst, so entgeht keiner, der Ihro Majestät ansagen kann: Herr, wir haben uns prostituiert.

LERSE: Ein brav Stück! Wo hast du's her?

GEORG: Aus der Dachkehle, zwischen dem Turm und dem Schloß.

LERSE: Von wo der Regen nach dem kleinen Hof fällt?

GEORG: Der Regen mag sich einen andern Weg suchen, mir ist nicht bange für ihn. Ein braver Reiter und ein rechter Regen kommen überall durch.

LERSE: Halte den Löffel! *Er geht ans Fenster.* Da zieht so ein Reichsdruckser mit der Büchse herum. Die denken, wir haben uns verschossen. Er soll die Kugel versuchen, heiß wie sie aus der Pfanne kommt.

GEORG *gießt indessen:* Es ist doch artig, wie eine der andern so ähnlich sieht! Wenn man doch auch so eine Form hätte, wackere Reiter zu gießen, wie wollten wir ein ganzes Schloß voll erst fertigmachen und auf einmal alsdann die Torflügel auseinander und unter die Feinde hinausgesprengt! Wie sollten die sich verwundern!

LERSE: Nun gib acht. *Er schießt.* Da liegt der Spatz!
GEORG: Laß sehen! Der schoß vorhin nach mir, als ich zum Dachfenster hinausstieg und das Blei holen wollte; er traf eine Taube, die nicht weit von mir saß, sie stürzte in die Rinne, ich dankte ihm für den Braten und stieg mit der doppelten Beute wieder herein.

ZWÖLFTER AUFTRITT
Vorige. Götz.

GÖTZ: Womit beschäftigt, Kinder?
GEORG: Ein Paternoster ohne Schnur zu verfertigen. Seht her, wie blank die Kugeln sind.
GÖTZ: Die Sache gewinnt ein ander Ansehen. Georg, geschwind auf den Mauern herum! Und sage den Meinigen, sie sollen nicht schießen, bis die draußen wieder anfangen.
GEORG: Den Augenblick! *Ab.*
LERSE: Halten die draußen ein mit Schießen?
GÖTZ: Ja, und sie bieten mit allerlei Zeichen und weißen Tüchern einen Vertrag.
LERSE: Sie sind es bald müde geworden.
GÖTZ: Der Hauptmann wünscht sich nach Hause.
LERSE: Ich will zu ihnen hinaus und hören, was es soll.
GÖTZ: Sie werden verlangen, daß ich mich ritterlich gefänglich stelle.
LERSE: Das ist nichts! Wenn sie nichts Besseres wissen, so warten wir auf den Sukkurs, den Euch Sickingen gewiß zusendet.
GÖTZ: Daher ist nichts zu erwarten.
LERSE: Nichts? Wäre das möglich?
GÖTZ: Es hat seine gute Ursachen.
LERSE: Auf alle Fälle will ich hinaus. Man hört doch, wie sie gesinnt sein mögen, und Ihr könnt fortan tun und lassen, was Euch belieben mag. *Ab.*

VIERTER AUFZUG

DREIZEHNTER AUFTRITT

*Götz. Nachher Knechte mit einem Tisch. Georg und Faud
mit Tischgerät.*

GÖTZ: Wenn wir auf leidliche Bedingungen wieder ins Freie gelangen, so werden wir uns gleich wieder behaglicher finden.
GEORG: So muß Euer alter Eßtisch auch einmal vom Platze; denn da vorn in dem Erker, wo Ihr so lustig speiset, haben sie schon zweimal hineingeschossen.
FAUD: Unsre Frau sagt: weil eben doch Feierstunde sei, so wäre auch Zeit, etwas zu genießen. Wir sollen decken, nicht als ob sie Euch viel auftischen könnte.
GEORG: Die Herren da draußen haben es recht klug gemacht; sie haben ihr vor allen Dingen die Küchenösse eingeschossen, sie denken, das ist der empfindlichste Teil des Hauses.
GÖTZ: Nur zu, Kinder! Wir andern müssen oft genug aus der Hand speisen, daß jeder gedeckte Tisch uns festlich erscheint.

VIERZEHNTER AUFTRITT

*Vorige. Elisabeth.
Knechte mit kalten Speisen und einigen Krügen Wein.*

GÖTZ *die Tafel beschauend:* Das sieht noch so ganz reichlich aus. Bis auf den Wein, meine Liebe, den hast du knapp zugemessen.
ELISABETH: Es ist der letzte – *heimlich* – bis auf zwei Krüge, die hab ich für dich beiseite gesetzt.
GÖTZ: Nicht doch, Liebe! gib sie nur auch her. Sie brauchen Stärkung, nicht ich. Mein ist ja die Sache.

Indessen sie sich um den Tisch stehend ordnen, werden noch zwei Krüge aufgetragen.

GÖTZ: Von diesem spärlichen Mahle wendet hinauf den Blick zu eurem Vater im Himmel, der alles ernährt, der euch nah ist zur guten und bösen Stunde, ohne dessen Willen kein Haar von eurem Haupte fällt. Vertraut ihm! Dankt ihm!

Er setzt sich, mit ihm alle.

Und nun fröhlich zugegriffen!

GEORG: Ja, Herr! Ich bin auch am heitersten, wenn ich gebetet habe.

GÖTZ: Laßt uns, meine Kinder, nach guter alter Sitte bei Tisch nur des Erfreulichen gedenken. Und wenn uns diesmal die Gefahr zusammenbringt, wenn sie Herrn und Knecht an einem Tisch versammelt, so laßt uns erwägen, daß Lebensgenuß ein gemeinsam Gut ist, dessen man sich nur in Gesellschaft erfreuen kann.

FAUD: Ist mir erlaubt, eine Gesundheit auszubringen?

GÖTZ: Laßt hören.

FAUD: Es lebe der Burgherr, unser Vater und Führer!

Alle wiederholen es.

GÖTZ: Dank euch! Dank euch von Herzen! Es muß ein Herr sein im Hause, ein Führer in der Schlacht. Wohl ihm, wohl allen, wenn er seine Pflicht kennt und ihr genugzutun vermag. Nun, Georg, ist's an dir.

GEORG: Es lebe der Reiterstand!

Alle wiederholen es.

GEORG: Dabei will ich leben und sterben; denn was kann lustiger und ehrenvoller sein?

GÖTZ: Das geht schon eine Weile; aber ein höheres Wohl schwebt über dem unsrigen. Das laßt unsre Wünsche befeuern.

GEORG: Laßt hören!

GÖTZ: Es lebe der Kaiser!

Alle wiederholen es.

GÖTZ: Weisheit seiner Krone, seinem Szepter Macht! Fürsten, die sich an ihn schließen, wie ihr an mich, die in seinem Sinne wirken, wie ich für ihn wirken möchte! Übereinstimmung als Pfand unsrer Freiheit!
GEORG: Da müßte viel anders werden.
GÖTZ: So viel nicht, als es scheinen möchte! O daß bei Großen und Kleinen Verehrung des Kaisers, Fried und Freundschaft der Nachbarn, Liebe der Untertanen als ein kostbarer Familienschatz bewahrt würde, der auf Enkel und Urenkel forterbt! Jeder würde das Seinige erhalten, es innerlich vermehren, statt daß sie jetzo nicht zuzunehmen glauben, wenn sie nicht andere verderben.
GEORG: Würden wir hernach auch reiten?
GÖTZ: Wollte Gott, es gäbe keine unruhigen Köpfe in ganz Deutschland, wir würden deswegen noch zu tun genug finden. Wir könnten Gebirge von Wölfen säubern, unserm ruhig ackernden Nachbar einen Braten aus dem Wald holen und dafür die Suppe mit ihm essen. Wär uns das nicht genug, wir wollten uns mit unsern Brüdern, gleich Cherubim bewaffnet mit flammenden Schwertern, vor die Grenzen des Reichs gegen die Wölfe, die Türken, gegen die Füchse, die Franzosen, lagern und zugleich unsers teuern Kaisers ausgesetzte Länder und die Ruhe des Ganzen beschützen. Das wäre ein Leben, Georg, wenn man seine Haut für das allgemeine Wohl darbieten könnte!

Georg springt auf.

GÖTZ: Wo willst du hin?
GEORG: Ach! ich vergaß, daß wir eingesperrt sind. – Und der Kaiser hat uns eingesperrt! – Und unsere Haut davonzubringen, setzen wir unsere Haut dran.
GÖTZ: Sei gutes Muts.

FÜNFZEHNTER AUFTRITT

Vorige. Lerse.

Alle stehen auf.

LERSE: Freiheit! Freiheit! Das sind elende Menschen. Der Hauptmann ein Wollsack ohne Entschluß, der Lieutenant ein toller Grobian ohne Sinn, und hinten stand noch ein Buckelorum, der auch was mit munkelte und zuletzt das Papier verfaßte. Da lest: Ihr sollt abziehen mit Gewehr, Pferden, Rüstung. Proviant sollt ihr dahinten lassen.
GÖTZ: Sie werden sich daran die Zähne nicht stumpf kauen.
LERSE: Eure Habe soll treulich unter Gewahrsam genommen werden. Ich soll dabeibleiben.
GÖTZ: Kommt! Nehmt die besseren Gewehre mit weg, laßt die geringern hier! Lerse, besorge das! Komm, Elisabeth! Durch eben dieses Tor führte ich dich als junge Frau wohl ausgestattet herein. Fremden Händen überlassen wir nun unser Hab und Gut. Wer weiß, wann wir wiederkehren. Aber wir werden wiederkehren und uns drinnen in dieser Kapelle neben unsern würdigen Vorvordern zusammen zur Ruhe legen.

Ab mit Elisabeth.

SECHZEHNTER AUFTRITT

Georg. Lerse. Faud. Knechte.

GEORG *indem er eine Jagdtasche umhängt und einiges vom Tische einsteckt:*
Es fing ein Knab ein Vögelein – Hm hm!
Da lacht' er in den Käficht 'nein – Hm hm! So so! Hm hm!
Der freut' sich drauf so läppisch – Hm hm!
Und griff hinein so täppisch – Hm hm!

VIERTER AUFZUG

Da flog das Vöglein auf das Haus – Hm hm!
Und lacht' den dummen Buben aus – Hm hm!

Er empfängt zuletzt noch eine Büchse von Lerse und geht singend ab.

LERSE *der nach und nach die Knechte mit Gewehr fortgeschickt hat, zu Faud:*
Nun mache, daß du fortkommst! Wähle nicht so lange.
FAUD: Laß mich! Wer weiß, wann mir's wieder so wohl wird, mir eine Büchse aussuchen zu dürfen. Und ich trenne mich so ungern von dem allen.
LERSE: Horch!

Man hört ein Geschrei, es fallen einige Schüsse.

Horch! – Hilf, heiliger Gott! sie ermorden unsern Herrn. Er liegt vom Pferde! – Hinunter! Hinunter! *Ab.*
FAUD: Georg hält sich noch. Hinunter! Wenn sie sterben, mag ich nicht leben. *Ab.*

SIEBENZEHNTER AUFTRITT

Nacht. Vorzimmer.

Franz. Nachher Weislingen.

FRANZ *in einem Maskenkleid, die Jugend vorstellend, mit einer bunten und geschmückten Fackel:* Alles ihr zuliebe, so auch diese Mummerei! Und welchen Lohn? O Gott, wie schlecht gelohnt!
WEISLINGEN *im Hauskleide, sein Knabe leuchtet und geht wieder ab:* Wo ist Adelheid?
FRANZ: Sie schmückt sich zur Mummerei.
WEISLINGEN: Bist du's? Ich kannte dich nicht. Also auch zum Schönbartlaufen?
FRANZ: Ihr gabt mir ja die Erlaubnis, Eurer Frauen vorzuleuchten.

WEISLINGEN: Das ganze Jahr habt ihr die Erlaubnis, vernünftig zu sein, und bedient euch deren nicht. Was stellt sie vor?
FRANZ: Verderbt ihr die Freude nicht! Sie wollte soeben in Eurem Zimmer aufziehen.
WEISLINGEN: Was stellt sie vor? Überraschungen lieb ich nicht.
FRANZ: Weiß ich's doch selber kaum. Die Torheit, glaub ich, oder die Liebe.
WEISLINGEN: Wohl beides zugleich.

ACHTZEHNTER AUFTRITT

Vorige. Adelheid mit einem Maskengefolge.

Musik hinter der Szene.

ADELHEID *noch hinter der Szene:* Franz!
FRANZ *hineilend:* Hier bin ich.
ADELHEID *hinter der Szene:* Komm, daß der Zug beginne.

Sie tritt ein, vor ihr Franz als Jugend, ein Gewappneter als Mann. Sie lehnt sich mit der linken Hand auf ein Kind, mit der rechten auf einen Greis. Alle viere tragen Fackeln und werden an Blumenketten von ihr geführt. Sie ziehen vor Weislingen vorbei, dann stellen sie sich.

WEISLINGEN: Schön, reizend, wohl ausgedacht.
ADELHEID: Der Kaiser selbst hat diese Mummerei erfunden. Es gehören wohl hundert Figuren dazu, er wird auch selbst darunter sein; denn er gibt seinen Augsburgern gar zu gern solche Feste mit Bedeutungen und Anspielungen und weiß sie recht gut auszuführen.
WEISLINGEN: Und was bedeutest du?
ADELHEID: Nehmt Euch aus meinem Spruch das Beste heraus. Die Verse, glaub ich, hat der Kaiser gemacht.

> Wollt es euch etwa nicht behagen,
> Daß mir diese die Fackeln tragen,

So steht es einem jeden frei,
Er komme zum Dienst selbst herbei;
Denn es hat über Herrn und Knecht
Die Torheit immer ein gleiches Recht.
Doch steckt hinter diesem Schönbart
Ein Gesicht von ganz andrer Art,
Das, würdet ihr es recht erkennen,
Ihr wohl dürftet die Liebe nennen,
Denn die Liebe und die Torheit
Sind Zwillingsgeschwister von alter Zeit.
Ist die Torheit doch unerträglich,
Wird sie durch Liebe nicht behäglich.
Und von der Lieb versteht sich's gar,
Daß sie nie ohne Torheit war.
Drum dürft ihr nicht die Torheit schelten,
Laßt sie wegen der Liebe gelten.

Die vier Masken gehn ab.

WEISLINGEN: Magst du denn wohl, daß ich dich in diesen Augenblicken des zerstreuten Leichtsinns von wichtigen Angelegenheiten unterhalte?

ADELHEID: Recht gern. Eine Mummerei ist schal, wenn nicht ein bedeutendes Geheimnis dahintersteckt.

WEISLINGEN: Also erfahre zuerst, daß wahrscheinlich Götz in diesen Augenblicken in den Händen der Unsrigen ist.

ADELHEID: Nun, habe ich dir nicht gut geraten?

WEISLINGEN: Und das lassen wir nun gut sein; sie werden ihn festhalten, er wird aus der Reihe der Tätigen verschwinden. Wir haben ihn ohnehin bisher zu wichtig behandelt.

ADELHEID: Gewiß! Ich tadelte dich oft im stillen, daß du sein Andenken nicht loswerden konntest.

WEISLINGEN: Die Meuterei der Landleute wird immer gewaltsamer, der Aufruhr nimmt zu und verbreitet sich über Franken und Schwaben. Ist er an einem Orte gestillt, so bricht er an dem andern wieder aus. Mit Ernst und Gewalt wird nun der Bund gegen sie wirken; man hat

mich zu einem Hauptmann gewählt, diese Tage ziehen wir.
ADELHEID: Und so soll ich wieder von dir entfernt sein?
WEISLINGEN: Nein, Adelheid, du begleitest mich.
ADELHEID: Wie?
WEISLINGEN: Ich bringe dich auf mein Schloß in Franken; dort bist du sicher und nicht allzuweit von dem Orte entfernt, wo ich wirke.
ADELHEID: Sollte ich hier am Hofe dir nicht nützlicher sein können?
WEISLINGEN: Du bist es überall.
ADELHEID: Es wird sich überlegen lassen.
WEISLINGEN: Wir haben nicht lange Zeit, denn schon morgen geht es fort.
ADELHEID *nach einer kleinen Pause:* Nun denn! Also heute zur Fastnacht und morgen in den Krieg.
WEISLINGEN: Du liebst ja den Wechsel. Nun halte ich dich nicht länger auf.
ADELHEID: Leb wohl, morgen sehe ich dich beizeiten.
WEISLINGEN: Eine bunte Nacht! *Ab.*

NEUNZEHNTER AUFTRITT

Adelheid, dann Franz.

ADELHEID: Sehr wohl! Ich verstehe dich und werde dir zu begegnen wissen. Die Kunst der Verstellung ist mir noch eigner als dir. Du willst mich vom Hofe entfernen, von hier, wo Karl, der große Nachfolger unsers Kaisers, in fürstlicher Jugend allen Hoffnung gebietet? Sinne nur, beschließe, befehle! Mein Ziel verrückst du nicht. Franz!
FRANZ *kommt:* Gestrenge Frau?
ADELHEID: Weißt du nicht, was der Erzherzog heute auf der Mummerei vorstellt?

FRANZ: Man sagt, er sei krank und komme nicht hinzu.
ADELHEID: Das ist Verstellung; unerkannt will er sich einschleichen. Nun gib wohl acht, durchstreife den ganzen Saal, und jede Vermutung berichte mir. Willst du?
FRANZ: Ich will.
ADELHEID: Was hast du? Du siehst so kummervoll.
FRANZ: Es ist Euer Wille, daß ich mich totschmachten soll; in den Jahren der Hoffnung laßt Ihr mich verzweifeln.
ADELHEID: Er dauert mich – Er sollte glücklich sein. Nur gutes Muts, Junge! Ich fühle deine Lieb und Treu und werde dich nie vergessen.
FRANZ *beklemmt:* Wenn Ihr das fähig wärt, ich müßte vergehn. Mein Gott, ich habe keine andere Faser an mir, keinen Sinn, als Euch zu lieben und zu tun, was Euch gefällt.
ADELHEID: Lieber Junge!
FRANZ: Ihr schmeichelt mir! *In Tränen ausbrechend:* Wenn diese Ergebenheit nichts mehr verdient, als andere sich vorgezogen zu sehen, als Eure Gedanken alle nach dem Karl gerichtet zu sehen –
ADELHEID: Du weißt nicht, was du willst, noch weniger, was du redst.
FRANZ *mit Verdruß und Zorn mit dem Fuße stampfend:* Ich will auch nicht mehr. Will nicht mehr den Unterhändler abgeben.
ADELHEID: Franz, du vergißt dich.
FRANZ: Mich aufzuopfern! Meinen lieben Herrn!
ADELHEID: Geh mir aus dem Gesicht!
FRANZ: Gnädige Frau!
ADELHEID: Geh, entdecke deinem lieben Herrn mein Geheimnis! Ich war eine Närrin, dich für etwas zu halten, das du nicht bist.
FRANZ: Liebe, gnädige Frau! Ihr wißt, daß ich Euch liebe.
ADELHEID: Und du warst mein Freund, meinem Herzen so nahe. Geh, verrate mich!
FRANZ: Ich wollte mir ehe das Herz aus dem Leibe reißen! Verzeiht mir, gnädige Frau! Meine Brust ist zu voll, meine Sinne halten's nicht aus.

ADELHEID: Lieber warmer Junge!

Sie faßt ihn bei den Händen, zieht ihn zu sich, und ihre Küsse begegnen einander. Er fällt ihr weinend an den Hals.

Laß mich!

FRANZ *erstickend in Tränen an ihrem Halse:* Gott! Gott!

ADELHEID: Laß mich! Die Mauern sind Verräter. Laß mich! *Sie macht sich los.* Wanke nicht von deiner Lieb und Treu, und der schönste Lohn soll dir werden. Nun komm! *Ab.*

FRANZ: Der schönste Lohn! Nur bis dahin laß mich leben! Ich wollte meinen Vater morden, der mir den Platz an ihrem Herzen streitig machte. *Ab.*

ZWANZIGSTER AUFTRITT

Wirtshaus zu Heilbronn.

Götz, dann Elisabeth, zuletzt Gerichtsdiener.

GÖTZ: Ich komme mir vor wie der böse Geist, den der Kapuziner in einen Sack beschwor. Ich arbeite mich ab und fruchte mir nichts. Die Meineidigen! – – Was für Nachrichten, Elisabeth, von meinen lieben Getreuen?

ELISABETH: Nichts Gewisses. Einige sind erstochen, einige liegen im Turm. Es konnte oder wollte niemand mir sie näher bezeichnen.

GÖTZ: Ist das Belohnung der Treue, der kindlichen Ergebenheit? – Auf daß dir's wohl gehe und du lange lebest auf Erden!

ELISABETH: Lieber Mann, schilt unsern himmlischen Vater nicht! Sie haben ihren Lohn, er ward mit ihnen geboren: ein freies, edles Herz. Laß sie gefangen sein, sie sind frei.

GÖTZ: Ich möchte Georgen und Franzen geschlossen sehn!

ELISABETH: Es wäre ein Anblick, um Engel weinen zu machen.

GÖTZ: Ich wollte nicht weinen. Ich wollte die Zähne zusammenbeißen und an meinem Grimm kauen. In Ketten meine Augäpfel! Ihr lieben Jungen, hättet ihr mich nicht geliebt! – Ich würde mich nicht satt an ihnen sehen können. – Im Namen des Kaisers ihr Wort nicht zu halten!
ELISABETH: Entschlagt Euch dieser Gedanken. Bedenkt, daß Ihr vor den Räten erscheinen sollt. Ihr seid nicht gestellt, ihnen wohl zu begegnen, und ich fürchte alles.
GÖTZ: Was wollen sie mir anhaben?
ELISABETH: Der Gerichtsbote!
GÖTZ: Esel der Gerechtigkeit! Schleppt ihre Säcke zur Mühle und ihren Kehricht aufs Feld. Was gibt's?
GERICHTSDIENER *welcher eintrat:* Die Herren Kommissarii sind auf dem Rathause versammelt und schicken nach Euch.
GÖTZ: Ich komme.
GERICHTSDIENER: Ich werde Euch begleiten.
GÖTZ: Viel Ehre.
ELISABETH: Mäßigt Euch.
GÖTZ: Sei außer Sorgen.

Alle ab.

EINUNDZWANZIGSTER AUFTRITT

Rathaus.

Kaiserliche Räte. Ratsherren von Heilbronn.
Nachher Gerichtsdiener. Zuletzt Götz.

RATSHERR: Wir haben auf Euern Befehl die stärksten und tapfersten Bürger versammelt; sie warten hier in der Nähe auf Euern Wink, um sich Berlichingens zu bemeistern.
ERSTER RAT: Wir werden Ihro Kaiserliche Majestät Eure Bereitwilligkeit, Ihrem hohen Befehl zu gehorchen, mit

vielem Vergnügen zu rühmen wissen. Es sind Handwerker?

RATSHERR: Schmiede, Weinschröter, Zimmerleute, Männer mit geübten Fäusten und hier wohl beschlagen. *Auf die Brust deutend.*

RAT: Wohl.

GERICHTSDIENER *kommt:* Götz von Berlichingen wartet vor der Tür.

RAT: Laßt ihn herein.

GÖTZ *eintretend:* Gott grüß euch, ihr Herrn! Was wollt ihr mit mir?

RAT: Zuerst, daß Ihr bedenkt, wo Ihr seid und vor wem Ihr steht.

GÖTZ: Bei meinem Eid, ich verkenne euch nicht, meine Herren!

RAT: Ihr tut Eure Schuldigkeit.

GÖTZ: Von ganzem Herzen.

RAT: Setzt Euch.

GÖTZ: Da unten hin? Ich kann stehen. Das Stühlchen riecht so nach Armensündern, wie überhaupt die ganze Stube.

RAT: So steht.

GÖTZ: Zur Sache, wenn's gefällig ist.

RAT: Wir werden in der Ordnung verfahren.

GÖTZ: Bin's wohl zufrieden, wollt, es wär von jeher geschehn.

RAT: Ihr wißt, wie Ihr auf Gnad und Ungnad in unsere Hände kamt.

GÖTZ: Was gebt Ihr mir, wenn ich's vergesse?

RAT: Wenn ich Euch Bescheidenheit geben könnte, würd ich Eure Sache gutmachen.

GÖTZ: Gutmachen? Wenn Ihr das könntet! Dazu gehört freilich mehr als zum Verderben.

SCHREIBER: Soll ich das alles protokollieren?

RAT: Was zur Handlung gehört.

GÖTZ: Meinetwegen dürft Ihr's drucken lassen.

RAT: Ihr wart in der Gewalt des Kaisers, dessen väterliche Gnade an den Platz der majestätischen Gerechtigkeit trat, Euch anstatt eines Kerkers Heilbronn, eine seiner geliebten Städte, zum Aufenthalt anwies. Ihr verspracht mit einem Eid, Euch, wie es einem Ritter geziemt, zu stellen und das Weitere demütig zu erwarten.

GÖTZ: Wohl, und ich bin hier und warte.

RAT: Und wir sind hier, Euch Ihro Kaiserlichen Majestät Gnade und Huld zu verkündigen. Sie verzeiht Euch Eure Übertretungen, spricht Euch von der Acht und aller wohlverdienten Strafe los, welches Ihr mit untertänigem Dank erkennen und dagegen die Urfehde abschwören werdet, welche Euch hiermit vorgelesen werden soll.

GÖTZ: Ich bin Ihro Majestät treuer Knecht wie immer. Noch ein Wort, eh Ihr weitergeht: Meine Leute, wo sind die? Was soll mit ihnen werden?

RAT: Das geht Euch nichts an.

GÖTZ: So wende der Kaiser sein Angesicht von euch, wenn ihr in Not steckt! Sie waren meine Gesellen und sind's. Wo habt ihr sie hingebracht?

RAT: Wir sind Euch davon keine Rechnung schuldig.

GÖTZ: Ah! Ich dachte nicht, daß ihr nicht einmal zu dem verbunden seid, was ihr versprecht, geschweige –

RAT: Unsre Kommission ist, Euch die Urfehde vorzulegen. Unterwerft Euch dem Kaiser, und Ihr werdet einen Weg finden, um Eurer Gesellen Leben und Freiheit zu flehen.

GÖTZ: Euren Zettel!

RAT: Schreiber, lest!

SCHREIBER *liest:* „Ich, Götz von Berlichingen, bekenne öffentlich durch diesen Brief: Daß, da ich mich neulich gegen Kaiser und Reich rebellischerweise aufgelehnt –"

GÖTZ: Das ist nicht wahr! Ich bin kein Rebell, habe gegen Ihro Kaiserliche Majestät nichts verbrochen, und das Reich geht mich nichts an.

RAT: Mäßigt Euch und hört weiter.

GÖTZ: Ich will nichts weiter hören. Tret einer auf und zeuge! Hab ich wider den Kaiser, wider das Haus Österreich nur einen Schritt getan? Hab ich nicht von jeher durch alle Handlungen bewiesen, daß ich besser als einer fühle, was Deutschland seinem Regenten schuldig ist, und besonders, was die Kleinen, die Ritter und Freien, ihrem Kaiser schuldig sind? Ich müßte ein Schurke sein, wenn ich mich könnte überreden lassen, das zu unterschreiben.

RAT: Und doch haben wir gemessenen Befehl, Euch in Güte zu bedeuten oder, im Entstehungsfall, Euch in den Turm zu werfen.

GÖTZ: In Turm? Mich?

RAT: Und daselbst könnt Ihr Euer Schicksal von der Gerechtigkeit erwarten, wenn Ihr es nicht aus den Händen der Gnade empfangen wollt.

GÖTZ: In Turm? Ihr mißbraucht die kaiserliche Gewalt. In Turm? Das ist sein Befehl nicht. Was! Mir erst, die Verräter! eine Falle stellen und ihren Eid, ihr ritterlich Wort zum Speck drin aufzuhängen! – Mir dann ritterlich Gefängnis zuzusagen und die Zusage wieder zu brechen!

RAT: Einem Räuber sind wir keine Treue schuldig.

GÖTZ: Trügst du nicht das Ebenbild des Kaisers, das ich, selbst im gesudeltsten Konterfei, verehre, du solltest mir den Räuber fressen oder dran erwürgen. Ich bin in einer ehrlichen Fehd begriffen; du könntest Gott danken und dich vor der Welt groß machen, wenn du in deinem Leben eine so edle Tat getan hättest, wie die ist, um welcher willen ich gefangensitze.

Rat winkt dem Ratsherrn, welcher sodann klingelt.

GÖTZ: Nicht um des leidigen Gewinsts willen, nicht um Land und Leute unbewehrten Kleinen wegzukapern, bin ich ausgezogen. Meinen Jungen zu befreien und mich meiner Haut zu wehren! Seht Ihr was Unrechtes daran? Kaiser und Reich hätten unsre Not nicht in ihrem Kopfkissen gefühlt. Ich habe, Gott sei Dank, noch eine Hand und habe wohl getan, sie zu brauchen.

VIERTER AUFZUG

ZWEIUNDZWANZIGSTER AUFTRITT

Vorige. Bürger mit Stangen und Wehren.

GÖTZ: Was soll das?
RAT: Ihr wollt nicht hören. Fahet ihn!
GÖTZ: Ist das die Meinung? – Wer kein ungrischer Ochs ist, komme mir nicht zu nah! Er soll von dieser meiner rechten, eisernen Hand eine solche Ohrfeige kriegen, die ihm Kopfweh, Zahnweh und alles Weh der Erden aus dem Grund kurieren soll.

Sie machen sich an ihn, er schlägt den einen zu Boden und reißt einem andern die Wehr aus der Hand. Sie weichen.

Kommt! Kommt! Es wäre mir angenehm, den Tapfersten unter euch kennenzulernen.
RAT: Gebt Euch!
GÖTZ: Mit dem Schwert in der Hand! Wißt Ihr, daß es jetzt nur an mir läge, mich durch alle diese Hasenjäger durchzuschlagen und das weite Feld zu gewinnen? Aber ich will Euch lehren, wie man Wort hält! Hier in Heilbronn will ich ritterliche Haft leisten, wie es einem Biedermanne geziemt, bis ich mit meinen Gegnern vertragen bin. Das gesteht mir zu, und ich gebe mein Schwert weg und bin wie vorher Euer Gefangner.
RAT: Das Schwert in der Hand wollt Ihr mit dem Kaiser rechten?
GÖTZ: Behüte Gott! Nur mit Euch und Eurer edlen Compagnie! – Ihr könnt nach Hause gehen, gute Leute. Vor die Versäumnis kriegt ihr nichts, und zu holen sind hier nur Beulen.
RAT: Greift ihn! Gibt euch eure Liebe zu eurem Kaiser nicht mehr Mut?
GÖTZ: Nicht mehr, als ihnen der Kaiser Pflaster gibt, die Wunden zu heilen, die sich ihr Mut holen könnte.

Man hört fern eine Posaune.

RATSHERR: Weh uns! Was ist das? Hört! Unser Türmer gibt das Zeichen, daß fremde Völker sich der Stadt nähern. Nach seinem Blasen muß es ein starker Trupp sein.

GERICHTSDIENER *kommt:* Franz von Sickingen hält vor dem Schlag und läßt euch sagen: er habe gehört, wie unwürdig man an seinem Schwager bundbrüchig worden sei, wie die Herren von Heilbronn allen Vorschub täten. Er verlange Rechenschaft, sonst wolle er binnen einer Stunde die Stadt an vier Ecken anzünden und sie der Plünderung preisgeben. *Ab.*

GÖTZ: Braver Schwager!

RAT: Tretet ab, Götz!

Götz tritt ab.

Was ist zu tun?

RATSHERR: Habt Mitleiden mit uns und unserer Bürgerschaft! Sickingen ist unbändig in seinem Zorn; er ist Mann, es zu halten.

RAT: Sollen wir uns und dem Kaiser die Gerechtsame vergeben?

RATSHERR: Wir wollen Götzen ansprechen, für uns ein gutes Wort einzulegen. Mir ist's, als wenn ich die Stadt schon in Flammen sähe.

RAT: Laßt Götz herein.

GÖTZ *kommt:* Was soll's?

RAT: Du würdest wohl tun, deinen Schwager von seinem rebellischen Vorhaben abzumahnen. Anstatt dich vom Verderben zu retten, stürzt er dich tiefer hinein, indem er sich zu deinem Falle gesellt.

GERICHTSDIENER *kommt:* Sie sind hereingezogen, sie kommen schon.

RAT: Wir begeben uns weg, um zu überlegen, wie das Ansehn kaiserlicher Befehle in so mißlichem Falle aufrechtzuerhalten sei.

Kaiserliche Räte und Ratsherren ab.

VIERTER AUFZUG

DREIUNDZWANZIGSTER AUFTRITT

Sickingen. Götz.

GÖTZ: Das war Hülfe vom Himmel! Wie kommst du so erwünscht und unvermutet, Schwager?
SICKINGEN: Ohne Zauberei. Ich hatte zwei, drei Boten ausgeschickt, zu hören, wie dir's ging. Auf die Nachricht von ihrem Meineid macht ich mich auf den Weg. Nun haben wir die Bursche.
GÖTZ: Ich verlange nichts als ritterliche Haft.
SICKINGEN: Du bist zu ehrlich! Dich nicht einmal des Vorteils zu bedienen, den der Rechtschaffene über den Meineidigen hat. Sie sitzen im Unrecht, und wir wollen ihnen keine Kissen unterlegen. Sie haben die Befehle des Kaisers schändlich mißbraucht, und wie ich Ihro Majestät kenne, darfst du sicher auf mehr dringen. Es ist zu wenig.
GÖTZ: Ich bin von jeher mit wenigem zufrieden gewesen.
SICKINGEN: Und bist von jeher zu kurz gekommen. Meine Meinung ist: sie sollen deine Knechte aus dem Gefängnis und dich zusamt ihnen auf deinen Eid nach deiner Burg ziehen lassen. Du magst versprechen, nicht aus deiner Terminei zu gehen, und wirst immer besser sein als hier.
GÖTZ: Sie werden sagen, meine Güter sei'n dem Kaiser heimgefallen.
SICKINGEN: So sagen wir, du wolltest zur Miete drin wohnen, bis sie dir der Kaiser wieder zu Lehn gäbe. Sie werden von Kaiserlicher Majestät reden, von ihrem Auftrag. Das kann uns einerlei sein. Ich kenne den Kaiser auch und gelte was bei ihm. Er hat von jeher gewünscht, dich unter seinem Heer zu haben. Du wirst nicht lange auf deinem Schloß sitzen, so wirst du aufgerufen werden.
GÖTZ: Wollte Gott, bald, eh ich 's Fechten verlerne.
SICKINGEN: Der Mut verlernt sich nicht, wie er sich nicht lernt. Sorge für nichts, ich gehe gleich nach Hof, denn meine Unternehmung fängt an, reif zu werden. Günstige

Aspekten deuten mir: Brich auf! Es ist mir nichts übrig, als die Gesinnung des Kaisers zu erforschen. Trier und Pfalz vermuten eher des Himmels Einfall, als daß ich ihnen über 'n Kopf kommen werde. Und ich will kommen wie ein Hagelwetter! Und wenn wir unser Schicksal machen können, so sollst du bald der Schwager eines Kurfürsten sein. Ich hoffte auf deine Faust bei dieser Unternehmung.

GÖTZ *besieht seine Hand:* Oh, das deutete der Traum, den ich hatte, als ich tags darauf Marien an Weislingen versprach. Er sagte mir Treu zu und hielt meine rechte Hand so fest, daß sie aus den Armschienen ging wie abgebrochen. Ach! Ich bin in diesem Augenblick wehrloser, als ich war, da sie mir abgeschossen wurde. Weisling! Weisling!

SICKINGEN: Vergiß einen Verräter! Wir wollen seine Anschläge vernichten, sein Ansehn untergraben, und Gewissen und Schande sollen ihn zu Tod fressen. Ich seh, ich seh im Geiste meine Feinde, deine Feinde niedergestürzt. Götz, nur noch ein halb Jahr!

GÖTZ: Deine Seele fliegt hoch. Ich weiß nicht, seit einiger Zeit wollen sich in der meinigen keine fröhlichen Aussichten eröffnen. – Ich war schon mehr im Unglück, schon einmal gefangen, und so, wie mir's jetzt ist, war mir's niemals.

SICKINGEN: Glück macht Mut. Komm zu den Perücken; sie haben lange genug den Vortrag gehabt, laß uns auch einmal die Müh übernehmen.

Der Vorhang fällt.

FÜNFTER AUFZUG

ERSTER AUFTRITT

Wald.

Götz. Georg.

GEORG *der mit einer vorgehaltenen Büchse leise über das Theater schreitet, indem er aufmerksam in die gegenseitigen Kulissen blickt. Er bleibt stehen und winkt Götz, der langsam folgt:* Hierher! Hierher! Nur noch wenige Schritte. Still, ganz still!

Götz folgt.

Dort steht der Hirsch, seht Ihr ihn? Völlig schußgerecht. Nur sachte, kein Geräusch.
GÖTZ *laut:* Halt ein!
GEORG: O weh! Er flieht aufgeschreckt den Berg hinauf. O warum folgtet Ihr nicht leise?
GÖTZ: Laß ihn fliehen! Laß ihn dahinspringen im Glück uneingeschränkter Freiheit. Dir muß ich sagen: tritt zurück! Du stehst schon auf meines Nachbars Grund und Boden, den ich nicht betreten darf. Bald wär ich dir unachtsam gefolgt und hätte meinen Eid gebrochen.
GEORG: Hier ist Eure Grenze?
GÖTZ: Eine gerade Linie von jener Eiche zu dieser bestimmt sie.
GEORG: Und darüber dürft Ihr nicht hinaus? Auch nicht einen Schritt?
GÖTZ: Einer ist wie tausend.
GEORG: Das habt Ihr geschworen?
GÖTZ: Ich habe mein Wort gegeben, und das ist genug.

GEORG: Daß ein Wort so binden soll!

GÖTZ: Gedenkst du nicht auch deinem Wort getreu zu bleiben?

GEORG: Ich denke, ja.

GÖTZ: Darauf halte! Das ist der edelste Vorzug des Edeln, daß er sich selbst bindet. Ketten sind für das rohe Geschlecht, das sich selbst nicht zu fesseln weiß.

GEORG: Und eine solche Beschränkung duldet Ihr mit Gelassenheit?

GÖTZ: Mit Gelassenheit? Nein! – Sooft ich in die Ferne sehe, fühle ich mich von unwillkürlichem Krampf ergriffen, der mich vorwärts treibt. Wenn ich an diese Grenze trete, kommt mein Fuß in Versuchung, mich hinüberzuheben, mich nach dem Fluß, nach dem Lande zu tragen, und nur mit Gewalt halte ich mich zurück.

GEORG: Ebenso bedaure ich im stillen den Verlust unserer schönen Tage.

GÖTZ: Glücklicher Knabe! Du trittst über diese Räume hinaus ohne Verantwortung. Dich kann dein Herr, ein bettlägriger Kranker, dahin senden, wohin er nicht gelangen darf. Verlaß meinen Dienst, und du bist morgen wieder ein freier, tätiger Reitersmann. Mich haben sie gefesselt, meine Kraft gebunden, meine Taten erstickt.

GEORG: Mein guter Herr!

GÖTZ: Das sind die Kunststücke der Feigen. Uns halten sie kein Wort, sie bevorteilen, sie betrügen uns. Durch nichts werden sie gebunden, aber auf die Heiligkeit unsres Wortes vertrauen sie wie auf Ketten und Riegel. – Doch was ist das für ein Staub dort unten? Welch ein wilder Haufen zieht gegen uns an?

LERSE *kommt:* Es sind von den aufrührischen Bauern; man sieht's an der Unordnung ihres Zugs und an den ungeschickten Waffen.

GÖTZ: Wälzt sich dieses Ungetüm auch auf uns los?

LERSE: Ins Schloß zurück, Herr! Sie haben schon den edelsten Männern gräßlich mitgespielt.

FÜNFTER AUFZUG

GÖTZ: Auf meinem eigenen Grund und Boden werd ich dem Gesindel nicht ausweichen.

ZWEITER AUFTRITT

Vorige. Max Stumpf. Kohl. Sievers. Andere Bauern. Wenige mit Spießen und Feuergewehr, die übrigen mit Ackergerät bewaffnet.

KOHL *zu Stumpf:* Glaube nicht etwa, dich loszumachen, uns zu entgehen. Du mußt unser Hauptmann sein oder uns einen andern an deiner Stelle verschaffen.

ALLE: Das mußt du.

STUMPF: Geduld und Ruhe! Soll ein rechtlicher Mann euch anführen, so schweigt und wartet auf den Ausgang dessen, was er vorhat.

SIEVERS: Wir wollen wissen, was du vorhast. Du sollst uns führen, aber wir wollen wissen, wohin.

STUMPF: Wir sind schon angelangt. Ihr nanntet Götz von Berlichingen. Hier seh ich ihn, den ich aufzusuchen gedachte. Geschäftig als Jäger begegnet uns der edle Kriegsmann.

GÖTZ: Sieh da, Max Stumpf! Wie kommst du hierher, und so begleitet?

STUMPF: Diese hier, ein Trupp der aufgestandenen Bauern –

KOHL: Ja, der Landleute, denen der Geduldsfaden riß und die sich Recht schaffen wollen, das bei keinem Gerichtshof zu finden war.

STUMPF: Stille! – Diese zusammen suchen sich einen Hauptmann. Ihre Absicht ist löblich. Sie sehen, wie viel Ungerechtes geschieht, indem sie Recht suchen, wie viel Unheil durch wütende Menschen angerichtet wird; deshalb suchen sie einen Hauptmann, der das Volk in Ordnung hielte, und sie haben mich aufgefaßt und angesprochen.

SIEVERS: Unser Hauptmann muß ein Reitersmann von Ruf und ein zuverlässiger Mann sein, den haben wir an Euch.

GÖTZ: Sie können keinen bessern finden; wie Ihr dabei fahrt, das ist ein anderes.

STUMPF: Ich kann's nicht annehmen; denn seht, ich bin des Pfalzgrafen Diener so manche Jahre. Wie könnte mir das Volk vertrauen, da sich mein Fürst auch für den Schwäbischen Bund, für Ritterschaft und Städte erklärt.

KOHL: Er hat recht! Niemand kann zwei Herren dienen.

STUMPF *zu Götz:* Deshalb möcht ich Euch bitten und ersuchen, wackerer Götz, daß Ihr –

GÖTZ: Was? Ich!

STUMPF: Hört mich aus! – Daß Ihr Euch entschlösset, Hauptmann zu werden, nur auf kurze Zeit.

ALLE: Das sind wir zufrieden.

GÖTZ: Was? Ich meinen Eid brechen? aus meinem Bann gehen? Max, ich hielt Euch für einen Freund, wie mutet Ihr mir solch unritterlich Beginnen zu?

STUMPF: Wenn Ihr die Zeiten bedenkt, so werdet Ihr mich nicht schelten. Ihr habt Urfehde geschworen, aber zu welcher Zeit? Da noch, gegen jetzt, die Landschaft friedlich war. Nun geht alles drunter und drüber, und Ihr wollt allein feiern?

GÖTZ: Ich hab einen langen Sonntag.

STUMPF: Bedenkt! Alle Eigenschaften habt Ihr: niemand seid Ihr verpflichtet, steht in keines Herren Dienst. Ihr seid den Gemeinen unverdächtig, durchaus im Ruf eines treuen, biedern Mannes.

ALLE: Dafür halten wir Euch. Wir wollen Euch zu unserm Hauptmann. Ihr müßt unser Hauptmann sein.

GÖTZ: Und wenn ich ganz frei wäre, und ihr wolltet handeln wie bei Weinsberg an den Edlen und Herren und so forthausen, wie ringsherum das Land brennt und blutet, und ich sollt euch behülflich sein zu eurem schändlichen rasenden Wesen, eher sollt ihr mich totschlagen wie einen Hund, als daß ich euer Hauptmann würde!

KOHL: Wäre das nicht geschehen, es geschähe vielleicht nimmermehr.

STUMPF: Das war eben das Unglück, daß kein Führer zugegen war, dessen Würdigkeit und Ansehn ihrer Wut Einhalt getan hätte. Nimm die Hauptmannschaft an, ich bitte dich, Götz! Die Fürsten werden dir's Dank wissen und ganz Deutschland. Es wird zum Besten und Frommen vieler Menschen sein, und viele Länder werden geschont werden.

GÖTZ: Warum übernimmst du's nicht?

STUMPF: Du hörtest, warum ich mich loszusagen genötigt bin.

KOHL: Es ist nicht Sattelhenkens Zeit und langer unnötiger Verhandlungen. Kurz und gut: Götz, sei unser Hauptmann, oder sieh zu deinem Schloß und zu deiner Haut!

GÖTZ: Wer will mich zwingen?

SIEVERS: Wir allenfalls. *Senkt den Spieß gegen ihn.*

ALLE *die Spieße gegen ihn senkend:* Ja wir! Freilich wir! Gewiß wir!

STUMPF: Haltet!

SIEVERS *der ihn wegdrängt:* Packe dich, du hast nichts mit uns, wir nichts mit dir.

Die Spieße sind sämtlich auf Götz gerichtet.

GÖTZ: So! so recht! so! Die Stellung ist mir willkommen! Um desto freier kann ich sagen, was ich von euch denke. Ja, von der Leber weg will ich zu euch reden, euch sagen, daß ich euch und eure Taten verabscheue. Diese Piken, mit dem Blut so vieler Edlen getränkt, mögen sich auch in meines tauchen. Der Graf von Helfenstein, den ihr ermordetet, wird im Andenken aller Edlen noch lange fortleben, wenn ihr, als die elendesten Sünder gefallen, vermischt untereinander im Grabe liegt. Er und seine Genossen, das waren Männer, vor denen ihr hättet das Knie beugen, ihre Fußstapfen küssen sollen. Sie trieben den Türken von den Grenzen des Reichs, indes ihr hinter dem Ofen saßt. Sie widersetzten sich den Franzosen, indessen ihr in der Schenke schwelgtet. Euch zu schützen, zu schirmen vermochten sie; diesen unschätzbaren Dienst leisteten sie euch, und ihr versagtet ihnen den Dienst eurer Hände, mit denen allein ihr euch doch nicht durchhelfen werdet. Eure Häupter sind hin, und ihr seid nur verstümmelte, angefaulte Leichname. Grinst nur! Gespenster seid ihr; schon zuckt das geschliffene Schwert über euch! Eure Köpfe werden fallen, weil ihr wähntet, sie vermöchten etwas ohne Haupt.

STUMPF: Ein Haupt wollen sie ja, und für die Zukunft wäre gesorgt.

ALLE *die während Götzens Rede nach und nach die Spieße aufgerichtet:* Ja, wir wollen ein Haupt, deswegen sind wir hier.

SIEVERS: Das Zaudern haben wir satt. Hiermit zwei Stunden Bedenkzeit. Und überlegt's gut! Ihr versteht mich. Bewacht ihn!

GÖTZ: Was braucht's Bedenken? Ich kann jetzt so gut wollen als hernach. Warum seid ihr ausgezogen? Rechte, Freiheiten, Begünstigungen wiederzuerlangen? Was wütet ihr und verderbt das Land? Wollt ihr abstehn von allen Übeltaten und handeln als wackre Leute, die wissen, was sie wollen, so will ich euch behülflich sein zu euren Forderungen und auf acht Tage euer Hauptmann sein.

SIEVERS: Was geschehen ist, geschah in der ersten Hitze, und braucht's deiner nicht, uns künftig zu mahnen und zu hindern.

KOHL: Auf ein Vierteljahr wenigstens mußt du uns zusagen.

STUMPF: Macht vier Wochen, damit könnt ihr beiderseits zufrieden sein.

GÖTZ: Meinetwegen.

KOHL: Eure Hand.

GÖTZ: So verbinde ich mich euch auf vier Wochen.

KOHL: Schon recht.

STUMPF: Glück zu!

ALLE: Schon recht.

SIEVERS: Da kann genug vor sich gehen.

FÜNFTER AUFZUG

STUMPF *heimlich an der einen Seite zu Götz:* Was du tust, schone mir unsern gnädigen Herrn, den Pfalzgrafen.

KOHL *heimlich an der andern Seite zu den Bauern:* Bewacht ihn, daß niemand mit ihm rede, was ihr nicht hören könnt!

GÖTZ: Lerse, geh zu meiner Frau, berichte ihr alles. Sie soll bald Nachricht von mir haben. Kommt!

Götz, Georg, Lerse, Stumpf und ein Teil der Bauern ab.

DRITTER AUFTRITT

Sievers. Kohl. Bauern. Dazu Metzler und Link.

SIEVERS: Nun können wir erst wieder zu Atem kommen und uns selbst vertrauen.

KOHL: Es ist ein wackrer Hauptmann, der das Kriegshandwerk wohl versteht.

METZLER *kommt:* Was hören wir von einem Vertrag? Was soll der Vertrag?

LINK: Es ist schändlich, so einen Vertrag einzugehn.

KOHL: Wir wissen so gut, was wir wollen, als ihr und haben zu tun und zu lassen.

SIEVERS: Das Rasen und Brennen und Morden mußte doch einmal aufhören, heut oder morgen; so haben wir noch einen braven Hauptmann dazugewonnen.

METZLER: Was? Aufhören? Du Verräter! Warum haben wir uns aufgemacht? Uns an unsern Feinden zu rächen, uns emporzuhelfen. Vertragen! Vertragen! Das hat euch ein Fürstenknecht geraten.

KOHL: Kommt, Sievers! Er ist wie ein Vieh.

METZLER: Wird euch kein Haufen zustehen.

SIEVERS *zu den Bauern:* Kommt! Auf unserm Wege kann's was werden. Recht haben wir, und mit Vernunft setzen wir's durch.

METZLER: Ihr Narren! Gewalt geht vor Recht. Bleibt!
KOHL: Kommt!

Sie gehn, einige folgen.

METZLER: Die Schurken! Link, nur frisch! Mache dich zum großen Haufen und hetz ihn auf. Ich ziehe mit einem Trupp hintenherum und zünde Miltenberg an. Auf das Zeichen brennt nur so weiter.

Noch einige, die sich beredet, gehen Sievers und Kohl nach.

LINK: Wollt ihr bleiben! Hieher zu uns!
KOHL *mit einer Fahne:* Hieher, mit uns!
METZLER: Daß dich die Pest verderbe! Zu uns! Zu uns!

Die Bauern zerstreuen sich zu beiden Seiten.

LINK: Komm nur, komm! Wir haben doch den großen Haufen auf unsrer Seite.

Alle ab.

VIERTER AUFTRITT

Eine andere Gegend.

Weislingen, der mitten in einer Reihe von Rittern, welche sich an den Händen halten, langsam hervortritt. Hinter ihnen wohlgeordnetes Kriegsvolk. Franz.

WEISLINGEN: So in gedrängten Reihen schreitet heran, und so haltet euch im Kampfe zusammen! Ich weiß, ein Trupp der Aufrührer bewegt sich gegen Miltenberg; überfallt sie im Tale, schlagt sie. Ich gedenke den andern Teil anzugreifen, der sich auf der Ebene gelagert hat. Und so wickeln wir sie unversehens gegeneinander. Götz ist unter ihnen. Ob hüben oder drüben, weiß ich nicht. Wer ihm begegnet, suche ihn zu ergreifen.

Alle ab außer Franz, der im Hintergrunde bleibt.

FÜNFTER AUFZUG

WEISLINGEN: Zu den Waffen, Adelbert! – Endlich einmal zu den Waffen! Beschließe lieber dein Leben auf dem blutigen Felde, als daß du es länger in Sorgen, Gewinn und Verlust, mit Neiden, Furcht und Hoffnung hinhältst! Begegne diesem Gespenste des alten Freundes, das dir nun so lange unter der feindlichen Gestalt eines Widersachers vorschwebt, dich neckt, aufreizt, ohne dich zum Entschluß zu bestimmen. Geh auf ihn los, überwind ihn, und so ist es vorbei. Auch gegen dein Haus richte diesen entschlossenen Sinn. Dein Weib soll nicht mehr nach einzig eigner Willkür handeln, mit meiner Ehre, meinem Namen nach Gefallen spielen. – Gehorchen soll sie und sich bequemen! Franz!

FRANZ: Hier bin ich.

WEISLINGEN: Du eilst zu meiner Frau. Ich habe dir den Unmut nicht verborgen, den sie mir seit einiger Zeit erregt. Wie geschmeidig war sie sonst! Nun, da sie sich wieder im völligen Besitz ihrer Güter findet, begibt sie sich auf ein festes Schloß, umgibt sich mit Reisigen unter dem Vorwand gefährlicher Zeiten und scheint mir trotzen zu wollen. Gib ihr diesen Brief! Er gebietet ihr, auf mein Schloß zu kommen, und das sogleich. Auf entscheidende Antwort sollst du dringen. Ich bin nicht geneigt, langmütig weiter zu harren. Nun machen wir in diesen Gegenden Bahn; sie soll mich nicht reizen, meinen Zug gegen sie zu kehren. Fahre hin und glücklich! *Ab.*

FÜNFTER AUFTRITT

FRANZ *allein:* Geh! Geh nur! Schon wissen wir zu handeln; Gehorsam haben wir verlernt. Schwacher Mann, glaubst du stark zu sein, weil du dich wütend anstrengst? Nachgiebige Seele, du weißt nicht, daß du von jeher das Recht vermißtest zu befehlen. Ihr willst du befehlen, dem Weibe, das die Natur als Herrin der Welt hinaufhob? Mir denkst du zu befehlen, mir, dem Vasallen der höchsten Schönheit? Zu ihr will ich! – Keineswegs, weil du mich sendest, sondern weil mich das Herz treibt, weil ich muß. Und leisten will ich, was sie fordert, sie mache mich glücklich, oder lasse mich verschmachten. *Ab.*

SECHSTER AUFTRITT

Ferne Landschaft mit Dorf und Schloß.

Götz. Georg.

GEORG: Ich bitt Euch, Herr, was ich nur bitten kann und vermag, faßt einen Entschluß und entfernt Euch von diesem ehrlosen Haufen! Das Glück, das ihnen anfangs beizustehen schien, hat sich gewendet.
GÖTZ: Ich kann sie nicht verlassen, weil es ihnen übel geht.
GEORG: Verlaßt sie, weil sie ihr Unglück verdienen. Bedenkt, wie unwürdig Eurer diese Gefangenschaft ist.
GÖTZ: Wir wollen uns nicht verhehlen, daß wir manches Gute gestiftet haben; denn mußt du nicht selbst gestehen, daß in den Mainzischen Stiftslanden keines Klosters, keines Dorfs wäre geschont worden, wenn wir nicht Einhalt getan hätten? Haben wir nicht Leib und Leben gewagt, die wütenden Menschen abzuhalten, ihr Geschrei zu überschreien und ihre Wut zu übertoben?
GEORG: Wohl! Ich glaubte selbst nicht, daß man sich so viel Gewalt fühlt, wenn man recht hat. Ich habe auf Euer Geheiß manchen Haufen durch Vorstellungen abgehalten, durch Drohungen geschreckt.
GÖTZ: Und so wollen wir es fortsetzen. Wir werden uns dieser Tat mit Freuden rühmen.
GEORG: Ihr werdet nicht! Muß ich denn alles sagen? Flieht, Herr, flieht! *Er wirft sich vor ihm nieder.* Fußfällig bitt ich Euch: Flieht! Es ist ein unglücklicher Krieg, den Ihr

führt. – Die Genossen des Schwäbischen und Fränkischen Bundes, gereizt durch diese ungeheuern Übeltaten, behandeln ihre Gegner als das, was sie sind, als unedle Feinde, als Räuber, Mordbrenner, als die schändlichsten Verbrecher. Im Gefecht wird kein Quartier gegeben, und geschieht es, so geschieht's, um den Gefangenen zu schrecklichen Strafen aufzubewahren. – Schon hat man die Aufrührer zu Hunderten geköpft, gerädert, gespießt, geviertailt, und Ihr seid Hauptmann und habt mächtige Feinde unter der Ritterschaft. Ach, Herr! Wenn ich erleben sollte –

GÖTZ: Sobald meine Zeit um ist –

GEORG: Gleich, gleich! In diesem Augenblicke seid Ihr nicht bewacht, da sie Euch sonst als Gefangenen mit sich schleppen, statt Euch als einem Führer zu folgen.

Es ist indes Nacht geworden, in der Ferne entsteht ein Brand in einem Dorfe.

GEORG: Seht hin! Dort leuchtet Euch schon ein neues Verbrechen entgegen!

GÖTZ: Es ist Miltenberg, das Dorf; geschwind zu Pferde, Georg! Reit hin und suche den Brand des Schlosses zu verhindern; sein Besitzer ist mein Freund. Es kann nur ein kleiner Haufe sein. Ich sage mich von ihnen los, und das gleich.

GEORG: Wohl, Herr, wohl! Und so, zum Schlusse, richt ich freudig aus, was Ihr befehlt.

GÖTZ *nach einer Pause:* Nein doch, Georg! Bleibe hier, was sollst du dich wagen? Schon oft hat diese niederträchtige Brut auf dich mit Drohungen losgestürmt.

GEORG: Nein, Herr, was Ihr einmal befohlen habt, will ich ausrichten; was Ihr wünscht, soll möglich werden.

GÖTZ: Bleib, bleib!

GEORG: Nein, Herr! Ihr wünschtet, daß Miltenberg gerettet werde; ich will es retten, oder Ihr seht mich nicht wieder. *Ab.*

SIEBENTER AUFTRITT

Während des gegenwärtigen Auftritts und der folgenden wächst der Brand des Dorfs, auch das Schloß gerät nach und nach in Brand.

Götz. Hernach ein Unbekannter.

GÖTZ: Wie will ich mit Ehren von ihnen kommen, und wie will ich mit Ehren bleiben? Wenn ich Fürsten und Stifter, Herren und Städte verschone, so werde ich den Bauern verdächtig, und all mein Wirken und Schonen hilft mich nichts. Jedermann schreibt mir das Übel zu, das geschieht, und niemand mag mir zum Verdienst machen, daß ich so viel Böses verhindre. Wollt, ich wäre tausend Meilen davon und läg im tiefsten Turm, der in der Türkei steht!

UNBEKANNTER *kommt:* Gott grüß Euch, sehr edler Herr!

GÖTZ: Gott dank Euch! Was bringt Ihr? Euern Namen!

UNBEKANNTER: Der tut nichts zur Sache. Ich komme, Euch zu warnen, daß Euer Kopf in Gefahr ist. Die Anführer sind müde, sich von Euch so harte Worte geben zu lassen, sie haben beschlossen, Euch aus dem Wege zu räumen. Mäßigt Euch oder sucht zu entwischen! Gott geleit Euch! *Ab.*

GÖTZ: Auf diese Weise dein Leben zu lassen? – Es sei drum! Mein Tod werde der Welt das sicherste Zeichen, daß ich mit den Hunden nichts Gemeines gehabt habe. Bis ans Ende sollen sie fühlen, daß ich nicht zu ihnen gehöre.

ACHTER AUFTRITT

Götz. Kohl. Sievers. Mehrere Bauern. Dann Link, Metzler und Bauern.

KOHL: Herr! Herr! Sie sind geschlagen, sie sind gefangen.

GÖTZ: Wer?

FÜNFTER AUFZUG

SIEVERS: Die Miltenberg verbrannten. Es zog sich ein Bündischer Trupp hinter dem Berge hervor und überfiel sie auf einmal.

GÖTZ: Sie erwartet ihr Lohn. – O Georg! Georg! – Sie haben ihn mit den Bösewichtern gefangen. – Mein Georg! O mein Georg! –

LINK *kommend:* Auf, Herr Hauptmann! Auf! Es ist nicht Säumens Zeit. Der Feind ist in der Nähe und mächtig.

GÖTZ: Wer verbrannte Miltenberg?

METZLER: Wenn Ihr Umstände machen wollt, so wird man Euch weisen, wie man keine macht.

KOHL: Sorgt für unsre Haut und Eure. Auf! Auf!

GÖTZ *zu Metzler:* Drohst du mir, du Nichtswürdiger? Glaubst du, daß du mir fürchterlicher bist, weil des Grafen von Helfenstein Blut an deinen Kleidern klebt?

METZLER: Berlichingen!

GÖTZ: Du darfst meinen Namen nennen, und meine Kinder werden sich dessen nicht schämen.

METZLER: Mit dir feigen Kerl! Fürstendiener –

Götz haut ihn über den Kopf, daß er stürzt; die andern treten dazwischen.

KOHL: Ihr seid rasend, es bricht der Feind von allen Seiten herein, und ihr hadert!

LINK: Auf! Auf!

Tumult, Schlacht und Flucht der Bauern.

NEUNTER AUFTRITT

Vier Boten des heimlichen Gerichts.

Zwei kommen aus den letzten Kulissen, gehen in der Diagonale und begegnen sich in der Mitte des Theaters.

ERSTER BOTE: Wissender Bruder, woher?
ZWEITER BOTE: Von Norden ich, und du?

ERSTER BOTE: Von Osten. Laß uns auf diesem Kreuzweg verweilen; gleich treffen die Brüder von Westen und Süden ein.
ZWEITER BOTE: Die heilige Fem' durchkreuzt die Welt.
ERSTER BOTE: Durchkreuzt die stille, die bewegte Welt.
ZWEITER BOTE: Durch die ruhigen Matten, durch Aufruhrs Gewühl.
ERSTER BOTE: Durch nährende Äcker, durch Schlacht und Tod wandeln ihre Boten unverletzt.
ZWEITER BOTE: Sie ziehen vorbei, der Verbrecher bebt.
ERSTER BOTE: Bis ins tiefe sündige Geheimnis dringt ein Schauder!
ZWEITER BOTE: Die große Nacht, sie steht bevor.
ERSTER BOTE: Gleich jener Gerichtsnacht, der allgemeinen.

Die beiden andern kommen aus den ersten Kulissen, gehen in der Diagonale und treffen in der Mitte auf die beiden ersten.

ERSTER BOTE: Willkommen, wissende Brüder, auch ihr!
ALLE: Nun schnell ans Ziel! Zur roten Erde schnell zurück, wo die heilige Fem' gerecht, verhüllt im stillen waltet.

Alle ab.

ZEHNTER AUFTRITT

Zigeuner kommen nach und nach, dann der Hauptmann.

ERSTER ZIGEUNER: Verfluchte Zeit! Wir müssen uns wehren, unsrer Haut wehren und die Beute lassen und uns wieder wehren. Das begegnet mir heute schon dreimal.
ZWEITER ZIGEUNER: Versuchen wir's dort! Die Schlacht ist hier.
ZIGEUNERMUTTER: Dort schlagen sie auch. Wir werden in die Mitte gedrängt.

Das Theater füllt sich nach und nach mit Zigeunern und Zigeunerinnen.

HAUPTMANN: Heran, was wacker ist, heran, was tüchtig ist! Beladet euch nicht mit gemeinem Gepäck, das Beste behaltet, das andere werft von euch. Wir müssen ziehen, wir müssen fort. Hier ist kein Bleibens mehr, das Bundesheer verfolgt auch uns. Wir müssen ziehen, wir müssen uns teilen. Ich führe den ersten Hauf, wer führt den andern?
ALLE: Wir bleiben bei dir!
HAUPTMANN: Wir müssen uns teilen. Der ganze große Haufen drängt sich nicht durch.
ZIGEUNERKNABE *kommt:* Hier am Teich und Moor steigt ein Mann vom Pferd; ein Rittersmann, er ist verwundet; er hält sich kaum. Sie bringen ihn. Am Ufer zieht das Gefecht sich her.

ELFTER AUFTRITT

Vorige. Götz.

HAUPTMANN: Wer seid Ihr?
GÖTZ: Ein Verwundeter, ein Blutender. Mögt ihr mir Hülfe geben, so sei es bald.
HAUPTMANN: Die Blutwurzel, Mutter, deinen Segen dazu. Sie stillt das Blut, gibt neue Kräfte. *Zu den Zigeunern:* In zwei Parten teilt euch. Der eine muß rechts ziehen, der andre links. Ich deut euch den Weg an. –

Indessen hat man Götzen die linke Armschiene abgenommen und den Helm.

Du bist es, Götz, den ich wohl kenne! Kommst geschlagen, flüchtig, verwundet zu uns! Hergestellt sollst du geschwind sein. Und nun, wie ich dich kenne, weiß ich dein Geschick. Du bist verloren, hältst du nicht fest an uns.

Die Mutter war beschäftigt an der Wunde, und die Tochter hat ihm was zu riechen vorgehalten.

GÖTZ: Ich bin erquickt. Nun helft mir wieder aufs Pferd, daß ich das Letzte versuche.

HAUPTMANN: Als ein Mann fasse tapfern Entschluß. Gib dich nicht der Verzweiflung hin. Deinen Verfolgern entgehst du nicht, aber schließe dich an uns. Wir müssen uns teilen. In kleinen Haufen ziehen wir durch und retten uns. Hier ist kein freies Feld mehr. Ich führe die Hälfte nach Böhmen, führe du die andere nach Thüringen. Sie gehorchen dir wie mir.

DIE ZIGEUNER: Ihm wie dir.

HAUPTMANN: Teilt euch!

Sie teilen sich.

Dies bleibe mein Hauf, diesen übergebe ich dir. Durch den Moor kenn ich die Wege, drängt euch durch die Schlucht über den Hügel weg, so entkommt ihr dem einstürmenden Gefecht. Du schweigst? So recht! Geschwiegen und getan!

Ab mit einem Teil, ein andrer Teil setzt sich nach der entgegengesetzten Seite in Bewegung.

ZWÖLFTER AUFTRITT

Vorige ohne den Hauptmann.

GÖTZ: Das mag ein Traum sein, Mutter, die Kraft deiner Wurzeln und Kräuter ist flüchtig; so flog sie mich an, und so verläßt sie mich. *Er sinkt, wird gehalten und auf einen Sitz im Hintergrunde geführt.*

ERSTER ZIGEUNER: Hebt ihn, tragt ihn durch die Schlucht.

ZWEITER ZIGEUNER *kommt von der Seite, wohin der Hauptmann abging:* Das Gefecht ergreift uns, treibt uns hierher.

Mutter und Kinder kommen fliehend.

FÜNFTER AUFZUG

MUTTER: Alles verloren! Der Vater tot!
KINDER: Weh! Weh! Rett uns, Mann!
MUTTER: Ihr seid nun Führer. Auf! auf! Rettet Euch und uns!
ALLE: Rett uns! Führ uns! Rett uns!

Gruppe. Weiber und Kinder um den sitzenden Götz. Von beiden Seiten werden Bauern und Zigeuner hereingedrängt und überwunden. Eine Partei Bündischer dringt durch die Weiber und hebt die Partisanen auf Götz.

DREIZEHNTER AUFTRITT

Adelheids Zimmer. Nacht.

Adelheid. Franz.

ADELHEID: Still! Horch! Alles ist ruhig. Der Schlaf hat das ganze Haus gebändigt. Nun entferne dich, Franz! Zu Pferd! Fort! Fort!
FRANZ: O laß mich zaudern! Laß mich bleiben! – Kannst du mich jetzt verstoßen? – Mich vom Lichte deines Angesichts hinaustreiben in die Nacht, in das unfreundliche Dunkel?
ADELHEID *gegen das Fenster gekehrt:* Dunkel ist's nicht draußen. Der Mond scheint helle. Deutlich wie am Tage schlingen sich die Pfade vom Schloß hinunter; die weißen Felsbänke leuchten, schattig ruhen die Gründe; aber drüben die Hügel stehen im vollen Lichte. Hinab! Hinab, durch die stille, klare Nacht zu deinem Ziel hin!
FRANZ: Nur noch eine kleine Weile! Hier laß mich bleiben! Hier, wo mein Leben wohnt. Ach, draußen ist der Tod!
ADELHEID: Frisch, munterer Geselle! Frisch! Leicht hinaus, dahin durch den mitternächtigen Tag. Du zauderst? Wie? Lasten deine Wünsche dich schon? Ist dir dein Wollen, dein Vorsatz eine Bürde?

FRANZ: Nicht diese Blicke, nicht diese Töne!
ADELHEID: Wo hast du das Fläschchen? Du drangst mir's ab. Gib es zurück.
FRANZ: Hört mich!
ADELHEID: Ich fordere es zurück! Das Fläschchen her! Für einen Helden gabst du dich, unternahmst, beteuertest. Gib her! Ein Knabe bist du, ein schwankender Knabe.
FRANZ: Laßt mich sprechen!
ADELHEID: Denn ein Mann, der sich um ein hohes Weib zu bewerben kühn genug ist, weiß, was er verpfändet: Leben, Ehre, Tugend, Glück. Somit alles. Knabe, verlaß mich!
FRANZ: Gib mir die Überzeugung, daß jenes göttliche Weib, das mir die Vollkommenheiten des ganzen Geschlechts offenbarte, daß es mein sei, mein bleibe, daß ich mir es erwerbe; so soll der Knabe ein Riese werden, zu deinem Dienst ohne Bedingung bereit.
ADELHEID: Es waren Augenblicke, da du glaubtest, Adelheid sei dein, da Zweifel und Sorge für ewig weggebannt schienen. Kehren diese Feinde schon zurück? Komm, Franz! Lieber Franz!
FRANZ: Ja, du bist mein! Und wenn ich dich befreie, befreie ich dich mir. Laß mich nun, laß mich! Ja, nun bin ich gefaßt und gestählt. Mit steter Hand will ich meinem Herrn das Gift in den Becher gießen.
ADELHEID: Stille, sprich es nicht aus!
FRANZ: Ja, ich will es aussprechen. Mein Ohr soll hören, was mein Herz zu tun bereit ist. Mein Auge soll unverrückt hinblicken, wenn er trinkt. Von seinen Schmerzen will ich mich nicht wegwenden. Es gibt nur einen Preis auf der Welt, und der ist mein.
ADELHEID: Eile!
FRANZ: Leb wohl! Und indem ich mich von dir losreißen will, fühle ich mich nur fester gebunden und möchte scheidend, so – *sie umarmend* – für und für verweilen.
ADELHEID: Zauderer!

FRANZ *den Schleier fassend:* Einen Teil von dir hab ich in Händen. Ganz laß ich dich nicht fahren! Gewähre mir diesen Schleier, der sich noch einmal für mich zurückschlägt und mir das holde Glücksgestirn meines Lebens offenbart. Laß mir ihn, daß er mir deine Gegenwart vermittle! *Er nimmt den Schleier.*
ADELHEID: Gewaltsamer!
FRANZ: Wie eine Schärpe den Helden, wie eine Zauberbinde den Magier soll er mich nachts umgeben. *Er wirft ihn über die Schulter und knüpft ihn an der Hüfte.* Gefaltet soll er tags, an meinem Busen zusammengedrängt, mich besser beschützen als das Panzerhemd. Und nun eil ich beflügelt. Leb wohl! Es hebt, es trägt mich von dir fort. *Er umarmt sie, reißt sich los und eilt ab.*

VIERZEHNTER AUFTRITT

ADELHEID *allein:* Glücklicher Knabe! Umdrängt vom ungeheuersten Schicksal tändelst du noch. Die mächtige Bewegung der Welle wird zu Schaum, die gewaltige Handlung der Jugend zum Spiel. Ich will dir nachschauen, meine weiße Gestalt soll dir geistergleich aus diesen Mauern herabwinken. Ich seh ihn, wie deutlich, auf seinem Schimmel, Tageshelle umgibt ihn, und scharf begleitet ihn der bewegliche Schatten. Er hält, er schwingt den Schleier. Kann er wohl auch erkennen, wenn ich ihm winke? Er will weiter! Noch zaudert er! Fahre hin, süßer Knabe, fahre hin zum traurigen Geschäft! – Sonderbar! Welch ein schwarzer Wanderer kommt ihm entgegen? Eine dunkle, schwarze Mönchsgestalt zieht leise herauf. Sie nähern sich! Werden sie halten? werden sie zusammen sprechen? Sie ziehen aneinander vorbei, als würden sie sich nicht gewahr! Jeder verfolgt seine Straße! Franz hinab, und, ich täusche mich nicht, der Mönch herauf gegen das Schloß. – Warum fährt mir ein Schauder in die Gebeine? Ist's nicht ein Mönch, deren du Tausende sahst bei Tage und bei Nacht? – Warum wäre dieser furchtbar? – Noch wandelt er langsam, ganz langsam. Ich seh ihn deutlich, die Gestalt, die Bewegung. *Klingelt.* Der Pförtner soll das Tor und Pforte wohl verschlossen halten, niemand hereinlassen vor Tag, es sei, wer es wolle. *Am Fenster:* Ich seh ihn nicht mehr. Hat er den Fußpfad eingeschlagen? *Klingelt.* Man sehe nach dem Hinterpförtchen, ob auch das wohl verschlossen und verriegelt ist! – Mauern, Schlösser, Band und Riegel, welche Wohltat für den Beängsteten! Und warum beängstet? Naht sich mir das Gräßliche, das, fern, auf mein Geheiß vollbracht wird? Ist es die Schuld, die mir das Bild einer düstern Rache vorführt? Nein! Nein! Es war ein wirkliches, fremdes, seltsames Wesen! Wäre es ein Spiel meiner Einbildungskraft, so müßt ich ihn auch hier sehen.

Eine schwarze vermummte Gestalt mit Strang und Dolch kommt drohend von der Seite des Hintergrundes, doch Adelheid im Rücken, welche so gewendet steht, daß sie dieses furchtbare Wesen mit leiblichen Augen nicht sehen kann; vielmehr starrt sie auf die entgegengesetzte Seite.

Dort aber, dort, ein Schattenähnliches! – was ist's? Was zieht ein Dunkles an der Wand vorbei? Wehe! wehe mir, das ist Wahnsinn! – Sammle dich! fasse dich! *Sie hält einige Zeit die Augen zu, dann entfernt sie die Hände und starrt nach der entgegengesetzten Seite.* Nun schwebt es hier, nun schleicht es hier! Drauflos, und es verschwindet. Entfliehe, Wahngestalt! Sie flieht, sie entfernt sich. So will ich dich verfolgen, so verjagen. *Indem sie das Wahnbild gleichsam vor sich hertreibt, erblickt sie das wirkliche, das eben in das Schlafzimmer geht. Sie schreit laut auf, dann erreicht sie die Glocke und zieht.* Lichter! Lichter! Fackeln herein! Alle herein! Mehr Fackeln, daß die Nacht umher zum Tag werde! Läutet Sturm, daß alle sich bewaffnen!

FÜNFTER AUFZUG

Man hört läuten.

Hier, dies nächste Zimmer durchsucht. Es hat keinen andern Ausgang. Findet, fesselt ihn! – Was steht, was zaudert ihr? Ein Meuchelmörder hat sich verborgen.

Ein Teil der Reisigen ab.

Ihr aber umgebt mich. Zieht eure Schwerter. Die Hellebarden bereit! – Nun bin ich gefaßt. Haltet euch ruhig! Wartet ab. Unterstützt mich, liebe Frauen! Laß mich nicht sinken. Meine Knie brechen ein.

Man reicht ihr einen Sessel.

Tretet näher, Bewaffnete! Umgebt mich! – Bewacht mich! Keiner weicht vom Platz bis an den vollen Tag.

FÜNFZEHNTER AUFTRITT

Hallen und gewölbte Gänge.

Zwei Parteien Reisige, die sich begegnen.

ERSTER ANFÜHRER: Wir haben nichts gefunden. Was sagt Ihr dazu? Seht Ihr was?
ZWEITER ANFÜHRER: Gar nichts. Im Zimmer war nichts, wo er sollte versteckt sein, das nur einen Ausgang hatte. Und Ihr? Was meint Ihr? Hat sie einen Geist gesehen? Wär es ein Mensch, den hätten wir lange.
ERSTER ANFÜHRER: Die heilige Fem' ist überall. Laßt uns suchen und schweigen.

Sie kreuzen sich und gehen von verschiedenen Seiten ab.

SECHZEHNTER AUFTRITT

Ländlicher Garten. Laube im Hintergrunde, davor Blumenbeete, von der Sonne beleuchtet.

Marie in der Laube schlafend. Lerse.

LERSE: Gestrenge Frau! Wo seid Ihr? Gleich werden die Pferde gesattelt sein! – Sie schläft! Schläft in diesen schrecklichen Augenblicken. Wie schön, wie himmlisch leuchtet der Schlaf des Guten, er gleicht mehr der Seligkeit als dem Tode. Leider, daß ich sie wecken muß! Auf, gestrenge Frau! Säumt nicht! Auf! wir müssen fort.
MARIE *erwacht:* Wer ruft? Wer auf einmal reißt mich aus den seligen Gefilden herunter in die irdischen Umgebungen? *Steht auf und kommt hervor.*
LERSE: Laßt uns eilen, gnädige Frau. Die Pferde haben wieder Kraft zum schnellen Lauf, und der Mensch hält alles aus.
MARIE: Treibe mich nicht weiter.
LERSE: Besinnt Euch! Bedenkt, in welcher fürchterlichen Stunde wir leben. Noch raucht die Gegend von schrecklichen Verbrechen, und schon sind die Täter aufs schrecklichste gestraft. Man hat mit ungeheuren Exekutionen verfahren. Mehrere sind lebendig verbrannt, zu Hunderten gerädert, gespießt, geköpft, geviertailt. – Ach! und Euer edler Bruder in dies ungeheure Geschick verwickelt! – Gefangen, als Meuter, als Missetäter in den tiefsten Turm geworfen.
MARIE: Laß uns gehen.
LERSE: Der Jammer ist zu groß! Sein Alter, seine Wunden! Und mehr noch als das alles, ein schleichend Fieber, die Finsternis vor seiner Seele, daß es so mit ihm enden soll.
MARIE: Laß uns eilen! hineilen zu Weislingen. Nur solch eine gräßliche Notwendigkeit vermochte mich zu diesem

Schritt, Weislingen wiederzusehen. Indem ich meinen Bruder vom Tod errette, geh ich in meinen Tod.

LERSE: Wie das, gestrenge Frau? Wie auf einmal verändert? Eine stürmische Leidenschaft erschüttert Eure sanften Züge. Redet! Vertraut mir.

MARIE: Du bist ein wackrer Mann. So wisse denn, zu wem du mich führst.

LERSE: Redet aus.

MARIE: Dieser Weislingen! Ich liebt ihn mit aller Innigkeit der ersten schüchternen Liebe. Er ward mein Bräutigam. Da träumt ich von Glück auf dieser Welt. Er verließ mich – und ich soll ihn wiedersehen, als Bittende soll ich vor ihm erscheinen, flehen soll ich, meine Worte mit dem Ton des Zutrauens, der Neigung, der Liebe beleben!

LERSE: Kommt, kommt! Laßt Euch den Augenblick lehren, was zu tun sei. Der Augenblick reicht uns, was Überlegung vergebens aufzusuchen bemüht ist. *Ab.*

MARIE: Ich werde mich vor seine Füße werfen, ich werde vor ihm weinen – aber – Gott verzeih mir's – nicht über meinen Bruder – über mich! *Ab.*

SIEBENZEHNTER AUFTRITT

Weislingens Saal.

Weislingen, geführt von Franz und einem jungen Diener.

WEISLINGEN: Vergebens, daß ich mich aus einem Zimmer in das andere schleppe, ich trage mein Weh mit mir fort. Vergebens, daß ihr mich unterstützt, eure Jugendkräfte gehn nicht in mich herüber; alle meine Gebeine sind hohl, ein elendes Fieber hat das Mark ausgesogen. Hier setzt mich nieder! Hier laßt mich allein und haltet euch in der Nähe.

Franz in großer Bewegung ab.

WEISLINGEN: Keine Ruh und Rast weder Tag noch Nacht. Im halben Schlummer giftige Träume. – Die vorige Nacht begegnete ich Götzen im Wald. Er zog sein Schwert und forderte mich heraus. Ich faßte nach meinem, die Hand versagte mir. Da stieß er's in die Scheide, sah mich verächtlich an und ging hinter mich. – Er ist gefangen, und ich zittere vor ihm. Elender Mensch! Dein Wort hat ihn zum Tode verurteilt, und du bebst vor seiner Traumgestalt wie ein Missetäter – Und soll er sterben? – Götz! Götz! – Wir Menschen führen uns nicht selbst, bösen Geistern ist die Macht über uns gelassen, daß sie ihren höllischen Mutwillen an unserm Verderben üben. – Matt! Matt! Wie sind meine Nägel so blau! – Ein kalter, kalter, verzehrender Schauer lähmt mir jedes Glied. Es dreht mir alles vorm Gesicht. Könnt ich schlafen! Ach!

ACHTZEHNTER AUFTRITT

Weislingen. Marie. Dann Franz.

WEISLINGEN: Jesus Marie! – Laß mir Ruh! – Laß mir Ruh! – Die Gestalt fehlte noch! – Sie stirbt, Marie stirbt und zeigt sich mir an. – Verlaß mich, seliger Geist, ich bin elend genug.
MARIE: Weislingen, ich bin kein Geist. Ich bin Marie.
WEISLINGEN: Das ist ihre Stimme!
MARIE: Ich komme, meines Bruders Leben von dir zu erflehn; er ist unschuldig, so strafbar er scheint.
WEISLINGEN: Still, Marie! Du Engel des Himmels bringst die Qualen der Hölle mit dir. – Rede nicht fort!
MARIE: Und mein Bruder soll sterben? Weislingen, es ist entsetzlich, daß ich dir zu sagen brauche: er ist unschuldig; daß ich jammern muß, dich von dem abscheulichsten Mord zurückzuhalten. Deine Seele ist bis in ihre inner-

sten Tiefen von feindseligen Mächten besessen. Das ist Adelbert!

WEISLINGEN: Du siehst, der verzehrende Atem des Todes hat mich angehaucht, meine Kraft sinkt nach dem Grabe. Ich stürbe als ein Elender, und du, du kommst, mich in Verzweiflung zu stürzen. Wenn ich reden könnte, dein höchster Haß würde in Mitleid und Jammer zerschmelzen. O Marie! Marie!

MARIE: Mein Bruder, Weislingen, verkranket im Gefängnis. Seine schweren Wunden, sein Alter! – Und wenn du fähig wärst, sein graues Haupt – Weislingen, wir würden verzweifeln.

WEISLINGEN: Genug! – Franz!

Franz kommt in äußerster Bewegung.

WEISLINGEN: Die Papiere drinnen, Franz.
MARIE *vor sich:* Er ist sehr krank. Sein Anblick zerreißt mir das Herz. Wie liebt ich ihn, und nun ich ihm nahe, fühl ich, wie lebhaft.

Franz bringt ein versiegeltes Paket.

WEISLINGEN *reißt es auf und zeigt Marien ein Papier:* Hier ist deines Bruders Todesurteil unterschrieben.
MARIE: Gott im Himmel!
WEISLINGEN: Und so zerreiß ich's. Er lebt. Aber kann ich wieder schaffen, was ich zerstört habe? Weine nicht so, Franz! Guter Junge, dir geht mein Elend tief zu Herzen.

Franz wirft sich vor ihm nieder und faßt seine Knie.

WEISLINGEN: Steh auf und laß das Weinen. Hoffnung ist bei den Lebenden.
FRANZ: Ihr werdet nicht – Ihr müßt sterben.
WEISLINGEN: Ich muß?
FRANZ *außer sich:* Gift! Gift! Von Eurem Weibe. Ich, ich! *Rennt davon.*

WEISLINGEN: Marie, geh ihm nach! Er verzweifelt.

Marie ab.

WEISLINGEN: Gift von meinem Weibe! Weh! Weh! Ich fühl's. Marter und Tod!
MARIE *inwendig:* Hülfe! Hülfe!
WEISLINGEN *will aufstehen:* Gott! vermag ich das nicht?
MARIE *kommt:* Er ist hin! Zum Saalfenster hinaus stürzt' er wütend in den Main hinunter.
WEISLINGEN: Ihm ist wohl. – Dein Bruder ist außer Gefahr. Die andern Bundeshäupter, vor allen Seckendorf, sind seine Freunde. Ritterlich Gefängnis werden sie ihm, auf sein Wort, gleich gewähren. Leb wohl, Marie, geh und zieh ihn aus dem Kerker.
MARIE: Senden wir Lersen. Ich will bei dir bleiben, armer Verlassener!
WEISLINGEN: Wohl verlassen und arm! Furchtbar bist du ein Rächer, Gott! – Mein Weib!
MARIE: Entschlage dich dieser Gedanken. Kehre dein Herz zu dem Barmherzigen.
WEISLINGEN: Geh, liebe Seele, überlaß mich meinem Elend! Entsetzlich! Auch deine Gegenwart, Marie, der letzte Trost, ist Qual!
MARIE *vor sich:* Stärke mich, Gott! Meine Seele erliegt unter der seinigen.
WEISLINGEN: Weh! Weh! Gift von meinem Weibe! Mein Franz verführt durch die Abscheuliche! Wie sie wartet, horcht auf den Boten, der ihr die Nachricht brächte: er ist tot. Und du, Marie – Marie, warum bist du gekommen, daß du jede schlafende Erinnerung meiner Sünden wecktest? Verlaß mich, daß ich sterbe.
MARIE: Laß mich bleiben. Du bist allein; denk, ich sei deine Wärterin. Vergiß alles. Vergesse dir Gott so alles, wie ich dir alles vergesse.
WEISLINGEN: Du Seele voll Liebe! bete für mich, bete für mich. Mein Herz ist verschlossen.

MARIE: Er wird sich deiner erbarmen. – Du bist matt.

WEISLINGEN: Ich sterbe, sterbe und kann nicht ersterben, und in dem fürchterlichen Streit des Lebens und des Tods zucken die Qualen der Hölle.

MARIE *neben ihm kniend:* Erbarmer, erbarme dich seiner! Nur einen Blick deiner Liebe an sein Herz, daß es sich zum Trost öffne und sein Geist Hoffnung, Lebenshoffnung in den Tod hinüber bringe.

NEUNZEHNTER AUFTRITT

Gefängnis.

Elisabeth. Lerse. Kastellan.

LERSE *zum Kastellan:* Hier ist Brief und Siegel, hier die Unterschrift der Bundeshäupter; sogleich soll Götz aus der engern Haft entlassen werden.

Kastellan ab.

ELISABETH: Gott vergelt Euch die Lieb und Treue, die Ihr an meinem Herrn getan habt! – Wo ist Marie?

LERSE: Weislingen stirbt, vergiftet von seinem Weibe. Marie wartete sein, als ich forteilte; nun höre ich unterwegs, daß auch Sickingen in Gefahr sei. – Die Fürsten werden ihm zu mächtig; man sagt, er sei eingeschlossen und belagert.

ELISABETH: Es ist wohl ein Gerücht; laßt Götzen nichts merken.

LERSE: Wie steht's um ihn?

ELISABETH: Ich fürchtete, er würde deine Rückkunft nicht erleben; die Hand des Herrn liegt schwer auf ihm, und Georg ist tot.

LERSE: Georg! Der Gute!

ELISABETH: Als die Nichtswürdigen Miltenberg verbrannten, sandte sein Herr ihn ab, dort Einhalt zu tun, da fiel ein

Trupp der Bündischen auf sie los. – Georg! – O hätten sie sich alle gehalten wie er! Ja, wenn sie alle das gute Gewissen gehabt hätten! Viele wurden erstochen, und Georg mit.

LERSE: Weiß es Götz?

ELISABETH: Wir verbargen's ihm. Er fragt mich zehnmal des Tags und schickt mich zehnmal zu forschen, was Georg macht; ich fürchte, seinem Herzen den letzten Stoß zu geben. Ach, komm, daß wir ihn wieder ins Freie führen! – Wie sehnlich war sein Wunsch, nur ins Gärtchen des Kastellans auf der Mauer hinauszutreten.

Beide ab.

ZWANZIGSTER AUFTRITT

Kleiner Garten auf der Mauer. Durch und über die Zinnen weite Aussicht ins Land. An der Seite ein Turm.

Götz. Elisabeth. Lerse. Kastellan.

GÖTZ: Allmächtiger Gott! wie wohltätig ist dein Himmel, wie frei! Die Bäume nähren sich in deiner Luft, und alle Welt ist voll Werden und Gedeihen. Lebt wohl, meine Lieben! Meine Wurzeln sind abgehauen, meine Kraft sinkt nach dem Grabe.

ELISABETH: Darf ich Lersen nach deinem Sohn ins Kloster schicken, daß du ihn noch einmal siehst und segnest?

GÖTZ: Laß ihn, er ist heiliger als ich, er braucht meinen Segen nicht; an unserm Hochzeittage, Elisabeth, ahndete mir's nicht, daß ich so sterben würde. Mein alter Vater segnete uns, und eine Nachkommenschaft von edlen, tapfern Söhnen quoll aus seinem Gebet. Du hast ihn nicht erhört, und ich bin der Letzte. Lerse, dein Angesicht freut mich in der Stunde des Todes mehr als im mutigsten

Gefecht; damals führte mein Geist den eurigen; jetzt hältst du mich aufrecht. Mach, daß ich Georgen noch einmal sehe, mich an seinem Blick wärme. – Ihr seht zur Erden und weint? Er ist tot! Georg ist tot! Stirb, Götz! Du hast dich selbst überlebt, die Edlen überlebt. Wie starb er? Ach, sie fingen ihn unter den Mordbrennern, und er ist hingerichtet.

ELISABETH: Nein, er wurde bei Miltenberg erstochen; er wehrte sich wie ein Löwe um seine Freiheit.

GÖTZ: Gott sei Dank! Er war der beste Junge unter der Sonne und tapfer. Löse meine Seele nun! Ich lasse dich in einer verderbten Welt. Lerse, verlaß sie nicht! Schließt eure Herzen sorgfältiger als eure Tore; es kommen die Zeiten des Betrugs, ihm ist Freiheit gegeben. Die Nichtswürdigen werden regieren mit List, und der Edle wird in ihre Netze fallen. Segnet Marien und ihren Gemahl; möge er nicht so tief sinken, als er hoch gestiegen ist. – Selbitz starb und der gute Kaiser und mein Georg. – Gebt mir einen Trunk Wasser! Himmlische Luft! Freiheit! Freiheit! *Er stirbt.*

ELISABETH: Nur droben bei dir; die Welt ist ein Gefängnis.

LERSE: Edler Mann! edler Mann! Wehe dem Jahrhundert, das dich von sich stieß! Wehe der Nachkommenschaft, die dich verkennt.

LAVIGO

Ein Trauerspiel

PERSONEN

Clavigo, *Archivarius des Königs*
Carlos, *dessen Freund*
Beaumarchais
Marie Beaumarchais
Sophie Guilbert, *geborne Beaumarchais*
Guilbert, *ihr Mann*
Buenco
Saint George

Der Schauplatz ist zu Madrid.

ERSTER AKT

Clavigos Wohnung.

Clavigo. Carlos.

CLAVIGO *vom Schreibtisch aufstehend:* Das Blatt wird eine gute Wirkung tun, es muß alle Weiber bezaubern. Sag mir, Carlos, glaubst du nicht, daß meine Wochenschrift jetzt eine der ersten in Europa ist?

CARLOS: Wir Spanier wenigstens haben keinen neuern Autor, der soviel Stärke des Gedankens, soviel blühende Einbildungskraft mit einem so glänzenden und leichten Stil verbände.

CLAVIGO: Laß mich! Ich muß unter dem Volke noch der Schöpfer des guten Geschmacks werden. Die Menschen sind willig, allerlei Eindrücke anzunehmen; ich habe einen Ruhm, ein Zutrauen unter meinen Mitbürgern; und, unter uns gesagt, meine Kenntnisse breiten sich täglich aus; meine Empfindungen erweitern sich, und mein Stil bildet sich immer wahrer und stärker.

CARLOS: Gut, Clavigo! Doch wenn du mir's nicht übelnehmen willst, so gefiel mir damals deine Schrift weit besser, als du sie noch zu Mariens Füßen schriebst, als noch das liebliche, muntere Geschöpf auf dich Einfluß hatte. Ich weiß nicht, das Ganze hatte ein jugendlicheres, blühenderes Ansehen.

CLAVIGO: Es waren gute Zeiten, Carlos, die nun vorbei sind. Ich gestehe dir gern, ich schrieb damals mit offnerem Herzen; und wahr ist's, sie hatte viel Anteil an dem Beifall, den das Publikum mir gleich anfangs gewährte. Aber in der Länge, Carlos, man wird der Weiber gar bald satt; und warst du nicht der erste, meinem Entschluß Beifall zu geben, als ich mir vornahm, sie zu verlassen?

CARLOS: Du wärst versauert. Sie sind gar zu einförmig. Nur, dünkt mich, wär's wieder Zeit, daß du dich nach einem neuen Plan umsähest, es ist doch auch nichts, wenn man so ganz auf 'm Sand ist.

CLAVIGO: Mein Plan ist der Hof, und da gilt kein Feiern. Hab ich's für einen Fremden, der ohne Stand, ohne Namen, ohne Vermögen hierherkam, nicht weit genug gebracht? Hier an einem Hofe! unter dem Gedräng von Menschen, wo es schwerhält, sich bemerken zu machen? Mir ist's so wohl, wenn ich den Weg ansehe, den ich zurückgelegt habe. Geliebt von den Ersten des Königreichs! geehrt durch meine Wissenschaften, meinen Rang! Archivarius des Königs! Carlos, das spornt mich alles; ich wäre nichts, wenn ich bliebe, was ich bin! Hinauf! Hinauf! Und da kostet's Mühe und List! Man braucht seinen ganzen Kopf; und die Weiber, die Weiber! Man vertändelt gar zuviel Zeit mit ihnen.

CARLOS: Narre, das ist deine Schuld. Ich kann nie ohne Weiber leben, und mich hindern sie an gar nichts. Auch sag ich ihnen nicht soviel schöne Sachen, röste mich nicht monatelang an Sentiments und dergleichen; wie ich denn mit honetten Mädchen am ungernsten zu tun habe. Ausgeredt hat man bald mit ihnen; hernach schleppt man sich eine Zeitlang herum, und kaum sind sie ein bißchen warm bei einem, hat sie der Teufel gleich mit Heiratsgedanken und Heiratsvorschlägen, die ich fürchte wie die Pest. Du bist nachdenkend, Clavigo?

CLAVIGO: Ich kann die Erinnerung nicht loswerden, daß ich Marien verlassen – hintergangen habe, nenn's, wie du willst.

CARLOS: Wunderlich! Mich dünkt doch, man lebt nur einmal in der Welt, hat nur einmal diese Kräfte, diese Aussichten, und wer sie nicht zum besten braucht, wer sich nicht so weit treibt als möglich, ist ein Tor. Und heiraten! heiraten just zur Zeit, da das Leben erst recht in Schwung kommen soll! sich häuslich niederlassen, sich einschränken, da man noch die Hälfte seiner Wanderung nicht zurückgelegt, die Hälfte seiner Eroberungen noch nicht gemacht hat! Daß du sie liebtest, das war natürlich; daß du ihr die Ehe versprachst, war eine Narrheit, und wenn du Wort gehalten hättest, wär's gar Raserei gewesen.

CLAVIGO: Sieh, ich begreife den Menschen nicht. Ich liebte sie wahrlich, sie zog mich an, sie hielt mich, und wie ich zu ihren Füßen saß, schwur ich ihr, schwur ich mir, daß es ewig so sein sollte, daß ich der Ihrige sein wollte, sobald ich ein Amt hätte, einen Stand – Und nun, Carlos!

CARLOS: Es wird noch Zeit genug sein, wenn du ein gemachter Mann bist, wenn du das erwünschte Ziel erreicht hast, daß du alsdann, um all dein Glück zu krönen und zu befestigen, dich mit einem angesehenen und reichen Hause durch eine kluge Heirat zu verbinden suchst.

CLAVIGO: Sie ist verschwunden! glatt aus meinem Herzen verschwunden, und wenn mir ihr Unglück nicht manchmal durch den Kopf führe – Daß man so veränderlich ist!

CARLOS: Wenn man beständig wäre, wollt ich mich verwundern. Sieh doch, verändert sich nicht alles in der Welt? Warum sollten unsere Leidenschaften bleiben? Sei du ruhig, sie ist nicht das erste verlaßne Mädchen und nicht das erste, das sich getröstet hat. Wenn ich dir raten soll, da ist die junge Witwe gegenüber –

CLAVIGO: Du weißt, ich halte nicht viel auf solche Vorschläge. Ein Roman, der nicht ganz von selbst kommt, ist nicht imstande, mich einzunehmen.

CARLOS: Über die delikaten Leute!

CLAVIGO: Laß das gut sein, und vergiß nicht, daß unser Hauptwerk gegenwärtig sein muß, uns dem neuen Minister notwendig zu machen. Daß Whal das Gouvernement von Indien niederlegt, ist immer beschwerlich für uns. Zwar ist mir's weiter nicht bange; sein Einfluß bleibt – Grimaldi und er sind Freunde, und wir können schwatzen und uns bücken –

CARLOS: Und denken und tun, was wir wollen.

CLAVIGO: Das ist die Hauptsache in der Welt. *Schellt dem Bedienten.* Tragt das Blatt in die Druckerei.
CARLOS: Sieht man Euch den Abend?
CLAVIGO: Nicht wohl. Nachfragen könnt Ihr ja.
CARLOS: Ich möchte heut abend gar zu gern was unternehmen, das mir das Herz erfreute; ich muß diesen ganzen Nachmittag wieder schreiben. Das endigt nicht.
CLAVIGO: Laß es gut sein. Wenn wir nicht für so viele Leute arbeiten, wären wir so viel Leuten nicht über den Kopf gewachsen. *Ab.*

Guilberts Wohnung.

Sophie Guilbert. Marie Beaumarchais. Don Buenco.

BUENCO: Sie haben eine üble Nacht gehabt?
SOPHIE: Ich sagt's ihr gestern abend. Sie war so ausgelassen lustig und hat geschwatzt bis eilfe, da war sie erhitzt, konnte nicht schlafen, und nun hat sie wieder keinen Atem und weint den ganzen Morgen.
MARIE: Daß unser Bruder nicht kommt! Es sind zwei Tage über die Zeit.
SOPHIE: Nur Geduld, er bleibt nicht aus.
MARIE *aufstehend:* Wie begierig bin ich, diesen Bruder zu sehen, meinen Richter und meinen Retter. Ich erinnre mich seiner kaum.
SOPHIE: O ja, ich kann mir ihn noch wohl vorstellen; er war ein feuriger, offner, braver Knabe von dreizehn Jahren, als uns unser Vater hierher schickte.
MARIE: Eine edle große Seele. Sie haben den Brief gelesen, den er schrieb, als er mein Unglück erfuhr. Jeder Buchstabe davon steht in meinem Herzen. „Wenn du schuldig bist", schreibt er, „so erwarte keine Vergebung; über dein Elend soll noch die Verachtung eines Bruders auf dir schwer werden und der Fluch eines Vaters. Bist du unschuldig – o dann alle Rache, alle, alle glühende Rache

auf den Verräter!" – Ich zittere! Er wird kommen. Ich zittere, nicht für mich, ich stehe vor Gott in meiner Unschuld. Ihr müßt, meine Freunde – Ich weiß nicht, was ich will! O Clavigo!

SOPHIE: Du hörst nicht! Du wirst dich umbringen.

MARIE: Ich will stille sein! Ja, ich will nicht weinen. Mich dünkt auch, ich hätte keine Tränen mehr! Und warum Tränen? Es ist mir nur leid, daß ich euch das Leben sauer mache. Denn im Grunde, worüber beklag ich mich? Ich habe viel Freude gehabt, solang unser alter Freund noch lebte. Clavigos Liebe hat mir viel Freude gemacht, vielleicht mehr als ihm die meinige. Und nun – was ist's nun weiter? Was ist an mir gelegen? an einem Mädchen gelegen, ob ihm das Herz bricht? ob es sich verzehrt und sein armes junges Leben ausquält?

BUENCO: Um Gottes willen, Mademoiselle!

MARIE: Ob's ihm wohl einerlei ist – daß er mich nicht mehr liebt? Ach warum bin ich nicht mehr liebenswürdig? – Aber bedauern, bedauern sollt er mich! daß die Arme, der er sich so notwendig gemacht hatte, nun ohne ihn ihr Leben hinschleichen, hinjammern soll. – Bedauern! Ich mag nicht von dem Menschen bedauert sein.

SOPHIE: Wenn ich dich ihn könnte verachten lehren, den Nichtswürdigen! den Hassenswürdigen!

MARIE: Nein, Schwester! ein Nichtswürdiger ist er nicht; und muß ich denn den verachten, den ich hasse? – Hassen! Ja manchmal kann ich ihn hassen, manchmal, wenn der spanische Geist über mich kommt. Neulich, o neulich, als wir ihm begegneten, sein Anblick wirkte volle warme Liebe auf mich! Und wie ich wieder nach Hause kam und mir sein Betragen auffiel und der ruhige kalte Blick, den er über mich her warf an der Seite der glänzenden Donna; da ward ich Spanierin in meinem Herzen und griff nach meinem Dolch und nahm Gift zu mir und verkleidete mich. Ihr erstaunt, Buenco? Alles in Gedanken, versteht sich.

SOPHIE: Närrisches Mädchen.

MARIE: Meine Einbildungskraft führte mich ihm nach, ich sah ihn, wie er zu den Füßen seiner neuen Geliebten alle die Freundlichkeit, alle die Demut verschwendete, mit der er mich vergiftet hat – ich zielte nach dem Herzen des Verräters! Ach Buenco! – Auf einmal war das gutherzige französische Mädchen wieder da, das keine Liebesträncke kennt und keine Dolche zur Rache. Wir sind übel dran! Vaudevilles, unsere Liebhaber zu unterhalten, Fächer, sie zu bestrafen, und wenn sie untreu sind? – Sag, Schwester, wie machen sie's in Frankreich, wenn die Liebhaber untreu sind?

SOPHIE: Man verwünscht sie.

MARIE: Und?

SOPHIE: Und läßt sie laufen.

MARIE: Laufen! Nun und warum soll ich Clavigo nicht laufen lassen? Wenn das in Frankreich Mode ist, warum soll's nicht in Spanien sein? Warum soll eine Französin in Spanien nicht Französin sein? Wir wollen ihn laufen lassen und uns einen andern nehmen; mich dünkt, sie machen's bei uns auch so.

BUENCO: Er hat eine feierliche Zusage gebrochen und keinen leichtsinnigen Roman, kein gesellschaftliches Attachement. Mademoiselle, Sie sind bis ins innerste Herz beleidigt, gekränkt. O mir ist mein Stand, daß ich ein unbedeutender ruhiger Bürger von Madrid bin, nie so beschwerlich, nie so ängstlich gewesen als jetzt, da ich mich so schwach, so unvermögend fühle, Ihnen gegen den falschen Höfling Gerechtigkeit zu schaffen!

MARIE: Wie er noch Clavigo war, noch nicht Archivarius des Königs, wie er der Fremdling, der Ankömmling, der Neueingeführte in unserm Hause war, wie liebenswürdig war er, wie gut! Wie schien all sein Ehrgeiz, all sein Aufstreben ein Kind seiner Liebe zu sein! Für mich rang er nach Namen, Stand, Gütern: er hat's, und ich! – –

ERSTER AKT

Guilbert kommt.

GUILBERT *heimlich zu seiner Frau:* Der Bruder kommt.

MARIE: Der Bruder! – *Sie zittert, man führt sie in einen Sessel.* Wo? wo? Bringt mir ihn! Bringt mich hin!

Beaumarchais kommt.

BEAUMARCHAIS: Meine Schwester! *Von der ältesten weg, nach der jüngsten zustürzend:* Meine Schwester! Meine Freunde! O Schwester!

MARIE: Bist du da? Gott sei Dank, du bist da!

BEAUMARCHAIS: Laß mich zu mir selbst kommen.

MARIE: Mein Herz, mein armes Herz!

SOPHIE: Beruhigt euch! Lieber Bruder, ich hoffte, dich gelassener zu sehn.

BEAUMARCHAIS: Gelassener! Seid ihr denn gelassen? Seh ich nicht an der zerstörten Gestalt dieser Lieben, an deinen verweinten Augen, deiner Blässe des Kummers, an dem toten Stillschweigen eurer Freunde, daß ihr so elend seid, wie ich mir euch den ganzen langen Weg vorgestellt habe? Und elender – denn ich seh euch, ich hab euch in meinen Armen, die Gegenwart verdoppelt meine Gefühle, o meine Schwester!

SOPHIE: Und unser Vater?

BEAUMARCHAIS: Er segnet euch und mich, wenn ich euch rette.

BUENCO: Mein Herr, erlauben Sie einem Unbekannten, der den edlen braven Mann in Ihnen beim ersten Anblick erkennt, seinen innigsten Anteil an Tag zu legen, den er bei dieser ganzen Sache empfindet. Mein Herr! Sie machen diese ungeheure Reise, Ihre Schwester zu retten, zu rächen. Willkommen! sein Sie willkommen wie ein Engel, ob Sie uns alle gleich beschämen!

BEAUMARCHAIS: Ich hoffte, mein Herr, in Spanien solche Herzen zu finden, wie das Ihre ist; das hat mich angespornt, den Schritt zu tun. Nirgend, nirgend in der Welt mangelt es an teilnehmenden beistimmenden Seelen; wenn nur einer auftritt, dessen Umstände ihm völlige Freiheit lassen, all seiner Entschlossenheit zu folgen. Und oh! meine Freunde, ich habe das hoffnungsvolle Gefühl: überall gibt's treffliche Menschen unter den Mächtigen und Großen, und das Ohr der Majestät ist selten taub; nur ist unsere Stimme meist zu schwach, bis dahinauf zu reichen.

SOPHIE: Kommt, Schwester! Kommt! Legt Euch einen Augenblick nieder. Sie ist ganz außer sich.

Sie führen sie weg.

MARIE: Mein Bruder!
BEAUMARCHAIS: Will's Gott, du bist unschuldig, und dann alle, alle Rache über den Verräter.

Marie, Sophie ab.

Mein Bruder! Meine Freunde! ich seh's an euern Blicken, daß ihr's seid. Laßt mich zu mir selbst kommen. Und dann! Eine reine unparteiische Erzählung der ganzen Geschichte. Die soll meine Handlungen bestimmen. Das Gefühl einer guten Sache soll meinen Entschluß befestigen; und glaubt mir, wenn wir recht haben, werden wir Gerechtigkeit finden.

ZWEITER AKT

Das Haus des Clavigo.

CLAVIGO: Wer die Franzosen sein mögen, die sich bei mir haben melden lassen? – Franzosen! Sonst war mir diese Nation willkommen! – Und warum nicht jetzt? Es ist wunderbar, ein Mensch, der sich über so vieles hinaussetzt, wird doch an einer Ecke mit Zwirnsfäden angebunden. – Weg! – Und wär ich Marien mehr schuldig als mir selbst? Und ist's eine Pflicht, mich unglücklich zu machen, weil mich ein Mädchen liebt?

ZWEITER AKT

Ein Bedienter.

BEDIENTER: Die Fremden, mein Herr.
CLAVIGO: Führe sie herein. Du sagtest doch ihrem Bedienten, daß ich sie zum Frühstück erwarte?
BEDIENTER: Wie Sie befahlen.
CLAVIGO: Ich bin gleich wieder hier. *Ab.*

Beaumarchais. Saint George.
Der Bediente setzt ihnen Stühle und geht.

BEAUMARCHAIS: Es ist mir so leicht! so wohl! mein Freund, daß ich endlich hier bin, daß ich ihn habe; er soll mir nicht entwischen. Sein Sie ruhig; wenigstens zeigen Sie ihm die gelassenste Außenseite. Meine Schwester! meine Schwester! Wer glaubte, daß du so unschuldig als unglücklich bist? Es soll an den Tag kommen, du sollst auf das grimmigste gerächt werden. Und du, guter Gott, erhalte mir die Ruhe der Seele, die du mir in diesem Augenblicke gewährest, daß ich mit aller Mäßigung in dem entsetzlichen Schmerz und so klug handle als möglich.
SAINT GEORGE: Ja diese Klugheit, alles, mein Freund, was Sie jemals von Überlegung bewiesen haben, nehm ich in Anspruch. Sagen Sie mir's zu, mein Bester, noch einmal, daß Sie bedenken, wo Sie sind: in einem fremden Königreiche, wo alle Ihre Beschützer, wo all Ihr Geld nicht imstande ist, Sie gegen die geheimen Maschinen nichtswürdiger Feinde zu sichern.
BEAUMARCHAIS: Sein Sie ruhig. Spielen Sie Ihre Rolle gut, er soll nicht wissen, mit welchem von uns beiden er's zu tun hat. Ich will ihn martern. O ich bin guten Humors genug, um den Kerl an einem langsamen Feuer zu braten.

Clavigo kommt wieder.

CLAVIGO: Meine Herren, es ist mir eine Freude, Männer von einer Nation bei mir zu sehen, die ich immer geschätzt habe.

BEAUMARCHAIS: Mein Herr, ich wünsche, daß auch wir der Ehre würdig sein mögen, die Sie unsern Landsleuten anzutun belieben.

SAINT GEORGE: Das Vergnügen, Sie kennenzulernen, hat bei uns die Bedenklichkeit überwunden, daß wir beschwerlich sein könnten.

CLAVIGO: Personen, die der erste Anblick empfiehlt, sollten die Bescheidenheit nicht so weit treiben.

BEAUMARCHAIS: Freilich kann Ihnen nicht fremd sein, von Unbekannten besucht zu werden, da Sie durch die Vortrefflichkeit Ihrer Schriften sich ebensosehr in auswärtigen Reichen bekannt gemacht haben, als die ansehnlichen Ämter, die Ihro Majestät Ihnen anvertrauen, Sie in Ihrem Vaterlande distinguieren.

CLAVIGO: Der König hat viel Gnade für meine geringen Dienste und das Publikum viel Nachsicht für die unbedeutenden Versuche meiner Feder; ich wünschte, daß ich einigermaßen etwas zu der Verbesserung des Geschmackes in meinem Lande, zur Ausbreitung der Wissenschaften beitragen könnte. Denn sie sind's allein, die uns mit andern Nationen verbinden, die sind's, die aus den entferntesten Geistern Freunde machen und die angenehmste Vereinigung unter denen selbst erhalten, die leider durch Staatsverhältnisse öfters getrennt werden.

BEAUMARCHAIS: Es ist entzückend, einen Mann so reden zu hören, der gleichen Einfluß auf den Staat und auf die Wissenschaften hat. Auch muß ich gestehen, Sie haben mir das Wort aus dem Munde genommen und mich geradeswegs auf das Anliegen gebracht, um dessenwillen Sie mich hier sehen. Eine Gesellschaft gelehrter würdiger Männer hat mir den Auftrag gegeben, an jedem Orte, wo ich durchreiste und Gelegenheit fände, einen Briefwechsel zwischen ihnen und den besten Köpfen des Königreichs zu stiften. Wie nun kein Spanier besser schreibt als der Verfasser der Blätter, die unter dem Namen „Der

Denker" so bekannt sind, ein Mann, mit dem ich die Ehre habe zu reden –

Clavigo macht eine verbindliche Beugung.

BEAUMARCHAIS: Und der eine besondere Zierde der Gelehrten ist, indem er gewußt hat, mit seinen Talenten einen solchen Grad von Weltklugheit zu verbinden; dem es nicht fehlen kann, die glänzenden Stufen zu besteigen, deren ihn sein Charakter und seine Kenntnisse würdig machen: ich glaube, meinen Freunden keinen angenehmern Dienst leisten zu können, als wenn ich sie mit einem solchen Manne verbinde.

CLAVIGO: Kein Vorschlag in der Welt konnte mir erwünschter sein, meine Herren: ich sehe dadurch die angenehmsten Hoffnungen erfüllt, mit denen sich mein Herz oft ohne Aussicht einer glücklichen Gewährung beschäftigte. Nicht daß ich glaubte, durch meinen Briefwechsel den Wünschen Ihrer gelehrten Freunde genugtun zu können; so weit geht meine Eitelkeit nicht. Aber da ich das Glück habe, daß die besten Köpfe in Spanien mit mir zusammenhängen, da mir nichts unbekannt bleiben mag, was in unserm weiten Reiche von einzelnen, oft verborgenen Männern für die Wissenschaften, für die Künste getan wird, so sahe ich mich bisher als einen Kolporteur an, der das geringe Verdienst hat, die Erfindungen anderer gemeinnützig zu machen; nun aber werd ich durch Ihre Dazwischenkunft zum Handelsmann, der das Glück hat, durch Umsetzung der einheimischen Produkte den Ruhm seines Vaterlandes auszubreiten und darüber es noch mit fremden Schätzen zu bereichern. Und so erlauben Sie, mein Herr, daß ich einen Mann, der mit solcher Freimütigkeit eine so angenehme Botschaft bringt, nicht wie einen Fremden behandle; erlauben Sie, daß ich frage, was für ein Geschäft, was für ein Anliegen Sie diesen weiten Weg geführt hat? Nicht, als wollt ich durch diese Indiskretion eine eitle Neugierde befriedigen; nein, glauben Sie vielmehr, daß es in der reinsten Absicht geschieht, alle Kräfte, allen Einfluß, den ich etwa haben mag, für Sie zu verwenden; denn ich sage Ihnen zum voraus, Sie sind an einen Ort gekommen, wo sich einem Fremden zu Ausführung seiner Geschäfte, besonders bei Hofe, unzählige Schwierigkeiten entgegensetzen.

BEAUMARCHAIS: Ich nehme ein so gefälliges Anerbieten mit allem Dank an. Ich habe keine Geheimnisse für Sie, mein Herr, und dieser Freund wird bei meiner Erzählung nicht zuviel sein; er ist sattsam von dem unterrichtet, was ich Ihnen zu sagen habe.

Clavigo betrachtet Saint George mit Aufmerksamkeit.

BEAUMARCHAIS: Ein französischer Kaufmann, der bei einer starken Anzahl von Kindern wenig Vermögen besaß, hatte viel Korrespondenten in Spanien. Einer der reichsten kam vor funfzehn Jahren nach Paris und tat ihm den Vorschlag: „Gebt mir zwei von Euern Töchtern, ich nehme sie mit nach Madrid und versorge sie. Ich bin ledig, bejahrt, ohne Verwandte, sie werden das Glück meiner alten Tage machen, und nach meinem Tode hinterlaß ich ihnen eine der ansehnlichsten Handlungen in Spanien."

Man vertraute ihm die älteste und eine der jüngern Schwestern. Der Vater übernahm, das Haus mit allen französischen Waren zu versehn, die man verlangen würde, und so hatte alles ein gutes Ansehn, bis der Korrespondent mit Tode abging, ohne die Französinnen im geringsten zu bedenken, die sich denn in dem beschwerlichen Falle sahen, allein einer neuen Handlung vorzustehen.

Die älteste hatte indessen geheiratet, und unerachtet des geringen Zustandes ihrer Glücksgüter erhielten sie sich durch gute Aufführung und durch die Annehmlichkeit ihres Geistes eine Menge Freunde, die sich wechselsweise beeiferten, ihren Kredit und ihre Geschäfte zu erweitern.

Clavigo wird immer aufmerksamer.

BEAUMARCHAIS: Ungefähr um eben die Zeit hatte sich ein junger Mensch, von den Kanarischen Inseln bürtig, in dem Hause vorstellen lassen.

Clavigo verliert alle Munterkeit aus seinem Gesicht, und sein Ernst geht nach und nach in eine Verlegenheit über, die immer sichtbarer wird.

BEAUMARCHAIS: Ungeachtet seines geringen Standes und Vermögens nimmt man ihn gefällig auf. Die Frauenzimmer, die eine große Begierde zur französischen Sprache an ihm bemerkten, erleichtern ihm alle Mittel, sich in weniger Zeit große Kenntnisse zu erwerben.

Voll von Begierde, sich einen Namen zu machen, fällt er auf den Gedanken, der Stadt Madrid das seiner Nation noch unbekannte Vergnügen einer Wochenschrift im Geschmack des englischen „Zuschauers" zu geben. Seine Freundinnen lassen es nicht ermangeln, ihm auf alle Art beizustehn; man zweifelt nicht, daß ein solches Unternehmen großen Beifall finden würde; genug, ermuntert durch die Hoffnung, nun bald ein Mensch von einiger Bedeutung werden zu können, wagt er es, der jüngsten einen Heiratsvorschlag zu tun.

Man gibt ihm Hoffnung. „Sucht Euer Glück zu machen", sagt die älteste, „und wenn Euch ein Amt, die Gunst des Hofes oder irgend sonst ein Mittel ein Recht wird gegeben haben, an meine Schwester zu denken, wenn sie Euch dann andern Freiern vorzieht, kann ich Euch meine Einwilligung nicht versagen."

Clavigo bewegt sich in höchster Verwirrung auf seinem Sessel.

BEAUMARCHAIS: Die jüngste schlägt verschiedene ansehnliche Partien aus; ihre Neigung gegen den Menschen nimmt zu und hilft ihr die Sorge einer ungewissen Erwartung tragen; sie interessiert sich für sein Glück wie für ihr eigenes und ermuntert ihn, das erste Blatt seiner Wochenschrift zu geben, das unter einem vielversprechenden Titel erscheint.

Clavigo ist in der entsetzlichsten Verlegenheit.

BEAUMARCHAIS *ganz kalt:* Das Werk macht ein erstaunendes Glück; der König selbst, durch diese liebenswürdige Produktion ergetzt, gab dem Autor öffentliche Zeichen seiner Gnade. Man versprach ihm das erste ansehnliche Amt, das sich auftun würde. Von dem Augenblick an entfernt er alle Nebenbuhler von seiner Geliebten, indem er ganz öffentlich sich um sie bemühte. Die Heirat verzog sich nur in Erwartung der zugesagten Versorgung. – Endlich, nach sechs Jahren Harrens, ununterbrochener Freundschaft, Beistands und Liebe von seiten des Mädchens, nach sechs Jahren Ergebenheit, Dankbarkeit, Bemühungen, heiliger Versicherungen von seiten des Mannes, erscheint das Amt – und er verschwindet.

CLAVIGO. *Es entführt ihm ein tiefer Seufzer, den er zu verbergen sucht und ganz außer sich ist.*

BEAUMARCHAIS: Die Sache hatte zu großes Aufsehn gemacht, als daß man die Entwicklung sollte gleichgültig angesehen haben. Ein Haus für zwei Familien war gemietet. Die ganze Stadt sprach davon. Alle Freunde waren aufs höchste aufgebracht und suchten Rache. Man wendete sich an mächtige Gönner; allein der Nichtswürdige, der nun schon in die Kabalen des Hofs initiiert war, weiß alle Bemühungen fruchtlos zu machen und geht in seiner Insolenz so weit, daß er es wagt, den Unglücklichen zu drohen, wagt, denen Freunden, die sich zu ihm begeben, ins Gesicht zu sagen: die Französinnen sollten sich in acht nehmen, er biete sie auf, ihm zu schaden, und wenn sie sich unterständen, etwas gegen ihn zu unternehmen, so wär's ihm ein leichtes, sie in einem fremden Lande zu verderben, wo sie ohne Schutz und Hülfe seien.

Das arme Mädchen fiel auf die Nachricht in Konvulsionen, die ihr den Tod drohten. In der Tiefe ihres Jammers schreibt die älteste nach Frankreich die offenbare Beschimpfung, die ihnen angetan worden. Die Nachricht bewegt ihren Bruder aufs schrecklichste, er verlangt seinen Abschied, um in so einer verwirrten Sache selbst Rat und Hülfe zu schaffen, er ist im Fluge von Paris zu Madrid, und der Bruder – bin ich; der alles verlassen hat, Vaterland, Pflichten, Familie, Stand, Vergnügen, um in Spanien eine unschuldige unglückliche Schwester zu rächen.

Ich komme bewaffnet mit der besten Sache und aller Entschlossenheit, einen Verräter zu entlarven, mit blutigen Zügen seine Seele auf sein Gesicht zu zeichnen, und der Verräter – bist du!

CLAVIGO: Hören Sie mich, mein Herr – Ich bin – Ich habe – Ich zweifle nicht –

BEAUMARCHAIS: Unterbrechen Sie mich nicht. Sie haben mir nichts zu sagen und viel von mir zu hören.

Nun um einen Anfang zu machen, sein Sie so gütig, vor diesem Herrn, der expreß mit mir aus Frankreich gekommen ist, zu erklären: ob meine Schwester durch irgendeine Treulosigkeit, Leichtsinn, Schwachheit, Unart oder sonst einen Fehler diese öffentliche Beschimpfung um Sie verdient habe.

CLAVIGO: Nein, mein Herr. Ihre Schwester, Donna Maria, ist ein Frauenzimmer voll Geist, Liebenswürdigkeit und Tugend.

BEAUMARCHAIS: Hat sie Ihnen jemals seit Ihrem Umgange eine Gelegenheit gegeben, sich über sie zu beklagen oder sie geringer zu achten?

CLAVIGO: Nie! Niemals!

BEAUMARCHAIS *aufstehend:* Und warum, Ungeheuer! hattest du die Grausamkeit, das Mädchen zu Tode zu quälen? Nur weil dich ihr Herz zehn andern vorzog, die alle rechtschaffener und reicher waren als du.

CLAVIGO: O mein Herr! Wenn Sie wüßten, wie ich verhetzt worden bin, wie ich durch mancherlei Ratgeber und Umstände –

BEAUMARCHAIS: Genug! *Zu Saint George:* Sie haben die Rechtfertigung meiner Schwester gehört; gehn Sie und breiten Sie es aus. Was ich dem Herrn weiter zu sagen habe, braucht keine Zeugen.

Clavigo steht auf. Saint George geht.

BEAUMARCHAIS: Bleiben Sie! Bleiben Sie! *Beide setzen sich wieder.* Da wir nun so weit sind, will ich Ihnen einen Vorschlag tun, den Sie hoffentlich billigen werden.

Es ist Ihre Konvenienz und meine, daß Sie Marien nicht heiraten, und Sie fühlen wohl, daß ich nicht gekommen bin, den Komödienbruder zu machen, der den Roman entwickeln und seiner Schwester einen Mann schaffen will. Sie haben ein ehrliches Mädchen mit kaltem Blute beschimpft, weil Sie glaubten, in einem fremden Lande sei sie ohne Beistand und Rächer. So handelt ein Niederträchtiger, ein Nichtswürdiger. Und also, zuvörderst erklären Sie eigenhändig, freiwillig, bei offenen Türen, in Gegenwart Ihrer Bedienten: daß Sie ein abscheulicher Mensch sind, der meine Schwester betrogen, verraten, sie ohne die mindeste Ursache erniedrigt hat; und mit dieser Erklärung geh ich nach Aranjuez, wo sich unser Gesandter aufhält, ich zeige sie, ich lasse sie drucken, und übermorgen ist der Hof und die Stadt davon überschwemmt. Ich habe mächtige Freunde hier, habe Zeit und Geld, und das alles wend ich an, um Sie auf alle Weise aufs grausamste zu verfolgen, bis der Zorn meiner Schwester sich legt, befriedigt ist und sie mir selbst Einhalt tut.

CLAVIGO: Ich tue diese Erklärung nicht.

BEAUMARCHAIS: Das glaub ich, denn vielleicht tät ich sie an Ihrer Stelle ebensowenig. Aber hier ist das andere: Schreiben Sie nicht, so bleib ich von diesem Augenblick bei Ihnen, ich verlasse Sie nicht, ich folge Ihnen überallhin, bis Sie, einer solchen Gesellschaft überdrüssig, hinter Buenretiro meiner loszuwerden gesucht haben. Bin ich glücklicher als Sie: ohne den Gesandten zu sehn, ohne mit einem Menschen hier gesprochen zu haben, faß ich meine sterbende Schwester in meine Arme, hebe sie in den Wagen und kehre mit ihr nach Frankreich zurück. Begünstigt Sie das Schicksal, so hab ich das Meine getan, und so lachen Sie denn auf unsere Kosten. Unterdessen das Frühstück!

Beaumarchais zieht die Schelle. Ein Bedienter bringt die Schokolade. Beaumarchais nimmt seine Tasse und geht in der anstoßenden Galerie spazieren, die Gemälde betrachtend.

CLAVIGO: Luft! Luft! – Das hat dich überrascht, angepackt wie einen Knaben – Wo bist du, Clavigo? Wie willst du das enden? – Ein schrecklicher Zustand, in den dich deine Torheit, deine Verräterei gestürzt hat! *Er greift nach dem Degen auf dem Tische.* Ha! Kurz und gut! – *Läßt ihn liegen.* – Und da wäre kein Weg, kein Mittel als Tod – oder Mord? abscheulicher Mord! – Das unglückliche Mädchen ihres letzten Trostes, ihres einzigen Beistandes zu berauben, ihres Bruders! – Des edelen, braven Menschen Blut sehen! – Und so den doppelten unerträglichen Fluch einer vernichteten Familie auf dich zu laden! – O das war die Aussicht nicht, als das liebenswürdige Geschöpf dich die ersten Stunden ihrer Bekanntschaft mit soviel Reizen anzog! Und da du sie verließest, sahst du nicht die gräßlichen Folgen deiner Schandtat! – Welche Seligkeit wartete dein in ihren Armen! in der Freundschaft solch eines Bruders! – Marie! Marie! O daß du vergeben könntest! daß ich zu deinen Füßen das alles abweinen dürfte! – Und warum nicht? – Mein Herz geht mir über; meine Seele geht mir auf in Hoffnung! – Mein Herr!

BEAUMARCHAIS: Was beschließen Sie?

CLAVIGO: Hören Sie mich! Mein Betragen gegen Ihre Schwester ist nicht zu entschuldigen. Die Eitelkeit hat mich verführt. Ich fürchtete, meine Plane, meine Aussichten auf ein ruhmvolles Leben durch diese Heirat zugrunde zu richten. Hätte ich wissen können, daß sie so einen Bruder habe, sie würde in meinen Augen keine unbedeutende Fremde gewesen sein; ich würde die ansehnlichsten Vorteile von dieser Verbindung gehofft haben. Sie erfüllen mich, mein Herr, mit der größesten Hochachtung für Sie; und indem Sie mir auf diese Weise mein Unrecht lebhaft empfinden machen, flößen Sie mir eine Begierde ein, eine Kraft, alles wiedergutzumachen. Ich werfe mich zu Ihren Füßen! Helfen Sie! Helfen Sie, wenn's möglich ist, meine Schuld austilgen und das Unglück endigen. Geben Sie mir Ihre Schwester wieder, mein Herr, geben Sie mich ihr! Wie glücklich wär ich, von Ihrer Hand eine Gattin und die Vergebung aller meiner Fehler zu erhalten.

BEAUMARCHAIS: Es ist zu spät! Meine Schwester liebt Sie nicht mehr, und ich verabscheue Sie. Schreiben Sie die verlangte Erklärung, das ist alles, was ich von Ihnen fordere, und überlassen Sie mir die Sorgfalt einer ausgesuchten Rache.

CLAVIGO: Ihre Hartnäckigkeit ist weder gerecht noch klug. Ich gebe Ihnen zu, daß es hier nicht auf mich ankommt, ob ich eine so sehr verschlimmerte Sache wiedergutmachen will. – Ob ich sie gutmachen kann? das hängt von dem Herzen Ihrer vortrefflichen Schwester ab, ob sie einen Elenden wieder ansehen mag, der nicht verdient, das Tageslicht zu sehen. Allein Ihre Pflicht ist's, mein Herr, das zu prüfen und darnach sich zu betragen, wenn Ihr Schritt nicht einer jugendlichen unbesonnenen Hitze ähnlich sehen soll. Wenn Donna Maria unbeweglich ist – o ich kenne das Herz! o ihre Güte, ihre himmlische Seele schwebt mir ganz lebhaft vor! Wenn sie unerbittlich ist, dann ist es Zeit, mein Herr.

BEAUMARCHAIS: Ich bestehe auf der Erklärung.

ZWEITER AKT

CLAVIGO *nach dem Tisch zu gehend:* Und wenn ich nach dem Degen greife?

BEAUMARCHAIS *gehend:* Gut, mein Herr! Schön, mein Herr!

CLAVIGO *ihn zurückhaltend:* Noch ein Wort. Sie haben die gute Sache; lassen Sie mich die Klugheit für Sie haben. Bedenken Sie, was Sie tun. Auf beide Fälle sind wir alle unwiederbringlich verloren. Müßt ich nicht für Schmerz, für Beängstigung untergehn, wenn Ihr Blut meinen Degen färben sollte, wenn ich Marien noch über all ihr Unglück auch ihren Bruder raubte, und dann – der Mörder des Clavigo würde die Pyrenäen nicht zurückmessen.

BEAUMARCHAIS: Die Erklärung, mein Herr, die Erklärung!

CLAVIGO: So sei's denn. Ich will alles tun, um Sie von der aufrichtigen Gesinnung zu überzeugen, die mir Ihre Gegenwart einflößt. Ich will die Erklärung schreiben, ich will sie schreiben aus Ihrem Munde. Nur versprechen Sie mir, nicht eher Gebrauch davon zu machen, bis ich imstande gewesen bin, Donna Maria von meinem geänderten, reuevollen Herzen zu überzeugen; bis ich mit Ihrer Ältesten ein Wort gesprochen, bis diese ihr gütiges Fürwort bei meiner Geliebten eingelegt hat. So lange, mein Herr.

BEAUMARCHAIS: Ich gehe nach Aranjuez.

CLAVIGO: Gut denn, bis Sie wiederkommen, so lange bleibt die Erklärung in Ihrem Portefeuille; hab ich meine Vergebung nicht, so lassen Sie Ihrer Rache vollen Lauf. Dieser Vorschlag ist gerecht, anständig, klug, und wenn Sie nicht wollen, so sei's denn unter uns beiden um Leben und Tod gespielt. Und der das Opfer seiner Übereilung wird, sind immer Sie und Ihre arme Schwester.

BEAUMARCHAIS: Es steht Ihnen an, die zu bedauern, die Sie unglücklich gemacht haben.

CLAVIGO *sich setzend:* Sind Sie das zufrieden?

BEAUMARCHAIS: Gut denn, ich gebe nach! Aber keinen Augenblick länger. Ich komme von Aranjuez, ich frage, ich höre! Und hat man Ihnen nicht vergeben, wie ich denn hoffe, wie ich's wünsche – gleich auf und mit dem Zettel in die Druckerei.

CLAVIGO *nimmt Papier:* Wie verlangen Sie's?

BEAUMARCHAIS: Mein Herr! in Gegenwart Ihrer Bedienten.

CLAVIGO: Wozu das?

BEAUMARCHAIS: Befehlen Sie nur, daß sie in der anstoßenden Galerie gegenwärtig sind. Man soll nicht sagen, daß ich Sie gezwungen habe.

CLAVIGO: Welche Bedenklichkeiten!

BEAUMARCHAIS: Ich bin in Spanien und habe mit Ihnen zu tun.

CLAVIGO: Nun denn! *Klingelt. Ein Bedienter.* Ruft meine Leute zusammen, und begebt euch auf die Galerie herbei.

Der Bediente geht, die übrigen kommen und besetzen die Galerie.

CLAVIGO: Sie überlassen mir, die Erklärung zu schreiben.

BEAUMARCHAIS: Nein, mein Herr! Schreiben Sie, ich bitte, schreiben Sie, wie ich's Ihnen sage.

Clavigo schreibt.

BEAUMARCHAIS: „Ich Unterzeichneter, Joseph Clavigo, Archivarius des Königs –"

CLAVIGO: „Des Königs".

BEAUMARCHAIS: „– bekenne, daß, nachdem ich in dem Hause der Madame Guilbert freundschaftlich aufgenommen worden –"

CLAVIGO: „Worden".

BEAUMARCHAIS: „– ich Mademoiselle von Beaumarchais, ihre Schwester, durch hundertfältig wiederholte Heiratsversprechungen betrogen habe." – Haben Sie's?

CLAVIGO: Mein Herr!

BEAUMARCHAIS: Haben Sie ein ander Wort dafür?

CLAVIGO: Ich dächte –

BEAUMARCHAIS: „Betrogen habe." Was Sie getan haben, können Sie ja noch eher schreiben. – „Ich habe sie verlassen, ohne daß irgendein Fehler oder Schwachheit von ihrer

Seite einen Vorwand oder Entschuldigung dieses Meineids veranlasset hätte."

CLAVIGO: Nun!

BEAUMARCHAIS: „Im Gegenteil ist die Aufführung des Frauenzimmers immer rein, untadelig und aller Ehrfurcht würdig gewesen."

CLAVIGO: „Würdig gewesen."

BEAUMARCHAIS: „Ich bekenne, daß ich durch mein Betragen, den Leichtsinn meiner Reden, durch die Auslegung, der sie unterworfen waren, öffentlich dieses tugendhafte Frauenzimmer erniedrigt habe; weswegen ich sie um Vergebung bitte, ob ich mich gleich nicht wert achte, sie zu erhalten."

Clavigo hält inne.

BEAUMARCHAIS: Schreiben Sie! Schreiben Sie! – „Welches Zeugnis ich mit freiem Willen und ungezwungen von mir gegeben habe, mit dem besondern Versprechen, daß, wenn diese Satisfaktion der Beleidigten nicht hinreichend sein sollte, ich bereit bin, sie auf alle andere erforderliche Weise zu geben. Madrid."

CLAVIGO *steht auf, winkt den Bedienten, sich wegzubegeben, und reicht ihm das Papier:* Ich habe mit einem beleidigten, aber mit einem edeln Menschen zu tun. Sie halten Ihr Wort und schieben Ihre Rache auf. In dieser einzigen Rücksicht, in dieser Hoffnung hab ich das schimpfliche Papier von mir gestellt, wozu mich sonst nichts gebracht hätte. Aber ehe ich es wage, vor Donna Maria zu treten, hab ich beschlossen, jemanden den Auftrag zu geben, mir bei ihr das Wort zu reden, für mich zu sprechen – und der Mann sind Sie.

BEAUMARCHAIS: Bilden Sie sich das nicht ein.

CLAVIGO: Wenigstens sagen Sie ihr die bittere herzliche Reue, die Sie an mir gesehn haben. Das ist alles, alles, warum ich Sie bitte; schlagen Sie mir's nicht ab; ich müßte einen andern, weniger kräftigen Fürsprecher wählen, und Sie sind ihr ja eine treue Erzählung schuldig. Erzählen Sie ihr, wie Sie mich gefunden haben.

BEAUMARCHAIS: Gut, das kann ich, das will ich. Und so adieu.

CLAVIGO: Leben Sie wohl! *Er will seine Hand nehmen, Beaumarchais hält sie zurück.*

CLAVIGO *allein:* So unerwartet aus einem Zustand in den andern. Man taumelt, man träumt! – Diese Erklärung, ich hätte sie nicht geben sollen. – Es kam so schnell, so unerwartet als ein Donnerwetter!

Carlos kommt.

CARLOS: Was hast du für Besuch gehabt? Das ganze Haus ist in Bewegung; was gibt's?

CLAVIGO: Mariens Bruder.

CARLOS: Ich vermutet's. Der Hund von einem alten Bedienten, der sonst bei Guilberts war und der mir nun trätscht, weiß es schon seit gestern, daß man ihn erwartet habe, und trifft mich erst diesen Augenblick. Er war da?

CLAVIGO: Ein vortrefflicher Junge.

CARLOS: Den wollen wir bald los sein. Ich habe den Weg über schon gesponnen! – Was hat's denn gegeben? Eine Ausforderung? eine Ehrenerklärung? War er fein hitzig, der Bursch?

CLAVIGO: Er verlangte eine Erklärung, daß seine Schwester mir keine Gelegenheit zur Veränderung gegeben.

CARLOS: Und du hast sie ausgestellt?

CLAVIGO: Ich hielt es fürs beste.

CARLOS: Gut, sehr gut! Ist sonst nichts vorgefallen?

CLAVIGO: Er drang auf einen Zweikampf oder die Erklärung.

CARLOS: Das letzte war das gescheiteste. Wer wird sein Leben gegen einen so romantischen Fratzen wagen. Und forderte er das Papier ungestüm?

CLAVIGO: Er diktierte mir's, und ich mußte die Bedienten in die Galerie rufen.

CARLOS: Ich versteh! Ah! nun hab ich dich, Herrchen! das

bricht ihm den Hals. Heiß mich einen Schreiber, wenn ich den Buben nicht in zwei Tagen im Gefängnis habe und mit dem nächsten Transport nach Indien.
CLAVIGO: Nein, Carlos. Die Sache steht anders, als du denkst.
CARLOS: Wie?
CLAVIGO: Ich hoffe, durch seine Vermittlung durch mein eifriges Bestreben Verzeihung von der Unglücklichen zu erhalten.
CARLOS: Clavigo!
CLAVIGO: Ich hoff all das Vergangene zu tilgen, das Zerrüttete wiederherzustellen und so in meinen Augen und in den Augen der Welt wieder zum ehrlichen Mann zu werden.
CARLOS: Zum Teufel, bis du kindisch geworden? Man spürt dir doch immer an, daß du ein Gelehrter bist. –
Dich so betören zu lassen! Siehst du nicht, daß das ein einfältig angelegter Plan ist, um dich ins Garn zu sprengen?
CLAVIGO: Nein, Carlos, er will die Heirat nicht; sie sind dagegen, sie will nichts von mir hören.
CARLOS: Das ist die rechte Höhe. Nein, guter Freund, nimm mir's nicht übel, ich hab wohl in Komödien gesehen, daß man einen Landjunker so geprellt hat.
CLAVIGO: Du beleidigst mich. Ich bitte, spare deinen Humor auf meine Hochzeit. Ich bin entschlossen, Marien zu heiraten, freiwillig, aus innerm Trieb. Meine ganze Hoffnung, meine ganze Glückseligkeit ruht auf dem Gedanken, ihre Vergebung zu erhalten. Und dann fahr hin, Stolz! An der Brust dieser Lieben liegt noch der Himmel wie vormals; aller Ruhm, den ich erwerbe, alle Größe, zu der ich mich erhebe, wird mich mit doppeltem Gefühl ausfüllen: denn das Mädchen teilt's mit mir, die mich zum doppelten Menschen macht. Leb wohl! ich muß hin! ich muß die Guilbert wenigstens sprechen.
CARLOS: Warte nur bis nach Tisch.
CLAVIGO: Keinen Augenblick. *Ab.*

CARLOS *ihm nachsehend und eine Weile schweigend:* Da macht wieder jemand einmal einen dummen Streich. *Ab*

DRITTER AKT

Guilberts Wohnung.

Sophie Guilbert. Marie Beaumarchais.

MARIE: Du hast ihn gesehen? Mir zittern alle Glieder! Du hast ihn gesehen? Ich war nah an einer Ohnmacht, als ich hörte, er käme, und du hast ihn gesehen? Nein, ich kann, ich werde, nein, ich kann ihn nie wieder sehn.

SOPHIE: Ich war außer mir, als er hereintrat; denn ach! liebt ich ihn nicht, wie du, mit der vollsten, reinsten, schwesterlichsten Liebe? Hat mich nicht seine Entfernung gekränkt, gemartert? – Und nun, den Rückkehrenden, den Reuigen zu meinen Füßen! – Schwester! es ist was Bezauberndes in seinem Anblick, in dem Ton seiner Stimme. Er –

MARIE: Nimmer, nimmermehr!

SOPHIE: Er ist noch der alte, noch eben das gute, sanfte, fühlbare Herz, noch eben die Heftigkeit der Leidenschaft. Es ist noch eben die Begier, geliebt zu werden, und das ängstliche, marternde Gefühl, wenn ihm Neigung versagt wird. Alles! alles! Und von dir spricht er, Marie! wie in jenen glücklichen Tagen der feurigsten Leidenschaft; es ist, als wenn dein guter Geist diesen Zwischenraum von Untreu und Entfernung selbst veranlaßt habe, um das Einförmige, Schleppende einer langen Bekanntschaft zu unterbrechen und dem Gefühl eine neue Lebhaftigkeit zu geben.

MARIE: Du redst ihm das Wort?

SOPHIE: Nein, Schwester; auch versprach ich's ihm nicht. Nur, meine Beste, seh ich die Sachen, wie sie sind. Du und der Bruder, ihr seht sie in einem allzu romantischen

Lichte. Du hast das mit gar manchem guten Kinde gemein, daß dein Liebhaber treulos ward und dich verließ! Und daß er wiederkommt, reuig seinen Fehler verbessern, alle alte Hoffnungen erneuern will – das ist ein Glück, das eine andere nicht leicht von sich stoßen würde.

MARIE: Mein Herz würde reißen!

SOPHIE: Ich glaube dir. Der erste Anblick muß auf dich eine empfindliche Wirkung machen – und dann, meine Beste, ich bitte dich, halt diese Bangigkeit, diese Verlegenheit, die dir alle Sinne zu übermeistern scheint, nicht für eine Wirkung des Hasses, für keinen Widerwillen. Dein Herz spricht mehr für ihn, als du es glaubst, und eben darum traust du dich nicht, ihn wiederzusehen, weil du seine Rückkehr so sehnlich wünschest.

MARIE: Sei barmherzig!

SOPHIE: Du sollst glücklich werden. Fühlt ich, daß du ihn verachtetest, daß er dir gleichgültig wäre, so wollt ich kein Wort weiter reden, so sollt er mein Angesicht nicht mehr sehen. Doch so, meine Liebe – Du wirst mir danken, daß ich dir geholfen habe, diese ängstliche Unbestimmtheit zu überwinden, die ein Zeichen der innigsten Liebe ist.

Die Vorigen. Guilbert. Buenco.

SOPHIE: Kommen Sie, Buenco! Guilbert, kommen Sie! Helft mir, dieser Kleinen Mut einsprechen, Entschlossenheit, jetzt, da es gilt.

BUENCO: Ich wollte, daß ich sagen dürfte: Nehmt ihn nicht wieder an.

SOPHIE: Buenco!

BUENCO: Mein Herz wirft sich mir im Leib herum bei dem Gedanken: er soll diesen Engel noch besitzen, den er so schändlich beleidigt, den er an das Grab geschleppt hat. Und besitzen? – warum? Wodurch macht er das alles wieder gut, was er verbrochen hat? – Daß er wiederkehrt, daß ihm auf einmal beliebt, wiederzukehren und zu sagen: Jetzt mag ich sie, jetzt will ich sie. Just als wäre diese treffliche Seele eine verdächtige Ware, die man am Ende dem Käufer doch noch nachwirft, wenn er euch schon durch die niedrigsten Gebote und jüdisches Ab- und Zulaufen bis aufs Mark gequält hat. Nein, meine Stimme kriegt er nicht, und wenn Mariens Herz selbst für ihn spräche. – Wiederzukommen, und warum denn jetzt? – jetzt? – Mußt er warten, bis ein tapferer Bruder käme, dessen Rache er fürchten muß, um wie ein Schulknabe zu kommen und Abbitte zu tun? – Ha! er ist so feig, als er nichtswürdig ist!

GUILBERT: Ihr redet wie ein Spanier und als wenn Ihr die Spanier nicht kenntet. Wir schweben diesen Augenblick in einer größern Gefahr, als ihr alle nicht seht.

MARIE: Bester Guilbert!

GUILBERT: Ich ehre die unternehmende Seele unsers Bruders, ich habe im stillen seinem Heldengange zugesehen und wünsche, daß alles gut ausschlagen möge, wünsche, daß Marie sich entschließen könnte, Clavigo ihre Hand zu geben, denn – *lächelnd* – ihr Herz hat er doch. –

MARIE: Ihr seid grausam.

SOPHIE: Hör ihn, ich bitte dich, hör ihn!

GUILBERT: Dein Bruder hat ihm eine Erklärung abgedrungen, die dich vor den Augen aller Welt rechtfertigen soll, und die wird uns verderben.

BUENCO: Wie?

MARIE: O Gott!

GUILBERT: Er stellte sie aus in der Hoffnung, dich zu bewegen. Bewegt er dich nicht, so muß er alles anwenden, um das Papier zu vernichten; er kann's, er wird's. Dein Bruder will es gleich nach seiner Rückkehr von Aranjuez drucken und ausstreuen. Ich fürchte, wenn du beharrest, er wird nicht zurückkehren.

SOPHIE: Lieber Guilbert!

MARIE: Ich vergehe!

DRITTER AKT

GUILBERT: Clavigo kann das Papier nicht auskommen lassen. Verwirfst du seinen Antrag und er ist ein Mann von Ehre, so geht er deinem Bruder entgegen, und einer von beiden bleibt; dein Bruder sterbe oder siege, er ist verloren. Ein Fremder in Spanien! Mörder dieses geliebten Höflings! – Schwester, es ist ganz gut, daß man edel denkt und fühlt; nur, sich und die Seinigen zugrunde zu richten –

MARIE: Rate mir, Sophie, hilf mir!

GUILBERT: Und Buenco, widerlegen Sie mich.

BUENCO: Er wagt's nicht, er fürchtet für sein Leben; sonst hätt er gar nicht geschrieben, sonst böt er Marien seine Hand nicht an.

GUILBERT: Desto schlimmer; so findet er hundert, die ihm ihren Arm leihen, hundert, die unserm Bruder tückisch auf dem Wege das Leben rauben. Ha! Buenco, bist du so jung? Ein Hofmann sollte keinen Meuchelmörder im Solde haben?

BUENCO: Der König ist groß und gut.

GUILBERT: Auf denn! Durch alle die Mauern, die ihn umschließen, die Wachen, das Zeremoniell und alle das, womit die Hofschranzen ihn von seinem Volke geschieden haben, dringen Sie durch und retten Sie uns! – Wer kommt?

Clavigo kommt.

CLAVIGO: Ich muß! Ich muß!

Marie tut einen Schrei und fällt Sophien in die Arme.

SOPHIE: Grausamer! in welchen Zustand versetzen Sie uns!

Guilbert und Buenco treten zu ihr.

CLAVIGO: Ja, sie ist's! Sie ist's! Und ich bin Clavigo. – Hören Sie mich, Beste, wenn Sie mich nicht ansehen wollen. Zu der Zeit, da mich Guilbert mit Freundlichkeit in sein Haus aufnahm, da ich ein armer, unbedeutender Junge war, da ich in meinem Herzen eine unüberwindliche Leidenschaft für Sie fühlte, war's da Verdienst an mir? Oder war's nicht vielmehr innere Übereinstimmung der Charaktere, geheime Zuneigung des Herzens, daß auch Sie für mich nicht unempfindlich blieben, daß ich nach einer Zeit mir schmeicheln konnte, dies Herz ganz zu besitzen? Und nun – bin ich nicht ebenderselbe? Warum sollt ich nicht hoffen dürfen? Warum nicht bitten? Wollen Sie einen Freund, einen Geliebten, den Sie nach einer gefährlichen unglücklichen Seereise lange für verloren geachtet, nicht wieder an Ihren Busen nehmen, wenn er unvermutet wiederkäme und sein gerettetes Leben zu Ihren Füßen legte? Und habe ich weniger auf einem stürmischen Meere die Zeit geschwebet? Sind unsere Leidenschaften, mit denen wir in ewigem Streit leben, nicht schrecklicher, unbezwinglicher als jene Wellen, die den Unglücklichen fern von seinem Vaterlande verschlagen! Marie! Marie! Wie können Sie mich hassen, da ich nie aufgehört habe, Sie zu lieben? Mitten in allem Taumel, durch allen verführerischen Gesang der Eitelkeit und des Stolzes hab ich mich immer jener seligen unbefangenen Tage erinnert, die ich in glücklicher Einschränkung zu Ihren Füßen zubrachte, da wir eine Reihe von blühenden Aussichten vor uns liegen sahen. – Und nun, warum wollten Sie nicht mit mir alles erfüllen, was wir hofften? Wollen Sie das Glück des Lebens nun nicht ausgenießen, weil ein düsterer Zwischenraum sich unsern Hoffnungen eingeschoben hatte? Nein, meine Liebe, glauben Sie, die besten Freuden der Welt sind nicht ganz rein; die höchste Wonne wird auch durch unsere Leidenschaften, durch das Schicksal unterbrochen. Wollen wir uns beklagen, daß es uns gegangen ist wie allen andern, und wollen wir uns strafbar machen, indem wir diese Gelegenheit von uns stoßen, das Vergangene herzustellen, eine zerrüttete Familie wieder aufzurichten, die heldenmütige Tat eines edeln Bruders zu belohnen und unser eigen Glück auf ewig zu befestigen? – Meine Freunde, um die ich's nicht verdient habe, meine Freunde, die es sein müssen, weil sie Freunde der Tugend sind, zu der ich rückkehre, verbinden Sie Ihr Flehen mit dem meinigen. Marie! *Er wirft sich nieder.* Marie! Kennst du meine Stimme nicht mehr? Vernimmst du nicht mehr den Ton meines Herzens? Marie! Marie!

MARIE: O Clavigo!

CLAVIGO *springt auf und faßt ihre Hand mit entzückten Küssen:* Sie vergibt mir, sie liebt mich! *Umarmt den Guilbert, den Buenco.* Sie liebt mich noch! O Marie, mein Herz sagt mir's! Ich hätte mich zu deinen Füßen werfen, stumm meinen Schmerz, meine Reue ausweinen wollen; du hättest mich ohne Worte verstanden, wie ich ohne Worte meine Vergebung erhalte. Nein, diese innige Verwandtschaft unserer Seelen ist nicht aufgehoben; nein, sie vernehmen einander noch wie ehemals, wo kein Laut, kein Wink nötig war, um die innersten Bewegungen sich mitzuteilen. Marie – Marie – Marie. –

Beaumarchais tritt auf.

BEAUMARCHAIS: Ha!
CLAVIGO *ihm entgegenfliegend:* Mein Bruder!
BEAUMARCHAIS: Du vergibst ihm?
MARIE: Laßt, laßt mich! meine Sinne vergehn.

Man führt sie weg.

BEAUMARCHAIS: Sie hat ihm vergeben?
BUENCO: Es sieht so aus.
BEAUMARCHAIS: Du verdienst dein Glück nicht.
CLAVIGO: Glaube, daß ich's fühle.
SOPHIE *kommt zurück:* Sie vergibt ihm. Ein Strom von Tränen brach aus ihren Augen. „Er soll sich entfernen", rief sie schluchzend, „daß ich mich erhole! Ich vergeb ihm. – Ach Schwester!" rief sie und fiel mir um den Hals, „woher weiß er, daß ich ihn so liebe?"

CLAVIGO *ihr die Hand küssend:* Ich bin der glücklichste Mensch unter der Sonne. Mein Bruder!

BEAUMARCHAIS *umarmt ihn:* Von Herzen denn. Ob ich Euch schon sagen muß: noch kann ich Euch nicht lieben. Und somit seid Ihr der Unsrige, und vergessen sei alles! Das Papier, das Ihr mir gabt, hier ist's. *Er nimmt's aus der Brieftasche, zerreißt es und gibt's ihm hin.*

CLAVIGO: Ich bin der Eurige, ewig der Eurige.

SOPHIE: Ich bitte, entfernt Euch, daß sie Eure Stimme nicht hört, daß sie sich beruhigt.

CLAVIGO *sie rings umarmend:* Lebt wohl! Lebt wohl! – Tausend Küsse dem Engel. *Ab.*

BEAUMARCHAIS: Es mag denn gut sein, ob ich gleich wünschte, es wäre anders. *Lächelnd:* Es ist doch ein gutherziges Geschöpf, so ein Mädchen – Und, meine Freunde, auch muß ich's sagen, es war ganz der Gedanke, der Wunsch unsers Gesandten, daß ihm Marie vergeben und daß eine glückliche Heirat diese verdrießliche Geschichte endigen möge.

GUILBERT: Mir ist auch wieder ganz wohl.

BUENCO: Er ist euer Schwager, und so adieu! Ihr seht mich in eurem Hause nicht wieder.

BEAUMARCHAIS: Mein Herr!

GUILBERT: Buenco!

BUENCO: Ich haß ihn nun einmal bis ans Jüngste Gericht. Und gebt acht, mit was für einem Menschen ihr zu tun habt. *Ab.*

GUILBERT: Er ist ein melancholischer Unglücksvogel. Und mit der Zeit läßt er sich doch wieder bereden, wenn er sieht, es geht alles gut.

BEAUMARCHAIS: Doch war's übereilt, daß ich ihm das Papier zurückgab.

GUILBERT: Laßt! Laßt! Keine Grillen! *Ab.*

VIERTER AKT

Clavigos Wohnung.

CARLOS *allein:* Es ist löblich, daß man dem Menschen, der durch Verschwendung oder andere Torheiten zeigt, daß sein Verstand sich verschoben hat, von Amts wegen Vormünder setzt. Tut das die Obrigkeit, die sich doch sonst nicht viel um uns bekümmert, wie sollten wir's nicht an einem Freunde tun? Clavigo, du bist in übeln Umständen! Noch hoff ich! Und wenn du nur noch halbweg lenksam bist wie sonst, so ist's eben noch Zeit, dich vor einer Torheit zu bewahren, die bei deinem lebhaften, empfindlichen Charakter das Elend deines Lebens machen und dich vor der Zeit ins Grab bringen muß. Er kommt.

Clavigo nachdenkend.

CLAVIGO: Guten Tag, Carlos.
CARLOS: Ein schwermütiges, gepreßtes „Guten Tag"! Kommst du in d e m Humor von deiner Braut?
CLAVIGO: Es ist ein Engel! Es sind vortreffliche Menschen!
CARLOS: Ihr werdet doch mit der Hochzeit nicht so sehr eilen, daß man sich noch ein Kleid dazu kann sticken lassen?
CLAVIGO: Scherz oder Ernst, bei unserer Hochzeit werden keine gestickten Kleider paradieren.
CARLOS: Ich glaub's wohl.
CLAVIGO: Das Vergnügen an uns selbst, die freundschaftliche Harmonie sollen der Prunk dieser Feierlichkeit sein.
CARLOS: Ihr werdet eine stille kleine Hochzeit machen?
CLAVIGO: Wie Menschen, die fühlen, daß ihr Glück ganz in ihnen selbst beruht.
CARLOS: In den Umständen ist es recht gut.
CLAVIGO: Umständen! Was meinst du mit den Umständen?
CARLOS: Wie die Sache nun steht und liegt und sich verhält.
CLAVIGO: Höre, Carlos, ich kann den Ton des Rückhalts an

Freunden nicht ausstehen. Ich weiß, du bist nicht für diese Heirat; demungeachtet, wenn du etwas dagegen zu sagen hast, sagen willst, so sag's geradezu. Wie steht denn die Sache? wie verhält sie sich?

CARLOS: Es kommen einem im Leben mehr unerwartete, wunderbare Dinge vor, und es wäre schlimm, wenn alles im Gleise ginge. Man hätte nichts, sich zu verwundern, nichts, die Köpfe zusammenzustoßen, nichts, in Gesellschaft zu verschneiden.

CLAVIGO: Aufsehn wird's machen.

CARLOS: Des Clavigo Hochzeit! das versteht sich. Wie manches Mädchen in Madrid harrt auf dich, hofft auf dich, und wenn du ihnen nun diesen Streich spielst?

CLAVIGO: Das ist nun nicht anders.

CARLOS: Sonderbar ist's. Ich habe wenig Männer gekannt, die so großen und allgemeinen Eindruck auf die Weiber machten als du. Unter allen Ständen gibt's gute Kinder, die sich mit Planen und Aussichten beschäftigen, dich habhaft zu werden. Die eine bringt ihre Schönheit in Anschlag, die ihren Reichtum, ihren Stand, ihren Witz, ihre Verwandte. Was macht man mir nicht um deinetwillen für Komplimente! Denn wahrlich, weder meine Stumpfnase noch mein Krauskopf noch meine bekannte Verachtung der Weiber kann mir so was zuziehen.

CLAVIGO: Du spottest.

CARLOS: Wenn ich nicht schon Vorschläge, Anträge in Händen gehabt hätte, geschrieben von eignen zärtlichen, kritzlichen Pfötchen, so unorthographisch, als ein originaler Liebesbrief eines Mädchens nur sein kann. Wie manche hübsche Duenna ist mir bei der Gelegenheit unter die Finger gekommen!

CLAVIGO: Und du sagtest mir von allem dem nichts?

CARLOS: Weil ich dich mit leeren Grillen nicht beschäftigen wollte und niemals raten konnte, daß du mit einer einzigen Ernst gemacht hättest. O Clavigo, ich habe dein Schicksal im Herzen getragen wie mein eigenes! Ich habe keinen Freund als dich; die Menschen sind mir alle unerträglich, und du fängst auch an, mir unerträglich zu werden.

CLAVIGO: Ich bitte dich, sei ruhig!

CARLOS: Brenn einem das Haus ab, daran er zehen Jahre gebauet hat, und schick ihm einen Beichtvater, der ihm die christliche Geduld empfiehlt! – Man soll sich für niemand interessieren als für sich selbst; die Menschen sind nicht wert – –

CLAVIGO: Kommen deine feindseligen Grillen wieder?

CARLOS: Wenn ich aufs neue ganz drein versinke, wer ist schuld dran als du? Ich sagte zu mir: Was soll ihm jetzt die vorteilhafteste Heirat? ihm, der es für einen gewöhnlichen Menschen weit genug gebracht hätte; aber mit seinem Geist, mit seinen Gaben ist es unverantwortlich – ist es unmöglich, daß er bleibt, was er ist. – Ich machte meine Projekte. Es gibt so wenig Menschen, die so unternehmend und biegsam, so geistvoll und fleißig zugleich sind. Er ist in alle Fächer gerecht; als Archivarius kann er sich schnell die wichtigsten Kenntnisse erwerben, er wird sich notwendig machen, und laßt eine Veränderung vorgehn, so ist er Minister.

CLAVIGO: Ich gestehe dir, das waren oft auch meine Träume!

CARLOS: Träume! So gewiß ich den Turm erreiche und erklettere, wenn ich darauf losgehe mit dem festen Vorsatze, nicht abzulassen, bis ich ihn erstiegen habe, so gewiß hättest du auch alle Schwierigkeiten überwunden. Und hernach wär mir für das übrige nicht bang gewesen. Du hast kein Vermögen von Hause, desto besser; das hätte dich auf die Erwerbung eifriger, auf die Erhaltung aufmerksamer gemacht. Und wer am Zoll sitzt, ohne reich zu werden, ist ein Pinsel. Und dann seh ich nicht, warum das Land dem Minister nicht so gut Abgaben schuldig ist als dem Könige. Dieser gibt seinen Namen her und jener die Kräfte. Wenn ich denn mit allem dem fertig war, dann sah ich mich erst nach einer Partie für dich um. Ich sah manch stolzes Haus, das die Augen über deine Abkunft zugeblinkt hätte, manches der reichsten, das dir gern den Aufwand deines Standes verschafft haben würde, nur um an der Herrlichkeit des zweiten Königs teilnehmen zu dürfen – und nun –

CLAVIGO: Du bist ungerecht, du setzest meinen gegenwärtigen Zustand zu tief herab. Und glaubst du denn, daß ich mich nicht weiter treiben, nicht auch noch mächtigere Schritte tun kann?

CARLOS: Lieber Freund, brich du einer Pflanze das Herz aus, sie mag hernach treiben und treiben unzählige Nebenschößlinge; es gibt vielleicht einen starken Busch, aber der stolze königliche Wuchs des ersten Schusses ist dahin. Und denke nur nicht, daß man diese Heirat bei Hofe gleichgültig ansehen wird. Hast du vergessen, was für Männer dir den Umgang, die Verbindung mit Marien mißrieten? Hast du vergessen, wer dir den klugen Gedanken eingab, sie zu verlassen? Soll ich dir sie an den Fingern herzählen?

CLAVIGO: Der Gedanke hat mich auch schon gepeinigt, daß so wenige diesen Schritt billigen werden.

CARLOS: Keiner! Und deine hohen Freunde sollten nicht aufgebracht sein, daß du, ohne sie zu fragen, ohne ihren Rat, dich so geradezu hingegeben hast, wie ein unbesonnener Knabe auf dem Markte sein Geld gegen wurmstichige Nüsse wegwirft?

CLAVIGO: Das ist unartig, Carlos, und übertrieben.

CARLOS: Nicht um einen Zug. Denn daß einer aus Leidenschaft einen seltsamen Streich macht, das laß ich gelten. Ein Kammermädchen zu heiraten, weil sie schön ist wie ein Engel! Gut, der Mensch wird getadelt, und doch beneiden ihn die Leute.

CLAVIGO: Die Leute, immer die Leute.

CARLOS: Du weißt, ich frage nicht ängstlich nach andrer Beifall, doch das ist ewig wahr: wer nichts für andre tut, tut nichts für sich; und wenn die Menschen dich nicht

VIERTER AKT

bewundern oder beneiden, bist du auch nicht glücklich.
CLAVIGO: Die Welt urteilet nach dem Scheine. Oh! wer Mariens Herz besitzt, ist zu beneiden!
CARLOS: Was die Sache ist, scheint sie auch. Aber freilich dacht ich, daß das verborgene Qualitäten sein müssen, die dein Glück beneidenswert machen; denn was man mit seinen Augen sieht, mit seinem Menschenverstande begreifen kann –
CLAVIGO: Du willst mich zugrunde richten.
CARLOS: „Wie ist das zugegangen?" wird man in der Stadt fragen. „Wie ist das zugegangen?" fragt man bei Hofe. „Um Gottes willen, wie ist das zugegangen? Sie ist arm, ohne Stand; hätte Clavigo nicht einmal ein Abenteuer mit ihr gehabt, man wüßte gar nicht, daß sie in der Welt ist. Sie soll artig sein, angenehm, witzig! – Wer wird darum eine Frau nehmen? Das vergeht so in den ersten Zeiten des Ehestands." – „Ach!" sagt einer, „sie soll schön sein, reizend, ausnehmend schön." – „Da ist's zu begreifen", sagt ein anderer –
CLAVIGO *wird verwirrt, ihm entfährt ein tiefer Seufzer:* Ach!
CARLOS: „Schön? Oh!", sagt die eine, „es geht an!" – „Ich hab sie in sechs Jahren nicht gesehn. Da kann sich schon was verändern", sagt eine andere. „Man muß doch achtgeben, er wird sie bald produzieren", sagt die dritte. Man fragt, guckt, man geht zu Gefallen, man wartet, man ist ungeduldig, erinnert sich immer des stolzen Clavigo, der sich nie öffentlich sehen ließ, ohne eine herrliche, hochäugige Spanierin im Triumph aufzuführen, deren volle Brust, ihre glühenden Wangen, ihre heißen Augen die Welt ringsumher zu fragen schienen: Bin ich nicht meines Begleiters wert? und die in ihrem Übermut den seidnen Schlepprock so weit hintenaus im Winde segeln ließ als möglich, um ihre Erscheinung ansehnlicher und würdiger zu machen. – Und nun erscheint der Herr – und allen Leuten versagt das Wort im Munde – kommt angezogen mit seiner trippelnden, kleinen, hohläugigen Französin,

der die Auszehrung aus allen Gliedern spricht, wenn sie gleich ihre Totenfarbe mit Weiß und Rot überpinselt hat. O Bruder, ich werde rasend, ich laufe davon, wenn mich nun die Leute zu packen kriegen und fragen und quästionieren und nicht begreifen können –

CLAVIGO *ihn bei der Hand fassend:* Mein Freund, mein Bruder, ich bin in einer schrecklichen Lage. Ich sage dir, ich gestehe dir, ich erschrak, als ich Marien wiedersah! Wie entstellt sie ist – wie bleich, abgezehrt! O das ist meine Schuld, meiner Verräterei!

CARLOS: Possen! Grillen! Sie hatte die Schwindsucht, da dein Roman noch sehr im Gange war. Ich sagte dir's tausendmal, und – aber ihr Liebhaber habt keine Augen, keine Nasen. Clavigo, es ist schändlich! So alles, alles zu vergessen, eine kranke Frau, die die Pest unter deine Nachkommenschaft bringen wird, daß alle deine Kinder und Enkel so in gewissen Jahren höflich ausgehen wie Bettlerslämpchen. – Ein Mann, der Stammvater einer Familie sein könnte, die vielleicht künftig – Ich werde noch närrisch, der Kopf vergeht mir.

CLAVIGO: Carlos, was soll ich dir sagen! Als ich sie wiedersah: im ersten Taumel flog ihr mein Herz entgegen – und ach! – da der vorüber war – Mitleiden – innige tiefe Erbarmung flößte sie mir ein: aber Liebe – sieh! es war, als wenn mir in der warmen Fülle der Freuden die kalte Hand des Todes übern Nacken führe. Ich strebte, munter zu sein, wieder vor denen Menschen, die mich umgaben, den Glücklichen zu spielen: es war alles vorbei, alles so steif, so ängstlich. Wären sie weniger außer sich gewesen, sie müßten's gemerkt haben.

CARLOS: Hölle! Tod und Teufel! und du willst sie heiraten? –

Clavigo steht ganz in sich selbst versunken, ohne zu antworten.

CARLOS: Du bist hin! verloren auf ewig! Leb wohl, Bruder, und laß mich alles vergessen, laß mich mein einsames Leben noch so ausknirschen über das Schicksal deiner

Verblendung. Ha! das alles! sich in den Augen der Welt verächtlich zu machen und nicht einmal dadurch eine Leidenschaft, eine Begierde befriedigen! dir mutwillig eine Krankheit zuziehen, die, indem sie deine innern Kräfte untergräbt, dich zugleich dem Anblick der Menschen abscheulich macht.

CLAVIGO: Carlos! Carlos!

CARLOS: Wärst du nie gestiegen, um nie zu fallen! Mit welchen Augen werden sie das ansehn! „Da ist der Bruder", werden sie sagen! „Das muß ein braver Kerl sein, der hat ihn ins Bockshorn gejagt, er hat sich nicht getraut, ihm die Spitze zu bieten." – „Ha!" werden unsre schwadronierenden Hofjunker sagen, „man sieht immer, daß er kein Kavalier ist." – „Pah!" ruft einer und rückt den Hut in die Augen, „der Franzos hätte mir kommen sollen!" und patscht sich auf den Bauch, ein Kerl, der vielleicht nicht wert wäre, dein Reitknecht zu sein.

CLAVIGO *fällt in dem Ausbruch der heftigsten Beängstigung, mit einem Strom von Tränen, dem Carlos um den Hals:* Rette mich! Freund! mein Bester, rette mich! Rette mich von dem gedoppelten Meineid, von der unübersehlichen Schande, von mir selbst – ich vergehe!

CARLOS: Armer! Elender! Ich hoffte, diese jugendlichen Rasereien, diese stürmenden Tränen, diese versinkende Wehmut sollte vorüber sein, ich hoffte, dich als Mann nicht mehr erschüttert, nicht mehr in dem beklemmenden Jammer zu sehen, den du ehemals so oft in meinen Busen ausgeweint hast. Ermanne dich, Clavigo, ermanne dich!

CLAVIGO: Laß mich weinen! *Wirft sich in einen Sessel.*

CARLOS: Weh dir, daß du eine Bahn betreten hast, die du nicht endigen wirst! Mit deinem Herzen, deinen Gesinnungen, die einen ruhigen Bürger glücklich machen würden, mußtest du den unseligen Hang nach Größe verbinden! Und was ist Größe, Clavigo? Sich in Rang und Ansehn über andre zu erheben? Glaub es nicht! Wenn dein Herz nicht größer ist als andrer Herzen, wenn du nicht imstande bist, dich gelassen über Verhältnisse hinauszusetzen, die einen gemeinen Menschen ängstigen würden, so bist du mit allen deinen Bändern und Sternen, bist mit der Krone selbst nur ein gemeiner Mensch. Fasse dich, beruhige dich!

Clavigo richtet sich auf, sieht Carlos an und reicht ihm die Hand, die Carlos mit Heftigkeit anfaßt.

CARLOS: Auf! auf, mein Freund! und entschließe dich. Sieh, ich will alles beiseite setzen, ich will sagen: Hier liegen zwei Vorschläge auf gleichen Schalen. Entweder du heiratest Marien und findest dein Glück in einem stillen bürgerlichen Leben, in den ruhigen häuslichen Freuden; oder du führest auf der ehrenvollen Bahn deinen Lauf weiter nach dem nahen Ziele. – Ich will alles beiseite setzen und will sagen: Die Zunge steht inne, es kommt auf deinen Entschluß an, welche von beiden Schalen den Ausschlag haben soll! Gut! Aber entschließe dich! – Es ist nichts erbärmlicher in der Welt als ein unentschlossener Mensch, der zwischen zweien Empfindungen schwebt, gern beide vereinigen möchte und nicht begreift, daß nichts sie vereinigen kann als eben der Zweifel, die Unruhe, die ihn peinigen. Auf, und gib Marien deine Hand, handle als ein ehrlicher Kerl, der das Glück seines Lebens seinen Worten aufopfert, der es für seine Pflicht achtet, was er verdorben hat, wiedergutzumachen, der auch den Kreis seiner Leidenschaften und Wirksamkeit nie weiter ausgebreitet hat, als daß er imstande ist, alles wiedergutzumachen, was er verdorben hat: und so genieße das Glück einer ruhigen Beschränkung, den Beifall eines bedächtigen Gewissens und alle Seligkeit, die denen Menschen gewährt ist, die imstande sind, sich ihr eigen Glück zu schaffen und Freude den Ihrigen – Entschließe dich; so will ich sagen, du bist ein ganzer Kerl –

CLAVIGO: Einen Funken, Carlos, deiner Stärke, deines Muts!

CARLOS: Er schläft in dir, und ich will blasen, bis er in Flammen schlägt. Sieh auf der andern Seite das Glück und die Größe, die dich erwarten! Ich will dir diese Aussichten nicht mit dichterischen bunten Farben vormalen; stelle sie dir selbst in der Lebhaftigkeit dar, wie sie in voller Klarheit vor deiner Seele standen, ehe der französische Strudelkopf dir die Sinne verwirrte. Aber auch da, Clavigo, sei ein ganzer Kerl und mache deinen Weg stracks, ohne rechts und links zu sehen. Möge deine Seele sich erweitern und die Gewißheit des großen Gefühls über dich kommen, daß außerordentliche Menschen eben auch darin außerordentliche Menschen sind, weil ihre Pflichten von den Pflichten des gemeinen Menschen abgehen; daß der, dessen Werk es ist, ein großes Ganze zu übersehen, zu regieren, zu erhalten, sich keinen Vorwurf zu machen braucht, geringe Verhältnisse vernachlässiget, Kleinigkeiten dem Wohl des Ganzen geopfert zu haben. Tut das der Schöpfer in seiner Natur, der König in seinem Staate – warum sollten wir's nicht tun, um ihnen ähnlich zu werden?

CLAVIGO: Carlos, ich bin ein kleiner Mensch.

CARLOS: Wir sind nicht klein, wenn Umstände uns zu schaffen machen, nur wenn sie uns überwältigen. Noch einen Atemzug, und du bist wieder bei dir selber. Wirf die Reste einer erbärmlichen Leidenschaft von dir, die dich in jetzigen Tagen ebensowenig kleiden als das graue Jäckchen und die bescheidene Miene, mit denen du nach Madrid kamst. Was das arme Mädchen für dich getan hat, hast du ihr lange gelohnt; und daß du ihr die erste freundliche Aufnahme schuldig bist – Oh! eine andre hätte um das Vergnügen deines Umgangs ebensoviel und mehr getan, ohne solche Prätensionen zu machen – und wird dir einfallen, deinem Schulmeister die Hälfte deines Vermögens zu geben, weil er dich vor dreißig Jahren das Abc gelehrt hat? Nun, Clavigo?

CLAVIGO: Das ist all gut; im ganzen magst du recht haben, es mag also sein; nur wie helfen wir uns aus der Verwirrung, in der wir stecken? Da gib Rat, da schaff Hülfe, und dann rede.

CARLOS: Gut! Du willst also?

CLAVIGO: Mach mich können, so will ich. Ich habe kein Nachdenken; hab's für mich.

CARLOS: Also denn. Zuerst gehst du, den Herrn an einen dritten Ort zu bescheiden, und alsdann forderst du mit der Klinge die Erklärung zurück, die du gezwungen und unbesonnen ausgestellt hast.

CLAVIGO: Ich habe sie schon, er zerriß und gab mir sie.

CARLOS: Trefflich! Trefflich! Schon den Schritt getan – und du hast mich so lange reden lassen? – Also kürzer! Du schreibst ihm ganz gelassen: Du fändest nicht für gut, seine Schwester zu heiraten; die Ursache könnte er erfahren, wenn er sich heute nacht, von einem Freunde begleitet und mit beliebigen Waffen versehen, da oder dort einfinden wolle. Und somit signiert. – Komm, Clavigo, schreib das. Ich bin dein Sekundant und – es müßte mit dem Teufel zugehen –

Clavigo geht nach dem Tische.

CARLOS: Höre! Ein Wort! Wenn ich's so recht bedenke, ist das ein einfältiger Vorschlag. Wer sind wir, um uns gegen einen aufgebrachten Abenteurer zu wagen? Und die Aufführung des Menschen, sein Stand verdient nicht, daß wir ihn für unsersgleichen achten. Also hör mich! Wenn ich ihn nun peinlich anklage, daß er heimlich nach Madrid gekommen, sich bei dir unter einem falschen Namen mit einem Helfershelfer anmelden lassen, dich erst mit freundlichen Worten vertraulich gemacht, dann dich unvermutet überfallen, eine Erklärung dir abgenötigt und sie auszustreuen weggegangen ist – Das bricht ihm den Hals: er soll erfahren, was das heißt, einen Spanier mitten in der bürgerlichen Ruhe zu befehden.

CLAVIGO: Du hast recht.

CARLOS: Wenn wir nun aber unterdessen, bis der Prozeß

eingeleitet ist, bis dahin uns der Herr noch allerlei Streiche machen könnte, das Gewisse spielten und ihn kurz und gut beim Kopfe nähmen?

CLAVIGO: Ich verstehe, und kenne dich, daß du Mann bist, es auszuführen.

CARLOS: Nun auch! wenn ich, der ich schon fünfundzwanzig Jahre mitlaufe und dabei war, da den Ersten unter den Menschen die Angsttropfen auf dem Gesichte standen – wenn ich so ein Possenspiel nicht entwickeln wollte! Und somit lässest du mir freie Hand; du brauchst nichts zu tun, nichts zu schreiben. Wer den Bruder einstecken läßt, gibt pantomimisch zu verstehen, daß er die Schwester nicht mag.

CLAVIGO: Nein, Carlos! Es gehe, wie es wolle, das kann, das werd ich nicht leiden. Beaumarchais ist ein würdiger Mensch, und er soll in keinem schimpflichen Gefängnisse verschmachten um seiner gerechten Sache willen. Einen andern Vorschlag, Carlos, einen andern!

CARLOS: Pah! pah! Kindereien! wir wollen ihn nicht fressen, er soll wohl aufgehoben und versorgt werden, und lang kann's auch nicht währen. Denn siehe, wenn er spürt, daß es ernst ist, kriecht sein theatralischer Eifer gewiß zum Kreuz, er kehrt bedutzt nach Frankreich zurück und dankt auf das höflichste, wenn man ja seiner Schwester ein jährliches Gehalt aussetzen will, warum's ihm vielleicht einzig und allein zu tun war.

CLAVIGO: So sei's denn! Nur verfahrt gut mit ihm.

CARLOS: Sei unbesorgt. – Noch eine Vorsicht! Man kann nicht wissen, wie's verschwätzt wird, wie er Wind kriegt, und er überläuft dich, und alles geht zugrunde. Drum begib dich aus deinem Hause, daß auch kein Bedienter weiß, wohin. Laß nur das Nötigste zusammenpacken. Ich schicke dir einen Burschen, der dir's forttragen und dich hinbringen soll, wo dich die heilige Hermandad selbst nicht findet. Ich hab so ein paar Mauslöcher immer offen. Adieu.

CLAVIGO: Leb wohl!
CARLOS: Frisch! Frisch! Wenn's vorbei ist, Bruder, wollen wir uns laben.

Guilberts Wohnung.

Sophie Guilbert. Marie Beaumarchais mit Arbeit.

MARIE: So ungestüm ist Buenco fort?
SOPHIE: Das war natürlich. Er liebt dich, und wie konnte er den Anblick des Menschen ertragen, den er doppelt hassen muß?
MARIE: Er ist der beste, tugendhafteste Bürger, den ich je gekannt habe. *Ihr die Arbeit zeigend:* Mich dünkt, ich mach es so? Ich ziehe hier das ein, und das Ende steck ich hinauf. Es wird gut stehn.
SOPHIE: Recht gut. Und ich will Pailleband zu dem Häubchen nehmen! es kleidet mich keins besser. Du lächelst?
MARIE: Ich lache über mich selbst. Wir Mädchen sind doch eine wunderliche Nation: kaum heben wir den Kopf nur ein wenig wieder, so ist gleich Putz und Band, was uns beschäftigt.
SOPHIE: Das kannst du dir nicht nachsagen; seit dem Augenblick, da Clavigo dich verließ, war nichts imstande, dir eine Freude zu machen.

Marie fährt zusammen und sieht nach der Tür.

SOPHIE: Was hast du?
MARIE *beklemmt:* Ich glaubte, es käme jemand. Mein armes Herz! O es wird mich noch umbringen. Fühl, wie es schlägt, von dem leeren Schrecken.
SOPHIE: Sei ruhig. Du siehst blaß! ich bitte dich, meine Liebe!
MARIE *auf die Brust deutend:* Es drückt mich hier so. – Es sticht mich so. – Es wird mich umbringen.
SOPHIE: Schone dich.
MARIE: Ich bin ein närrisches, unglückliches Mädchen.

VIERTER AKT

Schmerz und Freude haben mit all ihrer Gewalt mein armes Leben untergraben. Ich sage dir, es ist nur halbe Freude, daß ich ihn wiederhabe. Ich werde das Glück wenig genießen, das mich in seinen Armen erwartet; vielleicht gar nicht.

SOPHIE: Schwester, meine liebe Einzige! Du nagst mit solchen Grillen an dir selber.

MARIE: Warum soll ich mich betriegen?

SOPHIE: Du bist jung und glücklich und kannst alles hoffen.

MARIE: Hoffnung! O der süße einzige Balsam des Lebens bezaubert oft meine Seele. Mutige jugendliche Träume schweben vor mir und begleiten die geliebte Gestalt des Unvergleichlichen, der nun wieder der Meine wird. O Sophie, wie reizend ist er! Seit ich ihn nicht sah, hat er – ich weiß nicht, wie ich's ausdrücken soll – es haben sich alle großen Eigenschaften, die ehemals in seiner Bescheidenheit verborgen lagen, entwickelt. Er ist ein Mann worden und muß mit diesem reinen Gefühle seiner selbst, mit dem er auftritt, das so ganz ohne Stolz, ohne Eitelkeit ist, er muß alle Herzen wegreißen. – Und er soll der Meinige werden? – Nein, Schwester, ich war seiner nicht wert – Und jetzt bin ich's viel weniger!

SOPHIE: Nimm ihn nur und sei glücklich. – Ich höre deinen Bruder!

Beaumarchais kommt.

BEAUMARCHAIS: Wo ist Guilbert?

SOPHIE: Er ist schon eine Weile weg; lang kann er nicht mehr ausbleiben.

MARIE: Was hast du, Bruder? – *Aufspringend und ihm um den Hals fallend:* Lieber Bruder, was hast du?

BEAUMARCHAIS: Nichts! Laß mich, meine Marie!

MARIE: Wenn ich deine Marie bin, so sag mir, was du auf dem Herzen hast!

SOPHIE: Laß ihn. Die Männer machen oft Gesichter, ohne just was auf dem Herzen zu haben.

MARIE: Nein, nein. Ach, ich sehe dein Angesicht nur wenige Zeit; aber schon drückt es mir alle deine Empfindungen aus, ich lese jedes Gefühl dieser unverstellten, unverdorbenen Seele auf deiner Stirne. Du hast etwas, was dich stutzig macht. Rede, was ist's?

BEAUMARCHAIS: Es ist nichts, meine Lieben. Ich hoffe, im Grunde ist's nichts. Clavigo –

MARIE: Wie?

BEAUMARCHAIS: Ich war bei Clavigo. Er ist nicht zu Hause.

SOPHIE: Und das verwirrt dich?

BEAUMARCHAIS: Sein Pförtner sagt, er sei verreist, er wisse nicht, wohin; es wisse niemand, wie lange. Wenn er sich verleugnen ließe! Wenn er wirklich verreist wäre! Warum das?

MARIE: Wir wollen's abwarten.

BEAUMARCHAIS: Deine Zunge lügt. Ha! Die Blässe deiner Wangen, das Zittern deiner Glieder, alles spricht und zeugt, daß du das nicht abwarten kannst. Liebe Schwester! *Faßt sie in seine Arme.* An diesem klopfenden, ängstlich bebenden Herzen schwör ich dir. Höre mich, Gott, der du gerecht bist! Höret mich, alle seine Heiligen! Du sollst gerächt werden, wenn er – die Sinne vergehn mir über dem Gedanken – wenn er rückfiele, wenn er doppeltes gräßliches Meineids sich schuldig machte, unsers Elends spottete – Nein, es ist, es ist nicht möglich, nicht möglich – Du sollst gerächt werden!

SOPHIE: Alles zu früh, zu voreilig. Schone ihrer, ich bitte dich, mein Bruder.

Marie setzt sich.

SOPHIE: Was hast du? Du wirst ohnmächtig.

MARIE: Nein, nein. Du bist gleich so besorgt.

SOPHIE *reicht ihr Wasser:* Nimm das Glas.

MARIE: Laß doch! wozu soll's? – Nun meinetwegen, gib her.

BEAUMARCHAIS: Wo ist Guilbert? Wo ist Buenco? Schicke nach ihnen, ich bitte dich.

VIERTER AKT

Sophie ab.

Wie ist dir, Marie?

MARIE: Gut, ganz gut! Denkst du denn, Bruder –?

BEAUMARCHAIS: Was, meine Liebe?

MARIE: Ach!

BEAUMARCHAIS: Der Atem wird dir schwer?

MARIE: Das unbändige Schlagen meines Herzens versetzt mir die Luft.

BEAUMARCHAIS: Habt ihr denn kein Mittel? Brauchst du nichts Niederschlagendes?

MARIE: Ich weiß ein Mittel, und darum bitt ich Gott schon lange.

BEAUMARCHAIS: Du sollst's haben, und ich hoffe, von meiner Hand.

MARIE: Schon gut.

Sophie kommt.

SOPHIE: Soeben gibt ein Kurier diesen Brief ab; er kommt von Aranjuez.

BEAUMARCHAIS: Das ist das Siegel und die Hand unseres Gesandten.

SOPHIE: Ich hieß ihn absteigen und einige Erfrischungen zu sich nehmen; er wollte nicht, weil er noch mehr Depeschen habe.

MARIE: Willst du doch, Liebe, das Mädchen nach dem Arzte schicken?

SOPHIE: Fehlt dir was? Heiliger Gott! was fehlt dir?

MARIE: Du wirst mich ängstigen, daß ich zuletzt kaum traue, ein Glas Wasser zu begehren – Sophie! – Bruder! – Was enthält der Brief? Sieh, wie er zittert! wie ihn aller Mut verläßt!

SOPHIE: Bruder, mein Bruder!

Beaumarchais wirft sich sprachlos in einen Sessel und läßt den Brief fallen.

SOPHIE: Mein Bruder! *Hebt den Brief auf und liest.*

MARIE: Laßt mich ihn sehn! ich muß – *Will aufstehn.* Weh! Ich fühl's. Es ist das Letzte. Schwester, aus Barmherzigkeit den letzten schnellen Todesstoß! Er verrät uns! –

BEAUMARCHAIS *aufspringend:* Er verrät uns! *An die Stirn schlagend und auf die Brust:* Hier! hier! es ist alles so dumpf, so tot vor meiner Seele, als hätt ein Donnerschlag meine Sinne gelähmt. Marie! Marie! du bist verraten! – und ich stehe hier! Wohin? – Was? – Ich sehe nichts, nichts! keinen Weg, keine Rettung! *Wirft sich in den Sessel.*

Guilbert kommt.

SOPHIE: Guilbert! Rat! Hülfe! Wir sind verloren!
GUILBERT: Weib!
SOPHIE: Lies! Lies! Der Gesandte meldet unserm Bruder: Clavigo habe ihn peinlich angeklagt, als sei er unter einem falschen Namen in sein Haus geschlichen, habe ihm im Bette die Pistole vorgehalten, habe ihn gezwungen, eine schimpfliche Erklärung zu unterschreiben; und wenn er sich nicht schnell aus dem Königreiche entfernt, so schleppen sie ihn ins Gefängnis, daraus ihn zu befreien der Gesandte vielleicht selbst nicht imstande ist.
BEAUMARCHAIS *aufspringend:* Ja, sie sollen's! sie sollen's! sollen mich ins Gefängnis schleppen. Aber von seinem Leichname weg, von der Stätte weg, wo ich mich in seinem Blute werde geletzt haben. – Ach! der grimmige, entsetzliche Durst nach seinem Blute füllt mich ganz. Dank sei dir, Gott im Himmel, daß du dem Menschen mitten im glühenden unerträglichsten Leiden ein Labsal sendest, eine Erquickung. Wie ich die dürstende Rache in meinem Busen fühle! wie aus der Vernichtung meiner selbst, aus der stumpfen Unentschlossenheit mich das herrliche Gefühl, die Begier nach seinem Blute herausreißt, mich über mich selbst reißt! Rache! Wie mir's wohl ist! wie alles an mir nach ihm hinstrebt, ihn zu fassen, ihn zu vernichten!
SOPHIE: Du bist fürchterlich, Bruder.
BEAUMARCHAIS: Desto besser. – Ach! Keinen Degen, kein

VIERTER AKT

Gewehr! Mit diesen Händen will ich ihn erwürgen, daß mein die Wonne sei! ganz mein eigen das Gefühl: ich hab ihn vernichtet.

MARIE: Mein Herz! Mein Herz!

BEAUMARCHAIS: Ich habe dich nicht retten können, so sollst du gerächt werden. Ich schnaube nach seiner Spur, meine Zähne gelüstet's nach seinem Fleisch, meinen Gaumen nach seinem Blut. Bin ich ein rasendes Tier geworden? Mir glüht in jeder Ader, mir zuckt in jeder Nerve die Begier nach ihm! – Ich würde den ewig hassen, der mir ihn jetzt mit Gift vergäbe, der mir ihn meuchelmörderisch aus dem Wege räumte. O hilft mir, Guilbert, ihn aufsuchen! Wo ist Buenco? Helft mir ihn finden!

GUILBERT: Rette dich! Rette dich! Du bist außer dir.

MARIE: Fliehe, mein Bruder!

SOPHIE: Führ ihn weg; er bringt seine Schwester um.

Buenco kommt.

BUENCO: Auf, Herr! Fort! Ich sah's voraus. Ich gab auf alles acht. Und nun! man stellt Euch nach, Ihr seid verloren, wenn Ihr nicht im Augenblick die Stadt verlaßt.

BEAUMARCHAIS: Nimmermehr! Wo ist Clavigo?

BUENCO: Ich weiß nicht.

BEAUMARCHAIS: Du weißt's. Ich bitte dich fußfällig, sag mir's.

SOPHIE: Um Gottes willen, Buenco!

MARIE: Ach! Luft! Luft! *Fällt zurück.* Clavigo! –

BUENCO: Hülfe, sie stirbt!

SOPHIE: Verlaß uns nicht, Gott im Himmel! – Fort, mein Bruder, fort!

BEAUMARCHAIS *fällt vor Marien nieder, die ungeachtet aller Hülfe nicht wieder zu sich selbst kommt:* Dich verlassen! Dich verlassen!

SOPHIE: So bleib und verderb uns alle, wie du Marien getötet hast. Du bist hin, o meine Schwester! durch die Unbesonnenheit deines Bruders.

BEAUMARCHAIS: Halt, Schwester!

SOPHIE *spottend:* Retter! – Rächer! – Hilf dir selber!

BEAUMARCHAIS: Verdien ich das?
SOPHIE: Gib mir sie wieder! Und dann geh in Kerker, geh aufs Martergerüst, geh, vergieße dein Blut, und gib mir sie wieder.
BEAUMARCHAIS: Sophie!
SOPHIE: Ha! und ist sie hin, ist sie tot – so erhalte dich uns! *Ihm um den Hals fallend:* Mein Bruder, erhalte dich uns! unserm Vater! Eile, eile! Das war ihr Schicksal! Sie hat's geendet. Und ein Gott ist im Himmel, dem laß die Rache.
BUENCO: Fort! fort! Kommen Sie mit mir, ich verberge Sie, bis wir Mittel finden, Sie aus dem Königreiche zu schaffen.
BEAUMARCHAIS *fällt auf Marien und küßt sie:* Schwester!

Sie reißen ihn los, er faßt Sophien, sie macht sich los, man bringt Marien weg, und Buenco mit Beaumarchais ab.

Guilbert. Ein Arzt.

SOPHIE *aus dem Zimmer zurückkommend, darin man Marien gebracht hat:* Zu spät! Sie ist hin! Sie ist tot!
GUILBERT: Kommen Sie, mein Herr! Sehen Sie selbst! Es ist nicht möglich! *Ab.*

FÜNFTER AKT

Straße vor dem Hause Guilberts.

Nacht.

Das Haus ist offen. Vor der Türe stehen drei in schwarze Mäntel gehüllte Männer mit Fackeln. Clavigo in einen Mantel gewickelt, den Degen unterm Arm, kommt. Ein Bedienter geht voraus mit einer Fackel.

CLAVIGO: Ich sagte dir's, du solltest diese Straße meiden.
BEDIENTER: Wir hätten einen gar großen Umweg nehmen müssen, und Sie eilen so. Es ist nicht weit von hier, wo Don Carlos sich aufhält.

FÜNFTER AKT

CLAVIGO: Fackeln dort?
BEDIENTER: Eine Leiche. Kommen Sie, mein Herr.
CLAVIGO: Mariens Wohnung! Eine Leiche! Mir fährt ein Todesschauer durch alle Glieder. Geh, frag, wen sie begraben.
BEDIENTER *geht zu den Männern:* Wen begrabt ihr?
DIE MÄNNER: Marien Beaumarchais.

Clavigo setzt sich auf einen Stein und verhüllt sich.

BEDIENTER *kommt zurück:* Sie begraben Marien Beaumarchais.
CLAVIGO *aufspringend:* Mußtest du's wiederholen, Verräter! Das Donnerwort wiederholen, das mir alles Mark aus meinen Gebeinen schlägt!
BEDIENTER: Stille, mein Herr, kommen Sie. Bedenken Sie die Gefahr, in der Sie schweben.
CLAVIGO: Geh in die Hölle! Ich bleibe.
BEDIENTER: O Carlos! O daß ich dich fände, Carlos! Er ist außer sich! *Ab.*

Clavigo.
In der Ferne die Leichenmänner.

CLAVIGO: Tot! Marie tot! Die Fackeln dort! ihre traurigen Begleiter! Es ist ein Zauberspiel, ein Nachtgesicht, das mich erschreckt, das mir einen Spiegel vorhält, darin ich das Ende meiner Verrätereien ahnungsweise erkennen soll. – Noch ist es Zeit! Noch! – Ich bebe, mein Herz zerfließt in Schauer! Nein! Nein! du sollst nicht sterben. Ich komme! Ich komme! – Verschwindet, Geister der Nacht, die ihr euch mit ängstlichen Schrecknissen mir in den Weg stellt – *Geht auf sie los.* Verschwindet! – Sie stehen! Ha! sie sehen sich nach mir um! Weh! Weh mir! es sind Menschen wie ich. – Es ist wahr – Wahr? – Kannst du's fassen? – Sie ist tot – Es ergreift mich mit allem Schauer der Nacht das Gefühl: sie ist tot! Da liegt sie, die Blume, zu deinen Füßen – und du – Erbarm dich meiner, Gott im Himmel, ich habe sie nicht getötet! – Verbergt euch,

Sterne, schaut nicht hernieder, ihr, die ihr so oft den Missetäter saht in dem Gefühl des innigsten Glückes diese Schwelle verlassen, durch eben diese Straße mit Saitenspiel und Gesang in goldnen Phantasien hinschweben und sein am heimlichen Gitter lauschendes Mädchen mit wonnevollen Erwartungen entzünden! – Und du füllst nun das Haus mit Wehklagen und Jammer und diesen Schauplatz deines Glückes mit Grabgesang! – Marie! Marie! nimm mich mit dir! nimmt mich mit dir!

Eine traurige Musik tönt einige Laute von innen.

Sie beginnen den Weg zum Grabe! – Haltet! haltet! Schließt den Sarg nicht! Laßt mich sie noch einmal sehen! *Er geht aufs Haus los.* Ha! wem, wem wag ich's, unters Gesicht zu treten? wem in seinen entsetzlichen Schmerzen zu begegnen? – Ihren Freunden? Ihrem Bruder, dem wütender Jammer den Busen füllt?

Die Musik geht wieder an.

Sie ruft mir! sie ruft mir! Ich komme! – Welche Angst umgibt mich! Welches Beben hält mich zurück!

Die Musik fängt zum dritten Male an und fährt fort. Die Fackeln bewegen sich vor der Tür, es treten noch drei andere zu ihnen, die sich in Ordnung reihen, um den Leichenzug einzufassen, der aus dem Hause kommt. Sechs tragen die Bahre, darauf der bedeckte Sarg steht.

Guilbert, Buenco, in tiefer Trauer.

CLAVIGO *hervortretend:* Haltet!
GUILBERT: Welche Stimme!
CLAVIGO: Haltet!

Die Träger stehen.

BUENCO: Wer untersteht sich, den ehrwürdigen Zug zu stören?
CLAVIGO: Setzt nieder!

FÜNFTER AKT

GUILBERT: Ha!

BUENCO: Elender! Ist deiner Schandtaten kein Ende? Ist dein Opfer im Sarge nicht sicher vor dir?

CLAVIGO: Laßt! macht mich nicht rasend! die Unglücklichen sind gefährlich! Ich muß sie sehen!

Er wirft das Tuch ab. Marie liegt weiß gekleidet und mit gefalteten Händen im Sarge. Clavigo tritt zurück und verbirgt sein Gesicht.

BUENCO: Willst du sie erwecken, um sie wieder zu töten?

CLAVIGO: Armer Spötter! – Marie! *Er fällt vor dem Sarge nieder.*

Beaumarchais kommt.

BEAUMARCHAIS: Buenco hat mich verlassen. Sie ist nicht tot, sagen sie, ich muß sehen, trotz dem Teufel! Ich muß sie sehen. Fackeln, Leiche!

Er rennt auf sie los, erblickt den Sarg und fällt sprachlos drüber hin; man hebt ihn auf, er ist wie ohnmächtig. Guilbert hält ihn.

CLAVIGO *der an der andern Seite des Sargs aufsteht:* Marie! Marie!

BEAUMARCHAIS *auffahrend:* Das ist seine Stimme! Wer ruft: „Marie"? Wie mit dem Klang der Stimme sich eine glühende Wut in meine Adern goß!

CLAVIGO: Ich bin's.

Beaumarchais wild hinsehend und nach dem Degen greifend. Guilbert hält ihn.

CLAVIGO: Ich fürchte deine glühenden Augen nicht, nicht die Spitze deines Degens! Sieh hierher, dieses geschlossene Auge, diese gefalteten Hände!

BEAUMARCHAIS: Zeigst du mir das?

Er reißt sich los, dringt auf Clavigo ein, der zieht, sie fechten, Beaumarchais stößt ihm den Degen in die Brust.

CLAVIGO *sinkend:* Ich danke dir, Bruder! Du vermählst uns.

Er sinkt auf den Sarg.

BEAUMARCHAIS *ihn wegreißend:* Weg von dieser Heiligen, Verdammter!
CLAVIGO: Weh!

Die Träger halten ihn.

BEAUMARCHAIS: Blut! Blick auf, Marie, blick auf deinen Brautschmuck, und dann schließ deine Augen auf ewig. Sieh, wie ich deine Ruhestätte geweiht habe mit dem Blute deines Mörders! Schön! Herrlich!

Sophie kommt.

SOPHIE: Bruder! Gott! was gibt's?
BEAUMARCHAIS: Tritt näher, Liebe, und schau. Ich hoffte, ihr Brautbette mit Rosen zu bestreuen; sieh die Rosen, mit denen ich sie ziere auf ihrem Wege zum Himmel.
SOPHIE: Wir sind verloren!
CLAVIGO: Rette dich, Unbesonnener! rette dich, eh der Tag anbricht. Gott, der dich zum Rächer sandte, geleite dich! – Sophie – vergib mir! – Bruder – Freunde, vergebt mir!
BEAUMARCHAIS: Wie sein fließendes Blut alle die glühende Rache meines Herzens auslöscht! Wie mit seinem wegfliehenden Leben meine Wut verschwindet! *Auf ihn losgehend:* Stirb, ich vergebe dir!
CLAVIGO: Deine Hand! und deine, Sophie! Und Eure!

Buenco zaudert.

SOPHIE: Gib sie ihm, Buenco.
CLAVIGO: Ich danke dir! du bist die alte. Ich danke euch! Und wenn du noch hier diese Stätte umschwebst, Geist meiner Geliebten, schau herab, sieh diese himmlische Güte, sprich deinen Segen dazu und vergib mir auch! – Ich komme! ich komme! – Rette dich, mein Bruder! Sagt mir, vergab sie mir? Wie starb sie?
SOPHIE: Ihr letztes Wort war dein unglücklicher Name. Sie schied weg ohne Abschied von uns.
CLAVIGO: Ich will ihr nach und ihr den eurigen bringen.

FÜNFTER AKT

Carlos. Ein Bedienter.

CARLOS: Clavigo! Mörder!

CLAVIGO: Höre mich, Carlos! Du siehst hier die Opfer deiner Klugheit – und nun, um des Blutes willen, in dem mein Leben unaufhaltsam dahinfließt! rette meinen Bruder –

CARLOS: Mein Freund! Ihr steht da? Lauft nach Wundärzten!

Bedienter ab.

CLAVIGO: Es ist vergebens. Rette! rette den unglücklichen Bruder! – Deine Hand darauf! Sie haben mir vergeben, und so vergeb ich dir. Du begleitest ihn bis an die Grenze, und – ah!

CARLOS *mit dem Fuße stampfend:* Clavigo! Clavigo!

CLAVIGO *sich dem Sarge nähernd, auf den sie ihn niederlassen:* Marie! deine Hand! *Er entfaltet ihre Hände und faßt die rechte.*

SOPHIE *zu Beaumarchais:* Fort, Unglücklicher! fort!

CLAVIGO: Ich hab ihre Hand! Ihre kalte Totenhand! Du bist die Meinige – Und noch diesen Bräutigamskuß. Ah!

SOPHIE: Er stirbt. Rette dich, Bruder!

Beaumarchais fällt Sophien um den Hals. Sophie umarmt ihn, indem sie zugleich eine Bewegung macht, ihn zu entfernen.

Ein Trauerspiel

PERSONEN

Stella
Cäcilie, *anfangs unter dem Namen* Madame Sommer
Fernando
Lucie
Verwalter
Postmeisterin
Annchen
Karl
Bediente

ERSTER AKT

Im Posthause.

Man hört einen Postillon blasen.

POSTMEISTERIN: Karl! Karl!

Der Junge kommt.

DER JUNGE: Was is?

POSTMEISTERIN: Wo hat dich der Henker wieder? Geh hinaus; der Postwagen kommt. Führ die Passagiers herein, trag ihnen das Gepäck; rühr dich! Machst du wieder ein Gesicht?

Der Junge ab.

POSTMEISTERIN *ihm nachrufend:* Wart! ich will dir dein muffig Wesen vertreiben. Ein Wirtsbursche muß immer munter, immer alert sein. Hernach, wenn so ein Schurke Herr wird, so verdirbt er. Wenn ich wieder heiraten möchte, so wär's nur darum; einer Frau allein fällt's gar zu schwer, das Pack in Ordnung zu halten!

Madame Sommer, Lucie in Reisekleidern. Karl.

LUCIE *einen Mantelsack tragend, zu Karl:* Laß Er's nur, es ist nicht schwer; aber nehm Er meiner Mutter die Schachtel ab.

POSTMEISTERIN: Ihre Dienerin, meine Frauenzimmer! Sie kommen beizeiten. Der Wagen kommt sonst nimmer so früh.

LUCIE: Wir haben einen gar jungen, lustigen, hübschen Schwáger gehabt, mit dem ich durch die Welt fahren möchte; und unser sind nur zwei und wenig beladen.

POSTMEISTERIN: Wenn Sie zu speisen belieben, so sind Sie wohl so gütig zu warten; das Essen ist noch nicht gar fertig.
MADAME SOMMER: Darf ich Sie nur um ein wenig Suppe bitten?
LUCIE: Ich hab keine Eil. Wollten Sie indes meine Mutter versorgen?
POSTMEISTERIN: Sogleich.
LUCIE: Nur recht gute Brühe!
POSTMEISTERIN: So gut sie da ist. *Ab.*
MADAME SOMMER: Daß du dein Befehlen nicht lassen kannst! Du hättest, dünkt mich, die Reise über schon klug werden können! Wir haben immer mehr bezahlt als verzehrt; und in unsern Umständen! –
LUCIE: Es hat uns noch nie gemangelt.
MADAME SOMMER: Aber wir waren dran.

Postillon tritt herein.

LUCIE: Nun, braver Schwager, wie steht's? Nicht wahr, dein Trinkgeld?
POSTILLON: Hab ich nicht gefahren wie Extrapost?
LUCIE: Das heißt, du hast auch was extra verdient; nicht wahr? Du solltest mein Leibkutscher werden, wenn ich nur Pferde hätte.
POSTILLON: Auch ohne Pferde steh ich zu Diensten.
LUCIE: Da!
POSTILLON: Danke, Mamsell! Sie gehn nicht weiter?
LUCIE: Wir bleiben für diesmal hier.
POSTILLON: Adies. *Ab.*
MADAME SOMMER: Ich seh an seinem Gesicht, daß du ihm zuviel gegeben hast.
LUCIE: Sollte er mit Murren von uns gehen? Er war die ganze Zeit so freundlich. Sie sagen immer, Mama, ich sei eigensinnig; wenigstens eigennützig bin ich nicht.
MADAME SOMMER: Ich bitte dich, Lucie, verkenne nicht, was ich dir sage. Deine Offenheit ehr ich wie deinen guten

Mut und deine Freigebigkeit; aber es sind nur Tugenden, wo sie hingehören.

LUCIE: Mama, das Örtchen gefällt mir wirklich. Und das Haus da drüben ist wohl der Dame, der ich künftig Gesellschaft leisten soll?

MADAME SOMMER: Mich freut's, wenn der Ort deiner Bestimmung dir angenehm ist.

LUCIE: Still mag's sein, das merk ich schon. Ist's doch wie Sonntag auf dem großen Platze! Aber die gnädige Frau hat einen schönen Garten und soll eine gute Frau sein; wir wollen sehn, wie wir zurechtkommen. Was sehen Sie sich um, Mama?

MADAME SOMMER: Laß mich, Lucie! Glückliches Mädchen, das durch nichts erinnert wird! Ach, damals war's anders! Mir ist nichts schmerzlicher, als in ein Posthaus zu treten.

LUCIE: Wo fänden Sie auch nicht Stoff, sich zu quälen?

MADAME SOMMER: Und wo nicht Ursache dazu? Meine Liebe, wie ganz anders war's damals, da dein Vater noch mit mir reiste, da wir die schönste Zeit unsers Lebens in freier Welt genossen; die ersten Jahre unserer Ehe! Damals hatte alles den Reiz der Neuheit für mich. Und in seinem Arm vor so tausend Gegenständen vorüberzueilen, da jede Kleinigkeit mir interessant ward, durch seinen Geist, durch seine Liebe! –

LUCIE: Ich mag auch wohl gern reisen.

MADAME SOMMER: Und wenn wir dann nach einem heißen Tag, nach ausgestandenen Fatalitäten, schlimmem Weg im Winter, wenn wir eintrafen in manche noch schlechtere Herberge, wie diese ist, und den Genuß der einfachsten Bequemlichkeit zusammen fühlten, auf der hölzernen Bank zusammen saßen, unsern Eierkuchen und abgesottene Kartoffeln zusammen aßen – – Damals war's anders!

LUCIE: Es ist nun einmal Zeit, ihn zu vergessen.

MADAME SOMMER: Weißt du, was das heißt: Vergessen! Gutes

Mädchen, du hast, Gott sei Dank! noch nichts verloren, das nicht zu ersetzen gewesen wäre. Seit dem Augenblick, da ich gewiß ward, er habe mich verlassen, ist alle Freude meines Lebens dahin. Mich ergriff eine Verzweiflung. Ich mangelte mir selbst; ein Gott mangelte mir. Ich weiß mich des Zustands kaum zu erinnern.

LUCIE: Auch ich weiß nichts mehr, als daß ich auf Ihrem Bette saß und weinte, weil Sie weinten. Es war in der grünen Stube auf dem kleinen Bette. Die Stube hat mir am wehsten getan, da wir das Haus verkaufen mußten.

MADAME SOMMER: Du warst sieben Jahr alt und konntest nicht fühlen, was du verlorst.

Annchen mit der Suppe. Die Postmeisterin. Karl.

ANNCHEN: Hier ist die Suppe für Madame.

MADAME SOMMER: Ich danke, meine Liebe! Ist das Ihr Töchterchen?

POSTMEISTERIN: Meine Stieftochter, Madame! Aber da sie so brav ist, ersetzt sie mir den Mangel an eigenen Kindern.

MADAME SOMMER: Sie sind in Trauer?

POSTMEISTERIN: Für meinen Mann, den ich vor drei Monaten verlor. Wir haben nicht gar drei Jahre zusammen gelebt.

MADAME SOMMER: Sie scheinen doch ziemlich getröstet.

POSTMEISTERIN: O Madame! Unsereins hat sowenig Zeit zu weinen als leider zu beten. Das geht Sonntage und Werkeltage. Wenn der Pfarrer nicht manchmal auf den Text kommt oder man ein Sterbelied singen hört. Karl, ein paar Servietten! deck hier am Ende auf.

LUCIE: Wem ist das Haus da drüben?

POSTMEISTERIN: Unserer Frau Baronesse. Eine allerliebste Frau.

MADAME SOMMER: Mich freut's, daß ich von einer Nachbarin bestätigen höre, was man uns in einer weiten Ferne beteuert hat. Meine Tochter wird künftig bei ihr bleiben und ihr Gesellschaft leisten.

POSTMEISTERIN: Dazu wünsche ich Ihnen Glück, Mamsell.

LUCIE: Ich wünsche, daß sie mir gefallen möge.

POSTMEISTERIN: Sie müßten einen sonderbaren Geschmack haben, wenn Ihnen der Umgang mit der gnäd'gen Frau nicht gefiele.

LUCIE: Desto besser. Denn wenn ich mich einmal nach jemanden richten soll, so muß Herz und Wille dabei sein; sonst geht's nicht.

POSTMEISTERIN: Nun! nun! wir reden bald wieder davon, und Sie sollen sagen, ob ich wahr gesprochen habe. Wer um unsre gnädige Frau lebt, ist glücklich; wird meine Tochter ein wenig größer, so soll sie ihr wenigstens einige Jahre dienen: es kommt dem Mädchen auf sein ganzes Leben zugute.

ANNCHEN: Wenn Sie sie nur sehn! Sie ist so lieb! so lieb! Sie glauben nicht, wie sie auf Sie wartet. Sie hat mich auch recht lieb. Wollen Sie denn nicht zu ihr gehn? Ich will Sie begleiten.

LUCIE: Ich muß mich erst zurechtmachen und will auch noch essen.

ANNCHEN: So darf ich doch hinüber, Mamachen? Ich will der gnädigen Frau sagen, daß die Mamsell gekommen ist.

POSTMEISTERIN: Geh nur!

MADAME SOMMER: Und sag ihr, Kleine, wir wollten gleich nach Tisch aufwarten.

Annchen ab.

POSTMEISTERIN: Mein Mädchen hängt außerordentlich an ihr. Auch ist sie die beste Seele von der Welt, und ihre ganze Freude ist mit Kindern. Sie lehrt sie allerlei Arbeiten machen und singen. Sie läßt sich von Bauersmädchen aufwarten, bis sie ein Geschick haben, hernach sucht sie eine gute Kondition für sie; und so vertreibt sie sich die Zeit, seit ihr Gemahl weg ist. Es ist unbegreiflich, wie sie so unglücklich sein kann und dabei so freundlich, so gut.

MADAME SOMMER: Ist sie nicht Witwe?

POSTMEISTERIN: Das weiß Gott! Ihr Herr ist vor drei Jahren

weg, und hört und sieht man nichts von ihm. Und sie hat ihn geliebt über alles. Mein Mann konnte nie fertig werden, wenn er anfing, von ihnen zu erzählen. Und noch! Ich sag's, selbst, es gibt so kein Herz auf der Welt mehr. Alle Jahre, den Tag, da sie ihn zum letztenmal sah, läßt sie keine Seele zu sich, schließt sich ein, und auch sonst, wenn sie von ihm redt, geht's einem durch die Seele.

MADAME SOMMER: Die Unglückliche!

POSTMEISTERIN: Es läßt sich von der Sache viel reden.

MADAME SOMMER: Wie meinen Sie?

POSTMEISTERIN: Man sagt's nicht gern.

MADAME SOMMER: Ich bitte Sie!

POSTMEISTERIN: Wenn Sie mich nicht verraten wollen, kann ich's Ihnen wohl vertrauen. Es sind nun über die acht Jahre, daß sie hierherkamen. Sie kauften das Rittergut; niemand kannte sie; man hieß sie den gnädigen Herrn und die gnädige Frau und hielt ihn für einen Offizier, der in fremden Kriegsdiensten reich geworden war und sich nun zur Ruhe setzen wollte. Sie war damals blutjung, nicht älter als sechzehn Jahr, und schön wie ein Engel.

LUCIE: Da wär sie jetzt nicht über vierundzwanzig?

POSTMEISTERIN: Sie hat für ihr Alter Betrübnis genug erfahren. Sie hatte ein Kind; es starb ihr bald; im Garten ist sein Grab, nur von Rasen, und seit der Herr weg ist, hat sie eine Einsiedelei dabei angelegt und ihr Grab dazu bestellen lassen. Mein Mann seliger war bei Jahren und nicht leicht zu rühren; aber er erzählte nichts lieber als von der Glückseligkeit der beiden Leute, solang sie hier zusammen lebten. Man war ein ganz anderer Mensch, sagte er, nur zuzusehn, wie sie sich liebten.

MADAME SOMMER: Mein Herz bewegt sich nach ihr.

POSTMEISTERIN: Aber wie's geht. Man sagte, der Herr hätte kuriose Principia gehabt, wenigstens kam er nicht in die Kirche; und die Leute, die keine Religion haben, haben keinen Gott und halten sich an keine Ordnung. Auf einmal hieß es: Der gnädige Herr ist fort. Er war verreist und kam eben nicht wieder.

MADAME SOMMER *vor sich:* Ein Bild meines ganzen Schicksals!

POSTMEISTERIN: Da waren alle Mäuler davon voll. Eben zur Zeit, da ich als eine junge Frau hierherzog, auf Michael sind's eben drei Jahre. Und da wußt jedes was anders, sogar zischelte man einander in die Ohren, sie seien niemals getraut gewesen; aber verraten Sie mich nicht. Er soll wohl ein vornehmer Herr sein, soll sie entführt haben, und was man alles sagt. Ja, wenn ein junges Mädchen so einen Schritt tut, sie hat ihr Leben lang dran abzubüßen.

Annchen kommt.

ANNCHEN: Die gnädige Frau läßt Sie sehr bitten, doch gleich hinüberzukommen; sie will Sie nur einen Augenblick sprechen, nur sehen.

LUCIE: Es schickt sich nicht in diesen Kleidern.

POSTMEISTERIN: Gehn Sie nur, ich geb Ihnen mein Wort, daß sie darauf nicht achtet.

LUCIE: Will Sie mich begleiten, Kleine?

ANNCHEN: Von Herzen gern!

MADAME SOMMER: Lucie, ein Wort!

Die Postmeisterin entfernt sich.

Daß du nichts verrätst! nicht unsern Stand, nicht unser Schicksal. Begegne ihr ehrerbietig.

LUCIE: Lassen Sie mich nur! Mein Vater war ein Kaufmann, ist nach Amerika, ist tot; und dadurch sind unsere Umstände – Lassen Sie mich nur; ich hab das Märchen ja schon oft genug erzählt. *Laut:* Wollten Sie nicht ein bißchen ruhen? Sie haben's not. Die Frau Wirtin weist Ihnen wohl ein Zimmerchen mit einem Bett an.

POSTMEISTERIN: Ich hab eben ein hübsches stilles Zimmerchen im Garten. *Zu Lucien:* Ich wünsche, daß Ihnen die gnädige Frau gefallen möge.

Lucie mit Annchen ab.

MADAME SOMMER: Meine Tochter ist noch ein bißchen obenaus.

POSTMEISTERIN: Das tut die Jugend. Werden sich schon legen, die stolzen Wellen.

MADAME SOMMER: Desto schlimmer.

POSTMEISTERIN: Kommen Sie, Madame, wenn's gefällig ist.

Beide ab.

Man hört einen Postillon.

Fernando in Offizierstracht. Ein Bedienter.

BEDIENTER: Soll ich gleich wieder einspannen und Ihre Sachen aufpacken lassen?

FERNANDO: Du sollst's hereinbringen, sag ich dir; herein. Wir gehen nicht weiter, hörst du.

BEDIENTER: Nicht weiter? Sie sagten ja –

FERNANDO: Ich sagte, laß dir ein Zimmer anweisen und bring meine Sachen dorthin.

Bedienter ab.

FERNANDO *ans Fenster tretend:* So seh ich dich wieder? Himmlischer Anblick! So seh ich dich wieder! Den Schauplatz all meiner Glückseligkeit! Wie still das ganze Haus ist! Kein Fenster offen! Die Galerie wie öde, auf der wir so oft zusammen saßen! Merk dir's, Fernando, das klösterliche Ansehn ihrer Wohnung, wie schmeichelt es deinen Hoffnungen! Und sollte, in ihrer Einsamkeit, Fernando ihr Gedanke, ihre Beschäftigung sein? Und hat er's um sie verdient? Oh! mir ist, als wenn ich nach einem langen, kalten, freudelosen Todesschlaf ins Leben wieder erwachte; so neu, so bedeutend ist mir alles. Die Bäume, der Brunnen, noch alles, alles! So lief das Wasser aus ebenden Röhren, wenn ich, ach, wie tausendmal! mit ihr gedankenvoll aus unserm Fenster schaute und jedes, in sich gekehrt, still dem Rinnen des Wassers zusah! Sein

Geräusch ist mir Melodie, rückerinnernde Melodie. Und sie? Sie wird sein, wie sie war. Ja, Stella, du hast dich nicht verändert; das sagt mir mein Herz. Wie's dir entgegenschlägt! Aber ich will nicht, ich darf nicht! Ich muß mich erst erholen, muß mich erst überzeugen, daß ich wirklich hier bin, daß mich kein Traum täuscht, der mich so oft schlafend und wachend aus den fernsten Gegenden hierher geführt hat. Stella! Stella! Ich komme! Fühlst du nicht meine Näherung? in deinen Armen alles zu vergessen! – Und wenn du um mich schwebst, teurer Schatten meines unglücklichen Weibes, vergib mir, verlaß mich! Du bist dahin; so laß mich dich vergessen, in den Armen des Engels alles vergessen, meine Schicksale, allen Verlust, meine Schmerzen und meine Reue – Ich bin ihr so nah und so ferne – Und in einem Augenblick – – Ich kann, ich kann nicht! Ich muß mich erholen, oder ich ersticke zu ihren Füßen.

Postmeisterin kommt.

POSTMEISTERIN: Verlangen der gnädige Herr zu speisen?
FERNANDO: Sind Sie versehen?
POSTMEISTERIN: O ja! Wir warten nur auf ein Frauenzimmer, das hinüber zur gnädigen Frau ist.
FERNANDO: Wie geht's Ihrer gnädigen Frau?
POSTMEISTERIN: Kennen Sie sie?
FERNANDO: Vor Jahren war ich wohl manchmal da. Was macht ihr Gemahl?
POSTMEISTERIN: Weiß Gott. Er ist in die weite Welt.
FERNANDO: Fort?
POSTMEISTERIN: Freilich! Verläßt die liebe Seele! Gott verzeih's ihm!
FERNANDO: Sie wird sich schon zu trösten wissen.
POSTMEISTERIN: Meinen Sie doch? Da müssen Sie sie wenig kennen. Sie lebt wie eine Nonne, so eingezogen, die Zeit ich sie kenne. Fast kein Fremdes, kein Besuch aus der Nachbarschaft kommt zu ihr. Sie lebt mit ihren Leuten,

hat die Kinder des Orts alle an sich und ist, ungeachtet ihres innern Schmerzens, immer freundlich, immer angenehm.

FERNANDO: Ich will sie doch besuchen.

POSTMEISTERIN: Das tun Sie. Manchmal läßt sie uns invitieren, die Frau Amtmännin, die Frau Pfarrerin und mich, und diskuriert mit uns von allerlei. Freilich hüten wir uns, sie an den gnädigen Herrn zu erinnern. Ein einzig Mal geschah's. Gott weiß, wie's uns wurde, da sie anfing, von ihm zu reden, ihn zu preisen, zu weinen. Gnädiger Herr, wir haben alle geweint wie die Kinder und uns fast nicht erholen können.

FERNANDO *vor sich:* Das hast du um sie verdient! – *Laut:* Ist meinem Bedienten ein Zimmer angewiesen?

POSTMEISTERIN: Eine Treppe hoch. Karl, zeig dem gnädigen Herrn das Zimmer!

Fernando mit dem Jungen ab.

Lucie, Annchen kommen.

POSTMEISTERIN: Nun, wie ist's?

LUCIE: Ein liebes Weibchen, mit der ich mich vertragen werde. Sie haben nicht zuviel von ihr gesagt. Sie wollt mich nicht lassen. Ich mußte ihr heilig versprechen, gleich nach Tisch mit meiner Mutter und dem Gepäck zu kommen.

POSTMEISTERIN: Das dacht ich wohl! Ist's jetzt gefällig zu essen? Noch ein schöner langer Offizier ist angefahren, wenn Sie den nicht fürchten.

LUCIE: Nicht im geringsten. Mit Soldaten hab ich lieber zu tun als mit andern. Sie verstellen sich wenigstens nicht, daß man die Guten und Bösen gleich das erstemal kennt. Schläft meine Mutter?

POSTMEISTERIN: Ich weiß nicht.

LUCIE: Ich muß doch nach ihr sehn. *Ab.*

POSTMEISTERIN: Karl! Da ist wieder das Salzfaß vergessen.

Heißt das geschwenkt? Sieh nur die Gläser! Ich sollt dir sie am Kopf entzweischmeißen, wenn du soviel wert wärst, als sie kosten!

Fernando kommt.

POSTMEISTERIN: Das Frauenzimmer ist wieder da. Sie wird gleich zu Tisch kommen.
FERNANDO: Wer ist sie?
POSTMEISTERIN: Ich kenn sie nicht. Sie scheint von gutem Stande, aber ohne Vermögen; sie wird künftig der gnäd'gen Frau zur Gesellschaft sein.
FERNANDO: Sie ist jung?
POSTMEISTERIN: Sehr jung; sehr schnippisch. Ihre Mutter ist auch droben.

Lucie kommt.

LUCIE: Ihre Dienerin!
FERNANDO: Ich bin glücklich, eine so schöne Tischgesellschaft zu finden.

Lucie neigt sich.

POSTMEISTERIN: Hierher, Mamsell! Und Sie belieben hierher!
FERNANDO: Wir haben nicht die Ehre von Ihnen, Frau Postmeisterin?
POSTMEISTERIN: Wenn ich einmal ruhe, ruht alles. *Ab.*
FERNANDO: Also ein Tête-à-tête!
LUCIE: Den Tisch dazwischen, wie ich's wohl leiden kann.
FERNANDO: Sie haben sich entschlossen, der Frau Baronesse künftig Gesellschaft zu leisten?
LUCIE: Ich muß wohl!
FERNANDO: Mich dünkt, Ihnen sollt es nicht fehlen, einen Gesellschafter zu finden, der noch unterhaltender wäre als die Frau Baronesse.
LUCIE: Mir ist nicht drum zu tun.
FERNANDO: Auf Ihr ehrlich Gesicht?
LUCIE: Mein Herr, Sie sind wie alle Männer, merk ich!

FERNANDO: Das heißt?
LUCIE: Auf den Punkt sehr arrogant. Ihr Herren dünkt euch unentbehrlich; und ich weiß nicht, ich bin doch groß geworden ohne Männer.
FERNANDO: Sie haben keinen Vater mehr?
LUCIE: Ich erinnere mich kaum, daß ich einen hatte. Ich war jung, da er uns verließ, eine Reise nach Amerika zu tun, und sein Schiff ist untergegangen, hören wir.
FERNANDO: Und Sie scheinen so gleichgültig dabei!
LUCIE: Wie könnt ich anders? Er hat mir wenig zuliebe getan, und ob ich's ihm gleich verzeihe, daß er uns verlassen hat – denn was geht dem Menschen über seine Freiheit? –, so möcht ich doch nicht meine Mutter sein, die vor Kummer stirbt.
FERNANDO: Und Sie sind so ohne Hülfe, ohne Schutz?
LUCIE: Was braucht's das? Unser Vermögen ist alle Tage kleiner geworden; dafür auch ich alle Tage größer; und mir ist's nicht bange, meine Mutter zu ernähren.
FERNANDO: Mich erstaunt Ihr Mut!
LUCIE: Oh, mein Herr, der gibt sich. Wenn man so oft unterzugehen fürchtet und sich immer wieder gerettet sieht, das gibt ein Zutrauen!
FERNANDO: Davon Sie Ihrer lieben Mutter nichts mitteilen können?
LUCIE: Leider ist sie, die verliert, nicht ich. Ich dank's meinem Vater, daß er mich auf die Welt gesetzt hat, denn ich lebe gern und vergnügt; aber sie – die alle Hoffnung des Lebens auf ihn gesetzt, ihm den Flor ihrer Jugend aufgeopfert hatte, und nun verlassen, auf einmal verlassen – – Das muß was Entsetzliches sein, sich verlassen zu fühlen! – Ich habe noch nichts verloren; ich kann nichts davon reden. – Sie scheinen nachdenkend!
FERNANDO: Ja, meine Liebe, wer lebt, verliert; – *aufstehend* – aber er gewinnt auch. Und so erhalt Ihnen Gott Ihren Mut! *Er nimmt ihre Hand.* Sie haben mich erstaunen machen. Oh, mein Kind, wie glücklich! – – Ich bin auch in der

Welt gar viel, gar oft von meinen Hoffnungen – Freuden –
Es ist doch immer – Und –
LUCIE: Was meinen Sie?
FERNANDO: Alles Gute! die besten, wärmsten Wünsche für Ihr Glück! *Ab.*
LUCIE: Das ist ein wunderbarer Mensch! Er scheint aber gut zu sein.

ZWEITER AKT

Stella. Ein Bedienter.

STELLA: Geh hinüber, geschwind hinüber! Sag ihr, ich erwarte sie.
BEDIENTER: Sie versprach, gleich zu kommen.
STELLA: Du siehst ja, sie kommt nicht. Ich hab das Mädchen recht lieb. Geh! – Und ihre Mutter soll ja mitkommen!

Bedienter ab.

STELLA: Ich kann sie kaum erwarten. Was das für ein Wünschen, ein Hoffen ist, bis so ein neues Kleid ankommt! Stella! du bist ein Kind. Und warum soll ich nicht lieben? – Ich brauche viel, viel, um dies Herz auszufüllen! – Viel? Arme Stella! Viel? – Sonst, da er dich noch liebte, noch in deinem Schoße lag, füllte sein Blick deine ganze Seele; und – O Gott im Himmel! dein Ratschluß ist unerforschlich. Wenn ich von seinen Küssen meine Augen zu dir hinauf wendete, mein Herz an dem seinen glühte und ich mit bebenden Lippen seine große Seele in mich trank und ich dann mit Wonnetränen zu dir hinauf sah und aus vollem Herzen zu dir sprach: Laß uns glücklich, Vater! du hast uns so glücklich gemacht! – Es war dein Wille nicht – *Sie fällt einen Augenblick in Nachdenken, fährt dann schnell auf und drückt ihre Hände ans Herz.* Nein, Fernando, nein, das war kein Vorwurf!

Madame Sommer, Lucie kommen.

STELLA: Ich habe sie! Liebes Mädchen, du bist nun die Meine. – Madame, ich danke Ihnen für das Zutrauen, mit dem Sie mir den Schatz in die Hände liefern. Das kleine Trotzköpfchen, die gute freie Seele! O ich hab dir's schon abgelernt, Lucie.

MADAME SOMMER: Sie fühlen, was ich Ihnen bringe und lasse.

STELLA *nach einer Pause, in der sie Madame Sommer angesehen hat:* Verzeihen Sie! Man hat mir Ihre Geschichte berichtet, ich weiß, daß ich Personen von guter Familie vor mir habe, aber Ihre Gegenwart überrascht mich. Ich fühle im ersten Anblick Vertrauen und Ehrfurcht gegen Sie.

MADAME SOMMER: Gnädige Frau –

STELLA: Nichts davon. Was mein Herz gesteht, bekennt mein Mund gern. Ich höre, Sie sind nicht wohl; wie ist's Ihnen? Setzen Sie sich.

MADAME SOMMER: Doch, gnädige Frau! Diese Reise in den Frühlingstagen, die abwechselnden Gegenstände und diese reine, segensvolle Luft, die sich schon so oft für mich mit neuer Erquickung gefüllt hat, das wirkte alles auf mich so gut, so freundlich, daß selbst die Erinnerung abgeschiedener Freuden mir ein angenehmes Gefühl wurde, ich einen Widerschein der goldenen Zeiten der Jugend und Liebe in meiner Seele aufdämmern sah.

STELLA: Ja die Tage! die ersten Tage der Liebe! – Nein, du bist nicht zum Himmel zurückgekehrt, goldne Zeit! du umgibst noch jedes Herz in den Momenten, da sich die Blüte der Liebe erschließt.

MADAME SOMMER *ihre Hände fassend:* Wie groß! Wie lieb!

STELLA: Ihr Angesicht glänzt wie das Angesicht eines Engels, Ihre Wangen färben sich!

MADAME SOMMER: Ach und mein Herz! Wie geht es auf! wie schwillt's vor Ihnen!

STELLA: Sie haben geliebt! O Gott sei Dank! Ein Geschöpf, das mich versteht! das Mitleiden mit mir haben kann! das nicht kalt zu meinen Schmerzen dreinblickt! – Wir können ja doch einmal nichts dafür, daß wir so sind! – Was hab ich nicht alles getan! Was nicht alles versucht! – Ja, was half's? – Es wollte das – just das – und keine Welt, und sonst nichts in der Welt – Ach! der Geliebte ist überall, und alles ist für den Geliebten.

MADAME SOMMER: Sie tragen den Himmel im Herzen.

STELLA: Eh ich mich's verseh, wieder sein Bild! – So richtete er sich auf in der und jener Gesellschaft und sah sich nach mir um – So kam er dort übers Feld her gesprengt und warf sich an der Gartentür in meinen Arm. – Dahinaus sah ich ihn fahren, dahinaus – ach, und er war wiedergekommen – war seiner Wartenden wiedergekommen – – Kehr ich mit meinen Gedanken in das Geräusch der Welt – er ist da! Wenn ich so in der Loge saß und gewiß war, wo er auch steckte, ich mochte ihn sehen oder nicht, daß er jede meiner Bewegungen bemerkte und liebte, mein Aufstehen, mein Niedersitzen! Ich fühlte, daß das Schütteln meines Federbusches ihn mehr anzog als all die blinkenden Augen ringsum und daß alle Musik nur Melodie zu dem ewigen Liede seines Herzens war: Stella! Stella! Wie lieb du mir bist!

LUCIE: Kann man denn einander so lieb haben?

STELLA: Du fragst, Kleine? – Da kann ich dir nicht antworten – Aber mit was unterhalt ich euch! – – Kleinigkeiten! wichtige Kleinigkeiten – Wahrlich, man ist doch ein großes Kind, und es ist einem so wohl dabei – Eben wie die Kinder sich hinter ihr Schürzchen verstecken und rufen Pipp!, daß man sie suchen soll! – – Wie ganz füllt das unser Herz, wenn wir, beleidigt, den Gegenstand unsrer Liebe zu verlassen bei uns sehr eifrig festsetzen: mit welchen Verzerrungen von Seelenstärke treten wir wieder in seine Gegenwart! wie übt sich das in unserm Busen auf und ab! und wie platzt es zuletzt wieder auf einen Blick, einen Händedruck zusammen.

MADAME SOMMER: Wie glücklich! Sie leben doch noch ganz in dem Gefühl der jüngsten, reinsten Menschheit.

STELLA: Ein Jahrtausend von Tränen und Schmerzen vermöchte die Seligkeit nicht aufzuwiegen der ersten Blicke, des Zitterns, Stammelns, des Nahens, Weichens – des Vergessens sein selbst – den ersten flüchtigen, feurigen Kuß und die erste ruhig atmende Umarmung – Madame! Sie versinken, meine Teure! – Wo sind Sie?

MADAME SOMMER: Männer! Männer!

STELLA: Sie machen uns glücklich und elend! Mit welchen Ahnungen von Seligkeit erfüllen sie unser Herz! Welche neuen, unbekannten Gefühle und Hoffnungen schwellen unsere Seele, wenn ihre stürmende Leidenschaft sich jedem unserer Nerven mitteilt. Wie oft hat alles an mir gezittert und geklungen, wenn er in unbändigen Tränen die Leiden einer Welt an meinem Busen hinströmte! Ich bat ihn um Gottes willen, sich zu schonen – mich! – Vergebens! – Bis ins innerste Mark fachte er mir die Flammen, die ihn durchwühlten. Und so ward das Mädchen vom Kopf bis zu den Sohlen ganz Herz, ganz Gefühl. Und wo ist denn nun der Himmelsstrich für dies Geschöpf, um drin zu atmen, um Nahrung drunter zu finden?

MADAME SOMMER: Wir glauben den Männern! In den Augenblicken der Leidenschaft betrügen sie sich selbst – warum sollten wir nicht betrogen werden?

STELLA: Madame! Da fährt mir ein Gedanke durch den Kopf – Wir wollen einander das sein, was sie uns hätten werden sollen! Wir wollen beisammenbleiben! – Ihre Hand! – Von diesem Augenblick an laß ich Sie nicht!

LUCIE: Das wird nicht angehn!

STELLA: Warum, Lucie?

MADAME SOMMER: Meine Tochter fühlt –

STELLA: Doch keine Wohltat in diesem Vorschlag! Fühlen Sie, welche Wohltat Sie mir tun, wenn Sie bleiben! O ich darf nicht allein sein! Liebe, ich hab alles getan, ich hab mir Federvieh und Reh' und Hunde angeschafft; und lehre kleine Mädchen stricken und knüpfen, nur um nicht allein zu sein, nur um was außer mir zu sehen, das lebt und zunimmt. Und dann doch, wenn mir's glückt, wenn eine gute Gottheit mir an einem heitern Frühlingsmorgen den Schmerz von der Seele weggehoben zu haben scheint; wenn ich ruhig erwache und die liebe Sonne auf meinen blühenden Bäumen leuchtet und ich mich tätig, munter fühle zu den Geschäften des Tages: dann ist mir's wohl, dann treib ich eine Zeitlang herum, verrichte und ordne und führe meine Leute an, und in der Freiheit meines Herzens dank ich laut auf zum Himmel für die glücklichen Stunden.

MADAME SOMMER: Ach ja, gnädige Frau, ich fühl's! Geschäftigkeit und Wohltätigkeit sind eine Gabe des Himmels, ein Ersatz für unglücklich liebende Herzen.

STELLA: Ersatz? Entschädigung wohl, nicht Ersatz – Etwas anstatt des Verlornen, nicht das Verlorne selbst mehr – Verlorne Liebe! wo ist da Ersatz für? – O wenn ich manchmal von Gedanken in Gedanken sinke, freundliche Träume der Vergangenheit vor meine Seele bringe, hoffnungsvolle Zukunft ahne und so in des Mondes Dämmerung meinen Garten auf und ab walle, dann mich's auf einmal ergreift! ergreift, daß ich allein bin, vergebens nach allen vier Winden meine Arme ausstrecke, den Zauber der Liebe vergebens mit einem Drang, einer Fülle ausspreche, daß ich meine, ich müßte den Mond herunterziehen – und ich allein bin, keine Stimme mir aus dem Gebüsch antwortet und die Sterne kalt und freundlich über meine Qual herabblinken! – Und dann auf einmal das Grab meines Kindes zu meinen Füßen! –

MADAME SOMMER: Sie hatten ein Kind?

STELLA: Ja, meine Beste! O Gott, du hattest mir diese Seligkeit auch nur zu kosten gegeben, um mir einen bittern Kelch auf mein ganzes Leben zu bereiten. – Wenn so ein Bauerkind auf dem Spaziergange barfuß mir entgegenläuft und mit den großen unschuldigen Augen mir eine Kußhand reicht, es durchdringt mir Mark und Gebeine! So groß, denk ich, wär meine Mina! Ich heb es ängstlich liebend in die Höhe, küß es hundertmal; mein Herz ist zerrissen, die Tränen stürzen aus meinen Augen, und ich fliehe!

LUCIE: Sie haben doch auch viel Beschwerlichkeit weniger.

STELLA *lächelt und klopft ihr die Achseln:* Wie ich nur noch empfinden kann! wie die schrecklichen Augenblicke mich nicht getötet haben! – Es lag vor mir! abgepflückt die Knospe! und ich stand – versteinert im innersten Busen – ohne Schmerz – ohne Bewußtsein – – ich stand! – Da nahm die Wärterin das Kind auf, drückte es an ihr Herz und rief auf einmal: „Es lebt!" – Ich fiel auf sie, ihr um den Hals, mit tausend Tränen auf das Kind – ihr zu Füßen – – Ach, und sie hatte sich betrogen! Tot lag es da, und ich neben ihm in wütender, gräßlicher Verzweiflung.

Sie wirft sich in einen Sessel.

MADAME SOMMER: Wenden Sie Ihre Gedanken von den traurigen Szenen.

STELLA: Nein! Wohl, sehr wohl ist mir's, daß mein Herz sich wieder öffnen, daß ich das alles losschwätzen kann, was mich so drängt! – Ja wenn ich euch einmal anfange, von ihm zu erzählen, der mir alles war! – der – Ihr sollt sein Porträt sehn! – sein Porträt! – O mich dünkt immer, die Gestalt des Menschen ist der beste Text zu allem, was sich über ihn empfinden und sagen läßt.

LUCIE: Ich bin neugierig.

STELLA *eröffnet ihr Kabinett und führt sie hinein:* Hier, meine Lieben, hier!

MADAME SOMMER: Gott!

STELLA: So! – So! – Und doch nicht den tausendsten Teil, wie er war. Diese Stirn, diese schwarzen Augen, diese braunen Locken, dieser Ernst – Aber ach, er hat nicht ausdrücken können die Liebe, die Freundlichkeit, wenn seine Seele sich ergoß! – O mein Herz, das fühlst du allein!

LUCIE: Madame, ich erstaune!

STELLA: Es ist ein Mann!

ZWEITER AKT

LUCIE: Ich muß Ihnen sagen, heut aß ich drüben mit einem Offizier im Posthause, der diesem Herrn gleicht – O er ist es selbst! ich will mein Leben wetten.

STELLA: Heute? Du betrügst dich! du betrügst mich!

LUCIE: Heute! Nur war jener älter, brauner verbrannt von der Sonne. Er ist's! Er ist's!

STELLA *zieht die Schelle:* Lucie, mein Herz zerspringt! Ich will hinüber!

LUCIE: Es wird sich nicht schicken.

STELLA: Schicken? O mein Herz! –

Bedienter kommt.

STELLA: Wilhelm, hinüber ins Posthaus! hinüber! Ein Offizier ist drüben, der soll – der ist – Lucie, sag's ihm – Er soll herüberkommen.

LUCIE: Kannte Er den gnädigen Herrn?

BEDIENTER: Wie mich selbst.

LUCIE: So geh Er ins Posthaus; es ist ein Offizier drüben, der ihm außerordentlich gleicht. Seh Er, ob ich mich betrüge. Ich schwöre, er ist's.

STELLA: Sag ihm, er soll kommen, kommen! geschwind! geschwind! – Wär das überstanden! – Hätt ich ihn in diesen, in – Du betrügst dich! es ist unmöglich. – Laßt mich, ihr Lieben! Laßt mich allein! –

Sie schließt das Kabinett hinter sich.

LUCIE: Was fehlt Ihnen, meine Mutter? Wie blaß!

MADAME SOMMER: Das ist der letzte Tag meines Lebens! Das trägt mein Herz nicht! Alles, alles auf einmal!

LUCIE: Großer Gott!

MADAME SOMMER: Der Gemahl – Das Bild – Der Erwartete – Geliebte! Das ist mein Gemahl! – Es ist dein Vater!

LUCIE: Mutter! beste Mutter!

MADAME SOMMER: Und der ist hier! wird in ihre Arme sinken in wenig Minuten! – Und wir? – Lucie, wir müssen fort.

LUCIE: Wohin Sie wollen.

MADAME SOMMER: Gleich!

LUCIE: Kommen Sie in den Garten. Ich will ins Posthaus. Wenn nur der Wagen noch nicht fort ist, so können wir ohne Abschied in der Stille – inzwischen sie, berauscht von Glück –

MADAME SOMMER: In aller Wonne des Wiedersehens ihn umfassend – Ihn! Und ich in dem Augenblick, da ich ihn wiederfinde – auf ewig! auf ewig! –

Fernando, Bedienter kommen.

BEDIENTER: Hierher! Kennen Sie ihr Kabinett nicht mehr? Sie ist außer sich! Ach! daß Sie wieder da sind!

Fernando vorbei, über sie hinsehend.

MADAME SOMMER: Er ist's! Er ist's – Ich bin verloren!

DRITTER AKT

Stella in aller Freude hineintretend mit Fernando.

STELLA *zu den Wänden:* Er ist wieder da! Seht ihr ihn? Er ist wieder da! *Vor das Gemälde einer Venus tretend:* Siehst du ihn, Göttin? Er ist wieder da! Wie oft bin ich Törin auf und ab gelaufen, hier, und habe geweint, geklagt vor dir. Er ist wieder da! Ich traue meinen Sinnen nicht. Göttin! ich habe dich so oft gesehen, und er war nicht da – Nun bist du da, und er ist da! – Lieber! Lieber! – Du warst lange weg – Aber du bist da! *Ihm um den Hals fallend:* Du bist da! Ich will nichts fühlen, nichts hören, nichts wissen, als daß du da bist!

FERNANDO: Stella! meine Stella! *An ihrem Halse:* Gott im Himmel, du gibst mir meine Tränen wieder!

STELLA: O du Einziger!

FERNANDO: Stella! Laß mich wieder deinen lieben Atem trinken, deinen Atem, gegen den mir alle Himmelsluft leer, unerquicklich war! – –

DRITTER AKT

STELLA: Lieber! — —

FERNANDO: Hauche in diesen ausgetrockneten, verstürmten, zerstörten Busen wieder neue Liebe, neue Lebenswonne aus der Fülle deines Herzens! – *Er hängt an ihrem Munde.*

STELLA: Bester!

FERNANDO: Erquickung! Erquickung! – Hier, wo du atmest, schwebt alles in genüglichem, jungem Leben. Lieb und bleibende Treue würden hier den ausgedorrten Vagabunden fesseln.

STELLA: Schwärmer!

FERNANDO: Du fühlst nicht, was Himmelstau dem Dürstenden ist, der aus der öden, sandigen Welt an deinen Busen zurückkehrt.

STELLA: Und die Wonne des Armen? Fernando! sein verirrtes, verlornes, einziges Schäfchen wieder an sein Herz zu drücken?

FERNANDO *zu ihren Füßen:* Meine Stella!

STELLA: Auf, Bester! Steh auf! Ich kann dich nicht knien sehen.

FERNANDO: Laß das! Lieg ich doch immer vor dir auf den Knien; beugt sich doch immer mein Herz vor dir, unendliche Lieb und Güte!

STELLA: Ich habe dich wieder! – Ich kenne mich nicht, ich verstehe mich nicht! Im Grunde, was tut's?

FERNANDO: Mir ist's wieder wie in den ersten Augenblicken unsrer Freuden. Ich hab dich in meinen Armen, ich sauge die Gewißheit deiner Liebe auf deinen Lippen und taumle und frage mich staunend, ob ich wache oder träume.

STELLA: Nun, Fernando, wie ich spüre, gescheiter bist du nicht geworden.

FERNANDO: Da sei Gott für! – Aber diese Augenblicke von Wonne in deinen Armen machen mich wieder gut, wieder fromm. – Ich kann beten, Stella; denn ich bin glücklich.

STELLA: Gott verzeih dir's, daß du so ein Bösewicht und so gut bist – Gott verzeih dir's, der dich so gemacht hat – so flatterhaft und so treu – Wenn ich den Ton deiner Stimme höre, so mein ich doch gleich wieder, das wäre Fernando, der nichts in der Welt liebte als mich!

FERNANDO: Und ich, wenn ich in dein blaues, süßes Aug dringe und drin mich mit Forschen verliere, so mein ich, die ganze Zeit meines Wegseins hätte kein ander Bild drin gewohnet als das meine.

STELLA: Du irrst nicht.

FERNANDO: Nicht? –

STELLA: Ich würde dir's bekennen! – Gestand ich dir nicht in den ersten Tagen meiner vollen Liebe zu dir alle kleinen Leidenschaften, die je mein Herz gerührt hatten? Und ward ich dir darum nicht lieber? –

FERNANDO: Du Engel!

STELLA: Was siehst du mich so an? Nicht wahr, ich bin älter worden? Nicht wahr, das Elend hat die Blüte von meinen Wangen gestreift? –

FERNANDO: Rose! meine süße Blume! Stella! – Was schüttelst du den Kopf?

STELLA: – Daß man euch so lieb haben kann! – Daß man euch den Kummer nicht anrechnet, den ihr uns verursachet!

FERNANDO *ihre Locken streichelnd:* Ob du wohl graue Haare davon gekriegt hast? – Es ist dein Glück, daß sie so blond ohne das sind – Zwar ausgefallen scheinen dir keine zu sein. *Er zieht ihr den Kamm aus den Haaren, und sie rollen tief herunter.*

STELLA: Mutwille!

FERNANDO *seine Arme drein wickelnd:* Rinaldo wieder in den alten Ketten!

Bedienter kommt.

BEDIENTER: Gnädige Frau! –

STELLA: Was hast du? Du machst ein verdrießlich, ein kaltes Gesicht; du weißt, die Gesichter sind mein Tod, wenn ich vergnügt bin.

BEDIENTER: Und doch, gnädige Frau – Die zwei Fremden wollen fort.

DRITTER AKT

STELLA: Fort? Ach!

BEDIENTER: Wie ich sage. Ich sah die Tochter ins Posthaus gehn, wiederkommen, zur Mutter reden. Da erkundigt ich mich drüben: es hieß, sie hätten Extrapost bestellt, weil der Postwagen hinunter schon fort ist. Ich redete mit ihnen, sie bat mich, die Mutter, in Tränen, ich sollte ihnen ihre Kleider heimlich hinüberschaffen und der gnädigen Frau tausend Segen wünschen; sie könnten nicht bleiben.

FERNANDO: Es ist die Frau, die heute mit ihrer Tochter angekommen ist? –

STELLA: Ich wollte die Tochter in meine Dienste nehmen und die Mutter dazu behalten. – O daß sie mir jetzt diese Verwirrung machen, Fernando!

FERNANDO: Was mag ihnen sein?

STELLA: Gott weiß! Ich kann, ich mag nichts wissen. Verlieren möcht ich sie nicht gern – Hab ich doch dich, Fernando! – Ich würde zugrunde gehn in diesen Augenblicken! Rede mit ihnen, Fernando! – – Eben jetzt! jetzt! – Mache, daß die Mutter herüberkommt, Heinrich!

Der Bediente geht ab.

Sprich mit ihr; sie soll Freiheit haben. – Fernando, ich will ins Boskett! Komm nach! Komm nach! – Ihr Nachtigallen, ihr empfangt ihn noch!

FERNANDO: Liebste Liebe!

STELLA *an ihm hangend:* Und du kommst doch bald?

FERNANDO: Gleich! Gleich!

Stella ab.

FERNANDO *allein:* Engel des Himmels! Wie vor ihrer Gegenwart alles heiter wird, alles frei! – Fernando, kennst du dich noch selbst? Alles, was diesen Busen bedrängt, es ist weg; jede Sorge, jedes ängstliche Zurückerinnern, was war – und was sein wird! – Kommt ihr schon wieder? – Und doch, wenn ich dich ansehe, deine Hand halte,

Stella! flieht alles, verlischt jedes andre Bild in meiner Seele!

Der Verwalter kommt.

VERWALTER *ihm die Hände küssend:* Sie sind wieder da?
FERNANDO *die Hand wegziehend:* Ich bin's.
VERWALTER: Lassen Sie mich! Lassen Sie mich! O gnädiger Herr! –
FERNANDO: Bist du glücklich?
VERWALTER: Meine Frau lebt, ich habe zwei Kinder – Und Sie kommen wieder!
FERNANDO: Wie habt ihr gewirtschaftet?
VERWALTER: Daß ich gleich bereit bin, Rechenschaft abzulegen. – Sie sollen erstaunen, wie wir das Gut verbessert haben. – Darf ich denn fragen, wie es Ihnen ergangen ist?
FERNANDO: Stille! – Soll ich dir alles sagen? Du verdienst's, alter Mitschuldiger meiner Torheiten.
VERWALTER: Gott sei nur Dank, daß Sie nicht Zigeunerhauptmann waren; ich hätte auf ein Wort von Ihnen gesengt und gebrennt.
FERNANDO: Du sollst's hören!
VERWALTER: Ihre Gemahlin? Ihre Tochter?
FERNANDO: Ich habe sie nicht gefunden. Ich traute mich selbst nicht in die Stadt; allein aus sichern Nachrichten weiß ich, daß sie sich einem Kaufmann, einem falschen Freunde, vertraut hat, der ihr die Kapitalien, die ich ihr zurückließ, unter dem Versprechen größerer Prozente ablockte und sie darum betrog. Unter dem Vorwande, sich aufs Land zu begeben, hat sie sich aus der Gegend entfernt und verloren und bringt wahrscheinlicherweise durch eigene und ihrer Tochter Handarbeit ein kümmerliches Leben durch. Du weißt, sie hatte Mut und Charakter genug, so etwas zu unternehmen.
VERWALTER: Und Sie sind nun wieder hier! Verzeihn wir's Ihnen, daß Sie so lange ausgeblieben.

DRITTER AKT

FERNANDO: Ich bin weit herumgekommen.

VERWALTER: Wäre mir's nicht zu Hause mit meiner Frau und zwei Kindern so wohl, beneidete ich Sie um den Weg, den Sie wieder durch die Welt versucht haben. Werden Sie uns nun bleiben?

FERNANDO: Will's Gott!

VERWALTER: Es ist doch am Ende nichts anders und nichts Bessers.

FERNANDO: Ja wer die alten Zeiten vergessen könnte!

VERWALTER: Die uns bei mancher Freude manche Not brachten. Ich erinnere mich noch an alles genau: wie wir Cäcilien so liebenswürdig fanden, uns ihr aufdrangen, unsere jugendliche Freiheit nicht geschwind genug loswerden konnten.

FERNANDO: Es war doch eine schöne, glückliche Zeit.

VERWALTER: Wie sie uns ein munteres, lebhaftes Töchterchen brachte, aber zugleich von ihrer Munterkeit, von ihrem Reiz manches verlor.

FERNANDO: Verschone mich mit dieser Lebensgeschichte.

VERWALTER: Wie wir hier und da und da und dort uns umsahn, wie wir endlich diesen Engel trafen, wie nicht mehr von Kommen und Gehen die Rede war, sondern wir uns entschließen mußten, entweder die eine oder die andere unglücklich zu machen; wie wir es endlich so bequem fanden, daß sich eben eine Gelegenheit zeigte, die Güter zu verkaufen; wie wir mit manchem Verlust uns davonmachten, den Engel raubten und das schöne, mit sich selbst und der Welt unbekannte Kind hieher verbannten.

FERNANDO: Wie es scheint, bist du noch immer so lehrreich und geschwätzig wie vor alters.

VERWALTER: Hatte ich nicht Gelegenheit, was zu lernen? War ich nicht der Vertraute Ihres Gewissens? Als Sie auch von hier, ich weiß nicht, ob so ganz aus reinem Verlangen, Ihre Gemahlin und Ihre Tochter wiederzufinden, oder auch mit aus einer heimlichen Unruhe, sich

wieder wegsehnten, und wie ich Ihnen von mehr als einer Seite behülflich sein mußte –
FERNANDO: Soweit für diesmal.
VERWALTER: Bleiben Sie nur, dann ist alles gut. *Ab.*

Bedienter kommt.

BEDIENTER: Madame Sommer!
FERNANDO: Bring sie herein.

Bedienter ab.

FERNANDO *allein:* Dies Weib macht mich schwermütig. Daß nichts ganz, nichts rein in der Welt ist! Diese Frau – Ihrer Tochter Mut hat mich zerstört; was wird ihr **Schmerz** tun?

Madame Sommer tritt auf.

FERNANDO *vor sich:* O Gott! und auch ihre Gestalt muß mich an mein Vergehen erinnern! Herz! Unser Herz! o wenn's in dir liegt, so zu fühlen und so zu handeln, warum hast du nicht auch Kraft, dir das Geschehene zu verzeihen? – Ein Schatten der Gestalt meiner Frau! – O wo seh ich den nicht! *Laut:* Madame!
MADAME SOMMER: Was befehlen Sie, mein Herr?
FERNANDO: Ich wünschte, daß Sie meiner Stella Gesellschaft leisten wollten und mir. Setzen Sie sich!
MADAME SOMMER: Die Gegenwart des Elenden ist dem Glücklichen zur Last, und ach! der Glückliche dem Elenden noch mehr.
FERNANDO: Ich begreife Sie nicht. Können Sie Stella verkannt haben? Sie, die ganz Liebe, ganz Gottheit ist?
MADAME SOMMER: Mein Herr! ich wünschte heimlich zu reisen! Lassen Sie mich – Ich muß fort. Glauben Sie, daß ich Gründe habe! Aber ich bitte, lassen Sie mich!
FERNANDO *vor sich:* Welche Stimme! Welche Gestalt! *Laut:* Madame! *Er wendet sich ab.* – Gott, es ist meine Frau! – *Laut:* Verzeihen Sie! *Eilend ab.*

DRITTER AKT

MADAME SOMMER *allein:* Er erkennt mich! – Ich danke dir, Gott, daß du in diesen Augenblicken meinem Herzen soviel Stärke gegeben hast! – Bin ich's? die Zerschlagene! die Zerrissene! die in der bedeutenden Stunde so ruhig, so mutig ist? Guter, ewiger Vorsorger, du nimmst unserm Herzen doch nichts, was du ihm nicht aufbewahrtest bis zur Stunde, wo es dessen am meisten bedarf.

Fernando kommt zurück.

FERNANDO *vor sich:* Sollte sie mich kennen? – *Laut:* Ich bitte Sie, Madame, ich beschwöre Sie, eröffnen Sie mir Ihr Herz!

MADAME SOMMER: Ich müßte Ihnen mein Schicksal erzählen; und wie sollten Sie zu Klagen und Trauer gestimmt sein, an einem Tage, da Ihnen alle Freuden des Lebens wiedergegeben sind, da Sie alle Freuden des Lebens der würdigsten weiblichen Seele wiedergegeben haben! Nein, mein Herr! entlassen Sie mich!

FERNANDO: Ich bitte Sie.

MADAME SOMMER: Wie gern erspart ich's Ihnen und mir! Die Erinnerung der ersten glücklichen Tage meines Lebens macht mir tödliche Schmerzen.

FERNANDO: Sie sind nicht immer unglücklich gewesen?

MADAME SOMMER: Sonst würd ich's jetzt in dem Grade nicht sein. *Nach einer Pause mit erleichterter Brust:* Die Tage meiner Jugend waren leicht und froh. Ich weiß nicht, was die Männer an mich fesselte; eine große Anzahl wünschte mir gefällig zu sein. Für wenige fühlte ich Freundschaft, Neigung; doch keiner war, mit dem ich geglaubt hätte, mein Leben zubringen zu können. Und so vergingen die glücklichen Tage der rosenfarbenen Zerstreuungen, wo so ein Tag dem andern freundlich die Hand bietet. Und doch fehlte mir etwas. – Wenn ich tiefer ins Leben sah und Freud und Leid ahnete, die des Menschen warten, da wünscht ich mir einen Gatten, dessen Hand mich durch die Welt begleitete, der für die Liebe, die ihm mein jugendliches Herz weihen konnte, im Alter mein Freund, mein Beschützer mir statt meiner Eltern geworden wäre, die ich um seinetwillen verließ.

FERNANDO: Und nun?

MADAME SOMMER: Ach, ich sah den Mann! Ich sah ihn, auf den ich in den ersten Tagen unsrer Bekanntschaft all meine Hoffnungen niederlegte! Die Lebhaftigkeit seines Geistes schien mit solch einer Treue des Herzens verbunden zu sein, daß sich ihm das meinige gar bald öffnete, daß ich ihm meine Freundschaft und ach, wie schnell darauf, meine Liebe gab. Gott im Himmel, wenn sein Haupt an meinem Busen ruhte, wie schien er dir für die Stätte zu danken, die du ihm in meinen Armen bereitet hattest! Wie floh er aus dem Wirbel der Geschäfte und Zerstreuungen wieder zu mir, und wie unterstützt ich mich in trüben Stunden an seiner Brust!

FERNANDO: Was konnte diese liebe Verbindung stören?

MADAME SOMMER: Nichts ist bleibend. – Ach, er liebte mich! liebte mich so gewiß als ich ihn. Es war eine Zeit, da er nichts kannte, nichts wußte, als mich glücklich zu sehen, mich glücklich zu machen. Es war, ach! die leichteste Zeit des Lebens, die ersten Jahre einer Verbindung, wo manchmal mehr ein bißchen Unmut, ein bißchen Langeweile uns peinigen, als daß es wirklich Übel wären. Ach, er begleitete mich den leidlichen Weg, um mich in einer öden, fürchterlichen Wüste allein zu lassen.

FERNANDO *immer verwirrter:* Und wie? Seine Gesinnungen, sein Herz?

MADAME SOMMER: Können wir wissen, was in dem Busen der Männer schlägt? – Ich merkte nicht, daß ihm nach und nach das alles ward – wie soll ich's nennen? – nicht gleichgültiger! das darf ich mir nicht sagen. Er liebte mich immer, immer! Aber er brauchte mehr als meine Liebe. Ich hatte mit seinen Wünschen zu teilen, vielleicht mit einer Nebenbuhlerin; ich verbarg ihm meine Vorwürfe nicht, und zuletzt –

FERNANDO: Er konnte? –

DRITTER AKT

MADAME SOMMER: Er verließ mich. Das Gefühl meines Elends hat keinen Namen! All meine Hoffnungen in dem Augenblick zugrunde! in dem Augenblick, da ich die Früchte der aufgeopferten Blüte einzuernten gedachte – verlassen! – verlassen! – Alle Stützen des menschlichen Herzens: Liebe, Zutrauen, Ehre, Stand, täglich wachsendes Vermögen, Aussicht über eine zahlreiche wohlversorgte Nachkommenschaft, alles stürzte vor mir zusammen, und ich – und das überbliebene unglückliche Pfand unsrer Liebe – Ein toter Kummer folgte auf die wütenden Schmerzen, und das ausgeweinte, durchverzweifelte Herz sank in Ermattung hin. Die Unglücksfälle, die das Vermögen einer armen Verlassenen ergriffen, achtete ich nicht, fühlte ich nicht, bis ich zuletzt –

FERNANDO: Der Schuldige!

MADAME SOMMER *mit zurückgehaltener Wehmut:* Er ist's nicht! – Ich bedaure den Mann, der sich an ein Mädchen hängt.

FERNANDO: Madame!

MADAME SOMMER *gelinde spottend, ihre Rührung zu verbergen:* Nein, gewiß! Ich seh ihn als einen Gefangenen an. Sie sagen ja auch immer, es sei so. Er wird aus seiner Welt in die unsere herübergezogen, mit der er im Grunde nichts gemein hat. Er betrügt sich eine Zeitlang, und weh uns, wenn ihm die Augen aufgehn! – Ich nun gar konnte ihm zuletzt nichts sein als eine redliche Hausfrau, die zwar mit dem festesten Bestreben an ihm hing, ihm gefällig, für ihn sorgsam zu sein; die dem Wohl ihres Hauses, ihres Kindes all ihre Tage widmete und freilich sich mit soviel Kleinigkeiten abgeben mußte, daß ihr Herz und Kopf oft wüste ward, daß sie keine unterhaltende Gesellschafterin war, daß er mit der Lebhaftigkeit seines Geistes meinen Umgang notwendig schal finden mußte. Er ist nicht schuldig!

FERNANDO *zu ihren Füßen:* Ich bin's!

MADAME SOMMER *mit einem Strom von Tränen an seinem Hals:* Mein!

FERNANDO: Cäcilie! – mein Weib! –

CÄCILIE *von ihm sich abwendend:* Nicht mein – Du verlässest mich, mein Herz! – *Wieder an seinem Hals:* Fernando! – wer du auch seist – laß diese Tränen einer Elenden an deinem Busen fließen – Halte mich diesen Augenblick aufrecht, und dann verlaß mich auf ewig! – Es ist nicht dein Weib! – Stoße mich nicht von dir! –

FERNANDO: Gott! – Cäcilie, deine Tränen an meinen Wangen – das Zittern deines Herzens an dem meinigen! – Schone mich! schone mich! –

CÄCILIE: Ich will nichts, Fernando! – Nur diesen Augenblick! – Gönne meinem Herzen diese Ergießung, es wird frei werden, stark! Du sollst mich loswerden –

FERNANDO: Eh soll mein Leben zerreißen, eh ich dich lasse!

CÄCILIE: Ich werde dich wiedersehn, aber nicht auf dieser Erde! Du gehörst einer andern, der ich dich nicht rauben kann – – Öffne, öffne mir den Himmel! Einen Blick in jene selige Ferne, in jenes ewige Bleiben – Allein, allein ist's Trost in diesem fürchterlichen Augenblicke.

FERNANDO *sie bei der Hand fassend, ansehend, sie umarmend:* Nichts, nichts in der Welt soll mich von dir trennen. Ich habe dich wiedergefunden.

CÄCILIE: Gefunden, was du nicht suchtest!

FERNANDO: Laß! laß! – Ja, ich habe dich gesucht; dich, meine Verlassene, meine Teure! Ich fand sogar in den Armen des Engels hier keine Ruhe, keine Freuden; alles erinnerte mich an dich, an deine Tochter, an meine Lucie. Gütiger Himmel! wieviel Freude! – Sollte das liebenswürdige Geschöpf meine Tochter sein? – – Ich habe dich aufgesucht überall. Drei Jahre zieh ich herum. An dem Ort unsers Aufenthalts fand ich, ach! unsere Wohnung verändert, in fremden Händen, und die traurige Geschichte des Verlusts deines Vermögens. Deine Entweichung zerriß mir das Herz; ich konnte keine Spur von dir finden, und meiner selbst und des Lebens überdrüssig, steckt ich mich in diese Kleider, in fremde Dienste, half die sterbende Freiheit der edeln Korsen unterdrücken; und nun siehst du mich hier, nach einer langen und wunderbaren Verirrung, wieder an deinem Busen, mein teuerstes, mein bestes Weib!

Lucie tritt auf.

FERNANDO: O meine Tochter!
LUCIE: Lieber, bester Vater! wenn Sie mein Vater wieder sind!
FERNANDO: Immer und ewig!
CÄCILIE: Und Stella? –
FERNANDO: Hier gilt's schnell sein. Die Unglückliche! Warum, Lucie, diesen Morgen, warum konnten wir uns nicht erkennen? – Mein Herz schlug mir; du weißt, wie gerührt ich dich verließ! Warum? Warum? – Wir hätten uns das alles erspart! Stella! wir hätten ihr diese Schmerzen erspart! – Doch wir wollen fort. Ich will ihr sagen, ihr beständet darauf, euch zu entfernen, wolltet sie mit euerm Abschied nicht beschweren, wolltet fort. Und du, Lucie, geschwind hinüber; laß eine Chaise zu dreien anspannen. Meine Sachen soll der Bediente zu den eurigen packen. – Bleib noch hüben, beste, teuerste Frau! Und du, meine Tochter, wenn alles bestellt ist, komm herüber; und verweilt im Gartensaal, wartet auf mich. Ich will mich von ihr losmachen, sagen, ich wollte euch hinüberbegleiten, sorgen, daß ihr wohl fortkämt, und das Postgeld für euch bezahlen. – Arme Seele, ich betrüge dich mit deiner Güte! – Wir wollen fort! –
CÄCILIE: Fort? – Nur ein vernünftig Wort!
FERNANDO: Fort! Laß sein! – Ja, meine Lieben, wir wollen fort!

Cäcilie und Lucie ab.

FERNANDO *allein:* Fort? – – Wohin? Wohin? – Ein Dolchstich würde allen diesen Schmerzen den Weg öffnen und mich in die dumpfe Fühllosigkeit stürzen, um die ich jetzt alles dahingäbe! – Bist du da, Elender? Erinnere dich der vollglücklichen Tage, da du in starker Genügsamkeit gegen den Armen standst, der des Lebens Bürde abwerfen wollte; wie du dich fühltest in jenen glücklichen Tagen, und nun! – Ja, die Glücklichen! die Glücklichen! – Eine Stunde früher diese Entdeckung, und ich war geborgen! ich hätte sie nie wiedergesehn, sie mich nicht; ich hätte mich überreden können: sie hat dich diese vier Jahre her vergessen, verschmerzt ihr Leiden. Aber nun? Wie soll ich vor ihr erscheinen, was ihr sagen? – O meine Schuld, meine Schuld wird schwer in diesen Augenblicken über mir! – Verlassen, die beiden lieben Geschöpfe! Und ich, in dem Augenblick, da ich sie wiederfinde, verlassen von mir selbst! elend! O meine Brust!

VIERTER AKT

Einsiedelei in Stellas Garten.

STELLA *allein:* Du blühst schön, schöner als sonst, liebe, liebe Stätte der gehofften ewigen Ruhe – Aber du lockst mich nicht mehr – mir schaudert vor dir – kühle lockre Erde, mir schaudert vor dir – – Ach wie oft, in Stunden der Einbildung, hüllt ich schon Haupt und Brust dahingegeben in den Mantel des Todes und stand·gelassen an deiner Tiefe und schritt hinunter und verbarg mein jammervolles Herz unter deine lebendige Decke. Da solltest du, Verwesung, wie ein liebes Kind, diese überfüllte, drängende Brust aussaugen und mein ganzes Dasein in einen freundlichen Traum auflösen – Und nun! – Sonne des Himmels, du scheinst herein – es ist so licht, so offen um mich her, und ich freue mich des! – Er ist wieder da! – und in einem Wink steht rings um mich die Schöpfung lebevoll – und ich bin ganz Leben – – und neues, wärmeres, glühenderes Leben will ich von seinen Lippen trinken! – Zu ihm – bei ihm – mit ihm in bleibender Kraft wohnen! – Fernando! – Er kommt! Horch! – Nein, noch nicht! – – Hier soll er mich finden, hier an meinem Rasenaltar, unter meinen Rosenzweigen! Diese Knöspchen will ich ihm brechen – – Hier! Hier! – Und dann führ ich ihn in diese Laube. Wohl, wohl war's, daß ich sie doch, so eng sie ist, für zwei eingerichtet habe – Hier lag sonst mein Buch, stand mein Schreibzeug – Weg Buch und Schreibzeug! – Käm er nur! – Gleich verlassen! – Hab ich ihn denn wieder? – Ist er da?

Fernando kommt.

STELLA: Wo bleibst du, mein Bester? Wo bist du? Ich bin lang, lang allein! *Ängstlich:* Was hast du?

FERNANDO: Die Weiber haben mich verstimmt! – Die Alte ist eine brave Frau; sie will aber nicht bleiben, will keine Ursache sagen, sie will fort. Laß sie, Stella.

STELLA: Wenn sie nicht zu bewegen ist, ich will sie nicht wider Willen – Und, Fernando, ich brauchte Gesellschaft – und jetzt – *an seinem Hals* – jetzt, Fernando! Ich habe dich ja!

FERNANDO: Beruhige dich!

STELLA: Laß mich weinen! Ich wollte, der Tag wäre vorbei! Noch zittern mir alle Gebeine! – Freude! – Alles unerwartet, auf einmal! Dich, Fernando! Und kaum! kaum! Ich werde vergehen in diesem allen!

FERNANDO *vor sich:* Ich Elender! Sie verlassen? *Laut:* Laß mich, Stella!

STELLA: Es ist deine Stimme, deine liebende Stimme! – „Stella! Stella!" – Du weißt, wie gern ich dich diesen Namen aussprechen hörte: – „Stella!" Es spricht ihn niemand aus wie du. Ganz die Seele der Liebe in dem Klang! – Wie lebhaft ist mir noch die Erinnerung des Tags, da ich dich ihn zuerst aussprechen hörte, da all mein Glück in dir begann!

FERNANDO: Glück?

STELLA: Ich glaube, du fängst an zu rechnen; rechnest die trüben Stunden, die ich mir über dich gemacht habe.

Laß, Fernando! Laß! – Oh, seit dem Augenblick, da ich dich zum erstenmal sah, wie ward alles so ganz anders in meiner Seele! Weißt du den Nachmittag noch im Garten bei meinem Onkel? Wie du zu uns hereintratst? Wir saßen unter den großen Kastanienbäumen hinter dem Lusthaus! –

FERNANDO *vor sich:* Sie wird mir das Herz zerreißen! – – *Laut:* Ich weiß noch, meine Stella!

STELLA: Wie du zu uns tratst? Ich weiß nicht, ob du bemerktest, daß du im ersten Augenblick meine Aufmerksamkeit gefesselt hattest? Ich wenigstens merkte bald, daß deine Augen mich suchten. Ach, Fernando! da brachte mein Onkel die Musik; du nahmst deine Violine, und wie du spieltest, lagen meine Augen sorglos auf dir; ich spähte jeden Zug in deinem Gesicht, und – in einer unvermuteten Pause schlugst du die Augen auf – auf mich! sie begegneten den meinigen! Wie ich errötete, wie ich wegsah! Du hast es bemerkt, Fernando; denn von der Zeit an fühlt ich wohl, daß du öfter über dem Blatt wegsahst, oft zur ungelegenen Zeit, aus dem Takt kamst, daß mein Onkel sich zertrat. Jeder Fehlstrich, Fernando, ging mir durch die Seele – Es war die süßeste Konfusion, die ich in meinem Leben gefühlt habe. Um alles Gold hätt ich dich nicht wieder grad ansehen können. Ich machte mir Luft und ging –

FERNANDO: Bis auf den kleinsten Umstand! – *Vor sich:* Unglückliches Gedächtnis!

STELLA: Ich erstaune oft selbst, wie ich dich liebe, wie ich jeden Augenblick bei dir mich ganz vergesse, doch alles vor mir noch zu haben, so lebhaft, als wär's heute! Ja wie oft hab ich mir's auch erzählt, wie oft, Fernando! – Wie ihr mich suchtet, wie du an der Hand meiner Freundin, die du vor mir kennenlerntest, durchs Boskett streiftest, und sie rief: „Stella!" – und du riefst: „Stella! Stella!" – Ich hatte dich kaum reden gehört und erkannte deine Stimme; und wie ihr auf mich traft und du meine Hand nahmst! Wer war konfuser, ich oder du? Eins half dem andern – Und von dem Augenblick an – Meine gute Sara sagte mir's wohl, gleich selbigen Abend – Es ist alles eingetroffen – und welche Seligkeit in deinen Armen! Wenn meine Sara meine Freuden sehen könnte! Es war ein gutes Geschöpf; sie weinte viel um mich, da ich so krank, so liebeskrank war. Ich hätte sie gern mitgenommen, da ich um deinetwillen alles verließ.

FERNANDO: Alles verließ!

STELLA: Fällt dir das so auf? Ist's denn nicht wahr? Alles verließ! Oder kannst du in Stellas Munde so was zum Vorwurf mißdeuten? Um deinetwillen hab ich lange nicht genug getan.

FERNANDO: Freilich! Deinen Onkel, der dich als Vater liebte, der dich auf den Händen trug, dessen Wille dein Wille war, das war nicht viel? Das Vermögen, die Güter, die alle dein waren, dein worden wären, das war nichts? Den Ort, wo du von Jugend auf gelebt, dich gefreut hattest – deine Gespielen –

STELLA: Und das alles, Fernando, ohne dich? Was war mir's vor deiner Liebe? Aber da, als die in meiner Seele aufging, da hatt ich erst Fuß in der Welt gefaßt – Zwar muß ich dir gestehn, daß ich manchmal in einsamen Stunden dachte: Warum konnt ich das nicht alles mit ihm genießen? Warum mußten wir fliehen? Warum nicht im Besitz von dem allen bleiben? Hätte ihm mein Onkel meine Hand verweigert? – Nein! – Und warum fliehen? – O ich habe für dich wieder Entschuldigungen genug gefunden! für dich! da hat mir's nie gemangelt! Und wenn's Grille wäre, sagte ich – wie ihr denn eine Menge Grillen habt – wenn's Grille wäre, das Mädchen so heimlich als Beute für sich zu haben! – Und wenn's Stolz wäre, das Mädchen so allein, ohne Zugabe zu haben. Du kannst denken, daß mein Stolz nicht wenig dabei interessiert war, sich das Beste glauben zu machen; und so kamst du nun glücklich durch.

FERNANDO: Ich vergehe!

Annchen kommt.

ANNCHEN: Verzeihen Sie, gnädige Frau! Wo bleiben Sie, Herr Hauptmann? Alles ist aufgepackt, und nun fehlt's an Ihnen! Die Mamsell hat schon ein Laufens, ein Befehlens heut verführt, daß es unleidlich war; und nun bleiben Sie aus!

STELLA: Geh, Fernando, bring sie hinüber; zahl das Postgeld für sie, aber sei gleich wieder da.

ANNCHEN: Fahren Sie denn nicht mit? Die Mamsell hat eine Chaise zu dreien bestellt, Ihr Bedienter hat ja aufgepackt!

STELLA: Fernando, das ist ein Irrtum!

FERNANDO: Was weiß das Kind?

ANNCHEN: Was ich weiß? Freilich sieht's kurios aus, daß der Herr Hauptmann mit dem Frauenzimmer fort will von der gnädigen Frau, seit sie bei Tisch Bekanntschaft mit Ihnen gemacht hat. Das war wohl ein zärtlicher Abschied, als Sie ihr zur gesegneten Mahlzeit die Hand drückten?

STELLA *verlegen:* Fernando!

FERNANDO: Es ist ein Kind!

ANNCHEN: Glauben Sie's nicht, gnädige Frau! es ist alles aufgepackt; der Herr geht mit.

FERNANDO: Wohin? Wohin?

STELLA: Verlaß uns, Annchen!

Annchen ab.

STELLA: Reiß mich aus der entsetzlichen Verlegenheit! Ich fürchte nichts, und doch ängstet mich das Kindergeschwätz. – Du bist bewegt! Fernando! – Ich bin deine Stella!

FERNANDO *sich umwendend und sie bei der Hand fassend:* Du bist meine Stella!

STELLA: Du erschreckst mich, Fernando! du siehst wild.

FERNANDO: Stella! ich bin ein Bösewicht und feig; und vermag vor dir nichts. Fliehen! – Hab das Herz nicht, dir den Dolch in die Brust zu stoßen, und will dich heimlich vergiften, ermorden! Stella!

STELLA: Um Gottes willen!

FERNANDO *mit Wut und Zittern:* Und nur nicht sehn ihr Elend, nicht hören ihre Verzweiflung! Fliehen! –

STELLA: Ich halt's nicht aus! *Sie will sinken und hält sich an ihn.*

FERNANDO: Stella, die ich in meinen Armen fasse! Stella, die du mir alles bist! Stella! – *Kalt:* Ich verlasse dich!

STELLA *verwirrt lächelnd:* Mich!

FERNANDO *mit Zähneknirschen:* Dich! mit dem Weibe, das du gesehen hast! mit dem Mädchen! –

STELLA: Es wird so Nacht!

FERNANDO: Und dieses Weib ist meine Frau! –

Stella sieht ihn starr an und läßt die Arme sinken.

FERNANDO: Und das Mädchen ist meine Tochter! Stella! *Er bemerkt erst, daß sie in Ohnmacht gefallen ist.* Stella! *Er bringt sie auf einen Sitz.* Stella! – Hülfe! Hülfe!

Cäcilie, Lucie kommen.

FERNANDO: Seht! seht den Engel! Er ist dahin! Seht! – Hülfe!

Sie bemühen sich um sie.

LUCIE: Sie erholt sich.

FERNANDO *stumm sie ansehend:* Durch dich! Durch dich! *Ab.*

STELLA: Wer? Wer? – *Aufstehend:* Wo ist er? *Sie sinkt zurück, sieht die an, die sich um sie bemühen.* Dank euch! Dank! – Wer seid ihr? –

CÄCILIE: Beruhigen Sie sich! Wir sind's.

STELLA: Ihr? – Seid ihr nicht fort? Seid ihr? Gott! wer sagte mir's? – Wer bist du? – Bist du –? *Cäcilie bei den Händen fassend:* Nein! ich halt's nicht aus!

CÄCILIE: Beste! Liebste! Ich schließ dich Engel an mein Herz!

STELLA: Sag mir – es liegt tief in meiner Seele – Sag mir – bist du –

CÄCILIE: Ich bin – ich bin sein Weib! –

STELLA *aufspringend, sich die Augen zuhaltend:* Und ich? – *Sie geht verwirrt auf und ab.*

CÄCILIE: Kommen Sie in Ihr Zimmer!

STELLA: Woran erinnerst du mich? Was ist mein? – Schrecklich! Schrecklich! – Sind das meine Bäume, die ich pflanzte, die ich erzog? Warum in dem Augenblick mir alles so fremd wird? – Verstoßen! – Verloren! – Verloren auf ewig! Fernando! Fernando!

CÄCILIE: Geh, Lucie, such deinen Vater

STELLA: Um Gottes Barmherzigkeit! Halt! – Weg! Laß ihn nicht kommen! Entfern dich! – Vater! – Gatte! –

CÄCILIE: Süße Liebe!

STELLA: Du liebst mich? Du drückst mich an deine Brust? – – Nein! Nein! – Laß mich! – Verstoß mich – *An ihrem Halse:* Noch einen Augenblick! Es wird bald aus mit mir sein! Mein Herz! Mein Herz!

LUCIE: Sie müssen ruhen!

STELLA: Ich ertrag euern Anblick nicht! Euer Leben hab ich vergiftet! euch geraubt euer alles – Ihr im Elend; und ich – welche Seligkeit in seinen Armen! *Sie wirft sich auf die Knie.* Könnt ihr mir vergeben?

CÄCILIE: Laß! Laß!

Sie bemühen sich, sie aufzuheben.

STELLA: Hier will ich liegen, flehn, jammern, zu Gott und euch: Vergebung! Vergebung! – *Sie springt auf.* – Vergebung? – Trost gebt mir! Trost! Ich bin nicht schuldig! – Du gabst mir ihn, heiliger Gott im Himmel! Ich hielt ihn fest wie die liebste Gabe aus deiner Hand – Laß mich! – Mein Herz zerreißt! –

CÄCILIE: Unschuldige! Liebe!

STELLA *an ihrem Halse:* Ich lese in deinen Augen, auf deiner Lippe Worte des Himmels. Halt mich! Trag mich! Ich gehe zugrunde! Sie vergibt mir! Sie fühlt mein Elend!

CÄCILIE: Schwester, meine Schwester, erhole dich! nur einen

Augenblick erhole dich! Glaube, daß, der in unser Herz diese Gefühle legte, die uns oft so elend machen, auch Trost und Hülfe dafür bereiten kann.

STELLA: An deinem Hals laß mich sterben!

CÄCILIE: Kommen Sie! —

STELLA *nach einer Pause, wild wegfahrend:* Laßt mich alle! Sieh, es drängt sich eine Welt voll Verwirrung und Qual in meine Seele und füllt sie ganz mit unsäglichen Schmerzen — Es ist unmöglich — unmöglich! So auf einmal! — Ist nicht zu fassen, nicht zu tragen! — *Sie steht eine Weile niedersehend still, in sich gekehrt, sieht dann auf, erblickt die beiden, fährt mit einem Schrei zusammen und entflieht.*

CÄCILIE: Geh ihr nach, Lucie! Beobachte sie!

Lucie ab.

CÄCILIE: Sieh herab auf deine Kinder und ihre Verwirrung, ihr Elend! — Leidend lernt ich viel. Stärke mich! — Und kann der Knoten gelöst werden, heiliger Gott im Himmel! zerreiß ihn nicht!

FÜNFTER AKT

Stellas Kabinett.

Im Mondenschein.

STELLA. *Sie hat Fernandos Porträt und ist im Begriff, es von dem Blendrahmen loszumachen:* Fülle der Nacht, umgib mich! fasse mich! leite mich! ich weiß nicht, wohin ich trete! — — Ich muß! ich will hinaus in die weite Welt! Wohin? Ach wohin? — Verbannt aus deiner Schöpfung! Wo du, heiliger Mond, auf den Wipfeln meiner Bäume dämmerst; wo du mit furchtbar lieben Schatten das Grab meiner holden Mina umgibst, soll ich nicht mehr wandeln? Von dem Ort, wo alle Schätze meines Lebens, alle selige Erinnerungen aufbewahrt sind? — Und du, worüber ich so oft mit Andacht und Tränen gewohnt habe, Stätte meines Grabes! die ich mir weihte; wo umher alle Wehmut, alle Wonne meines Lebens dämmert, wo ich noch abgeschieden umzuschweben und die Vergangenheit allschmachtend zu genießen hoffte, von dir auch verbannt sein? – Verbannt sein! – Du bist stumpf! Gott sei Dank! dein Gehirn ist verwüstet; du kannst ihn nicht fassen, den Gedanken: Verbannt sein! Du würdest wahnsinnig werden! – – Nun! – O mir ist schwindlig! – Leb wohl! – Lebt wohl? – – Nimmer wiedersehn? – Es ist ein dumpfer Totenblick in dem Gefühl! Nicht wiedersehn? – Fort! Stella! *Sie ergreift das Porträt.* Und dich sollt ich zurücklassen? – *Sie nimmt ein Messer und fängt an, die Nägel loszubrechen.* O daß ich ohne Gedanken wäre! daß ich in dumpfem Schlaf, daß ich in hinreißenden Tränen mein Leben hingäbe! – – Das ist und wird sein – du bist elend! – *Das Gemälde nach dem Monde wendend:* Ha, Fernando! da du zu mir tratst und mein Herz dir entgegensprang, fühltest du nicht das Vertrauen auf deine Treue, deine Güte? – Fühltest du nicht, welch Heiligtum sich dir eröffnete, als sich mein Herz gegen dich aufschloß? – Und du bebtest nicht vor mir zurück? Versankst nicht? Entflohst nicht? – – Du konntest meine Unschuld, mein Glück, mein Leben so zum Zeitvertreib pflücken und zerpflücken und am Wege gedankenlos hinstreuen? – Edler! – Ha, Edler! – Meine Jugend! – meine goldnen Tage! – Und du trägst die tiefe Tücke im Herzen! – Dein Weib! – deine Tochter! – Und mir war's frei in der Seele, rein wie ein Frühlingsmorgen! – Alles, alles eine Hoffnung! – – Wo bist du, Stella? – *Das Porträt anschauend:* So groß! so schmeichelnd! – Der Blick war's, der mich ins Verderben riß! – – Ich hasse dich! Weg! wende dich weg! – So dämmernd! so lieb! – Nein! Nein! – Verderber! – Mich? – Mich? – Du? – Mich? – *Sie zuckt mit dem Messer nach dem Gemälde.* Fernando! – *Sie wendet sich ab, das Messer fällt, sie stürzt mit einem Ausbruch von Tränen vor den Stuhl nieder.* – Liebster! Liebster! – Vergebens! Vergebens! –

FÜNFTER AKT

Bedienter kommt.

BEDIENTER: Gnädige Frau! wie Sie befahlen, die Pferde sind an der hintern Gartentür. Ihre Wäsche ist aufgepackt. Vergessen Sie nicht Geld!
STELLA: Das Gemälde!

Bedienter nimmt das Messer auf und schneidet das Gemälde von dem Rahmen und rollt's.

STELLA: Hier ist Geld.
BEDIENTER: Aber warum?
STELLA *einen Moment stillstehend, auf- und umherblickend:* Komm! *Ab.*

Saal.

FERNANDO: Laß mich! Laß mich! Sieh! da faßt's mich wieder mit all der schrecklichen Verworrenheit! – So kalt, so graß liegt alles vor mir – als wär die Welt nichts – ich hätte drin nichts verschuldet – – Und sie! – Ha! bin ich nicht elender als ihr? Was habt ihr an mich zu fordern? – Was ist nun des Sinnens Ende? – Hier! und hier! Von einem Ende zum andern! durchgedacht! und wieder durchgedacht! und immer quälender! immer schrecklicher! – – *Sich die Stirn haltend:* Wo's zuletzt widerstößt! Nirgends vor, nicht hinter sich! Nirgends Rat und Hülfe! – Und diese zwei? Diese drei besten weiblichen Geschöpfe der Erde – elend durch mich – elend ohne mich! – Ach! noch elender mit mir! – Wenn ich klagen könnte, könnte verzweifeln, könnt um Vergebung bitten – könnt in stumpfer Hoffnung nur eine Stunde hinbringen – zu ihren Füßen liegen und in teilnehmendem Elend Seligkeit genießen! – Wo sind sie? – Stella! du liegst auf deinem Angesichte, blickst sterbend nach dem Himmel und ächzest: „Was hab ich Blume verschuldet, daß mich dein Grimm so niederknickt? Was hatte ich Arme verschuldet, daß du diesen Bösewicht zu mir führtest?" – Cäcilie! Mein Weib, o mein Weib! – Elend! Elend! tiefes Elend! –

Welche Seligkeiten vereinigen sich, um mich elend zu machen! Gatte! Vater! Geliebter! – Die besten, edelsten weiblichen Geschöpfe! – Dein! Dein? – Kannst du das fassen, die dreifache, unsägliche Wonne? – Und nur die ist's, die dich so ergreift, die dich zerreißt! – Jede fordert mich ganz – Und ich? – Hier ist's zu! – tief! unergründlich! – – Sie wird elend sein! Stella! bist elend! – Was hab ich dir geraubt? Das Bewußtsein deiner selbst, dein junges Leben! – Stella! – Und ich bin so kalt! *Er nimmt eine Pistole vom Tisch.* Doch, auf alle Fälle! – *Er ladet.*

Cäcilie kommt.

CÄCILIE: Mein Bester! wie ist uns? – *Sie sieht die Pistolen.* Das sieht ja reisefertig aus!

Fernando legt sie nieder.

CÄCILIE: Mein Freund! Du scheinst mir gelassener. Kann man ein Wort mit dir reden?

FERNANDO: Was willst du, Cäcilie? Was willst du, mein Weib?

CÄCILIE: Nenne mich nicht so, bis ich ausgeredet habe. Wir sind nun wohl sehr verworren; sollte das nicht zu lösen sein? Ich hab viel gelitten, und darum nichts von gewaltsamen Entschlüssen. Vernimmst du mich, Fernando?

FERNANDO: Ich höre!

CÄCILIE: Nimm's zu Herzen! Ich bin nur ein Weib, ein kummervolles, klagendes Weib; aber Entschluß ist in meiner Seele. – Fernando – ich bin entschlossen – ich verlasse dich!

FERNANDO *spottend:* Kurz und gut?

CÄCILIE: Meinst du, man müsse hinter der Tür Abschied nehmen, um zu verlassen, was man liebt?

FERNANDO: Cäcilie!

CÄCILIE: Ich werfe dir nichts vor; und glaube nicht, daß ich dir so viel aufopfere. Bisher beklagte ich deinen Verlust;

ich härmte mich ab und über das, was ich nicht ändern konnte. Ich finde dich wieder, deine Gegenwart flößt mir neues Leben, neue Kraft ein. Fernando, ich fühle, daß meine Liebe zu dir nicht eigennützig ist, nicht die Leidenschaft einer Liebhaberin, die alles dahingäbe, den erflehten Gegenstand zu besitzen. Fernando! mein Herz ist warm, und voll für dich; es ist das Gefühl einer Gattin, die, aus Liebe, selbst ihre Liebe hinzugeben vermag.

FERNANDO: Nimmer! Nimmer!

CÄCILIE: Du fährst auf?

FERNANDO: Du marterst mich!

CÄCILIE: Du sollst glücklich sein! Ich habe meine Tochter – – und einen Freund an dir. Wir wollen scheiden, ohne getrennt zu sein. Ich will entfernt von dir leben und ein Zeuge deines Glücks bleiben. Deine Vertraute will ich sein; du sollst Freude und Kummer in meinen Busen ausgießen. Deine Briefe sollen mein einziges Leben sein, und die meinen sollen dir als ein lieber Besuch erscheinen – – Und so bleibst du mein, bist nicht mit Stella verbannt in einen Winkel der Erde, wir lieben uns, nehmen teil aneinander! Und so, Fernando, gib mir deine Hand drauf.

FERNANDO: Als Scherz wär's zu grausam; als Ernst ist's unbegreiflich! – Wie's nun will, Beste! – Der kalte Sinn löst den Knoten nicht. Was du sagst, klingt schön, schmeckt süß. Wer nicht fühlte, daß darunter weit mehr verborgen liegt; daß du dich selbst betrügst, indem du die marterndsten Gefühle mit einem blendenden eingebildeten Troste schweigen machst. Nein, Cäcilie! Mein Weib, nein! – Du bist mein – ich bleibe dein – Was sollen hier Worte? Was soll ich die Warums dir vortragen? – Die Warums sind so viel Lügen. Ich bleibe dein, oder –

CÄCILIE: Nun denn! – Und Stella? –

Fernando fährt auf und geht wild auf und ab.

CÄCILIE: Wer betrügt sich? Wer betäubt seine Qualen durch

einen kalten, ungefühlten, ungedachten, vergänglichen Trost? Ja, ihr Männer kennt euch!

FERNANDO: Überhebe dich nicht deiner Gelassenheit! – Stella! Sie ist elend! Sie wird ihr Leben fern von mir und dir ausjammern. Laß sie! Laß mich!

CÄCILIE: Wohl, glaube ich, würde ihrem Herzen die Einsamkeit tun; wohl ihrer Zärtlichkeit, uns wieder vereinigt zu wissen. Jetzo macht sie sich bittere Vorwürfe. Sie würde mich immer für unglücklicher halten, wenn ich dich verließ', als ich wäre; denn sie berechnete mich nach sich. Sie würde nicht ruhig leben, nicht lieben können, der Engel! wenn sie fühlte, daß ihr Glück Raub wäre. Es ist ihr besser –

FERNANDO: Laß sie fliehen! Laß sie in ein Kloster!

CÄCILIE: Wenn ich nun aber wieder so denke: warum soll sie denn eingemauert sein? Was hat sie verschuldet, um eben die blühendsten Jahre, die Jahre der Fülle, der reifenden Hoffnung hinzutrauern, verzweifelnd am Abgrund hinzujammern? Geschieden zu sein von ihrer lieben Welt! – von dem, den sie so glühend liebt! – von dem, der sie – Nicht wahr, du liebst sie, Fernando?

FERNANDO: Ha! was soll das? Bist du ein böser Geist, in Gestalt meines Weibes? Was kehrst du mein Herz um und um? Was zerreißest du das zerrissene? Bin ich nicht zerstört, zerrüttet genug? Verlaß mich! Überlaß mich meinem Schicksal! – und Gott erbarme sich euer! *Er wirft sich in einen Sessel.*

CÄCILIE *tritt zu ihm und nimmt ihn bei der Hand:* Es war einmal ein Graf –

Fernando will aufspringen, sie hält ihn.

CÄCILIE: Ein deutscher Graf. Den trieb ein Gefühl frommer Pflicht von seiner Gemahlin, von seinen Gütern nach dem Gelobten Lande –

FERNANDO: Ha!

CÄCILIE: Er war ein Biedermann; er liebte sein Weib, nahm

Abschied von ihr, empfahl ihr sein Hauswesen, umarmte sie und zog. Er zog durch viele Länder, kriegte und ward gefangen. Seiner Sklaverei erbarmte sich seines Herrn Tochter; sie löste seine Fesseln, sie flohen. Sie geleitete ihn aufs neue durch alle Gefahren des Kriegs – Der liebe Waffenträger! – Mit Sieg bekrönt ging's nun zur Rückreise – zu seinem edeln Weibe! – Und sein Mädchen? – Er fühlte Menschheit! – er glaubte an Menschheit und nahm sie mit. – Sieh da, die wackre Hausfrau, die ihrem Gemahl entgegeneilt, sieht all ihre Treue, all ihr Vertrauen, ihre Hoffnungen belohnt, ihn wieder in ihren Armen. Und dann daneben seine Ritter, mit stolzer Ehre von ihren Rossen sich auf den vaterländischen Boden schwingend; seine Knechte, abladend die Beute, sie zu ihren Füßen legend; und sie schon in ihrem Sinn das all in ihren Schränken aufbewahrend, schon ihr Schloß mit auszierend, ihre Freunde mit beschenkend – „Edles, teures Weib, der größte Schatz ist noch zurück!" – Wer ist's, die dort verschleiert mit dem Gefolge naht? Sanft steigt sie vom Pferde – – „Hier!" rief der Graf, sie bei der Hand fassend, sie seiner Frau entgegenführend – „hier! sieh das alles – und sie! nimm's aus ihren Händen – nimm mich aus ihren Händen wieder! Sie hat die Ketten von meinem Halse geschlossen, sie hat den Winden befohlen, sie hat mich erworben – hat mir gedient, mein gewartet! – Was bin ich ihr schuldig? – Da hast du sie! – Belohn sie."

Fernando liegt schluchzend, mit den Armen übern Tisch gebreitet.

CÄCILIE: An ihrem Halse rief das treue Weib, in tausend Tränen rief sie: „Nimm alles, was ich dir geben kann! Nimm die Hälfte des, der ganz dein gehört – Nimm ihn ganz! Laß mir ihn ganz! Jede soll ihn haben, ohne der andern was zu rauben. – Und", rief sie an seinem Halse, zu seinen Füßen, „wir sind dein!" – – Sie faßten seine Hände, hingen an ihm – Und Gott im Himmel freute sich der Liebe, und sein heiliger Statthalter sprach seinen

Segen dazu. Und ihr Glück und ihre Liebe faßte selig eine Wohnung, ein Bett und ein Grab.

FERNANDO: Gott im Himmel! Welch ein Strahl von Hoffnung dringt herein!

CÄCILIE: Sie ist da! Sie ist unser! *Nach der Kabinettstüre:* Stella!

FERNANDO: Laß sie, laß mich! *Im Begriff wegzugehen.*

CÄCILIE: Bleib! Höre mich!

FERNANDO: Der Worte sind schon genug. Was werden kann, wird werden. Laß mich! In diesem Augenblick bin ich nicht vorbereitet, vor euch beiden zu stehen. *Ab.*

Cäcilie, hernach Lucie, hernach Stella.

CÄCILIE: Der Unglückliche! Immer so einsilbig, immer dem freundlichen, vermittelnden Wort widerstrebend, und sie ebenso! Es muß mir doch gelingen. *Nach der Türe:* Stella! Höre mich, Stella!

LUCIE: Ruf ihr nicht! Sie ruht, von einem schweren Leiden ruht sie einen Augenblick. Sie leidet sehr; ich fürchte, meine Mutter, mit Willen; ich fürchte, sie stirbt.

CÄCILIE: Was sagst du?

LUCIE: Es war nicht Arzenei, fürcht ich, was sie nahm.

CÄCILIE: Und ich hätte vergebens gehofft? Oh, daß du dich täuschtest! – Fürchterlich – Fürchterlich!

STELLA *an der Türe:* Wer ruft mich? Warum weckt ihr mich? Welche Zeit ist's? Warum so frühe?

LUCIE: Es ist nicht frühe, es ist Abend.

STELLA: Ganz recht, ganz wohl, Abend für mich.

CÄCILIE: Und so täuschtest du uns!

STELLA: Wer täuschte dich? Du.

CÄCILIE: Ich brachte dich zurück, ich hoffte.

STELLA: Für mich ist kein Bleibens.

CÄCILIE: Ach hätte ich dich ziehen lassen, reisen, eilen, ans Ende der Welt!

STELLA: Ich bin am Ende.

CÄCILIE *zu Lucien, die indessen ängstlich hin und wider gelaufen ist:* Was zauderst du? Eile, rufe um Hülfe!

STELLA *die Lucien anfaßt:* Nein, verweile. *Sie lehnt sich auf beide, und sie kommen weiter hervor.* An eurem Arm dachte ich durchs Leben zu gehen; so führt mich zum Grabe.

Sie führen sie langsam hervor und lassen sie auf der rechten Seite auf einen Sessel nieder.

CÄCILIE: Fort, Lucie! fort! Hülfe! Hülfe!

Lucie ab.

Stella, Cäcilie, hernach Fernando, hernach Lucie.

STELLA: Mir ist geholfen!

CÄCILIE: Wie anders glaubt ich! Wie anders hofft ich!

STELLA: Du Gute, Duldende, Hoffende!

CÄCILIE: Welch entsetzliches Schicksal!

STELLA: Tiefe Wunden schlägt das Schicksal, aber oft heilbare. Wunden, die das Herz dem Herzen schlägt, das Herz sich selber, die sind unheilbar, und so – laß mich sterben.

FERNANDO *tritt ein:* Übereilte sich Lucie, oder ist die Botschaft wahr? Laß sie nicht wahr sein, oder ich fluche deiner Großmut, Cäcilie, deiner Langmut.

CÄCILIE: Mir wirft mein Herz nichts vor. Guter Wille ist höher als aller Erfolg. Eile nach Rettung, sie lebt noch, sie gehört uns noch.

STELLA *die aufblickt und Fernandos Hand faßt:* Willkommen! Laß mir deine Hand – *zu Cäcilien* – und du die deine. „Alles um Liebe" war die Losung meines Lebens. Alles um Liebe, und so nun auch den Tod. In den seligsten Augenblicken schwiegen wir und verstanden uns – *sucht die Hände beider Gatten zusammenzubringen* –, und nun laßt mich schweigen und ruhen. *Sie fällt auf ihren rechten Arm, der über den Tisch gelehnt ist.*

FERNANDO: Ja, wir wollen schweigen, Stella, und ruhen. *Er geht langsam nach dem Tische linker Hand.*

CÄCILIE *in ungeduldiger Bewegung:* Lucie kommt nicht, niemand kommt. Ist denn das Haus, ist denn die Nachbarschaft eine Wüste? Fasse dich, Fernando, sie lebt noch. Hunderte sind vom Todeslager aufgestanden, aus dem Grabe sind sie wieder aufgestiegen. Fernando, sie lebt noch. Und wenn uns alles verläßt und hier kein Arzt ist, keine Arzenei, so ist doch einer im Himmel, der uns hört. *Auf den Knien, in der Nähe von Stella:* Höre mich! Erhöre mich, Gott! Erhalte sie uns, laß sie nicht sterben!

Fernando hat mit der linken Hand ein Pistol ergriffen und geht langsam ab.

CÄCILIE *wie vorher, Stellas linke Hand fassend:* Ja, sie lebt noch; ihre Hand, ihre liebe Hand ist noch warm. Ich lasse dich nicht, ich fasse dich mit der ganzen Gewalt des Glaubens und der Liebe. Nein, es ist kein Wahn! Eifriges Gebet ist stärker denn irdische Hülfe. *Aufstehend und sich umkehrend:* Er ist hinweg, der Stumme, Hoffnungslose. Wohin? Oh, daß er nicht den Schritt wagt, wohin sein ganzes sturmvolles Leben sich hindrängte. Zu ihm! *Indem sie fort will, wendet sie sich nach Stella:* Und diese laß ich hülflos hier. Großer Gott! und so stehe ich, im fürchterlichsten Augenblick, zwischen zweien, die ich nicht trennen und nicht vereinigen kann.

Es fällt in der Ferne ein Schuß.

CÄCILIE: Gott! *Will dem Schall nach.*
STELLA *sich mühsam aufrichtend:* Was war das? Cäcilie, du stehst so fern, komm näher, verlaß mich nicht. Es ist mir so bange. O meine Angst! Ich sehe Blut fließen. Ist's denn mein Blut? Es ist nicht mein Blut. Ich bin nicht verwundet, aber todkrank – Es ist doch mein Blut.
LUCIE *kommt:* Hülfe, Mutter, Hülfe! Ich renne nach Hülfe, nach dem Arzte, sprenge Boten fort; aber ach! soll ich dir sagen, ganz anderer Hülfe bedarf's. Mein Vater fällt durch seine eigene Hand, er liegt im Blute.

Cäcilie will fort, Lucie hält sie.

Nicht dahin, meine Mutter, der Anblick ist hülflos und erregt Verzweiflung.

STELLA *die halb aufgerichtet aufmerksam zugehört hat, faßt Cäciliens Hand:* So wäre es geworden? *Sich aufrichtend und an Cäcilien und Lucien lehnend:* Kommt, ich fühle mich wieder stark, kommt zu ihm. Dort laßt mich sterben.

CÄCILIE: Du wankst, deine Knie tragen dich nicht. Wir tragen dich nicht. Auch mir ist das Mark aus den Gebeinen.

STELLA *sinkt an den Sessel nieder:* Am Ziele denn. So gehe du hin, zu dem, dem du angehörst. Nimm seinen letzten Seufzer, sein letztes Röcheln auf. Er ist dein Gatte. Du zauderst? Ich bitte, ich beschwöre dich. Dein Bleiben macht mich unruhig. *Mit Bewegung, doch schwach:* Bedenke, er ist allein, und gehe!

Cäcilie mit Heftigkeit ab.

LUCIE: Ich verlasse dich nicht, ich bleibe bei dir.

STELLA: Nein, Lucie! Wenn du mir wohl willst, so eile. Fort! fort! laß mich ruhen! Die Flügel der Liebe sind gelähmt, sie tragen mich nicht zu ihm hin. Du bist frisch und gesund. Die Pflicht sei tätig, wo die Liebe verstummt. Fort zu dem, dem du angehörst! Er ist dein Vater. Weißt du, was das heißt? Fort! wenn du mich liebst, wenn du mich beruhigen willst.

Lucie entfernt sich langsam.

STELLA *sinkend:* Und ich sterbe allein.

EGMONT

EIN TRAUERSPIEL IN FÜNF AUFZÜGEN

PERSONEN

Margarete von Parma, *Tochter Karls des Fünften,*
  Regentin der Niederlande
Graf Egmont, *Prinz von Gaure*
Wilhelm von Oranien
Herzog von Alba
Ferdinand, *sein natürlicher Sohn*
Machiavell, *im Dienste der Regentin*
Richard, *Egmonts Geheimschreiber*
Silva
Gomez } *unter Alba dienend*

Klärchen, *Egmonts Geliebte*
Ihre Mutter
Brackenburg, *ein Bürgerssohn*
Soest, *Krämer*
Jetter, *Schneider*
Zimmermann } *Bürger von Brüssel*
Seifensieder

Buyck, *Soldat unter Egmont*
Ruysum, *Invalide und taub*
Vansen, *ein Schreiber*
Volk, Gefolge, Wachen usw.

Der Schauplatz ist in Brüssel.

ERSTER AUFZUG

ARMBRUSTSCHIESSEN

Soldaten und Bürger mit Armbrüsten. Jetter, Bürger von Brüssel, Schneider, tritt vor und spannt die Armbrust. Soest, Bürger von Brüssel. Krämer.

SOEST: Nun schießt nur hin, daß es alle wird! Ihr nehmt mir's doch nicht! Drei Ringe schwarz, die habt Ihr Eure Tage nicht geschossen. Und so wär ich für dies Jahr Meister.

JETTER: Meister und König dazu. Wer mißgönnt's Euch? Ihr sollt dafür auch die Zeche doppelt bezahlen; Ihr sollt Eure Geschicklichkeit bezahlen, wie's recht ist.

Buyck, Holländer, Soldat unter Egmont.

BUYCK: Jetter, den Schuß handl' ich Euch ab, teile den Gewinst, traktiere die Herren: ich bin so schon lange hier und für viele Höflichkeit Schuldner. Fehl ich, so ist's, als wenn Ihr geschossen hättet.

SOEST: Ich sollte dreinreden, denn eigentlich verlier ich dabei. Doch, Buyck, nur immerhin.

BUYCK *schießt:* Nun, Pritschmeister, Reverenz! – Eins! Zwei! Drei! Vier!

SOEST: Vier Ringe? Es sei!

ALLE: Vivat, Herr König, hoch! und abermal hoch!

BUYCK: Danke, ihr Herren. Wäre Meister zuviel! Danke für die Ehre.

JETTER: Die habt Ihr Euch selbst zu danken.

Ruysum, Friesländer, Invalide und taub.

RUYSUM: Daß ich euch sage!

SOEST: Wie ist's, Alter?

RUYSUM: Daß ich euch sage! – Er schießt wie sein Herr, er schießt wie Egmont.

BUYCK: Gegen ihn bin ich nur ein armer Schlucker. Mit der Büchse trifft er erst, wie keiner in der Welt. Nicht etwa, wenn er Glück oder gute Laune hat, nein! wie er anlegt, immer rein schwarz geschossen. Gelernt habe ich von ihm. Das wäre auch ein Kerl, der bei ihm diente und nichts von ihm lernte. – Nicht zu vergessen, meine Herren! Ein König nährt seine Leute; und so, auf des Königs Rechnung, Wein her!

JETTER: Es ist unter uns ausgemacht, daß jeder –

BUYCK: Ich bin fremd und König und achte eure Gesetze und Herkommen nicht.

JETTER: Du bist ja ärger als der Spanier; der hat sie uns doch bisher lassen müssen.

RUYSUM: Was?

SOEST *laut:* Er will uns gastieren, er will nicht haben, daß wir zusammenlegen und der König nur das Doppelte zahlt.

RUYSUM: Laßt ihn! doch ohne Präjudiz! Das ist auch seines Herren Art, splendid zu sein und es laufen zu lassen, wo es gedeiht.

Sie bringen Wein.

ALLE: Ihro Majestät Wohl! Hoch!

JETTER *zu Buyck:* Versteht sich Eure Majestät.

BUYCK: Danke von Herzen, wenn's doch so sein soll.

SOEST: Wohl! Denn unsrer spanischen Majestät Gesundheit trinkt nicht leicht ein Niederländer von Herzen.

RUYSUM: Wer?

SOEST *laut:* Philipps des Zweiten, Königs in Spanien.

RUYSUM: Unser allergnädigster König und Herr! Gott geb ihm langes Leben.

SOEST: Hattet Ihr seinen Herrn Vater, Karl den Fünften, nicht lieber?

RUYSUM: Gott tröst ihn! das war ein Herr! Er hatte die Hand über den ganzen Erdboden und war euch alles in allem, und wenn er euch begegnete, so grüßt' er euch wie ein

Nachbar den andern; und wenn ihr verschrocken wart, wußt er mit so guter Manier – Ja, versteht mich – Er ging aus, ritt aus, wie's ihm einkam, gar mit wenig Leuten. Haben wir doch alle geweint, wie er seinem Sohne das Regiment hier abtrat – sagt ich, versteht mich – der ist schon anders, der ist majestätischer.

JETTER: Er ließ sich nicht sehen, da er hier war, als im Prunk und königlichen Staate. Er spricht wenig, sagen die Leute.

SOEST: Es ist kein Herr für uns Niederländer. Unsre Fürsten müssen froh und frei sein wie wir, leben und leben lassen. Wir wollen nicht verachtet noch gedruckt sein, so gutherzige Narren wir auch sind.

JETTER: Der König, denk ich, wäre wohl ein gnäd'ger Herr, wenn er nur bessere Ratgeber hätte.

SOEST: Nein, nein! Er hat kein Gemüt gegen uns Niederländer, sein Herz ist dem Volke nicht geneigt, er liebt uns nicht; wie können wir ihn wiederlieben? Warum ist alle Welt dem Grafen Egmont so hold? Warum trügen wir ihn alle auf den Händen? Weil man ihm ansieht, daß er uns wohlwill; weil ihm die Fröhlichkeit, das freie Leben, die gute Meinung aus den Augen sieht; weil er nichts besitzt, das er dem Dürftigen nicht mitteilte, auch dem, der's nicht bedarf. Laßt den Grafen Egmont leben! Buyck, an Euch ist's, die erste Gesundheit zu bringen! Bringt Eures Herrn Gesundheit aus.

BUYCK: Von ganzer Seele denn: Graf Egmont hoch!

RUYSUM: Überwinder bei St. Quintin!

BUYCK: Dem Helden von Gravelingen!

ALLE: Hoch!

RUYSUM: St. Quintin war meine letzte Schlacht. Ich konnte kaum mehr fort, kaum die schwere Büchse mehr schleppen. Hab ich doch den Franzosen noch eins auf den Pelz gebrennt, und da kriegt ich zum Abschied noch einen Streifschuß ans rechte Bein.

BUYCK: Gravelingen! Freunde! Da ging's frisch! Den Sieg

haben wir allein. Brannten und sengten die welschen Hunde nicht durch ganz Flandern? Aber ich mein, wir trafen sie! Ihre alten handfesten Kerle hielten lange wider, und wir drängten und schossen und hieben, daß sie die Mäuler verzerrten und ihre Linien zuckten. Da ward Egmont das Pferd unter dem Leibe niedergeschossen, und wir stritten lange hinüber, herüber, Mann für Mann, Pferd gegen Pferd, Haufe mit Haufe, auf dem breiten flachen Sand an der See hin. Auf einmal kam's, wie vom Himmel herunter, von der Mündung des Flusses, bav! bau! immer mit Kanonen in die Franzosen drein. Es waren Engländer, die unter dem Admiral Malin von ohngefähr von Dünkirchen her vorbeifuhren. Zwar viel halfen sie uns nicht; sie konnten nur mit den kleinsten Schiffen herbei, und das nicht nah genug; schossen auch wohl unter uns – Es tat doch gut! Es brach die Welschen und hob unsern Mut. Da ging's rick! rack! herüber, hinüber! Alles totgeschlagen, alles ins Wasser gesprengt. Und die Kerle ersoffen, wie sie das Wasser schmeckten; und was wir Holländer waren, grad hintendrein. Uns, die wir beidlebig sind, ward erst wohl im Wasser, wie den Fröschen; und immer die Feinde im Fluß zusammenhauen, weggeschossen wie die Enten. Was nun noch durchbrach, schlugen euch auf der Flucht die Bauerweiber mit Hacken und Mistgabeln tot. Mußte doch die welsche Majestät gleich das Pfötchen reichen und Friede machen. Und den Frieden seid ihr uns schuldig, dem großen Egmont schuldig!

ALLE: Hoch! dem großen Egmont hoch! und abermal hoch! und abermal hoch!

JETTER: Hätte man uns den statt der Margrete von Parma zum Regenten gesetzt!

SOEST: Nicht so! Wahr bleibt wahr! Ich lasse mir Margareten nicht schelten. Nun ist's an mir. Es lebe unsre gnäd'ge Frau!

ALLE: Sie lebe!

SOEST: Wahrlich, treffliche Weiber sind in dem Hause. Die Regentin lebe!

JETTER: Klug ist sie, und mäßig in allem, was sie tut; hielte sie's nur nicht so steif und fest mit den Pfaffen. Sie ist doch auch mit schuld, daß wir die vierzehn neuen Bischofsmützen im Lande haben. Wozu die nur sollen? Nicht wahr, daß man Fremde in die guten Stellen einschieben kann, wo sonst Äbte aus den Kapiteln gewählt wurden? Und wir sollen glauben, es sei um der Religion willen. Ja, es hat sich. An drei Bischöfen hatten wir genug: da ging's ehrlich und ordentlich zu. Nun muß doch auch jeder tun, als ob er nötig wäre; und da setzt's allen Augenblick Verdruß und Händel. Und je mehr ihr das Ding rüttelt und schüttelt, desto trüber wird's.

Sie trinken.

SOEST: Das war nun des Königs Wille; sie kann nichts davon noch dazu tun.

JETTER: Da sollen wir nun die neuen Psalmen nicht singen. Sie sind wahrlich gar schön in Reimen gesetzt und haben recht erbauliche Weisen. Die sollen wir nicht singen, aber Schelmenlieder, soviel wir wollen. Und warum? Es seien Ketzereien drin, sagen sie, und Sachen, Gott weiß. Ich hab ihrer doch auch gesungen; es ist jetzt was Neues, ich hab nichts drin gesehen.

BUYCK: Ich wollte sie fragen! In unsrer Provinz singen wir, was wir wollen. Das macht, daß Graf Egmont unser Statthalter ist, der fragt nach so etwas nicht. – In Gent, Ypern, durch ganz Flandern singt sie, wer Belieben hat. *Laut:* Es ist ja wohl nichts unschuldiger als ein geistlich Lied? Nicht wahr, Vater?

RUYSUM: Ei wohl! Es ist ja ein Gottesdienst, eine Erbauung.

JETTER: Sie sagen aber, es sei nicht auf die rechte Art, nicht auf ihre Art; und gefährlich ist's doch immer, da läßt man's lieber sein. Die Inquisitionsdiener schleichen herum und passen auf; mancher ehrliche Mann ist schon unglücklich geworden. Der Gewissenszwang fehlte noch! Da ich nicht tun darf, was ich möchte, können sie mich doch denken und singen lassen, was ich will.

SOEST: Die Inquisition kommt nicht auf. Wir sind nicht gemacht wie die Spanier, unser Gewissen tyrannisieren zu lassen. Und der Adel muß auch beizeiten suchen, ihr die Flügel zu beschneiden.

JETTER: Es ist sehr fatal. Wenn's den lieben Leuten einfällt, in mein Haus zu stürmen, und ich sitze an meiner Arbeit und summe just einen französ'schen Psalmen und denke nichts dabei, weder Gutes noch Böses; ich summe ihn aber, weil er mir in der Kehle ist: gleich bin ich ein Ketzer und werde eingesteckt. Oder ich gehe über Land und bleibe bei einem Haufen Volks stehn, das einem neuen Prediger zuhört, einem von denen, die aus Deutschland gekommen sind: auf der Stelle heiß ich ein Rebell und komme in Gefahr, meinen Kopf zu verlieren. Habt ihr je einen predigen hören?

SOEST: Wackre Leute. Neulich hört ich einen auf dem Felde vor tausend und tausend Menschen sprechen. Das war ein ander Geköch, als wenn unsre auf der Kanzel herumtrommeln und die Leute mit lateinischen Brocken erwürgen. Der sprach von der Leber weg; sagte, wie sie uns bisher hätten bei der Nase herumgeführt, uns in der Dummheit erhalten, und wie wir mehr Erleuchtung haben könnten. – Und das bewies er euch alles aus der Bibel.

JETTER: Da mag doch auch was dran sein. Ich sagt's immer selbst und grübelte so über die Sache nach. Mir ist's lang im Kopf herumgegangen.

BUYCK: Es läuft ihnen auch alles Volk nach.

SOEST: Das glaub ich, wo man was Guts hören kann und was Neues.

JETTER: Und was ist's denn nun? Man kann ja einen jeden predigen lassen nach seiner Weise.

BUYCK: Frisch, ihr Herrn! Über dem Kannegießern vergeßt ihr den Wein und Oranien.

JETTER: Den nicht zu vergessen. Das ist ein rechter Wall: wenn man nur an ihn denkt, meint man gleich, man könnte sich hinter ihn verstecken, und der Teufel brächte einen nicht hervor. Hoch! Wilhelm von Oranien hoch!

ALLE: Hoch! hoch!

SOEST: Nun, Alter, bring auch deine Gesundheit.

RUYSUM: Alte Soldaten! Alle Soldaten! Es lebe der Krieg!

BUYCK: Bravo, Alter! Alle Soldaten! Es lebe der Krieg!

JETTER: Krieg! Krieg! Wißt ihr auch, was ihr ruft? Daß es euch leicht vom Munde geht, ist wohl natürlich; wie lumpig aber unsereinem dabei zumute ist, kann ich nicht sagen. Das ganze Jahr das Getrommel zu hören; und nichts zu hören, als wie da ein Haufen gezogen kommt und dort ein andrer, wie sie über einen Hügel kamen und bei einer Mühle hielten, wieviel da geblieben sind, wieviel dort und wie sie sich drängen und einer gewinnt, der andre verliert, ohne daß man sein Tage begreift, wer was gewinnt oder verliert. Wie eine Stadt eingenommen wird, die Bürger ermordet werden und wie es den armen Weibern, den unschuldigen Kindern ergeht. Das ist eine Not und Angst, man denkt jeden Augenblick: Da kommen sie! Es geht uns auch so.

SOEST: Drum muß auch ein Bürger immer in Waffen geübt sein.

JETTER: Ja, es übt sich, wer Frau und Kinder hat. Und doch hör ich noch lieber von Soldaten, als ich sie sehe.

BUYCK: Das sollt ich übelnehmen.

JETTER: Auf Euch ist's nicht gesagt, Landsmann. Wie wir die spanischen Besatzungen los waren, holten wir wieder Atem.

SOEST: Gelt! die lagen dir am schwersten auf?

JETTER: Vexier Er sich.

SOEST: Die hatten scharfe Einquartierung bei dir.

JETTER: Halt dein Maul.

SOEST: Sie hatten ihn vertrieben aus der Küche, dem Keller, der Stube – dem Bette.

Sie lachen.

JETTER: Du bist ein Tropf.

BUYCK: Friede, ihr Herrn! Muß der Soldat Friede rufen! – Nun da ihr von uns nichts hören wollt, nun bringt auch eure Gesundheit aus, eine bürgerliche Gesundheit.

JETTER: Dazu sind wir bereit! Sicherheit und Ruhe!

SOEST: Ordnung und Freiheit!

BUYCK: Brav! das sind auch wir zufrieden.

Sie stoßen an und wiederholen fröhlich die Worte, doch so, daß jeder ein anderes ausruft und es eine Art Kanon wird. Der Alte horcht und fällt endlich auch mit ein.

ALLE: Sicherheit und Ruhe! Ordnung und Freiheit!

PALAST DER REGENTIN

Margarete von Parma in Jagdkleidern. Hofleute. Pagen. Bediente.

REGENTIN: Ihr stellt das Jagen ab, ich werde heute nicht reiten. Sagt Machiavellen, er soll zu mir kommen.

Alle gehn ab.

Der Gedanke an diese schrecklichen Begebenheiten läßt mir keine Ruhe! Nichts kann mich ergötzen, nichts mich zerstreuen; immer sind diese Bilder, diese Sorgen vor mir. Nun wird der König sagen, dies seien die Folgen meiner Güte, meiner Nachsicht; und doch sagt mir mein Gewissen jeden Augenblick, das Rätlichste, das Beste getan zu haben. Sollte ich früher mit dem Sturme des Grimms diese Flammen anfachen und umhertreiben? Ich hoffte sie zu umstellen, sie in sich selbst zu verschütten. Ja, was ich mir selbst sage, was ich wohl weiß, entschuldigt mich vor mir selbst; aber wie wird es mein Bruder aufnehmen? Denn, ist es zu leugnen? der Übermut der fremden Lehrer hat sich täglich erhöht; sie haben unser Heiligtum gelästert, die stumpfen Sinne des Pöbels zerrüttet und den Schwindelgeist unter sie gebannt. Unreine Geister haben sich unter die Aufrührer gemischt, und schreckliche Taten sind geschehen, die zu denken schauderhaft ist und die ich nun einzeln nach Hofe zu berichten habe; schnell und einzeln, damit mir der allgemeine Ruf nicht zuvorkomme, damit der König nicht denke, man woll noch mehr verheimlichen. Ich sehe kein Mittel, weder strenges noch gelindes, dem Übel zu steuern. O was sind wir Großen auf der Woge der Menschheit? Wir glauben sie zu beherrschen, und sie treibt uns auf und nieder, hin und her.

Machiavell tritt auf.

REGENTIN: Sind die Briefe an den König aufgesetzt?
MACHIAVELL: In einer Stunde werdet Ihr sie unterschreiben können.
REGENTIN: Habt Ihr den Bericht ausführlich genug gemacht?
MACHIAVELL: Ausführlich und umständlich, wie es der König liebt. Ich erzähle, wie zuerst um St. Omer die bilderstürmerische Wut sich zeigt. Wie eine rasende Menge, mit Stäben, Beilen, Hämmern, Leitern, Stricken versehen, von wenig Bewaffneten begleitet, erst Kapellen, Kirchen und Klöster anfallen, die Andächtigen verjagen, die verschloßnen Pforten aufbrechen, alles umkehren, die Altäre niederreißen, die Statuen der Heiligen zerschlagen, alle Gemälde verderben, alles, was sie nur Geweihtes, Geheiligtes antreffen, zerschmettern, zerreißen, zertreten. Wie sich der Haufe unterwegs vermehrt, die Einwohner von Ypern ihnen die Tore eröffnen. Wie sie den Dom mit unglaublicher Schnelle verwüsten, die Bibliothek des Bischofs verbrennen. Wie eine große Menge Volks, von gleichem Unsinn ergriffen, sich über Menin, Comines,

Verwich, Lille verbreitet, nirgends Widerstand findet und wie fast durch ganz Flandern in einem Augenblicke die ungeheure Verschwörung sich erklärt und ausgeführt ist.

REGENTIN: Ach, wie ergreift mich aufs neue der Schmerz bei deiner Wiederholung! und die Furcht gesellt sich dazu, das Übel werde nur größer und größer werden. Sagt mir Eure Gedanken, Machiavell!

MACHIAVELL: Verzeihen Eure Hoheit, meine Gedanken sehen Grillen so ähnlich; und wenn Ihr auch immer mit meinen Diensten zufrieden wart, habt Ihr doch selten meinem Rate folgen mögen. Ihr sagtet oft im Scherze: „Du siehst zu weit, Machiavell! Du solltest Geschichtschreiber sein: wer handelt, muß fürs Nächste sorgen." Und doch, habe ich diese Geschichte nicht vorauserzählt? Hab ich nicht alles vorausgesehen?

REGENTIN: Ich sehe auch viel voraus, ohne es ändern zu können.

MACHIAVELL: Ein Wort für tausend: Ihr unterdrückt die neue Lehre nicht. Laßt sie gelten, sondert sie von den Rechtgläubigen, gebt ihnen Kirchen, faßt sie in die bürgerliche Ordnung, schränkt sie ein; und so habt Ihr die Aufrührer auf einmal zur Ruhe gebracht. Jede andern Mittel sind vergeblich, und Ihr verheert das Land.

REGENTIN: Hast du vergessen, mit welchem Abscheu mein Bruder selbst die Frage verwarf, ob man die neue Lehre dulden könne? Weißt du nicht, wie er mir in jedem Briefe die Erhaltung des wahren Glaubens aufs eifrigste empfiehlt? daß er Ruhe und Einigkeit auf Kosten der Religion nicht hergestellt wissen will? Hält er nicht selbst in den Provinzen Spionen, die wir nicht kennen, um zu erfahren, wer sich zu der neuen Meinung hinüberneigt? Hat er nicht zu unsrer Verwunderung uns diesen und jenen genannt, der sich in unsrer Nähe heimlich der Ketzerei schuldig machte? Befiehlt er nicht Strenge und Schärfe? Und ich soll gelind sein? ich soll Vorschläge tun, daß er nachsehe, daß er dulde? Würde ich nicht alles Vertrauen, allen Glauben bei ihm verlieren?

MACHIAVELL: Ich weiß wohl; der König befiehlt, er läßt Euch seine Absichten wissen. Ihr sollt Ruhe und Friede wiederherstellen durch ein Mittel, das die Gemüter noch mehr erbittert, das den Krieg unvermeidlich an allen Enden anblasen wird. Bedenkt, was Ihr tut. Die größten Kaufleute sind angesteckt, der Adel, das Volk, die Soldaten. Was hilft es, auf seinen Gedanken beharren, wenn sich um uns alles ändert? Möchte doch ein guter Geist Philippen eingeben, daß es einem Könige anständiger ist, Bürger zweierlei Glaubens zu regieren als sie durch einander aufzureiben.

REGENTIN: Solch ein Wort nie wieder. Ich weiß wohl, daß Politik selten Treu und Glauben halten kann, daß sie Offenheit, Gutherzigkeit, Nachgiebigkeit aus unsern Herzen ausschließt; in weltlichen Geschäften ist das leider nur zu wahr. Sollen wir aber auch mit Gott spielen wie untereinander? sollen wir gleichgültig gegen unsre bewährte Lehre sein, für die so viele ihr Leben aufgeopfert haben? die sollten wir hingeben an die hergelaufnen, ungewissen, sich selbst widersprechenden Neuerungen?

MACHIAVELL: Denkt nur deswegen nicht übler von mir.

REGENTIN: Ich kenne dich und deine Treue und weiß, daß einer ein ehrlicher und verständiger Mann sein kann, wenn er gleich den nächsten besten Weg zum Heile seiner Seele verfehlt hat. Es sind noch andre, Machiavell, Männer, die ich schätzen und tadeln muß.

MACHIAVELL: Wen bezeichnet Ihr mir?

REGENTIN: Ich kann es gestehn, daß mir Egmont heute einen recht innerlichen, tiefen Verdruß erregte.

MACHIAVELL: Durch welches Betragen?

REGENTIN: Durch sein gewöhnliches, durch Gleichgültigkeit und Leichtsinn. Ich erhielt die schreckliche Botschaft, eben als ich, von vielen und ihm begleitet, aus der Kirche ging. Ich hielt meinen Schmerz nicht an, ich beklagte mich laut und rief, indem ich mich zu ihm wendete: „Seht, was in Eurer Provinz entsteht! Das duldet Ihr, Graf, von dem der König sich alles versprach?"

MACHIAVELL: Und was antwortete er?

REGENTIN: Als wenn es nichts, als wenn es eine Nebensache wäre, versetzte er: „Wären nur erst die Niederländer über ihre Verfassung beruhigt! Das übrige würde sich leicht geben."

MACHIAVELL: Vielleicht hat er wahrer als klug und fromm gesprochen. Wie soll Zutrauen entstehen und bleiben, wenn der Niederländer sieht, daß es mehr um seine Besitztümer als um sein Wohl, um seiner Seelen Heil zu tun ist? Haben die neuen Bischöfe mehr Seelen gerettet als fette Pfründen geschmaust, und sind es nicht meist Fremde? Noch werden alle Statthalterschaften mit Niederländern besetzt; lassen sich es die Spanier nicht zu deutlich merken, daß sie die größte, unwiderstehlichste Begierde nach diesen Stellen empfinden? Will ein Volk nicht lieber nach seiner Art, von den Seinigen regiert werden als von Fremden, die erst im Lande sich wieder Besitztümer auf Unkosten aller zu erwerben suchen, die einen fremden Maßstab mitbringen und unfreundlich und ohne Teilnehmung herrschen?

REGENTIN: Du stellst dich auf die Seite der Gegner.

MACHIAVELL: Mit dem Herzen gewiß nicht; und wollte, ich könnte mit dem Verstande ganz auf der unsrigen sein.

REGENTIN: Wenn du so willst, so tät es not, ich träte ihnen meine Regentschaft ab; denn Egmont und Oranien machten sich große Hoffnung, diesen Platz einzunehmen. Damals waren sie Gegner; jetzt sind sie gegen mich verbunden, sind Freunde, unzertrennliche Freunde geworden.

MACHIAVELL: Ein gefährliches Paar!

REGENTIN: Soll ich aufrichtig reden – ich fürchte Oranien, und ich fürchte für Egmont. Oranien sinnt nichts Gutes, seine Gedanken reichen in die Ferne, er ist heimlich, scheint alles anzunehmen, widerspricht nie, und in tiefster Ehrfurcht, mit größter Vorsicht tut er, was ihm beliebt.

MACHIAVELL: Recht im Gegenteil geht Egmont einen freien Schritt, als wenn die Welt sein gehörte.

REGENTIN: Er trägt das Haupt so hoch, als wenn die Hand der Majestät nicht über ihm schwebte.

MACHIAVELL: Die Augen des Volks sind alle nach ihm gerichtet, und die Herzen hängen an ihm.

REGENTIN: Nie hat er einen Schein vermieden; als wenn niemand Rechenschaft von ihm zu fordern hätte. Noch trägt er den Namen Egmont. „Graf Egmont" freut ihn sich nennen zu hören; als wollte er nicht vergessen, daß seine Vorfahren Besitzer von Geldern waren. Warum nennt er sich nicht Prinz von Gaure, wie es ihm zukommt? Warum tut er das? Will er erloschne Rechte wieder geltend machen?

MACHIAVELL: Ich halte ihn für einen treuen Diener des Königs.

REGENTIN: Wenn er wollte, wie verdient könnte er sich um die Regierung machen, anstatt daß er uns schon, ohne sich zu nutzen, unsäglichen Verdruß gemacht hat. Seine Gesellschaften, Gastmahle und Gelage haben den Adel mehr verbunden und verknüpft als die gefährlichsten heimlichen Zusammenkünfte. Mit seinen Gesundheiten haben die Gäste einen dauernden Rausch, einen nie sich verziehenden Schwindel geschöpft. Wie oft setzt er durch seine Scherzreden die Gemüter des Volks in Bewegung, und wie stutzte der Pöbel über die neuen Livreen, über die törigen Abzeichen der Bedienten!

MACHIAVELL: Ich bin überzeugt, es war ohne Absicht.

REGENTIN: Schlimm genug. Wie ich sage: er schadet uns und nützt sich nicht. Er nimmt das Ernstliche scherzhaft; und wir, um nicht müßig und nachlässig zu scheinen, müssen das Scherzhafte ernstlich nehmen. So hetzt eins das andre; und was man abzuwenden sucht, das macht sich erst recht. Er ist gefährlicher als ein entschiednes Haupt einer Verschwörung; und ich müßte mich sehr irren, wenn man ihm bei Hofe nicht alles gedenkt. Ich kann nicht leugnen, es vergeht wenig Zeit, daß er mich nicht empfindlich, sehr empfindlich macht.

MACHIAVELL: Er scheint mir in allem nach seinem Gewissen zu handeln.

REGENTIN: Sein Gewissen hat einen gefälligen Spiegel. Sein Betragen ist oft beleidigend. Er sieht oft aus, als wenn er in der völligen Überzeugung lebe, er sei Herr und wolle es uns nur aus Gefälligkeit nicht fühlen lassen, wolle uns so grade nicht zum Lande hinausjagen; es werde sich schon geben.

MACHIAVELL: Ich bitte Euch, legt seine Offenheit, sein glücklich Blut, das alles Wichtige leicht behandelt, nicht zu gefährlich aus. Ihr schadet nur ihm und Euch.

REGENTIN: Ich lege nichts aus. Ich spreche nur von den unvermeidlichen Folgen, und ich kenn ihn. Sein niederländischer Adel und sein Golden Vlies vor der Brust stärken sein Vertraun, seine Kühnheit. Beides kann ihn vor einem schnellen, willkürlichen Unmut des Königs schützen. Untersuch es genau: an dem ganzen Unglücke, das Flandern trifft, ist er doch nur allein schuld. Er hat zuerst den fremden Lehrern nachgesehn, hat's so genau nicht genommen und vielleicht sich heimlich gefreut, daß wir etwas zu schaffen hatten. Laß mich nur! Was ich auf dem Herzen habe, soll bei dieser Gelegenheit davon. Und ich will die Pfeile nicht umsonst verschießen; ich weiß, wo er empfindlich ist. Er ist auch empfindlich.

MACHIAVELL: Habt Ihr den Rat zusammenberufen lassen? Kommt Oranien auch?

REGENTIN: Ich habe nach Antwerpen um ihn geschickt. Ich will ihnen die Last der Verantwortung nahe genug zuwälzen; sie sollen sich mit mir dem Übel ernstlich entgegensetzen oder sich auch als Rebellen erklären. Eile, daß die Briefe fertig werden, und bringe mir sie zur

Unterschrift. Dann sende schnell den bewährten Vaska nach Madrid; er ist unermüdet und treu; daß mein Bruder zuerst durch ihn die Nachricht erfahre, daß der Ruf ihn nicht übereile. Ich will ihn selbst noch sprechen, eh er abgeht.

MACHIAVELL: Eure Befehle sollen schnell und genau befolgt werden.

BÜRGERHAUS

Klare. Klarens Mutter. Brackenburg.

KLARE: Wollt Ihr mir nicht das Garn halten, Brackenburg?
BRACKENBURG: Ich bitt Euch, verschont mich, Klärchen.
KLARE: Was habt Ihr wieder? Warum versagt Ihr mir diesen kleinen Liebesdienst?
BRACKENBURG: Ihr bannt mich mit dem Zwirn so fest vor Euch hin, ich kann Euren Augen nicht ausweichen.
KLARE: Grillen! Kommt und haltet!
MUTTER *im Sessel strickend:* Singt doch eins! Brackenburg sekundiert so hübsch. Sonst wart ihr lustig, und ich hatte immer was zu lachen.
BRACKENBURG: Sonst.
KLARE: Wir wollen singen.
BRACKENBURG: Was Ihr wollt.
KLARE: Nur hübsch munter und frisch weg! Es ist ein Soldatenliedchen, mein Leibstück.

Sie wickelt Garn und singt mit Brackenburg:

> Die Trommel gerühret!
> Das Pfeifchen gespielt!
> Mein Liebster gewaffnet
> Dem Haufen befiehlt,
> Die Lanze hoch führet,
> Die Leute regieret.

Wie klopft mir das Herze!
Wie wallt mir das Blut!
O hätt ich ein Wämslein
Und Hosen und Hut!

Ich folgt' ihm zum Tor 'naus
Mit mutigem Schritt,
Ging' durch die Provinzen,
Ging' überall mit.
Die Feinde schon weichen,
Wir schießen hinterdrein!
Welch Glück sondergleichen,
Ein Mannsbild zu sein!

Brackenburg hat unter dem Singen Klärchen oft angesehen; zuletzt bleibt ihm die Stimme stocken, die Tränen kommen ihm in die Augen, er läßt den Strang fallen und geht ans Fenster. Klärchen singt das Lied allein aus, die Mutter winkt ihr halb unwillig; sie steht auf, geht einige Schritte nach ihm hin, kehrt halb unschlüssig wieder um und setzt sich.

MUTTER: Was gibt's auf der Gasse, Brackenburg? Ich höre marschieren.

BRACKENBURG: Es ist die Leibwache der Regentin.

KLARE: Um diese Stunde? was soll das bedeuten? *Sie steht auf und geht an das Fenster zu Brackenburg.* Das ist nicht die tägliche Wache, das sind weit mehr! Fast alle ihre Haufen. O Brackenburg, geht! hört einmal, was es gibt! Es muß etwas Besonders sein. Geht, guter Brackenburg, tut mir den Gefallen.

BRACKENBURG: Ich gehe! Ich bin gleich wieder da! *Er reicht ihr abgehend die Hand, sie gibt ihm die ihrige.*

MUTTER: Du schickst ihn schon wieder weg!

KLARE: Ich bin neugierig. Und auch, verdenkt mir's nicht. Seine Gegenwart tut mir weh. Ich weiß immer nicht, wie ich mich gegen ihn betragen soll. Ich habe unrecht gegen ihn, und mich nagt's am Herzen, daß er es so lebendig fühlt. – Kann ich's doch nicht ändern!

MUTTER: Es ist ein so treuer Bursche.

KLARE: Ich kann's auch nicht lassen, ich muß ihm freundlich begegnen. Meine Hand drückt sich oft unversehens zu, wenn die seine mich so leise, so liebevoll anfaßt. Ich mache mir Vorwürfe, daß ich ihn betrüge, daß ich in seinem Herzen eine vergebliche Hoffnung nähre. Ich bin übel dran. Weiß Gott, ich betrüg ihn nicht. Ich will nicht, daß er hoffen soll, und ich kann ihn doch nicht verzweifeln lassen.

MUTTER: Das ist nicht gut.

KLARE: Ich hatte ihn gern und will ihm auch noch wohl in der Seele. Ich hätte ihn heiraten können und glaube, ich war nie in ihn verliebt.

MUTTER: Glücklich wärst du immer mit ihm gewesen.

KLARE: Wäre versorgt und hätte ein ruhiges Leben.

MUTTER: Und das ist alles durch deine Schuld verscherzt.

KLARE: Ich bin in einer wunderlichen Lage. Wenn ich so nachdenke, wie es gegangen ist, weiß ich's wohl und weiß es nicht. Und dann darf ich Egmonten nur wieder ansehn, wird mir alles sehr begreiflich, wäre mir weit mehr begreiflich. Ach, was ist's ein Mann! Alle Provinzen beten ihn an, und ich in seinem Arm sollte nicht das glücklichste Geschöpf von der Welt sein?

MUTTER: Wie wird's in der Zukunft werden?

KLARE: Ach, ich frage nur, ob er mich liebt; und ob er mich liebt, ist das eine Frage?

MUTTER: Man hat nichts als Herzensangst mit seinen Kindern. Wie das ausgehen wird? Immer Sorge und Kummer! Es geht nicht gut aus! Du hast dich unglücklich gemacht! mich unglücklich gemacht!

KLARE *gelassen:* Ihr ließet es doch im Anfange.

MUTTER: Leider war ich zu gut, bin immer zu gut.

KLARE: Wenn Egmont vorbeiritt und ich ans Fenster lief, schaltet Ihr mich da? Tratet Ihr nicht selbst ans Fenster? Wenn er heraufsah, lächelte, nickte, mich grüßte, war es Euch zuwider? Fandet Ihr Euch nicht selbst in Eurer Tochter geehrt?

MUTTER: Mache mir noch Vorwürfe!

KLARE *gerührt:* Wenn er nun öfter die Straße kam und wir wohl fühlten, daß er um meinetwillen den Weg machte, bemerktet Ihr's nicht selbst mit heimlicher Freude? Rieft Ihr mich ab, wenn ich hinter den Scheiben stand und ihn erwartete?

MUTTER: Dachte ich, daß es so weit kommen sollte?

KLARE *mit stockender Stimme und zurückgehaltenen Tränen:* Und wie er uns abends, in den Mantel eingehüllt, bei der Lampe überraschte – wer war geschäftig, ihn zu empfangen, da ich auf meinem Stuhl wie angekettet und staunend sitzen blieb?

MUTTER: Und konnte ich fürchten, daß diese unglückliche Liebe das kluge Klärchen so bald hinreißen würde? Ich muß es nun tragen, daß meine Tochter –

KLARE *mit ausbrechenden Tränen:* Mutter! Ihr wollt's nun! Ihr habt Eure Freude, mich zu ängstigen.

MUTTER *weinend:* Weine noch gar! mache mich noch elender durch deine Betrübnis! Ist mir's nicht Kummer genug, daß meine einzige Tochter ein verworfnes Geschöpf ist?

KLARE *aufstehend und kalt:* Verworfen! Egmonts Geliebte verworfen? – Welche Fürstin neidete nicht das arme Klärchen um den Platz an seinem Herzen! O Mutter – meine Mutter, so redetet Ihr sonst nicht. Liebe Mutter, seid gut! – Das Volk, was das denkt, die Nachbarinnen, was die murmeln – Diese Stube, dieses kleine Haus ist ein Himmel, seit Egmonts Liebe drin wohnt.

MUTTER: Man muß ihm hold sein! das ist wahr. Er ist immer so freundlich, frei und offen.

KLARE: Es ist keine falsche Ader an ihm. Seht, Mutter, und er ist doch der große Egmont. Und wenn er zu mir kommt, wie er so lieb ist, so gut! wie er mir seinen Stand, seine Tapferkeit gerne verbärge! wie er um mich besorgt ist! so nur Mensch, nur Freund, nur Liebster.

MUTTER: Kommt er wohl heute?

KLARE: Habt Ihr mich nicht oft ans Fenster gehen sehn?

Habt Ihr nicht bemerkt, wie ich horche, wenn's an der Türe rauscht? – Ob ich schon weiß, daß er vor Nacht nicht kommt, vermut ich ihn doch jeden Augenblick, von morgens an, wenn ich aufstehe. Wär ich nur ein Bube und könnte immer mit ihm gehen, zu Hofe und überallhin! Könnt ihm die Fahne nachtragen in der Schlacht!

MUTTER: Du warst immer so ein Springinsfeld; als ein kleines Kind schon, bald toll, bald nachdenklich. Ziehst du dich nicht ein wenig besser an?

KLARE: Vielleicht, Mutter! Wenn ich Langeweile habe. – Gestern, denkt, gingen von seinen Leuten vorbei und sangen Lobliedchen auf ihn. Wenigstens war sein Name in den Liedern, das übrige konnte ich nicht verstehn. Das Herz schlug mir bis an den Hals – Ich hätte sie gern zurückgerufen, wenn ich mich nicht geschämt hätte.

MUTTER: Nimm dich in acht! Dein heftiges Wesen verdirbt noch alles; du verrätst dich offenbar vor den Leuten. Wie neulich bei dem Vetter, wie du den Holzschnitt und die Beschreibung fandst und mit einem Schrei riefst: „Graf Egmont!" – Ich ward feuerrot.

KLARE: Hätt ich nicht schreien sollen? Es war die Schlacht bei Gravelingen, und ich finde oben im Bilde den Buchstaben C und suche unten in der Beschreibung C. Steht da: „Graf Egmont, dem das Pferd unter dem Leibe totgeschossen wird." Mich überlief's – und hernach mußt ich lachen über den holzgeschnitzten Egmont, der so groß war als der Turm von Gravelingen gleich dabei und die englischen Schiffe an der Seite. – Wenn ich mich manchmal erinnre, wie ich mir sonst eine Schlacht vorgestellt und was ich mir als Mädchen für ein Bild vom Grafen Egmont machte, wenn sie von ihm erzählten und von allen Grafen und Fürsten – und wie mir's jetzt ist!

Brackenburg kommt.

KLARE: Wie steht's?

BRACKENBURG: Man weiß nichts Gewisses. In Flandern soll

neuerdings ein Tumult entstanden sein; die Regentin soll besorgen, er möchte sich hierher verbreiten. Das Schloß ist stark besetzt, die Bürger sind zahlreich an den Toren, das Volk summt in den Gassen. – Ich will nur schnell zu meinem alten Vater. *Als wollt er gehen.*

KLARE: Sieht man Euch morgen? Ich will mich ein wenig anziehen. Der Vetter kommt, und ich sehe gar zu liederlich aus. Helft mir einen Augenblick, Mutter. – Nehmt das Buch mit, Brackenburg, und bringt mir wieder so eine Historie.

MUTTER: Lebt wohl.

BRACKENBURG *seine Hand reichend:* Eure Hand!

KLARE *ihre Hand versagend:* Wenn Ihr wiederkommt.

Mutter und Tochter ab.

BRACKENBURG *allein:* Ich hatte mir vorgenommen, grade wieder fortzugehn, und da sie es dafür aufnimmt und mich gehen läßt, möcht ich rasend werden. – Unglücklicher! und dich rührt deines Vaterlandes Geschick nicht? der wachsende Tumult nicht? – und gleich ist dir Landsmann oder Spanier, und wer regiert und wer recht hat? – War ich doch ein andrer Junge als Schulknabe! – Wenn da ein Exerzitium aufgegeben war: „Brutus' Rede für die Freiheit, zur Übung der Redekunst" – da war doch immer Fritz der erste, und der Rektor sagte: „Wenn's nur ordentlicher wäre, nur nicht alles so übereinander gestolpert." – Damals kocht' es und trieb! – Jetzt schlepp ich mich an den Augen des Mädchens so hin. Kann ich sie doch nicht lassen! Kann sie mich doch nicht lieben! – Ach – Nein – Sie – Sie kann mich nicht ganz verworfen haben – – Nicht ganz – und halb und nichts! – Ich duld es nicht länger! – – Sollte es wahr sein, was mir ein Freund neulich ins Ohr sagte? daß sie nachts einen Mann heimlich zu sich einläßt, da sie mich, züchtig, immer vor Abend aus dem Hause treibt? Nein, es ist nicht wahr, es ist eine Lüge, eine schändliche verleumderische Lüge! Klärchen ist so unschuldig, als ich unglücklich bin. – Sie hat mich verworfen, hat mich von ihrem Herzen gestoßen – – Und ich soll so fortleben? Ich duld, ich duld es nicht. – – Schon wird mein Vaterland von innerm Zwiste heftiger bewegt, und ich sterbe unter dem Getümmel nur ab! Ich duld es nicht! – Wenn die Trompete klingt, ein Schuß fällt, mir fährt's durch Mark und Bein! Ach, es reizt mich nicht, es fordert mich nicht, auch mit einzugreifen, mit zu retten, zu wagen. – Elender, schimpflicher Zustand! Es ist besser, ich end auf einmal. Neulich stürzt ich mich ins Wasser, ich sank – aber die geängstete Natur war stärker; ich fühlte, daß ich schwimmen konnte, und rettete mich wider Willen. – – Könnt ich der Zeiten vergessen, da sie mich liebte, mich zu lieben schien – Warum hat mir's Mark und Bein durchdrungen, das Glück? Warum haben mir diese Hoffnungen allen Genuß des Lebens aufgezehrt, indem sie mir ein Paradies von weitem zeigten? – Und jener erste Kuß! Jener einzige! – Hier – *die Hand auf den Tisch legend* –, hier waren wir allein – sie war immer gut und freundlich gegen mich gewesen – da schien sie sich zu erweichen – sie sah mich an – alle Sinne gingen mir um, und ich fühlte ihre Lippen auf den meinigen. – Und – und nun? – Stirb, Armer! Was zauderst du? *Er zieht ein Fläschchen aus der Tasche*. Ich will dich nicht umsonst aus meines Bruders Doktorkästchen gestohlen haben, heilsames Gift! Du sollst mir dieses Bangen, diese Schwindel, diese Todesschweiße auf einmal verschlingen und lösen.

ZWEITER AUFZUG

PLATZ IN BRÜSSEL

Jetter und ein Zimmermann treten zusammen.

ZIMMERMANN: Sagt ich's nicht voraus! Noch vor acht Tagen auf der Zunft sagt ich, es würde schwere Händel geben.
JETTER: Ist's denn wahr, daß sie die Kirchen in Flandern geplündert haben?
ZIMMERMANN: Ganz und gar zugrunde gerichtet haben sie Kirchen und Kapellen. Nichts als die vier nackten Wände haben sie stehen lassen. Lauter Lumpengesindel! und das macht unsre gute Sache schlimm. Wir hätten eher, in der Ordnung und standhaft, unsre Gerechtsame der Regentin vortragen und drauf halten sollen. Reden wir jetzt, versammeln wir uns jetzt, so heißt es, wir gesellen uns zu den Aufwieglern.
JETTER: Ja, so zuerst denkt jeder: was sollst du mit deiner Nase voran? hängt doch der Hals gar nah damit zusammen.
ZIMMERMANN: Mir ist's bange, wenn's einmal unter dem Pack zu lärmen anfängt, unter dem Volk, das nichts zu verlieren hat; die brauchen das zum Vorwande, worauf wir uns auch berufen müssen, und bringen das Land in Unglück.

Soest tritt dazu.

SOEST: Guten Tag, ihr Herrn! Was gibt's Neues? Ist's wahr, daß die Bilderstürmer gerade hierher ihren Lauf nehmen?
ZIMMERMANN: Hier sollen sie nichts anrühren.
SOEST: Es trat ein Soldat bei mir ein, Tobak zu kaufen; den

ZWEITER AUFZUG

fragt ich aus. Die Regentin, so eine wackre kluge Frau sie bleibt, diesmal ist sie auseinander, sie ist außer Fassung. Es muß sehr arg sein, daß sie sich so gradezu hinter ihre Wache versteckt. Die Burg ist scharf besetzt. Man meint sogar, sie wolle aus der Stadt flüchten.

ZIMMERMANN: Hinaus soll sie nicht! Ihre Gegenwart beschützt uns, und wir wollen ihr mehr Sicherheit verschaffen als ihre Stutzbärte. Und wenn sie uns unsere Rechte und Freiheiten aufrechterhält, so wollen wir sie auf den Händen tragen.

Seifensieder tritt dazu.

SEIFENSIEDER: Garstige Händel! Üble Händel! Es wird unruhig und geht schief aus! – Hütet euch, daß ihr stille bleibt, daß man euch nicht auch für Aufwiegler hält.
SOEST: Da kommen die Sieben Weisen aus Griechenland.
SEIFENSIEDER: Ich weiß, da sind viele, die es heimlich mit den Calvinisten halten, die auf die Bischöfe lästern, die den König nicht scheuen. Aber ein treuer Untertan, ein aufrichtiger Katholike –

Es gesellt sich nach und nach allerlei Volk zu ihnen und horcht.

Vansen tritt dazu.

VANSEN: Gott grüß euch, Herren! Was Neues?
ZIMMERMANN: Gebt euch mit dem nicht ab, das ist ein schlechter Kerl.
JETTER: Ist er nicht Schreiber beim Doktor Wiets?
ZIMMERMANN: Er hat schon viele Herrn gehabt. Erst war er Schreiber, und wie ihn ein Patron nach dem andern fortjagte, Schelmstreiche halber, pfuscht er jetzt Notaren und Advokaten ins Handwerk und ist ein Branntweinzapf.

Es kommt mehr Volks zusammen und steht truppweise.

VANSEN: Ihr seid auch versammelt, steckt die Köpfe zusammen. Es ist immer redenswert.
SOEST: Ich denk auch.

VANSEN: Wenn jetzt einer oder der andre Herz hätte und einer oder der andre den Kopf dazu, wir könnten die spanischen Ketten auf einmal sprengen.

SOEST: Herre! So müßt Ihr nicht reden! Wir haben dem König geschworen.

VANSEN: Und der König uns. Merkt das.

JETTER: Das läßt sich hören! Sagt Eure Meinung.

EINIGE ANDERE: Horch, der versteht's! Der hat Pfiffe.

VANSEN: Ich hatte einen alten Patron, der besaß Pergamente und Briefe von uralten Stiftungen, Kontrakten und Gerechtigkeiten; er hielt auf die rarsten Bücher. In einem stund unsre ganze Verfassung: wie uns Niederländer zuerst einzelne Fürsten regierten, alles nach hergebrachten Rechten, Privilegien und Gewohnheiten; wie unsre Vorfahren alle Ehrfurcht für ihren Fürsten gehabt, wenn er sie regiert, wie er sollte; und wie sie sich gleich vorsahen, wenn er über die Schnur hauen wollte. Die Staaten waren gleich hinterdrein: denn jede Provinz, so klein sie war, hatte ihre Staaten, ihre Landstände.

ZIMMERMANN: Haltet Euer Maul! das weiß man lang! Ein jeder rechtschaffner Bürger ist, soviel er braucht, von der Verfassung unterrichtet.

JETTER: Laßt ihn reden; man erfährt immer etwas mehr.

SOEST: Er hat ganz recht.

MEHRERE: Erzählt! erzählt! So was hört man nicht alle Tage.

VANSEN: So seid ihr Bürgersleute! Ihr lebt nur so in den Tag hin; und wie ihr euer Gewerb von euern Eltern überkommen habt, so laßt ihr auch das Regiment über euch schalten und walten, wie es kann und mag. Ihr fragt nicht nach dem Herkommen, nach der Historie, nach dem Recht eines Regenten; und über das Versäumnis haben euch die Spanier das Netz über die Ohren gezogen.

SOEST: Wer denkt da dran? wenn einer nur das tägliche Brot hat.

JETTER: Verflucht! Warum tritt auch keiner in Zeiten auf und sagt einem so etwas?

ZWEITER AUFZUG

VANSEN: Ich sag es euch jetzt. Der König in Spanien, der die Provinzen durch gut Glück zusammen besitzt, darf doch nicht drin schalten und walten anders als die kleinen Fürsten, die sie ehmals einzeln besaßen. Begreift ihr das?

JETTER: Erklärt's uns!

VANSEN: Es ist so klar als die Sonne. Müßt ihr nicht nach euern Landrechten gerichtet werden? Woher käme das?

EIN BÜRGER: Wahrlich!

VANSEN: Hat der Brüsseler nicht ein ander Recht als der Antwerper? der Antwerper als der Genter? Woher käme denn das?

ANDRER BÜRGER: Bei Gott!

VANSEN: Aber wenn ihr's so fort laufen laßt, wird man's euch bald anders weisen. Pfui! Was Karl der Kühne, Friedrich der Krieger, Karl der Fünfte nicht konnten, das tut nun Philipp durch ein Weib.

SOEST: Ja, ja! Die alten Fürsten haben's auch schon probiert.

VANSEN: Freilich! – Unsre Vorfahren paßten auf: wie sie einem Herren gram wurden, fingen sie ihm etwa seinen Sohn und Erben weg, hielten ihn bei sich und gaben ihn nur auf die besten Bedingungen heraus. Unsre Väter waren Leute! Die wußten, was ihnen nutz war! Die wußten etwas zu fassen und festzusetzen! Rechte Männer! Dafür sind aber auch unsre Privilegien so deutlich, unsre Freiheiten so versichert.

SEIFENSIEDER: Was sprecht Ihr von Freiheiten?

DAS VOLK: Von unsern Freiheiten, von unsern Privilegien! Erzählt noch was von unsern Privilegien.

VANSEN: Wir Brabanter besonders, obgleich alle Provinzen ihre Vorteile haben, wir sind am herrlichsten versehen. Ich habe alles gelesen.

SOEST: Sagt an!

JETTER: Laßt hören!

EIN BÜRGER: Ich bitt Euch.

VANSEN: Erstlich steht geschrieben: Der Herzog von Brabant soll uns ein guter und getreuer Herr sein.

SOEST: Gut? Steht das so?

JETTER: Getreu? Ist das wahr?

VANSEN: Wie ich euch sage. Er ist uns verpflichtet wie wir ihm. Zweitens: Er soll keine Macht oder eignen Willen an uns beweisen, merken lassen oder gedenken zu gestatten, auf keinerlei Weise.

JETTER: Schön! Schön! nicht beweisen.

SOEST: Nicht merken lassen.

EIN ANDRER: Und nicht gedenken zu gestatten! Das ist der Hauptpunkt. Niemand gestatten, auf keinerlei Weise.

VANSEN: Mit ausdrücklichen Worten.

JETTER: Schafft uns das Buch!

EIN BÜRGER: Ja, wir müssen's haben.

ANDRE: Das Buch! das Buch!

EIN ANDRER: Wir wollen zu der Regentin gehen mit dem Buche.

EIN ANDRER: Ihr sollt das Wort führen, Herr Doktor.

SEIFENSIEDER: O die Tropfen!

ANDERE: Noch etwas aus dem Buche!

SEIFENSIEDER: Ich schlage ihm die Zähne in den Hals, wenn er noch ein Wort sagt.

DAS VOLK: Wir wollen sehen, wer ihm etwas tut. Sagt uns was von den Privilegien! Haben wir noch mehr Privilegien?

VANSEN: Mancherlei, und sehr gute, sehr heilsame. Da steht auch: Der Landsherr soll den geistlichen Stand nicht verbessern oder mehren ohne Verwilligung des Adels und der Stände! Merkt das! Auch den Staat des Landes nicht verändern.

SOEST: Ist das so?

VANSEN: Ich will's euch geschrieben zeigen von zwei-, dreihundert Jahren her.

BÜRGER: Und wir leiden die neuen Bischöfe? Der Adel muß uns schützen, wir fangen Händel an!

ANDRE: Und wir lassen uns von der Inquisition ins Bockshorn jagen?

VANSEN: Das ist eure Schuld.

ZWEITER AUFZUG

DAS VOLK: Wir haben noch Egmont! noch Oranien! Die sorgen für unser Bestes.

VANSEN: Eure Brüder in Flandern haben das gute Werk angefangen.

SEIFENSIEDER: Du Hund! *Er schlägt ihn.*

ANDRE *widersetzen sich und rufen:* Bist du auch ein Spanier?

EIN ANDRER: Was? den Ehrenmann?

EIN ANDRER: Den Gelahrten?

Sie fallen den Seifensieder an.

ZIMMERMANN: Um 's Himmels willen, ruht!

Andre mischen sich in den Streit.

Bürger, was soll das?

Buben pfeifen, werfen mit Steinen, hetzen Hunde an, Bürger stehn und gaffen, Volk läuft zu, andre gehn gelassen auf und ab, andre treiben allerlei Schabernack und Schalkspossen, schreien und jubilieren: Freiheit und Privilegien! Privilegien und Freiheit!

Egmont tritt auf mit Begleitung.

EGMONT: Ruhig! ruhig, Leute! Was gibt's? Ruhe! Bringt sie auseinander!

ZIMMERMANN: Gnädiger Herr, Ihr kommt wie ein Engel des Himmels. Stille! seht ihr nichts? Graf Egmont! Dem Grafen Egmont Reverenz!

EGMONT: Auch hier? Was fangt ihr an? Bürger gegen Bürger! Hält sogar die Nähe unsrer königlichen Regentin diesen Unsinn nicht zurück? Geht auseinander, geht an euer Gewerbe! Es ist ein übel Anzeichen, wenn ihr an Werkeltagen feiert. Was war's?

Der Tumult stillt sich nach und nach, und alle stehn um ihn herum.

ZIMMERMANN: Sie schlagen sich um ihre Privilegien.

EGMONT: Die sie noch mutwillig zertrümmern werden – Und wer seid Ihr? Ihr scheint mir rechtliche Leute.

ZIMMERMANN: Das ist unser Bestreben.
EGMONT: Eures Zeichens?
ZIMMERMANN: Zimmermann und Zunftmeister.
EGMONT: Und Ihr?
SOEST: Krämer.
EGMONT: Ihr?
JETTER: Schneider.
EGMONT: Ich erinnre mich, Ihr habt mit an den Livreen für meine Leute gearbeitet. Euer Name ist Jetter.
JETTER: Gnade, daß Ihr Euch dessen erinnert.
EGMONT: Ich vergesse niemanden leicht, den ich einmal gesehen und gesprochen habe. – Was an euch ist, Ruhe zu erhalten, Leute, das tut; ihr seid übel genug angeschrieben. Reizt den König nicht mehr, er hat zuletzt doch die Gewalt in Händen. Ein ordentlicher Bürger, der sich ehrlich und fleißig nährt, hat überall soviel Freiheit, als er braucht.
ZIMMERMANN: Ach wohl! das ist eben unsre Not! Die Tagdiebe, die Söffer, die Faulenzer, mit Euer Gnaden Verlaub, die stänkern aus Langerweile und scharren aus Hunger nach Privilegien und lügen den Neugierigen und Leichtgläubigen was vor, und um eine Kanne Bier bezahlt zu kriegen, fangen sie Händel an, die viel tausend Menschen unglücklich machen. Das ist ihnen eben recht. Wir halten unsre Häuser und Kasten zu gut verwahrt, da möchten sie gern uns mit Feuerbränden davon treiben.
EGMONT: Allen Beistand sollt ihr finden, es sind Maßregeln genommen, dem Übel kräftig zu begegnen. Steht fest gegen die fremde Lehre und glaubt nicht, durch Aufruhr befestige man Privilegien. Bleibt zu Hause; leidet nicht, daß sie sich auf den Straßen rotten. Vernünftige Leute können viel tun.

Indessen hat sich der größte Haufe verlaufen.

ZIMMERMANN: Danken Euer Exzellenz, danken für die gute Meinung! Alles, was an uns liegt.

Egmont ab.

Ein gnäd'ger Herr! der echte Niederländer! gar so nichts Spanisches.
JETTER: Hätten wir ihn nur zum Regenten! Man folgt' ihm gerne.
SOEST: Das läßt der König wohl sein. Den Platz besetzt er immer mit den Seinigen.
JETTER: Hast du das Kleid gesehen? Das war nach der neuesten Art, nach spanischem Schnitt.
ZIMMERMANN: Ein schöner Herr!
JETTER: Sein Hals wär ein rechtes Fressen für einen Scharfrichter.
SOEST: Bist du toll? was kommt dir ein?
JETTER: Dumm genug, daß einem so etwas einfällt. – Es ist mir nun so. Wenn ich einen schönen langen Hals sehe, muß ich gleich wider Willen denken: der ist gut köpfen. – Die verfluchten Exekutionen! man kriegt sie nicht aus dem Sinne. Wenn die Bursche schwimmen und ich seh einen nackten Buckel, gleich fallen sie mir zu Dutzenden ein, die ich habe mit Ruten streichen sehen. Begegnet mir ein rechter Wanst, mein ich, den säh ich schon am Pfahl braten. Des Nachts im Traume zwickt mich's an allen Gliedern; man wird eben keine Stunde froh. Jede Lustbarkeit, jeden Spaß hab ich bald vergessen; die fürchterlichen Gestalten sind mir wie vor die Stirne gebrannt.

EGMONTS WOHNUNG

Sekretär an einem Tische mit Papieren; er steht unruhig auf.

SEKRETÄR: Er kommt immer nicht, und ich warte schon zwei Stunden, die Feder in der Hand, die Papiere vor mir. Und eben heute möcht ich gern so zeitig fort. Es brennt mir unter den Sohlen! Ich kann vor Ungeduld kaum bleiben. „Sei auf die Stunde da", befahl er mir noch, eh er wegging; nun kommt er nicht. Es ist so viel zu tun, ich werde vor Mitternacht nicht fertig. Freilich sieht er einem auch einmal durch die Finger. Doch hielt ich's besser, wenn er strenge wäre und ließ einen auch wieder zur bestimmten Zeit. Man könnte sich einrichten. Von der Regentin ist er nun schon zwei Stunden weg, wer weiß, wen er unterwegs angefaßt hat.

Egmont tritt auf.

EGMONT: Wie sieht's aus?

SEKRETÄR: Ich bin bereit, und drei Boten warten.

EGMONT: Ich bin dir wohl zu lang geblieben; du machst ein verdrießlich Gesicht.

SEKRETÄR: Eurem Befehl zu gehorchen, wart ich schon lange. Hier sind die Papiere!

EGMONT: Donna Elvira wird böse auf mich werden, wenn sie hört, daß ich dich abgehalten habe.

SEKRETÄR: Ihr scherzt.

EGMONT: Nein, nein! Schäme dich nicht. Du zeigst einen guten Geschmack. Sie ist hübsch, und es ist mir ganz recht, daß du auf dem Schlosse eine Freundin hast. Was sagen die Briefe?

SEKRETÄR: Mancherlei, und wenig Erfreulichs.

EGMONT: Da ist gut, daß wir die Freude zu Hause haben und sie nicht von auswärts zu erwarten brauchen. Ist viel gekommen?

SEKRETÄR: Genug, und drei Boten warten.

EGMONT: Sag an! das Nötigste.

SEKRETÄR: Es ist alles nötig.

EGMONT: Eins nach dem andern, nur geschwind!

SEKRETÄR: Hauptmann Breda schickt die Relation, was weiter in Gent und der umliegenden Gegend vorgefallen. Der Tumult hat sich meist gelegt. –

EGMONT: Er schreibt wohl noch von einzelnen Ungezogenheiten und Tollkühnheiten?

SEKRETÄR: Ja! Es kommt noch manches vor.
EGMONT: Verschone mich damit.
SEKRETÄR: Noch sechse sind eingezogen worden, die bei Verwich das Marienbild umgerissen haben. Er fragt an, ob er sie soll auch wie die andern hängen lassen.
EGMONT: Ich bin des Hängens müde. Man soll sie durchpeitschen, und sie mögen gehn.
SEKRETÄR: Es sind zwei Weiber dabei; soll er die auch durchpeitschen?
EGMONT: Die mag er verwarnen und laufen lassen.
SEKRETÄR: Brink von Bredas Kompanie will heiraten. Der Hauptmann hofft, Ihr werdet's ihm abschlagen. Es sind so viele Weiber bei dem Haufen, schreibt er, daß, wenn wir ausziehen, es keinem Soldatenmarsch, sondern einem Zigeunergeschleppe ähnlich sehn wird.
EGMONT: Dem mag's noch hingehn! Es ist ein schöner junger Kerl; er bat mich noch gar dringend, eh ich wegging. Aber nun soll's keinem mehr gestattet sein. So leid mir's tut, den armen Teufeln, die ohnedies geplagt genug sind, ihren besten Spaß zu versagen.
SEKRETÄR: Zwei von Euren Leuten, Seter und Hart, haben einem Mädel, einer Wirtstochter, übel mitgespielt. Sie kriegten sie allein, und die Dirne konnte sich ihrer nicht erwehren.
EGMONT: Wenn es ein ehrlich Mädchen ist und sie haben Gewalt gebraucht, so soll er sie drei Tage hintereinander mit Ruten streichen lassen, und wenn sie etwas besitzen, soll er so viel davon einziehen, daß dem Mädchen eine Ausstattung gereicht werden kann.
SEKRETÄR: Einer von den fremden Lehrern ist heimlich durch Comines gegangen und entdeckt worden. Er schwört, er sei im Begriff, nach Frankreich zu gehen. Nach dem Befehl soll er enthauptet werden.
EGMONT: Sie sollen ihn in der Stille an die Grenze bringen und ihn versichern, daß er das zweitemal nicht so wegkommt.

SEKRETÄR: Ein Brief von Eurem Einnehmer. Er schreibt: es komme wenig Geld ein, er könne auf die Woche die verlangte Summe schwerlich schicken; der Tumult habe in alles die größte Konfusion gebracht.

EGMONT: Das Geld muß herbei, er mag sehen, wie er es zusammenbringt.

SEKRETÄR: Er sagt, er werde sein möglichstes tun und wolle endlich den Raymond, der Euch so lange schuldig ist, verklagen und in Verhaft nehmen lassen.

EGMONT: Der hat ja versprochen zu bezahlen.

SEKRETÄR: Das letztemal setzte er sich selbst vierzehn Tage.

EGMONT: So gebe man ihm noch vierzehn Tage; und dann mag er gegen ihn verfahren.

SEKRETÄR: Ihr tut wohl: es ist nicht Unvermögen, es ist böser Wille. Er macht gewiß Ernst, wenn er sieht, Ihr spaßt nicht. – Ferner sagt der Einnehmer, er wolle den alten Soldaten, den Witwen und einigen andern, denen Ihr Gnadengehalte gebt, die Gebühr einen halben Monat zurückhalten; man könne indessen Rat schaffen; sie möchten sich einrichten.

EGMONT: Was ist da einzurichten? Die Leute brauchen das Geld nötiger als ich. Das soll er bleibenlassen.

SEKRETÄR: Woher befehlt Ihr denn, daß er das Geld nehmen soll?

EGMONT: Darauf mag er denken; es ist ihm im vorigen Briefe schon gesagt.

SEKRETÄR: Deswegen tut er die Vorschläge.

EGMONT: Die taugen nicht. Er soll auf was anders sinnen. Er soll Vorschläge tun, die annehmlich sind, und vor allem soll er das Geld schaffen.

SEKRETÄR: Ich habe den Brief des Grafen Oliva wieder hierhergelegt. Verzeiht, daß ich Euch daran erinnere. Der alte Herr verdient vor allen andern eine ausführliche Antwort. Ihr wolltet ihm selbst schreiben. Gewiß, er liebt Euch wie ein Vater.

EGMONT: Ich komme nicht dazu. Und unter viel Verhaßtem

ist mir das Schreiben das Verhaßteste. Du machst meine Hand ja so gut nach, schreib in meinem Namen. Ich erwarte Oranien. Ich komme nicht dazu; und wünschte selbst, daß ihm auf seine Bedenklichkeiten was recht Beruhigendes geschrieben würde.

SEKRETÄR: Sagt mir nur ungefähr Eure Meinung; ich will die Antwort schon aufsetzen und sie Euch vorlegen. Geschrieben soll sie werden, daß sie vor Gericht für Eure Hand gelten kann.

EGMONT: Gib mir den Brief! *Nachdem er hineingesehen:* Guter ehrlicher Alter! Warst du in deiner Jugend auch wohl so bedächtig? Erstiegst du nie einen Wall? Bliebst du in der Schlacht, wo es die Klugheit anrät, hinten? – Der Treue, Sorgliche! Er will mein Leben und mein Glück und fühlt nicht, daß der schon tot ist, der um seiner Sicherheit willen lebt. – Schreib ihm: er möge unbesorgt sein; ich handle, wie ich soll, ich werde mich schon wahren; sein Ansehn bei Hofe soll er zu meinen Gunsten brauchen und meines vollkommnen Danks gewiß sein.

SEKRETÄR: Nichts weiter? O er erwartet mehr!

EGMONT: Was soll ich mehr sagen? Willst du mehr Worte machen, so steht's bei dir. Es dreht sich immer um den e i n e n Punkt: ich soll leben, wie ich nicht leben mag. Daß ich fröhlich bin, die Sachen leichtnehme, rasch lebe, das ist mein Glück, und ich vertausch es nicht gegen die Sicherheit eines Totengewölbes. Ich habe nun zu der spanischen Lebensart nicht einen Blutstropfen in meinen Adern, nicht Lust, meine Schritte nach der neuen bedächtigen Hofkadenz zu mustern. Leb ich nur, um aufs Leben zu denken? Soll ich den gegenwärtigen Augenblick nicht genießen, damit ich des folgenden gewiß sei? und diesen wieder mit Sorgen und Grillen verzehren?

SEKRETÄR: Ich bitt Euch, Herr; seid nicht so harsch und rauh gegen den guten Mann. Ihr seid ja sonst gegen alle freundlich. Sagt mir ein gefällig Wort, das den edlen Freund beruhige. Seht, wie sorgfältig er ist, wie leis er Euch berührt.

EGMONT: Und doch berührt er immer diese Saite. Er weiß von alters her, wie verhaßt mir diese Ermahnungen sind; sie machen nur irre, sie helfen nichts. Und wenn ich ein Nachtwandler wäre und auf dem gefährlichen Gipfel eines Hauses spazierte, ist es freundschaftlich, mich beim Namen zu rufen und mich zu warnen, zu wecken und zu töten? Laßt jeden seines Pfades gehn, er mag sich wahren.

SEKRETÄR: Es ziemt Euch, nicht zu sorgen, aber wer Euch kennt und liebt –

EGMONT *in den Brief sehend:* Da bringt er wieder die alten Märchen auf, was wir an einem Abend in leichtem Übermut der Geselligkeit und des Weins getrieben und gesprochen und was man draus für Folgen und Beweise durchs ganze Königreich gezogen und geschleppt. – Nun gut, wir haben Schellenkappen, Narrenkutten auf unsrer Diener Ärmel sticken lassen und haben diese tolle Zierde nachher in einen Bündel Pfeile verwandelt; ein noch gefährlicher Symbol für alle, die deuten wollen, wo nichts zu deuten ist. Wir haben die und jene Torheit in einem lustigen Augenblick empfangen gleich und geboren; sind schuld, daß eine ganze edle Schar mit Bettelsäcken und mit einem selbstgewählten Unnamen dem Könige seine Pflicht mit spottender Demut ins Gedächtnis riefen; sind schuld – was ist's nun weiter? Ist ein Faßnachtsspiel gleich Hochverrat? Sind uns die kurzen bunten Lumpen zu mißgönnen, die ein jugendlicher Mut, eine angefrischte Phantasie um unsers Lebens arme Blöße hängen mag? Wenn ihr das Leben gar zu ernsthaft nehmt, was ist denn dran? Wenn uns der Morgen nicht zu neuen Freuden weckt, am Abend uns keine Lust zu hoffen übrigbleibt, ist's wohl des An- und Ausziehens wert? Scheint mir die Sonne heut, um das zu überlegen, was gestern war, und um zu raten, zu verbinden, was nicht zu erraten, nicht zu verbinden ist: das Schicksal eines kommenden Tags? Schenke mir diese Betrachtungen, wir wollen sie Schülern und Höflingen überlassen: die mögen sinnen und aussinnen, wandeln und schleichen, gelangen, wohin sie können, erschleichen, was sie können. – Kannst du von allem diesem etwas brauchen, daß deine Epistel kein Buch wird, so ist mir's recht. Dem guten Alten scheint alles viel zu wichtig. So drückt ein Freund, der lang unsre Hand gehalten, sie stärker noch einmal, wenn er sie lassen will.

SEKRETÄR: Verzeiht mir, es wird dem Fußgänger schwindlig, der einen Mann mit rasselnder Eile daherfahren sieht.

EGMONT: Kind! Kind! nicht weiter! Wie von unsichtbaren Geistern gepeitscht, gehen die Sonnenpferde der Zeit mit unsers Schicksals leichtem Wagen durch, und uns bleibt nichts, als mutig gefaßt die Zügel festzuhalten und bald rechts, bald links, vom Steine hier, vom Sturze da, die Räder wegzulenken. Wohin es geht, wer weiß es? Erinnert er sich doch kaum, woher er kam.

SEKRETÄR: Herr! Herr!

EGMONT: Ich stehe hoch und kann und muß noch höher steigen; ich fühle mir Hoffnung, Mut und Kraft. Noch hab ich meines Wachstums Gipfel nicht erreicht, und steh ich droben einst, so will ich fest, nicht ängstlich stehen. Soll ich fallen, so mag ein Donnerschlag, ein Sturmwind, ja ein selbst verfehlter Schritt mich abwärts in die Tiefe stürzen – da lieg ich mit viel Tausenden. Ich habe nie verschmäht, mit meinen guten Kriegsgesellen um kleinen Gewinst das blut'ge Los zu werfen; und sollt ich knickern, wenn's um den ganzen freien Wert des Lebens geht?

SEKRETÄR: O Herr! Ihr wißt nicht, was für Worte Ihr sprecht! Gott erhalt Euch!

EGMONT: Nimm deine Papiere zusammen. Oranien kommt. Fertige aus, was am nötigsten ist, daß die Boten fortkommen, eh die Tore geschlossen werden. Das andre hat Zeit. Den Brief an den Grafen laß bis morgen. Versäume nicht, Elviren zu besuchen, und grüße sie von mir. – Horche, wie sich die Regentin befindet, sie soll nicht wohl sein, ob sie's gleich verbirgt.

Sekretär ab.
Oranien kommt.

EGMONT: Willkommen, Oranien. Ihr scheint mir nicht ganz frei.

ORANIEN: Was sagt Ihr zu unsrer Unterhaltung mit der Regentin?

EGMONT: Ich fand in ihrer Art, uns aufzunehmen, nichts Außerordentliches. Ich habe sie schon mehr so gesehen. Sie schien mir nicht ganz wohl.

ORANIEN: Merktet Ihr nicht, daß sie zurückhaltender war? Erst wollte sie unser Betragen bei dem neuen Aufruhr des Pöbels gelassen billigen, nachher merkte sie an, was sich doch auch für ein falsches Licht darauf werfen lasse, wich dann mit dem Gespräche zu ihrem alten gewöhnlichen Diskurs: daß man ihre liebevolle gute Art, ihre Freundschaft zu uns Niederländern nie genug erkannt, zu leicht behandelt habe, daß nichts einen erwünschten Ausgang nehmen wolle, daß sie am Ende wohl müde werden, der König sich zu andern Maßregeln entschließen müsse. Habt Ihr das gehört?

EGMONT: Nicht alles, ich dachte unterdessen an was anders. Sie ist ein Weib, guter Oranien, und die möchten immer gern, daß sich alles unter ihr sanftes Joch gelassen schmiegte, daß jeder Herkules die Löwenhaut ablegte und ihren Kunkelhof vermehrte; daß, weil sie friedlich gesinnt sind, die Gärung, die ein Volk ergreift, der Sturm, den mächtige Nebenbuhler gegeneinander erregen, sich durch ein freundlich Wort beilegen ließe und die widrigsten Elemente sich zu ihren Füßen in sanfter Eintracht vereinigten. Das ist ihr Fall, und da sie es dahin nicht bringen kann, so hat sie keinen Weg, als launisch zu werden, sich über Undankbarkeit, Unweisheit zu beklagen, mit schrecklichen Aussichten in die Zukunft zu drohen, und zu drohen – daß sie fortgehn will.

ORANIEN: Glaubt Ihr dasmal nicht, daß sie ihre Drohung erfüllt?

EGMONT: Nimmermehr! Wie oft habe ich sie schon reisefertig gesehen! Wo will sie denn hin? Hier Statthalterin, Königin; glaubst du, daß sie es unterhalten wird, am Hofe ihres Bruders unbedeutende Tage abzuhaspeln oder nach Italien zu gehn und sich in alten Familienverhältnissen herumzuschleppen?

ORANIEN: Man hält sie dieser Entschließung nicht fähig, weil ihr sie habt zaudern, weil ihr sie habt zurücktreten sehn; dennoch liegt's wohl in ihr: neue Umstände treiben sie zu dem lang verzögerten Entschluß. Wenn sie ginge? und der König schickte einen andern?

EGMONT: Nun, der würde kommen und würde eben auch zu tun finden. Mit großen Plänen, Projekten und Gedanken würde er kommen, wie er alles zurechtrücken, unterwerfen und zusammenhalten wolle, und würde heut mit dieser Kleinigkeit, morgen mit einer andern zu tun haben, übermorgen jene Hindernis finden, einen Monat mit Entwürfen, einen andern mit Verdruß über fehlgeschlagne Unternehmen, ein halb Jahr in Sorgen über eine einzige Provinz zubringen. Auch ihm wird die Zeit vergehn, der Kopf schwindeln und die Dinge wie zuvor ihren Gang halten, daß er, statt weite Meere nach einer vorgezognen Linie zu durchsegeln, Gott danken mag, wenn er sein Schiff in diesem Sturme vom Felsen hält.

ORANIEN: Wenn man nun aber dem König zu einem Versuch riete?

EGMONT: Der wäre?

ORANIEN: Zu sehen, was der Rumpf ohne Haupt anfinge.

EGMONT: Wie?

ORANIEN: Egmont, ich trage viele Jahre her alle unsre Verhältnisse am Herzen, ich stehe immer wie über einem Schachspiele und halte keinen Zug des Gegners für unbedeutend; und wie müßige Menschen mit der größten Sorgfalt sich um die Geheimnisse der Natur bekümmern, so halt ich es für Pflicht, für Beruf eines Fürsten, die Gesinnungen, die Ratschläge aller Parteien zu kennen.

Ich habe Ursache, einen Ausbruch zu befürchten. Der König hat lang nach gewissen Grundsätzen gehandelt, er sieht, daß er damit nicht auskommt; was ist wahrscheinlicher, als daß er es auf einem andern Wege versucht?

EGMONT: Ich glaub's nicht. Wenn man alt wird und hat so viel versucht und es will in der Welt nie zur Ordnung kommen, muß man es endlich wohl genug haben.

ORANIEN: Eins hat er noch nicht versucht.

EGMONT: Nun?

ORANIEN: Das Volk zu schonen und die Fürsten zu verderben.

EGMONT: Wie viele haben das schon lang gefürchtet! Es ist keine Sorge.

ORANIEN: Sonst war's Sorge, nach und nach ist mir's Vermutung, zuletzt Gewißheit geworden.

EGMONT: Und hat der König treure Diener als uns?

ORANIEN: Wir dienen ihm auf unsre Art, und untereinander können wir gestehen, daß wir des Königs Rechte und die unsrigen wohl abzuwägen wissen.

EGMONT: Wer tut's nicht? Wir sind ihm untertan und gewärtig in dem, was ihm zukommt.

ORANIEN: Wenn er sich nun aber mehr zuschriebe und Treulosigkeit nennte, was wir heißen: auf unsre Rechte halten?

EGMONT: Wir werden uns verteidigen können. Er rufe die Ritter des Vlieses zusammen, wir wollen uns richten lassen.

ORANIEN: Und was wäre ein Urteil vor der Untersuchung, eine Strafe vor dem Urteil?

EGMONT: Eine Ungerechtigkeit, der sich Philipp nie schuldig machen wird, und eine Torheit, die ich ihm und seinen Räten nicht zutraue.

ORANIEN: Und wenn sie nun ungerecht und töricht wären?

EGMONT: Nein, Oranien, es ist nicht möglich. Wer sollte wagen, Hand an uns zu legen? – Uns gefangenzunehmen, wär ein verloren und fruchtloses Unternehmen. Nein, sie wagen nicht, das Panier der Tyrannei so hoch aufzustekken. Der Windhauch, der diese Nachricht übers Land brächte, würde ein ungeheures Feuer zusammentreiben. Und wohinaus wollten sie? Richten und verdammen kann nicht der König allein; und wollten sie meuchelmörderisch an unser Leben? – Sie können nicht wollen. Ein schrecklicher Bund würde in einem Augenblick das Volk vereinigen. Haß und ewige Trennung vom spanischen Namen würde sich gewaltsam erklären.

ORANIEN: Die Flamme wütete dann über unserm Grabe, und das Blut unsrer Feinde flösse zum leeren Sühnopfer. Laß uns denken, Egmont!

EGMONT: Wie sollten sie aber?

ORANIEN: Alba ist unterwegs.

EGMONT: Ich glaub's nicht.

ORANIEN: Ich weiß es.

EGMONT: Die Regentin wollte nichts wissen.

ORANIEN: Um desto mehr bin ich überzeugt. Die Regentin wird ihm Platz machen. Seinen Mordsinn kenn ich, und ein Heer bringt er mit.

EGMONT: Aufs neue die Provinzen zu belästigen? Das Volk wird höchst schwierig werden.

ORANIEN: Man wird sich der Häupter versichern.

EGMONT: Nein! Nein!

ORANIEN: Laß uns gehen, jeder in seine Provinz. Dort wollen wir uns verstärken; mit offner Gewalt fängt er nicht an.

EGMONT: Müssen wir ihn nicht begrüßen, wenn er kommt?

ORANIEN: Wir zögern.

EGMONT: Und wenn er uns im Namen des Königs bei seiner Ankunft fordert?

ORANIEN: Suchen wir Ausflüchte.

EGMONT: Und wenn er dringt?

ORANIEN: Entschuldigen wir uns.

EGMONT: Und wenn er drauf besteht?

ORANIEN: Kommen wir um so weniger.

EGMONT: Und der Krieg ist erklärt, und wir sind die Rebellen. Oranien, laß dich nicht durch Klugheit verführen;

ich weiß, daß Furcht dich nicht weichen macht. Bedenke den Schritt.

ORANIEN: Ich hab ihn bedacht.

EGMONT: Bedenke, wenn du dich irrst, woran du schuld bist: an dem verderblichsten Kriege, der je ein Land verwüstet hat. Dein Weigern ist das Signal, das die Provinzen mit einem Male zu den Waffen ruft, das jede Grausamkeit rechtfertigt, wozu Spanien von jeher nur gern den Vorwand gehascht hat. Was wir lange mühselig gestillt haben, wirst du mit einem Winke zur schrecklichsten Verwirrung aufhetzen. Denk an die Städte, die Edlen, das Volk, an die Handlung, den Feldbau, die Gewerbe! und denke die Verwüstung, den Mord! – Ruhig sieht der Soldat wohl im Felde seinen Kameraden neben sich hinfallen – aber den Fluß herunter werden dir die Leichen der Bürger, der Kinder, der Jungfrauen entgegenschwimmen, daß du mit Entsetzen dastehst und nicht mehr weißt, wessen Sache du verteidigst, da die zugrunde gehen, für deren Freiheit du die Waffen ergriffst. Und wie wird dir's sein, wenn du dir still sagen mußt: Für meine Sicherheit ergriff ich sie.

ORANIEN: Wir sind nicht einzelne Menschen, Egmont. Ziemt es sich, uns für Tausende hinzugeben, so ziemt es sich auch, uns für Tausende zu schonen.

EGMONT: Wer sich schont, muß sich selbst verdächtig werden.

ORANIEN: Wer sich kennt, kann sicher vor- und rückwärts gehn.

EGMONT: Das Übel, das du fürchtest, wird gewiß durch deine Tat.

ORANIEN: Es ist klug und kühn, dem unvermeidlichen Übel entgegenzugehn.

EGMONT: Bei so großer Gefahr kommt die leichteste Hoffnung in Anschlag.

ORANIEN: Wir haben nicht für den leisesten Fußtritt Platz mehr, der Abgrund liegt hart vor uns.

ZWEITER AUFZUG

EGMONT: Ist des Königs Gunst ein so schmaler Grund?
ORANIEN: So schmal nicht, aber schlüpfrig.
EGMONT: Bei Gott, man tut ihm Unrecht. Ich mag nicht leiden, daß man ungleich von ihm denkt! Er ist Karls Sohn und keiner Niedrigkeit fähig.
ORANIEN: Die Könige tun nichts Niedriges.
EGMONT: Man sollte ihn kennenlernen.
ORANIEN: Eben diese Kenntnis rät uns, eine gefährliche Probe nicht abzuwarten.
EGMONT: Keine Probe ist gefährlich, zu der man Mut hat.
ORANIEN: Du wirst aufgebracht, Egmont.
EGMONT: Ich muß mit meinen Augen sehen.
ORANIEN: O sähst du diesmal nur mit meinen! Freund, weil du sie offen hast, glaubst du, du siehst. Ich gehe! Warte du Albas Ankunft ab, und Gott sei bei dir! Vielleicht rettet dich mein Weigern. Vielleicht daß der Drache nichts zu fangen glaubt, wenn er uns nicht beide auf einmal verschlingt. Vielleicht zögert er, um seinen Anschlag sicherer auszuführen, und vielleicht bis dahin siehst du die Sache in ihrer wahren Gestalt. Aber dann schnell! schnell! Rette! rette dich! – Leb wohl! – Laß deiner Aufmerksamkeit nichts entgehen: wieviel Mannschaft er mitbringt, wie er die Stadt besetzt, was für Macht die Regentin behält, wie deine Freunde gefaßt sind. Gib mir Nachricht. – – – Egmont! –
EGMONT: Was willst du?
ORANIEN *ihn bei der Hand fassend:* Laß dich überreden! Geh mit!
EGMONT: Wie? Tränen, Oranien?
ORANIEN: Einen Verlornen zu beweinen ist auch männlich.
EGMONT: Du wähnst mich verloren?
ORANIEN: Du bist's. Bedenke! Dir bleibt nur eine kurze Frist. Leb wohl! *Ab.*
EGMONT *allein:* Daß andrer Menschen Gedanken solchen Einfluß auf uns haben! Mir wäre es nie eingekommen, und dieser Mann trägt seine Sorglichkeit in mich herüber. – Weg! – das ist ein fremder Tropfen in meinem Blute.

Gute Natur, wirf ihn wieder heraus! Und von meiner Stirne die sinnenden Runzeln wegzubaden, gibt es ja wohl noch ein freundlich Mittel.

DRITTER AUFZUG

PALAST DER REGENTIN

Margarete von Parma.

Ich hätte mir's vermuten sollen. Ha! Wenn man in Mühe und Arbeit vor sich hin lebt, denkt man immer, man tue das möglichste; und der von weiten zusieht und befiehlt, glaubt, er verlange nur das mögliche. – O die Könige! – Ich hätte nicht geglaubt, daß es mich so verdrießen könnte. Es ist so schön zu herrschen! – Und abzudanken? – Ich weiß nicht, wie mein Vater es konnte; aber ich will es auch.

Machiavell erscheint im Grunde.

REGENTIN: Tretet näher, Machiavell. Ich denke hier über den Brief meines Bruders.

MACHIAVELL: Ich darf wissen, was er enthält?

REGENTIN: Soviel zärtliche Aufmerksamkeit für mich als Sorgfalt für seine Staaten. Er rühmt die Standhaftigkeit, den Fleiß und die Treue, womit ich bisher für die Rechte Seiner Majestät in diesen Landen gewacht habe. Er bedauert mich, daß mir das unbändige Volk so viel zu schaffen mache. Er ist von der Tiefe meiner Einsichten so vollkommen überzeugt, mit der Klugheit meines Betragens so außerordentlich zufrieden, daß ich fast sagen muß: der Brief ist für einen König zu schön geschrieben, für einen Bruder gewiß.

MACHIAVELL: Es ist nicht das erstemal, daß er Euch seine gerechte Zufriedenheit bezeigt.

REGENTIN: Aber das erstemal, daß es rednerische Figur ist.

MACHIAVELL: Ich versteh Euch nicht.

REGENTIN: Ihr werdet. – Denn er meint nach diesem Eingange: ohne Mannschaft, ohne eine kleine Armee werde ich immer hier eine üble Figur spielen; wir hätten, sagt er, unrecht getan, auf die Klagen der Einwohner unsre Soldaten aus den Provinzen zu ziehen; eine Besatzung, meint er, die dem Bürger auf dem Nacken lastet, verbiete ihm durch ihre Schwere, große Sprünge zu machen.

MACHIAVELL: Es würde die Gemüter äußerst aufbringen.

REGENTIN: Der König meint aber, hörst du. – Er meint, daß ein tüchtiger General, so einer, der gar keine Räson annimmt, gar bald mit Volk und Adel, Bürgern und Bauern fertig werden könne – und schickt deswegen mit einem starken Heere – den Herzog von Alba.

MACHIAVELL: Alba?

REGENTIN: Du wunderst dich?

MACHIAVELL: Ihr sagt: er schickt. Er fragt wohl, ob er schikken soll?

REGENTIN: Der König fragt nicht. Er schickt.

MACHIAVELL: So werdet Ihr einen erfahrnen Krieger in Euren Diensten haben.

REGENTIN: In meinen Diensten? Rede gradheraus, Machiavell.

MACHIAVELL: Ich möcht Euch nicht vorgreifen.

REGENTIN: Und ich möchte mich verstellen. Es ist mir empfindlich, sehr empfindlich. Ich wollte lieber, mein Bruder sagte, wie er's denkt, als daß er förmliche Episteln unterschreibt, die ein Staatssekretär aufsetzt.

MACHIAVELL: Sollte man nicht einsehen? –

REGENTIN: Und ich kenne sie inwendig und auswendig. Sie möchten's gern gesäubert und gekehrt haben, und weil sie selbst nicht zugreifen, so findet ein jeder Vertrauen, der mit dem Besen in der Hand kommt. O mir ist's, als wenn ich den König und sein Konseil auf dieser Tapete gewirkt sähe!

MACHIAVELL: So lebhaft?

REGENTIN: Es fehlt kein Zug. Es sind gute Menschen drunter. Der ehrliche Rodrich, der so erfahren und mäßig ist, nicht zu hoch will und doch nichts fallen läßt, der grade Alonzo, der fleißige Freneda, der feste Las Vargas und noch einige, die mitgehen, wenn die gute Partei mächtig wird. Da sitzt aber der hohläugige Toledaner mit der ehrnen Stirne und dem tiefen Feuerblick, murmelt zwischen den Zähnen von Weibergüte, unzeitigem Nachgeben, und daß Frauen wohl von zugerittenen Pferden sich tragen lassen, selbst aber schlechte Stallmeister sind, und solche Späße, die ich ehemals von den politischen Herrn habe mit durchhören müssen.

MACHIAVELL: Ihr habt zu dem Gemälde einen guten Farbentopf gewählt.

REGENTIN: Gesteht nur, Machiavell: In meiner ganzen Schattierung, aus der ich allenfalls malen könnte, ist kein Ton so gelbbraun-gallenschwarz wie Albas Gesichtsfarbe und als die Farbe, aus der er malt. Jeder ist bei ihm gleich ein Gotteslästerer, ein Majestätenschänder, denn aus diesem Kapitel kann man sie alle sogleich rädern, pfählen, vierteilen und verbrennen. – Das Gute, was ich hier getan habe, sieht gewiß in der Ferne wie nichts aus, eben weil's gut ist. – Da hängt er sich an jeden Mutwillen, der vorbei ist, erinnert jede Unruhe, die gestillt ist, und es wird dem Könige vor den Augen so voll Meuterei, Aufruhr und Tollkühnheit, daß er sich vorstellt, sie fräßen sich hier einander auf, wenn eine flüchtig vorübergehende Ungezogenheit eines rohen Volks bei uns lange vergessen ist. Da faßt er einen recht herzlichen Haß auf die armen Leute, sie kommen ihm abscheulich, ja wie Tiere und Ungeheuer vor, er sieht sich nach Feuer und Schwert um und wähnt, so bändige man Menschen.

MACHIAVELL: Ihr scheint mir zu heftig, Ihr nehmt die Sache zu hoch. Bleibt Ihr nicht Regentin?

REGENTIN: Das kenn ich. Er wird eine Instruktion bringen – Ich bin in Staatsgeschäften alt genug geworden, um zu wissen, wie man einen verdrängt, ohne ihm seine Bestallung zu nehmen. – Erst wird er eine Instruktion bringen, die wird unbestimmt und schief sein; er wird um sich greifen, denn er hat die Gewalt, und wenn ich mich beklage, wird er eine geheime Instruktion vorschützen; wenn ich sie sehen will, wird er mich herumziehen; wenn ich drauf bestehe, wird er mir ein Papier zeigen, das ganz was anders enthält, und wenn ich mich da nicht beruhige, gar nicht mehr tun, als wenn ich redete. – Indes wird er, was ich fürchte, getan und, was ich wünsche, weit abwärts gelenkt haben.

MACHIAVELL: Ich wollt, ich könnt Euch widersprechen.

REGENTIN: Was ich mit unsäglicher Geduld beruhigte, wird er durch Härte und Grausamkeiten wieder aufhetzen; ich werde vor meinen Augen mein Werk verloren sehn und überdies noch seine Schuld zu tragen haben.

MACHIAVELL: Erwarten's Eure Hoheit.

REGENTIN: So viel Gewalt hab ich über mich, um stille zu sein. Laß ihn kommen; ich werde ihm mit der besten Art Platz machen, eh er mich verdrängt.

MACHIAVELL: So rasch diesen wichtigen Schritt?

REGENTIN: Schwerer, als du denkst. Wer zu herrschen gewohnt ist, wer's hergebracht hat, daß jeden Tag das Schicksal von Tausenden in seiner Hand liegt, steigt vom Throne wie ins Grab. Aber besser so, als einem Gespenste gleich unter den Lebenden bleiben und mit hohlem Ansehn einen Platz behaupten wollen, den ihm ein andrer abgeerbt hat und nun besitzt und genießt.

KLÄRCHENS WOHNUNG

Klärchen. Mutter.

MUTTER: So eine Liebe wie Brackenburgs hab ich nie gesehen; ich glaubte, sie sei nur in Heldengeschichten.

DRITTER AUFZUG

KLÄRCHEN *geht in der Stube auf und ab, ein Lied zwischen den Lippen summend:*

> Glücklich allein
> Ist die Seele, die liebt.

MUTTER: Er vermutet deinen Umgang mit Egmont, und ich glaube, wenn du ihm ein wenig freundlich tätest, wenn du wolltest, er heiratete dich noch.

KLÄRCHEN *singt:*

> Freudvoll
> Und leidvoll,
> Gedankenvoll sein,
> Langen
> Und bangen
> In schwebender Pein,
> Himmelhoch jauchzend,
> Zum Tode betrübt –
> Glücklich allein
> Ist die Seele, die liebt.

MUTTER: Laß das Heiopopeio.

KLÄRCHEN: Scheltet mir's nicht, es ist ein kräftig Lied; hab ich doch schon manchmal ein großes Kind damit schlafen gewiegt.

MUTTER: Du hast doch nichts im Kopfe als deine Liebe. Vergäßest du nur nicht alles über das eine. Den Brackenburg solltest du in Ehren halten, sag ich dir! Er kann dich noch einmal glücklich machen.

KLÄRCHEN: Er?

MUTTER: O ja! es kommt eine Zeit! – Ihr Kinder seht nichts voraus und überhorcht unsre Erfahrungen. Die Jugend und die schöne Liebe, alles hat sein Ende, und es kommt eine Zeit, wo man Gott dankt, wenn man irgendwo unterkriechen kann.

KLÄRCHEN *schaudert, schweigt und fährt auf:* Mutter, laßt die Zeit kommen wie den Tod. Dran vorzudenken ist schreckhaft!

– Und wenn er kommt! Wenn wir müssen – dann – wollen wir uns gebärden, wie wir können! – Egmont, ich dich entbehren! – *In Tränen:* Nein, es ist nicht möglich, nicht möglich.

EGMONT *in einem Reitermantel, den Hut ins Gesicht gedrückt:* Klärchen!

KLÄRCHEN *tut einen Schrei, fährt zurück:* Egmont! *Sie eilt auf ihn zu:* Egmont! *Sie umarmt ihn und ruht an ihm.* O du Guter, Lieber, Süßer! Kommst du? Bist du da!

EGMONT: Guten Abend, Mutter!

MUTTER: Gott grüß Euch, edler Herr! Meine Kleine ist fast vergangen, daß Ihr so lang ausbleibt, sie hat wieder den ganzen Tag von Euch geredet und gesungen.

EGMONT: Ihr gebt mir doch ein Nachtessen?

MUTTER: Zu viel Gnade. Wenn wir nur etwas hätten.

KLÄRCHEN: Freilich! Seid nur ruhig, Mutter, ich habe schon alles darauf eingerichtet, ich habe etwas zubereitet. Verratet mich nicht, Mutter.

MUTTER: Schmal genug.

KLÄRCHEN: Wartet nur! Und dann denk ich: wenn er bei mir ist, hab ich gar keinen Hunger, da sollte er auch keinen großen Appetit haben, wenn ich bei ihm bin.

EGMONT: Meinst du?

Klärchen stampft mit dem Fuße und kehrt sich unwillig um.

EGMONT: Wie ist dir?

KLÄRCHEN: Wie seid Ihr heute so kalt! Ihr habt mir noch keinen Kuß angeboten. Warum habt Ihr die Arme in den Mantel gewickelt wie ein Wochenkind? Ziemt keinem Soldaten noch Liebhaber, die Arme eingewickelt zu haben.

EGMONT: Zuzeiten, Liebchen, zuzeiten. Wenn der Soldat auf der Lauer steht und dem Feinde etwas ablisten möchte, da nimmt er sich zusammen, faßt sich selbst in seine Arme und kaut seinen Anschlag reif. Und ein Liebhaber –

MUTTER: Wollt Ihr Euch nicht setzen? es Euch nicht bequem

machen? Ich muß in die Küche. Klärchen denkt an nichts, wenn Ihr da seid. Ihr müßt vorliebnehmen.

EGMONT: Euer guter Wille ist die beste Würze.

Mutter ab.

KLÄRCHEN: Und was wäre denn meine Liebe?

EGMONT: So viel du willst.

KLÄRCHEN: Vergleicht sie, wenn Ihr das Herz habt.

EGMONT: Zuvörderst also. *Er wirft den Mantel ab und steht in einem prächtigen Kleide da.*

KLÄRCHEN: O je!

EGMONT: Nun hab ich die Arme frei. *Er herzt sie.*

KLÄRCHEN: Laßt! Ihr verderbt Euch. *Sie tritt zurück.* Wie prächtig! da darf ich Euch nicht anrühren.

EGMONT: Bist du zufrieden? Ich versprach dir, einmal spanisch zu kommen.

KLÄRCHEN: Ich bat Euch zeither nicht mehr drum; ich dachte, Ihr wolltet nicht. – Ach, und das Goldne Vlies!

EGMONT: Da siehst du's nun.

KLÄRCHEN: Das hat dir der Kaiser umgehängt?

EGMONT: Ja, Kind! Und Kette und Zeichen geben dem, der sie trägt, die edelsten Freiheiten. Ich erkenne auf Erden keinen Richter über meine Handlungen als den Großmeister des Ordens mit dem versammelten Kapitel der Ritter.

KLÄRCHEN: O du dürftest die ganze Welt über dich richten lassen. – Der Sammet ist gar zu herrlich, und die Passementarbeit! und das Gestickte! – Man weiß nicht, wo man anfangen soll.

EGMONT: Sieh dich nur satt.

KLÄRCHEN: Und das Goldne Vlies! Ihr erzählet mir die Geschichte und sagtet, es sei ein Zeichen alles Großen und Kostbaren, was man mit Müh und Fleiß verdient und erwirbt. Es ist sehr kostbar – ich kann's deiner Liebe vergleichen – ich trage sie ebenso am Herzen – und hernach –

EGMONT: Was willst du sagen?
KLÄRCHEN: Hernach vergleicht sich's auch wieder nicht.
EGMONT: Wieso?
KLÄRCHEN: Ich habe sie nicht mit Müh und Fleiß erworben. Nicht verdient.
EGMONT: In der Liebe ist es anders. Du verdienst sie, weil du dich nicht darum bewirbst – und die Leute erhalten sie auch meist allein, die nicht darnach jagen.
KLÄRCHEN: Hast du das von dir abgenommen? Hast du diese stolze Anmerkung über dich selbst gemacht? du, den alles Volk liebt.
EGMONT: Hätt ich nur etwas für sie getan, könnt ich etwas für sie tun! Es ist ihr guter Wille, mich zu lieben.
KLÄRCHEN: Du warst gewiß heute bei der Regentin?
EGMONT: Ich war bei ihr.
KLÄRCHEN: Bist du gut mit ihr?
EGMONT: Es sieht einmal so aus. Wir sind einander freundlich und dienstlich.
KLÄRCHEN: Und im Herzen?
EGMONT: Will ich ihr wohl. Jedes hat seine eignen Absichten. Das tut nichts zur Sache. Sie ist eine treffliche Frau, kennt ihre Leute und sähe tief genug, wenn sie auch nicht argwöhnisch wäre. Ich mache ihr viel zu schaffen, weil sie hinter meinem Betragen immer Geheimnisse sucht und ich keine habe.
KLÄRCHEN: So gar keine?
EGMONT: Eh nun! einen kleinen Hinterhalt. Jeder Wein setzt Weinstein in den Fässern an mit der Zeit. Oranien ist doch noch eine bessere Unterhaltung für sie und eine immer neue Aufgabe. Er hat sich in den Kredit gesetzt, daß er immer etwas Geheimes vorhabe, und nun sieht sie immer nach seiner Stirne, was er wohl denken, auf seine Schritte, wohin er sie wohl richten möchte.
KLÄRCHEN: Verstellt sie sich?
EGMONT: Regentin, und du fragst?
KLÄRCHEN: Verzeiht, ich wollte fragen: ist sie falsch?

EGMONT: Nicht mehr und nicht weniger als jeder, der seine Absichten erreichen will.
KLÄRCHEN: Ich könnte mich in die Welt nicht finden. Sie hat aber auch einen männlichen Geist, sie ist ein ander Weib als wir Nätherinnen und Köchinnen. Sie ist groß, herzhaft, entschlossen.
EGMONT: Ja, wenn's nicht gar zu bunt geht. Diesmal ist sie doch ein wenig auseinander.
KLÄRCHEN: Wieso?
EGMONT: Sie hat auch ein Bärtchen auf der Oberlippe und manchmal einen Anfall von Podagra. Eine rechte Amazone!
KLÄRCHEN: Eine majestätische Frau! Ich scheute mich, vor sie zu treten.
EGMONT: Du bist doch sonst nicht zaghaft – Es wäre auch nicht Furcht, nur jungfräuliche Scham.

Klärchen schlägt die Augen nieder, nimmt seine Hand und lehnt sich an ihn.

EGMONT: Ich verstehe dich! liebes Mädchen! du darfst die Augen aufschlagen. *Er küßt ihre Augen.*
KLÄRCHEN: Laß mich schweigen. Laß mich dich halten. Laß mich dir in die Augen sehn; alles drin finden, Trost und Hoffnung und Freude und Kummer. *Sie umarmt ihn und sieht ihn an.* Sag mir! Sage! ich begreife nicht! Bist du Egmont? der Graf Egmont? der große Egmont, der so viel Aufsehn macht, von dem in den Zeitungen steht, an dem die Provinzen hängen?
EGMONT: Nein, Klärchen, das bin ich nicht.
KLÄRCHEN: Wie?
EGMONT: Siehst du, Klärchen! – Laß mich sitzen! –

Er setzt sich, sie kniet sich vor ihn auf einen Schemel, legt ihre Arme auf seinen Schoß und sieht ihn an.

Jener Egmont ist ein verdrießlicher, steifer, kalter Egmont, der an sich halten, bald dieses, bald jenes

Gesicht machen muß, geplagt, verkannt, verwickelt ist, wenn ihn die Leute für froh und fröhlich halten. Geliebt von einem Volke, das nicht weiß, was es will, geehrt und in die Höhe getragen von einer Menge, mit der nichts anzufangen ist, umgeben von Freunden, denen er sich nicht überlassen darf, beobachtet von Menschen, die ihm auf alle Weise beikommen möchten, arbeitend und sich bemühend, oft ohne Zweck, meist ohne Lohn – o laß mich schweigen, wie es dem ergeht, wie es dem zumute ist. Aber dieser, Klärchen, der ist ruhig, offen, glücklich, geliebt und gekannt von dem besten Herzen, das auch er ganz kennt und mit voller Liebe und Zutrauen an das seine drückt. *Er umarmt sie.* Das ist dein Egmont!

KLÄRCHEN: So laß mich sterben! Die Welt hat keine Freuden auf diese!

VIERTER AUFZUG

STRASSE

Jetter. Zimmermann.

JETTER: He! pst! he, Nachbar, ein Wort!
ZIMMERMANN: Geh deines Pfads und sei ruhig.
JETTER: Nur ein Wort! Nichts Neues?
ZIMMERMANN: Nichts, als daß uns vom Neuen zu reden verboten ist.
JETTER: Wie?
ZIMMERMANN: Tretet hier ans Haus an. Hütet Euch! Der Herzog von Alba hat gleich bei seiner Ankunft einen Befehl ausgehen lassen, dadurch zwei oder drei, die auf der Straße zusammen sprechen, des Hochverrats ohne Untersuchung schuldig erklärt sind.
JETTER: O weh!
ZIMMERMANN: Bei ewiger Gefangenschaft ist verboten, von Staatssachen zu reden.
JETTER: O unsre Freiheit!
ZIMMERMANN: Und bei Todesstrafe soll niemand die Handlungen der Regierung mißbilligen.
JETTER: O unsre Köpfe!
ZIMMERMANN: Und mit großem Versprechen werden Väter, Mütter, Kinder, Verwandte, Freunde, Dienstboten eingeladen, was in dem Innersten des Hauses vorgeht, bei dem besonders niedergesetzten Gerichte zu offenbaren.
JETTER: Gehn wir nach Hause!
ZIMMERMANN: Und den Folgsamen ist versprochen, daß sie weder an Leibe, noch Ehre, noch Vermögen einige Kränkung erdulden sollen.

JETTER: Wie gnädig! War mir's doch gleich weh, wie der Herzog in die Stadt kam. Seit der Zeit ist mir's, als wäre der Himmel mit einem schwarzen Flor überzogen und hing' so tief herunter, daß man sich bücken müsse, um nicht dran zu stoßen.

ZIMMERMANN: Und wie haben dir seine Soldaten gefallen? Gelt, das ist eine andre Art von Krebsen, als wir sie sonst gewohnt waren.

JETTER: Pfui! Es schnürt einem das Herz ein, wenn man so einen Haufen die Gassen hinabmarschieren sieht. Kerzengrad, mit unverwandtem Blick, ein Tritt, soviel ihrer sind. Und wenn sie auf der Schildwache stehn und du gehst an einem vorbei, ist's, als wenn er dich durch und durch sehen wollte, und sieht so steif und mürrisch aus, daß du auf allen Ecken einen Zuchtmeister zu sehen glaubst. Sie tun mir gar nicht wohl. Unsre Miliz war doch noch ein lustig Volk, sie nahmen sich was heraus, standen mit ausgegrätschten Beinen da, hatten den Hut überm Ohr, lebten und ließen leben; diese Kerle aber sind wie Maschinen, in denen ein Teufel sitzt.

ZIMMERMANN: Wenn so einer ruft: „Halt!" und anschlägt, meinst du, man hielte?

JETTER: Ich wäre gleich des Todes.

ZIMMERMANN: Gehn wir nach Hause.

JETTER: Es wird nicht gut. Adieu.

Soest tritt dazu.

SOEST: Freunde! Genossen!
ZIMMERMANN: Still! Laßt uns gehen.
SOEST: Wißt ihr?
JETTER: Nur zu viel!
SOEST: Die Regentin ist weg.
JETTER: Nun gnad uns Gott!
ZIMMERMANN: Die hielt uns noch.
SOEST: Auf einmal und in der Stille. Sie konnte sich mit dem

Herzog nicht vertragen; sie ließ dem Adel melden, sie komme wieder. Niemand glaubt's.

ZIMMERMANN: Gott verzeih's dem Adel, daß er uns diese neue Geißel über den Hals gelassen hat. Sie hätten es abwenden können. Unsre Privilegien sind hin.

JETTER: Um Gottes willen nichts von Privilegien! Ich wittre den Geruch von einem Exekutionsmorgen: die Sonne will nicht hervor, die Nebel stinken.

SOEST: Oranien ist auch weg.

ZIMMERMANN: So sind wir denn ganz verlassen!

SOEST: Graf Egmont ist noch da.

JETTER: Gott sei Dank! Stärken ihn alle Heiligen, daß er sein Bestes tut; der ist allein was vermögend.

Vansen tritt auf.

VANSEN: Find ich endlich ein paar, die noch nicht untergekrochen sind!

JETTER: Tut uns den Gefallen und geht fürbaß.

VANSEN: Ihr seid nicht höflich.

ZIMMERMANN: Es ist gar keine Zeit zu Komplimenten. Juckt Euch der Buckel wieder? Seid Ihr schon durchgeheilt?

VANSEN: Fragt einen Soldaten nach seinen Wunden! Wenn ich auf Schläge was gegeben hätte, wäre sein Tage nichts aus mir geworden.

JETTER: Es kann ernstlicher werden.

VANSEN: Ihr spürt von dem Gewitter, das aufsteigt, eine erbärmliche Mattigkeit in den Gliedern, scheint's.

ZIMMERMANN: Deine Glieder werden sich bald woanders eine Motion machen, wenn du nicht ruhst.

VANSEN: Armselige Mäuse, die gleich verzweifeln, wenn der Hausherr eine neue Katze anschafft! Nur ein bißchen anders, aber wir treiben unser Wesen vor wie nach, seid nur ruhig.

ZIMMERMANN: Du bist ein verwegner Taugenichts.

VANSEN: Gevatter Tropf! Laß du den Herzog nur gewähren.

Der alte Kater sieht aus, als wenn er Teufel statt Mäusen gefressen hätte und könnte sie nun nicht verdauen. Laßt ihn nur erst; er muß auch essen, trinken, schlafen wie andre Menschen. Es ist mir nicht bange, wenn wir unsre Zeit recht nehmen. Im Anfang geht's rasch, nachher wird er auch finden, daß in der Speisekammer unter den Speckseiten besser leben ist und des Nachts zu ruhen, als auf dem Fruchtboden einzelne Mäuschen zu erlisten. Geht nur, ich kenne die Statthalter!

ZIMMERMANN: Was so einem Menschen alles durchgeht! Wenn ich in meinem Leben so etwas gesagt hätte, hielt' ich mich keine Minute für sicher.

VANSEN: Seid nur ruhig. Gott im Himmel erfährt nichts von euch Würmern, geschweige der Regent.

JETTER: Lästermaul!

VANSEN: Ich weiß andre, denen es besser wäre, sie hätten statt ihres Heldenmuts eine Schneiderader im Leibe.

ZIMMERMANN: Was wollt Ihr damit sagen?

VANSEN: Hm! den Grafen mein ich.

JETTER: Egmonten? Was soll der fürchten?

VANSEN: Ich bin ein armer Teufel und könnte ein ganzes Jahr leben von dem, was er in einem Abende verliert. Und doch könnt er mir sein Einkommen eines ganzen Jahrs geben, wenn er meinen Kopf auf eine Viertelstunde hätte.

JETTER: Du denkst dich was Rechts. Egmonts Haare sind gescheiter als dein Hirn.

VANSEN: Redt Ihr! Aber nicht feiner. Die Herren betrügen sich am ersten. Er sollte nicht trauen.

JETTER: Was er schwätzt! So ein Herr!

VANSEN: Eben weil er kein Schneider ist.

JETTER: Ungewaschen Maul!

VANSEN: Dem wollt ich Eure Courage nur eine Stunde in die Glieder wünschen, daß sie ihm da Unruh machte und ihn so lang neckte und juckte, bis er aus der Stadt müßte.

JETTER: Ihr redet recht unverständig; er ist so sicher wie der Stern am Himmel.

VANSEN: Hast du nie einen sich schneuzen gesehen? Weg war er!

ZIMMERMANN: Wer will ihm denn was tun?

VANSEN: Wer will? Willst du's etwa hindern? Willst du einen Aufruhr erregen, wenn sie ihn gefangennehmen?

JETTER: Ah!

VANSEN: Wollt ihr eure Rippen für ihn wagen?

SOEST: Eh!

VANSEN *sie nachäffend:* Ih! Oh! Uh! Verwundert euch durchs ganze Alphabet. So ist's und bleibt's. Gott bewahre ihn!

JETTER: Ich erschrecke über Eure Unverschämtheit. So ein edler, rechtschaffner Mann sollte was zu befürchten haben?

VANSEN: Der Schelm sitzt überall im Vorteil. Auf dem Armensünderstühlchen hat er den Richter für 'n Narren, auf dem Richterstuhl macht er den Inquisiten mit Lust zum Verbrecher. Ich habe so ein Protokoll abzuschreiben gehabt, wo der Kommissarius schwer Lob und Geld von Hofe erhielt, weil er einen ehrlichen Teufel, an den man wollte, zum Schelmen verhört hatte.

ZIMMERMANN: Das ist wieder frisch gelogen. Was wollen sie denn heraus verhören, wenn einer unschuldig ist?

VANSEN: O Spatzenkopf! Wo nichts heraus zu verhören ist, da verhört man hinein. Ehrlichkeit macht unbesonnen, auch wohl trotzig. Da fragt man erst sachte weg, und der Gefangne ist stolz auf seine Unschuld, wie sie's heißen, und sagt alles gradzu, was ein Verständiger verbärge. Dann macht der Inquisitor aus den Antworten wieder Fragen und paßt ja auf, wo irgendein Widersprüchelchen erscheinen will; da knüpft er seinen Strick an, und läßt sich der dumme Teufel betreten, daß er hier etwas zuviel, dort etwas zuwenig gesagt oder wohl aus Gott weiß was für einer Grille einen Umstand verschwiegen hat, auch wohl irgend an einem Ende sich hat schrecken lassen – dann sind wir auf dem rechten Weg! Und ich versichre euch, mit mehr Sorgfalt suchen die Bettelweiber nicht die

Lumpen aus dem Kehricht, als so ein Schelmenfabrikant aus kleinen, schiefen, verschobnen, verrückten, verdrückten, geschloßnen, bekannten, geleugneten Anzeichen und Umständen sich endlich einen strohlumpenen Vogelscheu zusammenkünstelt, um wenigstens seinen Inquisiten in effigie hängen zu können. Und Gott mag der arme Teufel danken, wenn er sich noch kann hängen sehen.

JETTER: Der hat eine geläufige Zunge.

ZIMMERMANN: Mit Fliegen mag das angehen. Die Wespen lachen Eures Gespinstes.

VANSEN: Nachdem die Spinnen sind. Seht, der lange Herzog hat euch so ein rein Ansehn von einer Kreuzspinne; nicht einer dickbäuchigen, die sind weniger schlimm, aber so einer langfüßigen, schmalleibigen, die vom Fraß nicht feist wird und recht dünne Fäden zieht, aber desto zähere.

JETTER: Egmont ist Ritter des Goldnen Vlieses; wer darf Hand an ihn legen? Nur von seinesgleichen kann er gerichtet werden, nur vom gesamten Orden. Dein loses Maul, dein böses Gewissen verführen dich zu solchem Geschwätze.

VANSEN: Will ich ihm darum übel? Mir kann's recht sein. Es ist ein trefflicher Herr! Ein paar meiner guten Freunde, die anderwärts schon wären gehangen worden, hat er mit einem Buckel voll Schläge verabschiedet. Nun geht! Geht! Ich rat es euch selbst. Dort seh ich wieder eine Runde antreten: die sehen nicht aus, als wenn sie so bald Brüderschaft mit uns trinken würden. Wir wollen's abwarten und nur sachte zusehen. Ich hab ein paar Nichten und einen Gevatter Schenkwirt; wenn sie von denen gekostet haben und werden dann nicht zahm, so sind sie ausgepichte Wölfe.

VIERTER AUFZUG

DER CULENBURGISCHE PALAST

Wohnung des Herzogs von Alba.

Silva und Gomez begegnen einander.

SILVA: Hast du die Befehle des Herzogs ausgerichtet?
GOMEZ: Pünktlich. Alle tägliche Runden sind beordert, zur bestimmten Zeit an verschiednen Plätzen einzutreffen, die ich ihnen bezeichnet habe; sie gehen indes, wie gewöhnlich, durch die Stadt, um Ordnung zu erhalten. Keiner weiß von dem andern; jeder glaubt, der Befehl gehe ihn allein an, und in einem Augenblick kann alsdann der Kordon gezogen und alle Zugänge zum Palast können besetzt sein. Weißt du die Ursache dieses Befehls?
SILVA: Ich bin gewohnt, blindlings zu gehorchen. Und wem gehorcht sich's leichter als dem Herzoge, da bald der Ausgang beweist, daß er recht befohlen hat?
GOMEZ: Gut! Gut! Auch scheint es mir kein Wunder, daß du so verschlossen und einsilbig wirst wie er, da du immer um ihn sein mußt. Mir kommt es fremd vor, da ich den leichteren italienischen Dienst gewohnt bin. An Treue und Gehorsam bin ich der alte, aber ich habe mir das Schwätzen und Räsonieren angewöhnt; ihr schweigt alle und laßt es euch nie wohl sein. Der Herzog gleicht mir einem ehrnen Turm ohne Pforte, wozu die Besatzung Flügel hätte. Neulich hört ich ihn bei Tafel von einem frohen freundlichen Menschen sagen: er sei wie eine schlechte Schenke mit einem ausgesteckten Branntweinzeichen, um Müßiggänger, Bettler und Diebe hereinzulocken.
SILVA: Und hat er uns nicht schweigend hierher geführt?
GOMEZ: Dagegen ist nichts zu sagen. Gewiß! Wer Zeuge seiner Klugheit war, wie er die Armee aus Italien hierher

brachte, der hat etwas gesehen. Wie er sich durch Freund und Feind, durch die Franzosen, Königlichen und Ketzer, durch die Schweizer und Verbundnen gleichsam durchschmiegte, die strengste Mannszucht hielt und einen Zug, den man so gefährlich achtete, leicht und ohne Anstoß zu leiten wußte! – Wir haben was gesehen, was lernen können.

SILVA: Auch hier! Ist nicht alles still und ruhig, als wenn kein Aufstand gewesen wäre?

GOMEZ: Nun, es war auch schon meist still, als wir herkamen.

SILVA: In den Provinzen ist es viel ruhiger geworden, und wenn sich noch einer bewegt, so ist es, um zu entfliehen; aber auch diesen wird er die Wege bald versperren, denk ich.

GOMEZ: Nun wird er erst die Gunst des Königs gewinnen.

SILVA: Und uns bleibt nichts angelegner, als uns die seinige zu erhalten. Wenn der König hierher kommt, bleibt gewiß der Herzog und jeder, den er empfiehlt, nicht unbelohnt.

GOMEZ: Glaubst du, daß der König kommt?

SILVA: Es werden so viele Anstalten gemacht, daß es höchst wahrscheinlich ist.

GOMEZ: Mich überreden sie nicht.

SILVA: So rede wenigstens nicht davon. Denn wenn des Königs Absicht ja nicht sein sollte zu kommen, so ist sie's doch wenigstens gewiß, daß man es glauben soll.

Ferdinand, Albas natürlicher Sohn.

FERDINAND: Ist mein Vater noch nicht heraus?

SILVA: Wir warten auf ihn.

FERDINAND: Die Fürsten werden bald hier sein.

GOMEZ: Kommen sie heute?

FERDINAND: Oranien und Egmont.

GOMEZ *leise zu Silva:* Ich begreife etwas.

SILVA: So behalt es für dich.

VIERTER AUFZUG

Herzog von Alba.

Wie er herein- und hervortritt, treten die andern zurück.

ALBA: Gomez!

GOMEZ *tritt vor:* Herr!

ALBA: Du hast die Wachen verteilt und beordert?

GOMEZ: Aufs genauste. Die täglichen Runden –

ALBA: Genug. Du wartest in der Galerie. Silva wird dir den Augenblick sagen, wenn du sie zusammenziehen, die Zugänge nach dem Palaste besetzen sollst. Das übrige weißt du.

GOMEZ: Ja, Herr! *Ab.*

ALBA: Silva!

SILVA: Hier bin ich.

ALBA: Alles, was ich von jeher an dir geschätzt habe, Mut, Entschlossenheit, unaufhaltsames Ausführen, das zeige heut.

SILVA: Ich danke Euch, daß Ihr mir Gelegenheit gebt, zu zeigen, daß ich der alte bin.

ALBA: Sobald die Fürsten bei mir eingetreten sind, dann eile gleich, Egmonts Geheimschreiber gefangenzunehmen. Du hast alle Anstalten gemacht, die übrigen, welche bezeichnet sind, zu fahen?

SILVA: Vertrau auf uns. Ihr Schicksal wird sie, wie eine wohlberechnete Sonnenfinsternis, pünktlich und schrecklich treffen.

ALBA: Hast du sie genau beobachten lassen?

SILVA: Alle. Egmonten vor andern. Er ist der einzige, der, seit du hier bist, sein Betragen nicht geändert hat. Den ganzen Tag von einem Pferd aufs andre, lädt Gäste, ist immer lustig und unterhaltend bei Tafel, würfelt, schießt und schleicht nachts zum Liebchen. Die andern haben dagegen eine merkliche Pause in ihrer Lebensart gemacht, sie bleiben bei sich, vor ihrer Türe sieht's aus, als wenn ein Kranker im Hause wäre.

ALBA: Drum rasch, eh sie uns wider Willen genesen.

SILVA: Ich stelle sie. Auf deinen Befehl überhäufen wir sie mit dienstfertigen Ehren. Ihnen graut's: politisch geben sie uns einen ängstlichen Dank, fühlen, das Rätlichste sei zu entfliehen; keiner wagt einen Schritt, sie zaudern, können sich nicht vereinigen; und einzeln etwas Kühnes zu tun, hält sie der Gemeingeist ab. Sie möchten gern sich jedem Verdacht entziehen und machen sich immer verdächtiger. Schon seh ich mit Freuden deinen ganzen Anschlag ausgeführt.

ALBA: Ich freue mich nur über das Geschehne, und über das nicht leicht, denn es bleibt stets noch übrig, was uns zu denken und zu sorgen gibt. Das Glück ist eigensinnig, oft das Gemeine, das Nichtswürdige zu adeln und wohlüberlegte Taten mit einem gemeinen Ausgang zu entehren. Verweile, bis die Fürsten kommen, dann gib Gomez die Ordre, die Straßen zu besetzen, und eile selbst, Egmonts Schreiber und die übrigen gefangenzunehmen, die dir bezeichnet sind. Ist es getan, so komm hierher und meld es meinem Sohne, daß er mir in den Rat die Nachricht bringe.

SILVA: Ich hoffe diesen Abend vor dir stehn zu dürfen.

Alba geht nach seinem Sohne, der bisher in der Galerie gestanden.

SILVA: Ich traue mir es nicht zu sagen, aber meine Hoffnung schwankt, ich fürchte, es wird nicht werden, wie er denkt. Ich sehe Geister vor mir, die still und sinnend auf schwarzen Schalen das Geschick der Fürsten und vieler Tausende wägen. Langsam wankt das Zünglein auf und ab, tief scheinen die Richter zu sinnen; zuletzt sinkt diese Schale, steigt jene, angehaucht vom Eigensinn des Schicksals, und entschieden ist's. *Ab.*

ALBA *mit Ferdinand hervortretend:* Wie fandst du die Stadt?

FERDINAND: Es hat sich alles gegeben. Ich ritt, als wie zum Zeitvertreib, straßauf, straßab. Eure wohlverteilten Wachen halten die Furcht so angespannt, daß sie sich nicht zu lispeln untersteht. Die Stadt sieht einem Felde ähnlich, wenn das Gewitter von weiten leuchtet: man erblickt keinen Vogel, kein Tier, als das eilend nach einem Schutzorte schlüpft.

ALBA: Ist dir nichts weiter begegnet?

FERDINAND: Egmont kam mit einigen auf den Markt geritten; wir grüßten uns, er hatte ein rohes Pferd, das ich ihm loben mußte. „Laßt uns eilen, Pferde zuzureiten, wir werden sie bald brauchen!" rief er mir entgegen. Er werde mich noch heute wiedersehn, sagte er, und komme auf Euer Verlangen, mit Euch zu ratschlagen.

ALBA: Er wird dich wiedersehn.

FERDINAND: Unter allen Rittern, die ich hier kenne, gefällt er mir am besten. Es scheint, wir werden Freunde sein.

ALBA: Du bist noch immer zu schnell und wenig behutsam; immer erkenn ich in dir den Leichtsinn deiner Mutter, der mir sie unbedingt in die Arme lieferte. Zu mancher gefährlichen Verbindung lud dich der Anschein voreilig ein.

FERDINAND: Euer Wille findet mich bildsam.

ALBA: Ich vergebe deinem jungen Blute dies leichtsinnige Wohlwollen, diese unachtsame Fröhlichkeit. Nur vergiß nicht, zu welchem Werke ich gesandt bin und welchen Teil ich dir daran geben möchte.

FERDINAND: Erinnert mich, und schont mich nicht, wo Ihr es nötig haltet.

ALBA *nach einer Pause:* Mein Sohn!

FERDINAND: Mein Vater!

ALBA: Die Fürsten kommen bald, Oranien und Egmont kommen. Es ist nicht Mißtraun, daß ich dir erst jetzt entdecke, was geschehen soll. Sie werden nicht wieder von hinnen gehn.

FERDINAND: Was sinnst du?

ALBA: Es ist beschlossen, sie festzuhalten. Du erstaunst. Was du zu tun hast, höre; die Ursachen sollst du wissen, wenn es geschehn ist – jetzt bleibt keine Zeit, sie auszulegen. Mit dir allein wünscht ich das Größte, das Geheimste zu besprechen, ein starkes Band hält uns zusammengefesselt; du bist mir wert und lieb, auf dich möcht ich alles häufen. Nicht die Gewohnheit zu gehorchen allein möcht ich dir einprägen, auch den Sinn, auszudenken, zu befehlen, auszuführen, wünscht ich in dir fortzupflanzen, dir ein großes Erbteil, dem Könige den brauchbarsten Diener zu hinterlassen, dich mit dem Besten, was ich habe, auszustatten, daß du dich nicht schämen dürfest, unter deine Brüder zu treten.

FERDINAND: Was werd ich nicht dir für diese Liebe schuldig, die du mir allein zuwendest, indem ein ganzes Reich vor dir zittert!

ALBA: Nun höre, was zu tun ist. Sobald die Fürsten eingetreten sind, wird jeder Zugang zum Palaste besetzt. Dazu hat Gomez die Ordre. Silva wird eilen, Egmonts Schreiber mit den Verdächtigsten gefangenzunehmen. Du hältst die Wache am Tore und in den Höfen in Ordnung. Vor allen Dingen besetze diese Zimmer hier neben mit den sichersten Leuten, dann warte auf der Galerie, bis Silva wiederkommt, und bringe mir irgendein unbedeutend Blatt herein zum Zeichen, daß sein Auftrag ausgerichtet ist. Dann bleib im Vorsaale, bis Oranien weggeht, folg ihm; ich halte Egmont hier, als ob ich ihm noch was zu sagen hätte. Am Ende der Galerie fordre Oraniens Degen, rufe die Wache an, verwahre schnell den gefährlichsten Mann, und ich faß Egmont hier.

FERDINAND: Ich gehorche, mein Vater – zum erstenmal mit schwerem Herzen und mit Sorge.

ALBA: Ich verzeihe dir's: es ist der erste große Tag, den du erlebst.

Silva tritt herein.

SILVA: Ein Bote von Antwerpen. Hier ist Oraniens Brief! Er kommt nicht.

ALBA: Sagt es der Bote?

SILVA: Nein, mir sagt's das Herz.

ALBA: Aus dir spricht mein böser Genius. *Nachdem er den Brief gelesen, winkt er beiden, und sie ziehen sich in die Galerie zurück; er bleibt allein auf dem Vorderteile.* Er kommt nicht! Bis auf den letzten Augenblick verschiebt er, sich zu erklären. Er wagt es, nicht zu kommen. So war denn diesmal wider Vermuten der Kluge klug genug, nicht klug zu sein. – Es rückt die Uhr! Noch einen kleinen Weg des Seigers, und ein großes Werk ist getan oder versäumt, unwiederbringlich versäumt, denn es ist weder nachzuholen noch zu verheimlichen. Längst hatt ich alles reiflich abgewogen und mir auch diesen Fall gedacht, mir festgesetzt, was auch in diesem Falle zu tun sei; und jetzt, da es zu tun ist, wehr ich mir kaum, daß nicht das Für und Wider mir aufs neue durch die Seele schwankt – Ist's rätlich, die andern zu fangen, wenn er mir entgeht? – Schieb ich es auf und laß Egmont mit den Seinigen, mit so vielen entschlüpfen, die nun, vielleicht nur heute noch, in meinen Händen sind? – So zwingt dich das Geschick denn auch, du Unbezwinglicher? Wie lang gedacht! Wie wohl bereitet! Wie groß, wie schön der Plan! Wie nah die Hoffnung ihrem Ziele! Und nun im Augenblick des Entscheidens bist du zwischen zwei Übel gestellt; wie in einen Lostopf greifst du in die dunkle Zukunft: was du fassest, ist noch zugerollt, dir unbewußt, sei's Treffer oder Fehler! *Er wird aufmerksam, wie einer, der etwas hört, und tritt ans Fenster:* Er ist es! Egmont! – Trug dich dein Pferd so leicht herein und scheute vor dem Blutgeruche nicht und vor dem Geiste mit dem blanken Schwerte, der an der Pforte dich empfängt? – Steig ab! – So bist du mit dem einen Fuß im Grab! und so mit beiden! – Ja, streichl' es nur und klopfe für seinen mut'gen Dienst zum letztenmal den Nacken ihm – Und mir bleibt keine Wahl: in der Verblendung, wie hier Egmont naht, kann er dir nicht zum zweitenmal sich liefern! – Hört!

Ferdinand und Silva treten eilig herbei.

ALBA: Ihr tut, was ich befahl; ich ändre meinen Willen nicht. Ich halte, wie es gehn will, Egmont auf, bis du mir von Silva die Nachricht gebracht hast. Dann bleib in der Nähe. Auch dir raubt das Geschick das große Verdienst, des Königs größten Feind mit eigner Hand gefangen zu haben. *Zu Silva:* Eile! *Zu Ferdinand:* Geh ihm entgegen.

Alba bleibt einige Augenblicke allein und geht schweigend auf und ab.

Egmont tritt auf.

EGMONT: Ich komme, die Befehle des Königs zu vernehmen, zu hören, welchen Dienst er von unsrer Treue verlangt, die ihm ewig ergeben bleibt.

ALBA: Er wünscht vor allen Dingen Euren Rat zu hören.

EGMONT: Über welchen Gegenstand? Kommt Oranien auch? Ich vermutete ihn hier.

ALBA: Mir tut es leid, daß er uns eben in dieser wichtigen Stunde fehlt. Euren Rat, Eure Meinung wünscht der König, wie diese Staaten wieder zu befriedigen. Ja, er hofft, Ihr werdet kräftig mitwirken, diese Unruhen zu stillen und die Ordnung der Provinzen völlig und dauerhaft zu gründen.

EGMONT: Ihr könnt besser wissen als ich, daß schon alles genug beruhigt ist, ja, noch mehr beruhigt war, eh die Erscheinung der neuen Soldaten wieder mit Furcht und Sorge die Gemüter bewegte.

ALBA: Ihr scheint andeuten zu wollen, das Rätlichste sei gewesen, wenn der König mich gar nicht in den Fall gesetzt hätte, Euch zu fragen.

EGMONT: Verzeiht! Ob der König das Heer hätte schicken sollen, ob nicht vielmehr die Macht seiner majestätischen Gegenwart allein stärker gewirkt hätte, ist meine Sache nicht zu beurteilen. Das Heer ist da, er nicht. Wir aber müßten sehr undankbar, sehr vergessen sein, wenn wir uns nicht erinnerten, was wir der Regentin schuldig sind. Bekennen wir! sie brachte durch ihr so kluges als tapfres

Betragen die Aufrührer mit Gewalt und Ansehn, mit Überredung und List zur Ruhe und führte zum Erstaunen der Welt ein rebellisches Volk in wenigen Monaten zu seiner Pflicht zurück.

ALBA: Ich leugne es nicht. Der Tumult ist gestillt, und jeder scheint in die Grenzen des Gehorsams zurückgebannt. Aber hängt es nicht von eines jeden Willkür ab, sie zu verlassen? Wer will das Volk hindern loszubrechen? Wo ist die Macht, sie abzuhalten? Wer bürgt uns, daß sie sich ferner treu und untertänig zeigen werden? Ihr guter Wille ist alles Pfand, das wir haben.

EGMONT: Und ist der gute Wille eines Volks nicht das sicherste, das edelste Pfand? Bei Gott! Wann darf sich ein König sicherer halten, als wenn sie alle für einen, einer für alle stehn? Sichrer gegen innre und äußere Feinde?

ALBA: Wir werden uns doch nicht überreden sollen, daß es jetzt hier so steht.

EGMONT: Der König schreibe einen Generalpardon aus, er beruhige die Gemüter, und bald wird man sehen, wie Treue und Liebe mit dem Zutrauen wieder zurückkehrt.

ALBA: Und jeder, der die Majestät des Königs, der das Heiligtum der Religion geschändet, ginge frei und ledig hin und wider! Lebte, den andern zum bereiten Beispiel, daß ungeheure Verbrechen straflos sind!

EGMONT: Und ist ein Verbrechen des Unsinns, der Trunkenheit nicht eher zu entschuldigen als grausam zu bestrafen? Besonders wo so sichre Hoffnung, wo Gewißheit ist, daß die Übel nicht wiederkehren werden? Waren Könige darum nicht sichrer? werden sie nicht von Welt und Nachwelt gepriesen, die eine Beleidigung ihrer Würde vergeben, bedauern, verachten konnten? werden sie nicht eben deswegen Gott gleich gehalten, der viel zu groß ist, als daß ihn jede Lästrung reichen sollte?

ALBA: Und eben darum soll der König für die Würde Gottes und der Religion, wir sollen für das Ansehn des Königes streiten. Was der Obere abzulehnen verschmäht, ist unsre Pflicht zu rächen. Ungestraft soll, wenn ich rate, kein Schuldiger sich freuen.

EGMONT: Glaubst du, daß du sie alle reichen wirst? Hört man nicht täglich, daß die Furcht sie hie- und dahin, sie aus dem Lande treibt? Die Reichsten werden ihre Güter, sich, ihre Kinder und Freunde flüchten, der Arme wird seine nützlichen Hände dem Nachbar zubringen.

ALBA: Sie werden, wenn man sie nicht verhindern kann. Darum verlangt der König Rat und Tat von jedem Fürsten, Ernst von jedem Statthalter; nicht nur Erzählung, wie es ist, was werden könnte, wenn man alles gehen ließe, wie's geht. Einem großen Übel zusehen, sich mit Hoffnung schmeicheln, der Zeit vertrauen, etwa einmal dreinschlagen, wie im Faßnachtsspiel, daß es klatscht und man doch etwas zu tun scheint, wenn man nichts tun möchte – heißt das nicht, sich verdächtig machen, als sehe man dem Aufruhr mit Vergnügen zu, den man nicht erregen, wohl aber hegen mochte?

EGMONT *im Begriff aufzufahren, nimmt sich zusammen und spricht nach einer kleinen Pause gesetzt:* Nicht jede Absicht ist offenbar, und manches Mannes Absicht ist zu mißdeuten. Muß man doch auch von allen Seiten hören: es sei des Königs Absicht weniger, die Provinzen nach einförmigen und klaren Gesetzen zu regieren, die Majestät der Religion zu sichern und einen allgemeinen Frieden seinem Volke zu geben, als vielmehr sie unbedingt zu unterjochen, sie ihrer alten Rechte zu berauben, sich Meister von ihren Besitztümern zu machen, die schönen Rechte des Adels einzuschränken, um derentwillen der Edle allein ihm dienen, ihm Leib und Leben widmen mag. Die Religion, sagt man, sei nur ein prächtiger Teppich, hinter dem man jeden gefährlichen Anschlag nur desto leichter ausdenkt. Das Volk liegt auf den Knien, betet die heiligen gewirkten Zeichen an, und hinten lauscht der Vogelsteller, der sie berücken will.

ALBA: Das muß ich von dir hören.

VIERTER AUFZUG

EGMONT: Nicht meine Gesinnungen! Nur was bald hier, bald da von Großen und von Kleinen, Klugen und Toren gesprochen, laut verbreitet wird. Die Niederländer fürchten ein doppeltes Joch, und wer bürgt ihnen ihre Freiheit?

ALBA: Freiheit! Ein schönes Wort, wer's recht verstünde. Was wollen sie für Freiheit? Was ist des Freisten Freiheit? – Recht zu tun? – und daran wird sie der König nicht hindern. Nein! nein! sie glauben sich nicht frei, wenn sie sich nicht selbst und andern schaden können. Wäre es nicht besser, abzudanken als ein solches Volk zu regieren? Wenn auswärtige Feinde drängen, an die kein Bürger denkt, der mit dem Nächsten nur beschäftigt ist, und der König verlangt Beistand, dann werden sie uneins unter sich und verschwören sich gleichsam mit ihren Feinden. Weit besser ist's, sie einzuengen, daß man sie wie Kinder halten, wie Kinder zu ihrem Besten leiten kann. Glaube nur, ein Volk wird nicht alt, nicht klug, ein Volk bleibt immer kindisch.

EGMONT: Wie selten kommt ein König zu Verstand! Und sollen sich viele nicht lieber vielen vertrauen als einem, und nicht einmal dem einen, sondern den wenigen des einen, dem Volke, das an den Blicken seines Herrn altert? Das hat wohl allein das Recht, klug zu werden.

ALBA: Vielleicht eben darum, weil es sich nicht selbst überlassen ist.

EGMONT: Und darum niemand gern sich selbst überlassen möchte. Man tue, was man will – ich habe auf deine Frage geantwortet und wiederhole: Es geht nicht! Es kann nicht gehn! Ich kenne meine Landsleute. Es sind Männer, wert, Gottes Boden zu betreten, ein jeder rund für sich ein kleiner König, fest, rührig, fähig, treu, an alten Sitten hangend. Schwer ist's, ihr Zutraun zu verdienen, leicht, zu erhalten. Starr und fest! Zu drücken sind sie, nicht zu unterdrücken.

ALBA *der sich indes einige Male umgesehn hat:* Solltest du das alles in des Königs Gegenwart wiederholen?

EGMONT: Desto schlimmer, wenn mich seine Gegenwart abschreckte! Desto besser für ihn, für sein Volk, wenn er mir Mut machte, wenn er mir Zutraun einflößte, noch weit mehr zu sagen.

ALBA: Was nützlich ist, kann ich hören wie er.

EGMONT: Ich würde ihm sagen: Leicht kann der Hirt eine ganze Herde Schafe vor sich hintreiben, der Stier zieht seinen Pflug ohne Widerstand; aber dem edlen Pferde, das du reiten willst, mußt du seine Gedanken ablernen, du mußt nichts Unkluges, nichts unklug von ihm verlangen. Darum wünscht der Bürger seine alte Verfassung zu behalten, von seinen Landsleuten regiert zu sein, weil er weiß, wie er geführt wird, weil er von ihnen Uneigennutz, Teilnehmung an seinem Schicksal hoffen kann.

ALBA: Und sollte der Regent nicht Macht haben, dieses alte Herkommen zu verändern, und sollte nicht eben dies sein schönstes Vorrecht sein? Was ist bleibend auf dieser Welt? Und sollte eine Staatseinrichtung bleiben können? Muß nicht in einer Zeitfolge sich jedes Verhältnis verändern und eben darum eine alte Verfassung die Ursache von tausend Übeln werden, weil sie den gegenwärtigen Zustand des Volkes nicht umfaßt? Ich fürchte, diese alten Rechte sind darum so angenehm, weil sie Schlupfwinkel bilden, in welchen der Kluge, der Mächtige zum Schaden des Volks, zum Schaden des Ganzen sich verbergen oder durchschleichen kann.

EGMONT: Und diese willkürlichen Veränderungen, diese unbeschränkten Eingriffe der höchsten Gewalt, sind sie nicht Vorboten, daß einer tun will, was Tausende nicht tun sollen? Er will sich allein frei machen, um jeden seiner Wünsche befriedigen, jeden seiner Gedanken ausführen zu können. Und wenn wir uns ihm, einem guten weisen König, ganz vertrauten, sagt er uns für seine Nachkommen gut? daß keiner ohne Rücksicht, ohne Schonung regieren werde? Wer rettet uns alsdann von völliger Willkür, wenn er uns seine Diener, seine Nächsten sendet, die ohne Kenntnis des Landes und seiner Bedürfnisse nach Belieben schalten und walten, keinen Widerstand finden und sich von jeder Verantwortung frei wissen?

ALBA *der sich indes wieder umgesehen hat:* Es ist nichts natürlicher, als daß ein König durch sich zu herrschen gedenkt und denen seine Befehle am liebsten aufträgt, die ihn am besten verstehen, verstehen wollen, die seinen Willen unbedingt ausrichten.

EGMONT: Und ebenso natürlich ist's, daß der Bürger von dem regiert sein will, der mit ihm geboren und erzogen ist, der gleichen Begriff mit ihm von Recht und Unrecht gefaßt hat, den er als seinen Bruder ansehn kann.

ALBA: Und doch hat der Adel mit diesen seinen Brüdern sehr ungleich geteilt.

EGMONT: Das ist vor Jahrhunderten geschehen und wird jetzt ohne Neid geduldet. Würden aber neue Menschen ohne Not gesendet, die sich zum zweiten Male auf Unkosten der Nation bereichern wollten, sähe man sich einer strengen, kühnen, unbedingten Habsucht ausgesetzt, das würde eine Gärung machen, die sich nicht leicht in sich selbst auflöste.

ALBA: Du sagst mir, was ich nicht hören sollte. Auch ich bin fremd.

EGMONT: Daß ich dir's sage, zeigt dir, daß ich dich nicht meine.

ALBA: Und auch so wünscht ich es nicht von dir zu hören. Der König sandte mich mit Hoffnung, daß ich hier den Beistand des Adels finden würde. Der König will seinen Willen. Der König hat nach tiefer Überlegung gesehn, was dem Volke frommt; es kann nicht bleiben und gehen wie bisher. Des Königs Absicht ist: sie selbst zu ihrem eignen Besten einzuschränken, ihr eigen Heil, wenn's sein muß, ihnen aufzudringen, die schädlichen Bürger aufzuopfern, damit die übrigen Ruhe finden, des Glücks einer weisen Regierung genießen können. Dies ist sein Entschluß; diesen dem Adel kundzumachen, habe ich Befehl, und Rat verlang ich in seinem Namen, wie es zu tun sei, nicht was; denn das hat er beschlossen.

EGMONT: Leider rechtfertigen deine Worte die Furcht des Volks, die allgemeine Furcht! So hat er denn beschlossen, was kein Fürst beschließen sollte. Die Kraft seines Volks, ihr Gemüt, den Begriff, den sie von sich selbst haben, will er schwächen, niederdrücken, zerstören, um sie bequem regieren zu können. Er will den innern Kern ihrer Eigenheit verderben, gewiß in der Absicht, sie glücklicher zu machen. Er will sie vernichten, damit sie etwas werden, ein ander Etwas. O wenn seine Absicht gut ist, so wird sie mißgeleitet! Nicht dem König widersetzt man sich; man stellt sich nur dem Könige entgegen, der, einen falschen Weg zu wandeln, die ersten unglücklichen Schritte macht.

ALBA: Wie du gesinnt bist, scheint es ein vergeblicher Versuch, uns vereinigen zu wollen. Du denkst gering vom König, verächtlich von seinen Räten, wenn du zweifelst, das alles sei nicht schon gedacht, geprüft, gewogen worden. Ich habe keinen Auftrag, jedes Für und Wider noch einmal durchzugehn. Gehorsam fordr' ich von dem Volke – und von euch, ihr Ersten, Edelsten, Rat und Tat, als Bürgen dieser unbedingten Pflicht.

EGMONT: Fordr' unsre Häupter, so ist es auf einmal getan. Ob sich der Nacken diesem Joche biegen, ob er sich vor dem Beile ducken soll, kann einer edlen Seele gleich sein. Umsonst hab ich so viel gesprochen! Die Luft hab ich erschüttert, weiter nichts gewonnen.

Ferdinand kommt.

FERDINAND: Verzeiht, daß ich euer Gespräch unterbreche. Hier ist ein Brief, dessen Überbringer die Antwort dringend macht.

ALBA: Erlaubt mir, daß ich sehe, was er enthält. *Tritt an die Seite.*

FERDINAND *zu Egmont:* Es ist ein schönes Pferd, das Eure Leute gebracht haben, Euch abzuholen.
EGMONT: Es ist nicht das schlimmste. Ich hab es schon eine Weile, ich denk es wegzugeben. Wenn es Euch gefällt, so werden wir vielleicht des Handels einig.
FERDINAND: Gut, wir wollen sehn.

Alba winkt seinem Sohne, der sich in den Grund zurückzieht.

EGMONT: Lebt wohl! Entlaßt mich, denn ich wüßte bei Gott nicht mehr zu sagen.
ALBA: Glücklich hat dich der Zufall verhindert, deinen Sinn noch weiter zu verraten. Unvorsichtig entwickelst du die Falten deines Herzens und klagst dich selbst weit strenger an, als ein Widersacher gehässig tun könnte.
EGMONT: Dieser Vorwurf rührt mich nicht; ich kenne mich selbst genug und weiß, wie ich dem König angehöre: weit mehr als viele, die in seinem Dienst sich selber dienen. Ungern scheid ich aus diesem Streite, ohne ihn beigelegt zu sehen, und wünsche nur, daß uns der Dienst des Herren, das Wohl des Landes bald vereinigen möge. Es wirkt vielleicht ein wiederholtes Gespräch, die Gegenwart der übrigen Fürsten, die heute fehlen, in einem glücklichern Augenblick, was heut unmöglich scheint. Mit dieser Hoffnung entfern ich mich.
ALBA *der zugleich dem Sohne ein Zeichen gibt:* Halt, Egmont! – Deinen Degen!

Die Mitteltüre öffnet sich, man sieht die Galerie mit Wache besetzt, die unbeweglich bleibt.

EGMONT *der staunend eine Weile geschwiegen:* Dies war die Absicht? Dazu hast du mich berufen? *Nach dem Degen greifend, als wenn er sich verteidigen wollte:* Bin ich denn wehrlos?
ALBA: Der König befiehlt's, du bist mein Gefangner.

Zugleich treten von beiden Seiten Gewaffnete herein.

EGMONT *nach einer Stille:* Der König? – – Oranien! Oranien! *Nach einer Pause, seinen Degen hingebend:* So nimm ihn! Er hat weit öfter des Königs Sache verteidigt als diese Brust beschützt.

Er geht durch die Mitteltüre ab, die Gewaffneten, die im Zimmer sind, folgen ihm, ingleichen Albas Sohn. Alba bleibt stehen, der Vorhang fällt.

FÜNFTER AUFZUG

STRASSE

Dämmrung.

Klärchen. Brackenburg. Bürger.

BRACKENBURG: Liebchen, um Gottes willen! was nimmst du vor?

KLÄRCHEN: Komm mit, Brackenburg! Du mußt die Menschen nicht kennen; wir befreien ihn gewiß. Denn was gleicht ihrer Liebe zu ihm? Jeder fühlt, ich schwöre es, in sich die brennende Begier, ihn zu retten, die Gefahr von einem kostbaren Leben abzuwenden und dem Freisten die Freiheit wiederzugeben. Komm! Es fehlt nur an der Stimme, die sie zusammenruft. In ihrer Seele lebt noch ganz frisch, was sie ihm schuldig sind! Und daß sein mächtiger Arm allein von ihnen das Verderben abhält, wissen sie. Um seinet- und ihrentwillen müssen sie alles wagen. Und was wagen wir? Zum höchsten unser Leben, das zu erhalten nicht der Mühe wert ist, wenn er umkommt.

BRACKENBURG: Unglückliche! Du siehst nicht die Gewalt, die uns mit ehrnen Banden gefesselt hat.

KLÄRCHEN: Sie scheint mir nicht unüberwindlich. Laß uns nicht lang vergebliche Worte wechseln. Hier kommen von den alten, redlichen, wackern Männern! Hört, Freunde! Nachbarn, hört! – Sagt, wie ist es mit Egmont?

ZIMMERMANN: Was will das Kind? Laß sie schweigen!

KLÄRCHEN: Tretet näher, daß wir sachte reden, bis wir einig sind und stärker. Wir dürfen nicht einen Augenblick versäumen! Die freche Tyrannei, die es wagt, ihn zu fesseln, zuckt schon den Dolch, ihn zu ermorden. O Freunde! mit jedem Schritt der Dämmrung werd ich ängstlicher. Ich fürchte diese Nacht. Kommt! Wir wollen uns teilen. Mit schnellem Lauf von Quartier zu Quartier rufen wir die Bürger heraus. Ein jeder greife zu seinen alten Waffen. Auf dem Markte treffen wir uns wieder, und unser Strom reißt einen jeden mit sich fort. Die Feinde sehen sich umringt und überschwemmt, und sind erdrückt. Was kann uns eine Handvoll Knechte widerstehn? Und er in unsrer Mitte kehrt zurück, sieht sich befreit und kann uns einmal danken, uns, die wir ihm so tief verschuldet worden. Er sieht vielleicht – gewiß, er sieht das Morgenrot am freien Himmel wieder.

ZIMMERMANN: Wie ist dir, Mädchen?

KLÄRCHEN: Könnt ihr mich mißverstehn? Vom Grafen sprech ich! Ich spreche von Egmont.

JETTER: Nennt den Namen nicht! Er ist tödlich.

KLÄRCHEN: Den Namen nicht! wie! Nicht diesen Namen? Wer nennt ihn nicht bei jeder Gelegenheit? Wo steht er nicht geschrieben? In diesen Sternen hab ich oft mit allen seinen Lettern ihn gelesen. Nicht nennen? Was soll das? Freunde! Gute, teure Nachbarn, ihr träumt, besinnt euch! Seht mich nicht so starr und ängstlich an! Blickt nicht schüchtern hie und da beiseite. Ich ruf euch ja nur zu, was jeder wünscht. Ist meine Stimme nicht eures Herzens eigne Stimme? Wer würfe sich in dieser bangen Nacht, eh er sein unruhvolles Bette besteigt, nicht auf die Knie, ihn mit ernstlichem Gebet vom Himmel zu erringen? Fragt euch einander! frage jeder sich selbst! und wer spricht mir nicht nach: Egmonts Freiheit oder den Tod!

JETTER: Gott bewahr uns, da gibt's ein Unglück!

KLÄRCHEN: Bleibt! Bleibt und drückt euch nicht vor seinem Namen weg, dem ihr euch sonst so froh entgegendrängtet! – Wenn der Ruf ihn ankündigte, wenn es hieß: „Egmont kommt! Er kommt von Gent!", da hielten die Bewohner der Straßen sich glücklich, durch die er reiten mußte. Und wenn ihr seine Pferde schallen hörtet, warf jeder seine Arbeit hin, und über die bekümmerten Gesichter, die ihr durchs Fenster stecktet, fuhr wie ein Sonnenstrahl von seinem Angesichte ein Blick der Freude und Hoffnung. Da hobt ihr eure Kinder auf der Türschwelle in die Höhe und deutetet ihnen: „Sieh, das ist Egmont, der Größte da! Er ist's! Er ist's, von dem ihr beßre Zeiten, als eure armen Väter lebten, einst zu erwarten habt." Laßt eure Kinder nicht dereinst euch fragen: Wo ist er hin? Wo sind die Zeiten hin, die ihr verspracht? – Und so wechseln wir Worte! sind müßig, verraten ihn!

SOEST: Schämt Euch, Brackenburg! Laßt sie nicht gewähren! Steuert dem Unheil!

BRACKENBURG: Lieb Klärchen! wir wollen gehen! Was wird die Mutter sagen? Vielleicht –

KLÄRCHEN: Meinst du, ich sei ein Kind oder wahnsinnig! Was kann vielleicht? – Von dieser schrecklichen Gewißheit bringst du mich mit keiner Hoffnung weg. – Ihr sollt mich hören, und ihr werdet, denn ich seh's, ihr seid bestürzt und könnt euch selbst in eurem Busen nicht wiederfinden. Laßt durch die gegenwärtige Gefahr nur einen Blick in das Vergangne dringen, das kurz Vergangne. Wendet eure Gedanken nach der Zukunft. Könnt ihr denn leben? werdet ihr, wenn er zugrunde geht? Mit seinem Atem flieht der letzte Hauch der Freiheit. Was war er euch? Für wen übergab er sich der dringendsten Gefahr? Seine Wunden flossen und heilten nur für euch. Die große Seele, die euch alle trug, beschränkt ein Kerker, und Schauer tückischen Mordes schweben um sie her. Er denkt vielleicht an euch, er hofft auf euch, er, der nur zu geben, nur zu erfüllen gewohnt war.

ZIMMERMANN: Gevatter, kommt!

KLÄRCHEN: Und ich habe nicht Arme, nicht Mark wie ihr; doch hab ich, was euch allen eben fehlt, Mut und Verachtung der Gefahr. Könnt euch mein Atem doch entzünden, könnt ich an meinen Busen drückend euch erwärmen und beleben! Kommt! In eurer Mitte will ich gehen! – Wie eine Fahne wehrlos ein edles Heer von Kriegern wehend anführt, so soll mein Geist um eure Häupter flammen und Liebe und Mut das schwankende zerstreute Volk zu einem fürchterlichen Heer vereinigen.

JETTER: Schaff sie beiseite, sie dauert mich.

Bürger ab.

BRACKENBURG: Klärchen! Siehst du nicht, wo wir sind?

KLÄRCHEN: Wo? Unter dem Himmel, der so oft sich herrlicher zu wölben schien, wenn der Edle unter ihm herging. Aus diesen Fenstern haben sie herausgesehn, vier, fünf Köpfe übereinander, an diesen Türen haben sie gescharrt und genickt, wenn er auf die Memmen herabsah. O ich hatte sie so lieb, wie sie ihn ehrten! Wäre er Tyrann gewesen, möchten sie vor seinem Falle seitwärts gehn. Aber sie liebten ihn! – O ihr Hände, die ihr an die Mützen grifft, zum Schwert könnt ihr nicht greifen – Brackenburg, und wir? – Schelten wir sie? – Diese Arme, die ihn so oft festhielten, was tun sie für ihn? – List hat in der Welt so viel erreicht. – Du kennst Wege und Stege, kennst das alte Schloß. Es ist nichts unmöglich, gib mir einen Anschlag!

BRACKENBURG: Wenn wir nach Hause gingen!

KLÄRCHEN: Gut!

BRACKENBURG: Dort an der Ecke seh ich Albas Wache; laß doch die Stimme der Vernunft dir zu Herzen dringen. Hältst du mich für feig? Glaubst du nicht, daß ich um deinetwillen sterben könnte? Hier sind wir beide toll, ich so gut wie du. Siehst du nicht das Unmögliche? Wenn du dich faßtest! Du bist außer dir.

KLÄRCHEN: Außer mir! Abscheulich, Brackenburg, ihr seid

außer euch! Da ihr laut den Helden verehret, ihn Freund und Schutz und Hoffnung nanntet, ihm Vivat rieft, wenn er kam, da stand ich in meinem Winkel, schob das Fenster halb auf, verbarg mich lauschend, und das Herz schlug mir höher als euch allen. Jetzt schlägt mir's wieder höher als euch allen! Ihr verbergt euch, da es not ist, verleugnet ihn und fühlt nicht, daß ihr untergeht, wenn er verdirbt.

BRACKENBURG: Komm nach Hause.

KLÄRCHEN: Nach Hause?

BRACKENBURG: Besinne dich nur! Sieh dich um! Dies sind die Straßen, die du nur sonntäglich betratst, durch die du sittsam nach der Kirche gingst; wo du übertrieben ehrbar zürntest, wenn ich mit einem freundlichen grüßenden Wort mich zu dir gesellte. Du stehst und redest, handelst vor den Augen der offnen Welt. Besinne dich, Liebe! zu was hilft es uns?

KLÄRCHEN: Nach Hause! Ja, ich besinne mich. Komm, Brackenburg, nach Hause! Weißt du, wo meine Heimat ist?
Ab.

GEFÄNGNIS

durch eine Lampe erhellt, ein Ruhebett im Grunde.

Egmont allein.

Alter Freund! immer getreuer Schlaf, fliehst du mich auch wie die übrigen Freunde? Wie willig senktest du dich auf mein freies Haupt herunter und kühltest wie ein schöner Myrtenkranz der Liebe meine Schläfe! Mitten unter Waffen, auf der Woge des Lebens ruht ich leicht atmend wie ein aufquellender Knabe in deinen Armen. Wenn Stürme durch Zweige und Blätter sausten, sich Ast und Wipfel knirrend bewegten, blieb innerst doch der Kern des Herzens ungeregt. Was schüttelt dich nun? Was erschüttert den festen, treuen Sinn? Ich fühl's, es ist der Klang der Mordaxt, die an meiner Wurzel nascht. Noch steh ich aufrecht, und ein innrer Schauer durchfährt mich. Ja, sie überwindet, die verrätrische Gewalt, sie untergräbt den festen, hohen Stamm, und eh die Rinde dorrt, stürzt krachend und zerschmetternd deine Krone. Warum denn jetzt, der du so oft gewalt'ge Sorgen gleich Seifenblasen dir vom Haupte weggewiesen, warum vermagst du nicht die Ahnung zu verscheuchen, die tausendfach in dir sich auf und nieder treibt? Seit wann begegnet der Tod dir fürchterlich, mit dessen wechselnden Bildern wie mit den übrigen Gestalten der gewohnten Erde du gelassen lebtest? – Auch ist er's nicht, der rasche Feind, dem die gesunde Brust wetteifernd sich entgegensehnt; der Kerker ist's, des Grabes Vorbild, dem Helden wie dem Feigen widerlich. Unleidlich ward mir's schon auf meinem gepolsterten Stuhle, wenn in stattlicher Versammlung die Fürsten, was leicht zu entscheiden war, mit wiederkehrenden Gesprächen überlegten und zwischen düstern Wänden eines Saals die Balken der Decke mich erdrückten. Da eilt ich fort, sobald es möglich war, und rasch aufs Pferd mit tiefem Atemzug. Und frisch hinaus, da wo wir hingehören, ins Feld, wo aus der Erde dampfend jede nächste Wohltat der Natur und durch die Himmel wehend alle Segen der Gestirne uns umwittern; wo wir, dem erdgebornen Riesen gleich, von der Berührung unsrer Mutter kräftiger uns in die Höhe reißen; wo wir die Menschheit ganz und menschliche Begier in allen Adern fühlen; wo das Verlangen vorzudringen, zu besiegen, zu erhaschen, seine Faust zu brauchen, zu besitzen, zu erobern durch die Seele des jungen Jägers glüht; wo der Soldat sein angeboren Recht auf alle Welt mit raschem Schritt sich anmaßt und in fürchterlicher Freiheit wie ein Hagelwetter durch Wiese, Feld und Wald verderbend streicht und keine Grenzen kennt, die Menschenhand gezogen.

Du bist nur Bild, Erinnrungstraum des Glücks, das ich so lang besessen – wo hat dich das Geschick verrätrisch hingeführt? Versagt es dir, den nie gescheuten Tod vorm Angesicht der Sonne rasch zu gönnen, um dir des Grabes Vorgeschmack im eklen Moder zu bereiten? Wie haucht er mich aus diesen Steinen widrig an! Schon starrt das Leben, und vorm Ruhebette wie vor dem Grabe scheut der Fuß. –

O Sorge! Sorge! die du vor der Zeit den Mord beginnst, laß ab! – Seit wann ist Egmont denn allein, so ganz allein in dieser Welt? Dich macht der Zweifel hülflos, nicht das Glück. Ist die Gerechtigkeit des Königs, der du lebenslang vertraut, ist der Regentin Freundschaft, die fast, du darfst es dir gestehn, fast Liebe war, sind sie auf einmal wie ein glänzend Feuerbild der Nacht verschwunden und lassen dich allein auf dunklem Pfad zurück? Wird an der Spitze deiner Freunde Oranien nicht wagend sinnen? Wird nicht ein Volk sich sammeln und mit anschwellender Gewalt den alten Freund rächend erretten?

O haltet, Mauern, die ihr mich einschließt, so vieler Geister wohlgemeintes Drängen nicht von mir ab, und welcher Mut aus meinen Augen sonst sich über sie belebend ergoß, der kehre nun aus ihren Herzen in meines wieder. O ja, sie rühren sich zu Tausenden, sie kommen, stehen mir zur Seite! Ihr frommer Wunsch eilt dringend zu dem Himmel, er bittet um ein Wunder. Und steigt zu meiner Rettung nicht ein Engel nieder, so seh ich sie nach Lanz' und Schwertern greifen. Die Tore spalten sich, die Gitter springen, die Mauer stürzt vor ihren Händen ein, und der Freiheit des einbrechenden Tages steigt Egmont fröhlich entgegen. Wie manch bekannt Gesicht empfängt mich jauchzend! Ach Klärchen, wärst du Mann, so säh ich dich gewiß auch hier zuerst und dankte dir, was einem Könige zu danken hart ist, Freiheit.

KLÄRCHENS HAUS

KLÄRCHEN *kommt mit einer Lampe und einem Glas Wasser aus der Kammer, sie setzt das Glas auf den Tisch und tritt ans Fenster:* Brackenburg? Seid Ihr's? Was hört ich denn? noch niemand? Es war niemand! Ich will die Lampe ins Fenster setzen, daß er sieht, ich wache noch, ich warte noch auf ihn. Er hat mir Nachricht versprochen. Nachricht? Entsetzliche Gewißheit! – Egmont verurteilt! – Welch Gericht darf ihn fordern? und sie verdammen ihn! Der König verdammt ihn? oder der Herzog? Und die Regentin entzieht sich! Oranien zaudert und alle seine Freunde! – – Ist dies die Welt, von deren Wankelmut, Unzuverlässigkeit ich viel gehört und nichts empfunden? Ist dies die Welt? – Wer wäre bös genug, den Teuren anzufeinden? Wäre Bosheit mächtig genug, den allgemein Erkannten schnell zu stürzen? Doch ist es so – es ist! – O Egmont, sicher hielt ich dich vor Gott und Menschen, wie in meinen Armen! Was war ich dir? Du hast mich dein genannt, mein ganzes Leben widmet ich deinem Leben. – Was bin ich nun? Vergebens streck ich nach der Schlinge, die dich faßt, die Hand aus. Du hülflos, und ich frei! – Hier ist der Schlüssel zu meiner Türe. An meiner Willkür hängt mein Gehen und mein Kommen, und dir bin ich zu nichts! – – O bindet mich, damit ich nicht verzweifle, und werft mich in den tiefsten Kerker, daß ich das Haupt an feuchte Mauern schlage, nach Freiheit winsle, träume, wie ich ihm helfen wollte, wenn Fesseln mich nicht lähmten, wie ich ihm helfen würde. – Nun bin ich frei, und in der Freiheit liegt die Angst der Ohnmacht. – Mir selbst bewußt, nicht fähig, ein Glied nach seiner Hülfe zu rühren. Ach leider, auch der kleine Teil von deinem Wesen, dein Klärchen, ist wie du gefangen und regt getrennt im Todeskrampfe nur die letzten Kräfte. – Ich höre schleichen, husten – Brackenburg – er ist's! – Elender guter Mann, dein Schicksal bleibt sich immer gleich: dein Liebchen öffnet dir die

FÜNFTER AUFZUG

nächtliche Türe, und ach, zu welch unseliger Zusammenkunft!

Brackenburg tritt auf.

KLÄRCHEN: Du kommst so bleich und schüchtern, Brackenburg; was ist's?
BRACKENBURG: Durch Umwege und Gefahren such ich dich auf. Die großen Straßen sind besetzt, durch Gäßchen und durch Winkel hab ich mich zu dir gestohlen.
KLÄRCHEN: Erzähl, wie ist's?
BRACKENBURG *indem er sich setzt:* Ach Kläre, laß mich weinen. Ich liebt ihn nicht. Er war der reiche Mann und lockte des Armen einziges Schaf zur bessern Weide herüber. Ich hab ihn nie verflucht; Gott hat mich treu geschaffen und weich. In Schmerzen floß mein Leben von mir nieder, und zu verschmachten hofft ich jeden Tag.
KLÄRCHEN: Vergiß das, Brackenburg! Vergiß dich selbst. Sprich mir von ihm! Ist's wahr? Ist er verurteilt?
BRACKENBURG: Er ist's, ich weiß es ganz genau.
KLÄRCHEN: Und lebt noch?
BRACKENBURG: Ja, er lebt noch.
KLÄRCHEN: Wie willst du das versichern? – Die Tyrannei ermordet in der Nacht den Herrlichen, vor allen Augen verborgen fließt sein Blut. Ängstlich im Schlafe liegt das betäubte Volk und träumt von Rettung, träumt ihres ohnmächtigen Wunsches Erfüllung, indes, unwillig über uns, sein Geist die Welt verläßt. Er ist dahin! – Täusche mich nicht! dich nicht!
BRACKENBURG: Nein gewiß, er lebt! – Und leider, es bereitet der Spanier dem Volke, das er zertreten will, ein fürchterliches Schauspiel, gewaltsam jedes Herz, das nach der Freiheit sich regt, auf ewig zu zerknirschen.
KLÄRCHEN: Fahr fort und sprich gelassen auch mein Todesurteil aus! Ich wandle den seligen Gefilden schon näher und näher, mir weht der Trost aus jenen Gegenden des Friedens schon herüber. Sag an!

BRACKENBURG: Ich konnt es an den Wachen merken, aus Reden, die bald da, bald dorten fielen, daß auf dem Markte geheimnisvoll ein Schrecknis zubereitet werde. Ich schlich durch Seitenwege, durch bekannte Gänge nach meines Vettern Haus und sah aus einem Hinterfenster nach dem Markte. – Es wehten Fackeln in einem weiten Kreise spanischer Soldaten hin und wider. Ich schärfte mein ungewohntes Auge, und aus der Nacht stieg mir ein schwarzes Gerüst entgegen, geräumig, hoch – mir grauste vor dem Anblick. Geschäftig waren viele ringsumher bemüht, was noch von Holzwerk weiß und sichtbar war, mit schwarzem Tuch einhüllend zu verkleiden. Die Treppen deckten sie zuletzt auch schwarz, ich sah es wohl. Sie schienen die Weihe eines gräßlichen Opfers vorbereitend zu begehn. Ein weißes Kruzifix, das durch die Nacht wie Silber blinkte, ward an der einen Seite hoch aufgesteckt. Ich sah, und sah die schreckliche Gewißheit immer gewisser. Noch wankten Fackeln hie und da herum, allmählich wichen sie und loschen. Auf einmal war die scheußliche Geburt der Nacht in ihrer Mutter Schoß zurückgekehrt.

KLÄRCHEN: Still, Brackenburg! Nun still! laß diese Hülle auf meiner Seele ruhn. Verschwunden sind die Gespenster, und du, holde Nacht, leih deinen Mantel der Erde, die in sich gärt; sie trägt nicht länger die abscheuliche Last, reißt ihre tiefen Spalten grausend auf und knirscht das Mordgerüst hinunter. Und irgendeinen Engel sendet der Gott, den sie zum Zeugen ihrer Wut geschändet: vor des Boten heiliger Berührung lösen sich Riegel und Bande, und er umgießt den Freund mit mildem Schimmer, er führt ihn durch die Nacht zur Freiheit sanft und still. Und auch mein Weg geht heimlich in dieser Dunkelheit, ihm zu begegnen.

BRACKENBURG *sie aufhaltend:* Mein Kind, wohin? was wagst du?

KLÄRCHEN: Leise, Lieber, daß niemand erwache! daß wir uns selbst nicht wecken! Kennst du dies Fläschchen, Brakkenburg? ich nahm dir's scherzend, als du mit übereiltem Tod oft ungeduldig drohtest – – und nun, mein Freund –

BRACKENBURG: In aller Heiligen Namen!

KLÄRCHEN: Du hinderst nichts. Tod ist mein Teil! und gönne mir den sanften schnellen Tod, den du dir selbst bereitetest. Gib mir deine Hand! – Im Augenblick, da ich die dunkle Pforte eröffne, aus der kein Rückweg ist, könnt ich mit diesem Händedruck dir sagen, wie sehr ich dich geliebt, wie sehr ich dich bejammert. Mein Bruder starb mir jung, dich wählt ich, seine Stelle zu ersetzen; es widersprach dein Herz und quälte sich und mich, verlangtest heiß und immer heißer, was dir nicht beschieden war. Vergib mir und leb wohl. Laß mich dich Bruder nennen! Es ist ein Name, der viel Namen in sich faßt. Nimm die letzte schöne Blume der Scheidenden mit treuem Herzen ab – nimm diesen Kuß – der Tod vereinigt alles, Brackenburg, uns denn auch.

BRACKENBURG: So laß mich mit dir sterben! Teile! Teile! Es ist genug, zwei Leben auszulöschen.

KLÄRCHEN: Bleib! du sollst leben, du kannst leben. – Steh meiner Mutter bei, die ohne dich in Armut sich verzehren würde. Sei ihr, was ich ihr nicht mehr sein kann, lebt zusammen und beweint mich. Beweint das Vaterland und den, der es allein erhalten konnte. Das heutige Geschlecht wird diesen Jammer nicht los, die Wut der Rache selbst vermag ihn nicht zu tilgen. Lebt, ihr Armen, die Zeit noch hin, die keine Zeit mehr ist. Heut steht die Welt auf einmal still; es stockt ihr Kreislauf, und mein Puls schlägt kaum noch wenige Minuten! Leb wohl!

BRACKENBURG: O lebe du mit uns, wie wir für dich allein! Du tötest uns in dir, o leb und leide! Wir wollen unzertrennlich dir zu beiden Seiten stehn, und immer achtsam soll die Liebe den schönsten Trost in ihren lebendigen Armen dir bereiten. Sei unser! Unser! Ich darf nicht sagen: mein.

KLÄRCHEN: Leise, Brackenburg! Du fühlst nicht, was du rührst. Wo Hoffnung dir erscheint, ist mir Verzweiflung.

BRACKENBURG: Teile mit den Lebendigen die Hoffnung! Verweil am Rande des Abgrunds, schau hinab – und sieh auf uns zurück.

KLÄRCHEN: Ich hab überwunden, ruf mich nicht wieder zum Streit.

BRACKENBURG: Du bist betäubt; gehüllt in Nacht suchst du die Tiefe. Noch ist nicht jedes Licht erloschen, noch mancher Tag –!

KLÄRCHEN: Weh! über dich Weh! Weh! Grausam zerreißest du den Vorhang vor meinem Auge. Ja, er wird grauen, der Tag! vergebens alle Nebel um sich ziehn und wider Willen grauen! Furchtsam schaut der Bürger aus seinem Fenster, die Nacht läßt einen schwarzen Flecken zurück; er schaut, und fürchterlich wächst im Lichte das Mordgerüst – Neu leidend wendet das entweihte Gottesbild sein flehend Aug zum Vater auf. Die Sonne wagt sich nicht hervor, sie will die Stunde nicht bezeichnen, in der er sterben soll. Träg gehn die Zeiger ihren Weg, und eine Stunde nach der andern schlägt. Halt! Halt! nun ist es Zeit! mich scheucht des Morgens Ahnung in das Grab. *Sie tritt ans Fenster, als sähe sie sich um, und trinkt heimlich.*

BRACKENBURG: Kläre! Kläre!

KLÄRCHEN *geht nach dem Tische und trinkt das Wasser:* Hier ist der Rest! Ich locke dich nicht nach. Tu, was du darfst, leb wohl. Lösche diese Lampe still und ohne Zaudern, ich geh zur Ruhe. Schleiche dich sachte weg, ziehe die Türe nach dir zu. Still! Wecke meine Mutter nicht! Geh, rette dich! Rette dich, wenn du nicht mein Mörder scheinen willst! *Ab.*

BRACKENBURG: Sie läßt mich zum letzten Male wie immer. O könnte eine Menschenseele fühlen, wie sie ein liebend Herz zerreißen kann. Sie läßt mich stehn, mir selber überlassen, und Tod und Leben ist mir gleich verhaßt. – Allein zu sterben! – Weint, ihr Liebenden! Kein härter

Schicksal ist als meins! Sie teilt mit mir den Todestropfen und schickt mich weg! von ihrer Seite weg! Sie zieht mich nach, und stößt ins Leben mich zurück. O Egmont, welch preiswürdig Los fällt dir! Sie geht voran, der Kranz des Siegs aus ihrer Hand ist dein, sie bringt den ganzen Himmel dir entgegen! – Und soll ich folgen? wieder seitwärts stehn? den unauslöschlichen Neid in jene Wohnungen hinübertragen? – Auf Erden ist kein Bleiben mehr für mich, und Höll und Himmel bieten gleiche Qual. Wie wäre der Vernichtung Schreckenshand dem Unglückseligen willkommen!

Brackenburg geht ab, das Theater bleibt einige Zeit unverändert. Eine Musik, Klärchens Tod bezeichnend, beginnt; die Lampe, welche Brackenburg auszulöschen vergessen, flammt noch einige Male auf, dann verlischt sie.

Bald verwandelt sich der Schauplatz in das

GEFÄNGNIS

Egmont liegt schlafend auf dem Ruhebette. Es entsteht ein Gerassel mit Schlüsseln, und die Türe tut sich auf, Diener mit Fackeln treten herein; ihnen folgt Ferdinand, Albas Sohn, und Silva, begleitet von Gewaffneten. Egmont fährt aus dem Schlafe auf.

EGMONT: Wer seid ihr, die ihr mir unfreundlich den Schlaf von den Augen schüttelt? Was künden eure trotzigen, unsichern Blicke mir an? Warum diesen fürchterlichen Aufzug? Welchen Schreckenstraum kommt ihr der halberwachten Seele vorzulügen?
SILVA: Uns schickt der Herzog, dir dein Urteil anzukündigen.
EGMONT: Bringst du den Henker auch mit, es zu vollziehn?
SILVA: Vernimm es, so wirst du wissen, was deiner wartet.
EGMONT: So ziemt es euch und eurem schändlichen Begin-

nen! In Nacht gebrütet und in Nacht vollführt. So mag diese freche Tat der Ungerechtigkeit sich verbergen! – Tritt kühn hervor, der du das Schwert verhüllt unter dem Mantel trägst – hier ist mein Haupt, das freiste, das je die Tyrannei vom Rumpf gerissen.

SILVA: Du irrst! Was gerechte Richter beschließen, werden sie vorm Angesicht des Tages nicht verbergen.

EGMONT: So übersteigt die Frechheit jeden Begriff und Gedanken.

SILVA *nimmt einem Dabeistehenden das Urteil ab, entfaltet's und liest:* „Im Namen des Königs und kraft besonderer von Seiner Majestät uns übertragnen Gewalt, alle seine Untertanen, wes Standes sie seien, zugleich die Ritter des Goldnen Vlieses zu richten, erkennen wir –"

EGMONT: Kann die der König übertragen?

SILVA: „Erkennen wir, nach vorgängiger genauer, gesetzlicher Untersuchung, dich, Heinrichen Grafen Egmont, Prinzen von Gaure, des Hochverrates schuldig und sprechen das Urteil: daß du mit der Frühe des einbrechenden Morgens aus dem Kerker auf den Markt geführt und dort, vorm Angesicht des Volks, zur Warnung aller Verräter mit dem Schwerte vom Leben zum Tode gebracht werden sollest. Gegeben Brüssel am" *Datum und Jahrzahl werden undeutlich gelesen, so daß sie der Zuhörer nicht versteht.*

„Ferdinand, Herzog von Alba,
Vorsitzer des Gerichts der Zwölfe."
Du weißt nun dein Schicksal; es bleibt dir wenige Zeit, dich drein zu ergeben, dein Haus zu bestellen und von den Deinigen Abschied zu nehmen.

Silva mit dem Gefolge geht ab. Es bleibt Ferdinand und zwei Fackeln; das Theater ist mäßig erleuchtet.

EGMONT *hat eine Weile, in sich versenkt, stille gestanden und Silva, ohne sich umzusehn, abgehen lassen. Er glaubt sich allein, und da er die Augen aufhebt, erblickt er Albas Sohn:* Du stehst und bleibst? Willst du mein Erstaunen, mein Entsetzen noch durch deine

Gegenwart vermehren? Willst du noch etwa die willkommene Botschaft deinem Vater bringen, daß ich unmännlich verzweifle? Geh! Sag ihm! Sag ihm, daß er weder mich noch die Welt belügt. Ihm, dem Ruhmsüchtigen, wird man es erst hinter den Schultern leise lispeln, dann laut und lauter sagen, und wenn er einst von diesem Gipfel herabsteigt, werden tausend Stimmen es ihm entgegenrufen: Nicht das Wohl des Staats, nicht die Würde des Königs, nicht die Ruhe der Provinzen haben ihn hierhergebracht. Um sein selbst willen hat er Krieg geraten, daß der Krieger im Kriege gelte, er hat diese ungeheure Verwirrung erregt, damit man seiner bedürfe. Und ich falle, ein Opfer seines niedrigen Hasses, seines kleinlichen Neides. Ja, ich weiß es, und ich darf es sagen, der Sterbende, der tödlich Verwundete kann es sagen: mich hat der Eingebildete beneidet, mich wegzutilgen hat er lang gesonnen und gedacht.

Schon damals, als wir, noch jünger, mit Würfeln spielten, die Haufen Goldes, einer nach dem andern, von seiner Seite zu mir herübereilten, da stand er grimmig, log Gelassenheit, und innerlich verzehrt' ihn die Ärgernis, mehr über mein Glück als über seinen Verlust. Noch erinnre ich mich des funkelnden Blickes, der verrätrischen Blässe, als wir an einem öffentlichen Feste vor vielen tausend Menschen um die Wette schossen. Er forderte mich auf, und beide Nationen standen, die Spanier, die Niederländer, wetteten und wünschten. Ich überwand ihn: seine Kugel irrte, die meine traf; ein lauter Freudenschrei der Meinigen durchbrach die Luft. Nun trifft mich sein Geschoß. Sag ihm, daß ich's weiß, daß ich ihn kenne, daß die Welt jede Siegszeichen verachtet, die ein kleiner Geist erschleichend sich aufrichtet. Und du, wenn einem Sohne möglich ist, von der Sitte des Vaters zu weichen, übe beizeiten die Scham, indem du dich für den schämst, den du gerne von ganzem Herzen verehren möchtest.

FERDINAND: Ich höre dich an, ohne dich zu unterbrechen! Deine Vorwürfe lasten wie Keulschläge auf einen Helm, ich fühle die Erschütterung, aber ich bin bewaffnet. Du triffst mich, du verwundest mich nicht: fühlbar ist mir allein der Schmerz, der mir den Busen zerreißt. Wehe mir! Wehe! Zu einem solchen Anblick bin ich aufgewachsen, zu einem solchen Schauspiele bin ich gesendet!

EGMONT: Du brichst in Klagen aus? Was rührt, was bekümmert dich? Ist es eine späte Reue, daß du der schändlichen Verschwörung deinen Dienst geliehen? Du bist so jung und hast ein glückliches Ansehn. Du warst so zutraulich, so freundlich gegen mich; solang ich dich sah, war ich mit deinem Vater versöhnt. Und ebenso verstellt, verstellter als er, lockst du mich in das Netz. Du bist der Abscheuliche! Wer ihm traut, mag er es auf seine Gefahr tun – wer fürchtete Gefahr, dir zu vertrauen? Geh! Geh! Raube mir nicht die wenigen Augenblicke! Geh, daß ich mich sammle, die Welt und dich zuerst vergesse!

FERDINAND: Was soll ich dir sagen? Ich stehe und sehe dich an und sehe dich nicht und fühle mich nicht. Soll ich mich entschuldigen? Soll ich dich versichern, daß ich erst spät, erst ganz zuletzt des Vaters Absichten erfuhr, daß ich als ein gezwungnes, ein lebloses Werkzeug seines Willens handelte? Was fruchtet's, welche Meinung du von mir haben magst? Du bist verloren, und ich Unglücklicher stehe nur da, um dich's zu versichern, dich zu bejammern.

EGMONT: Welche sonderbare Stimme, welch ein unerwarteter Trost begegnet mir auf dem Weg zum Grabe? Du, Sohn meines ersten, meines fast einzigen Feindes, du bedauerst mich, du bist nicht unter meinen Mördern? Sag, rede! für wen soll ich dich halten?

FERDINAND: Grausamer Vater! Ja, ich erkenne dich in diesem Befehle! Du kanntest mein Herz, meine Gesinnung, die du so oft als Erbteil einer zärtlichen Mutter schaltest. Mich dir gleich zu bilden, sandtest du mich hierher. Diesen Mann am Rande des gähnenden Grabes, in der Gewalt eines willkürlichen Todes zu sehen, zwingst du mich, daß ich den tiefsten Schmerz empfinde, daß ich taub gegen alles Schicksal, daß ich unempfindlich werde, es geschehe mir, was wolle.

EGMONT: Ich erstaune! Fasse dich! Stehe, rede wie ein Mann.

FERDINAND: O daß ich ein Weib wäre! Daß man mir sagen könnte: was rührt dich? was ficht dich an? Sage mir ein größeres, ein ungeheureres Übel, mache mich zum Zeugen einer schrecklicheren Tat – ich will dir danken, ich will sagen: es war nichts.

EGMONT: Du verlierst dich. Wo bist du?

FERDINAND: Laß diese Leidenschaft rasen, laß mich losgebunden klagen! Ich will nicht standhaft scheinen, wenn alles in mir zusammenbricht. Dich soll ich hier sehn? – Dich – es ist entsetzlich! Du verstehst mich nicht! Und sollst du mich verstehn? Egmont! Egmont! *Ihm um den Hals fallend.*

EGMONT: Löse mir das Geheimnis.

FERDINAND: Kein Geheimnis.

EGMONT: Wie bewegt dich so tief das Schicksal eines fremden Mannes?

FERDINAND: Nicht fremd! Du bist mir nicht fremd. Dein Name war's, der mir in meiner ersten Jugend gleich einem Stern des Himmels entgegenleuchtete. Wie oft hab ich nach dir gehorcht, gefragt! Des Kindes Hoffnung ist der Jüngling, des Jünglings der Mann. So bist du vor mir hergeschritten, immer vor, und ohne Neid sah ich dich vor und schritt dir nach, und fort und fort. Nun hofft ich endlich dich zu sehen und sah dich, und mein Herz flog dir entgegen. Dich hatt ich mir bestimmt und wählte dich aufs neue, da ich dich sah. Nun hofft ich erst, mit dir zu sein, mit dir zu leben, dich zu fassen, dich – das ist nun alles weggeschnitten, und ich sehe dich hier!

EGMONT: Mein Freund, wenn es dir wohltun kann, so nimm die Versicherung, daß im ersten Augenblicke mein Gemüt dir entgegenkam. Und höre mich, laß uns ein ruhiges Wort untereinander wechseln. Sage mir: ist es der strenge, ernste Wille deines Vaters, mich zu töten?

FERDINAND: Er ist's.

EGMONT: Dieses Urteil wäre nicht ein leeres Schreckbild, mich zu ängstigen, durch Furcht und Drohung zu strafen, mich zu erniedrigen und dann mit königlicher Gnade mich wieder aufzuheben?

FERDINAND: Nein, ach leider nein! Anfangs schmeichelte ich mir mit dieser ausweichenden Hoffnung, und schon da empfand ich Angst und Schmerz, dich in diesem Zustande zu sehen. Nun ist es wirklich, ist gewiß. Nein, ich regiere mich nicht. Wer gibt mir eine Hülfe, wer einen Rat, dem Unvermeidlichen zu entgehen?

EGMONT: So höre mich! Wenn deine Seele so gewaltsam dringt, mich zu retten, wenn du die Übermacht verabscheust, die mich gefesselt hält, so rette mich! Die Augenblicke sind kostbar. Du bist des Allgewaltigen Sohn und selbst gewaltig – Laß uns entfliehen! Ich kenne die Wege, die Mittel können dir nicht unbekannt sein. Nur diese Mauern, nur wenige Meilen entfernen mich von meinen Freunden. Löse diese Bande, bringe mich zu ihnen und sei unser. Gewiß, der König dankt dir dereinst meine Rettung. Jetzt ist er überrascht, und vielleicht ist ihm alles unbekannt. Dein Vater wagt, und die Majestät muß das Geschehne billigen, wenn sie sich auch davor entsetzt. Du denkst? O denke mir den Weg der Freiheit aus! Sprich und nähre die Hoffnung der lebendigen Seele.

FERDINAND: Schweig! o schweige! Du vermehrst mit jedem Worte meine Verzweiflung. Hier ist kein Ausweg, kein Rat, keine Flucht. – Das quält mich, das greift und faßt mir wie mit Klauen die Brust. Ich habe selbst das Netz zusammengezogen, ich kenne die strengen festen Knoten, ich weiß, wie jeder Kühnheit, jeder List die Wege verrennt sind, ich fühle mich mit dir und mit allen andern gefesselt. Würde ich klagen, hätte ich nicht alles versucht? Zu seinen Füßen habe ich gelegen, geredet und gebeten. Er schickte mich hierher, um alles, was von Lebenslust und Freude mit mir lebt, in diesem Augenblicke zu zerstören.

EGMONT: Und keine Rettung?

FERDINAND: Keine!

EGMONT *mit dem Fuße stampfend:* Keine Rettung! – – Süßes Leben! schöne, freundliche Gewohnheit des Daseins und Wirkens, von dir soll ich scheiden? So gelassen scheiden! Nicht im Tumulte der Schlacht, unter dem Geräusch der Waffen, in der Zerstreuung des Getümmels gibst du mir ein flüchtiges Lebewohl, du nimmst keinen eiligen Abschied, verkürzest nicht den Augenblick der Trennung. Ich soll deine Hand fassen, dir noch einmal in die Augen sehn, deine Schöne, deinen Wert recht lebhaft fühlen und dann mich entschlossen losreißen und sagen: Fahre hin!

FERDINAND: Und ich soll daneben stehn, zusehn, dich nicht halten, nicht hindern können! O welche Stimme reichte zur Klage! Welches Herz flösse nicht aus seinen Banden vor diesem Jammer!

EGMONT: Fasse dich!

FERDINAND: Du kannst dich fassen, du kannst entsagen, den schweren Schritt an der Hand der Notwendigkeit heldenmäßig gehn. Was kann ich? Was soll ich? Du überwindest dich selbst und uns, du überstehst; ich überlebe dich und mich selbst. Bei der Freude des Mahls hab ich mein Licht, im Getümmel der Schlacht meine Fahne verloren. Schal, verworren, trüb scheint mir die Zukunft.

EGMONT: Junger Freund, den ich durch ein sonderbares Schicksal zugleich gewinne und verliere, der für mich die Todesschmerzen empfindet, für mich leidet – sieh mich in diesen Augenblicken an; du verlierst mich nicht. War dir mein Leben ein Spiegel, in welchem du dich gerne betrachtetest, so sei es auch mein Tod. Die Menschen sind nicht nur zusammen, wenn sie beisammen sind, auch der Entfernte, der Abgeschiedne lebt uns. Ich lebe dir und habe mir genug gelebt. Eines jeden Tages hab ich mich gefreut, an jedem Tage mit rascher Wirkung meine Pflicht getan, wie mein Gewissen mir sie zeigte. Nun endigt sich das Leben, wie es sich früher, früher, schon auf dem Sande von Gravelingen hätte endigen können. Ich höre auf zu leben, aber ich habe gelebt; so leb auch du, mein Freund, gern und mit Lust, und scheue den Tod nicht.

FERDINAND: Du hättest dich für uns erhalten können, sollen. Du hast dich selber getötet. Oft hört ich, wenn kluge Männer über dich sprachen, feindselige, wohlwollende, sie stritten lang über deinen Wert; doch endlich vereinigten sie sich, keiner wagt' es zu leugnen, jeder gestand: ja, er wandelt einen gefährlichen Weg. Wie oft wünscht ich, dich warnen zu können! Hattest du denn keine Freunde?

EGMONT: Ich war gewarnt.

FERDINAND: Und wie ich punktweis' alle diese Beschuldigungen wieder in der Anklage fand und deine Antworten! Gut genug, dich zu entschuldigen, nicht triftig genug, dich von der Schuld zu befreien –

EGMONT: Dies sei beiseite gelegt. Es glaubt der Mensch sein Leben zu leiten, sich selbst zu führen, und sein Innerstes wird unwiderstehlich nach seinem Schicksale gezogen. Laß uns darüber nicht sinnen, dieser Gedanken entschlag ich mich leicht, schwerer der Sorge für dieses Land, doch auch dafür wird gesorgt sein. Kann mein Blut für viele fließen, meinem Volk Friede bringen, so fließt es willig. Leider wird's nicht so werden. Doch es ziemt dem Menschen nicht mehr zu grübeln, wo er nicht mehr wirken soll. Kannst du die verderbende Gewalt deines Vaters aufhalten, lenken, so tu's. Wer wird das können? – Leb wohl!

FERDINAND: Ich kann nicht gehn.

EGMONT: Laß meine Leute dir aufs beste empfohlen sein! Ich habe gute Menschen zu Dienern: daß sie nicht zerstreut, nicht unglücklich werden! Wie steht es um Richard, meinen Schreiber?

FERDINAND: Er ist dir vorangegangen. Sie haben ihn als Mitschuldigen des Hochverrats enthauptet.

EGMONT: Arme Seele. – Noch eins, und dann leb wohl, ich kann nicht mehr. Was auch den Geist gewaltsam beschäftigt, fordert die Natur zuletzt unwiderstehlich ihre Rechte; und wie ein Kind, umwunden von der Schlange, des erquickenden Schlafs genießt, so legt der Müde sich noch einmal vor der Pforte des Todes nieder und ruht tief aus, als ob er einen weiten Weg zu wandern hätte. – Noch eins – Ich kenne ein Mädchen: du wirst sie nicht verachten, weil sie mein war. Nun ich sie dir empfehle, sterb ich ruhig. Du bist ein edler Mann; ein Weib, das den findet, ist geborgen. Lebt mein alter Adolf? ist er frei?

FERDINAND: Der muntre Greis, der Euch zu Pferde immer begleitete?

EGMONT: Derselbe.

FERDINAND: Er lebt, er ist frei.

EGMONT: Er weiß ihre Wohnung; laß dich von ihm führen und lohn ihm bis an sein Ende, daß er dir den Weg zu diesem Kleinod zeigt – Leb wohl!

FERDINAND: Ich gehe nicht.

EGMONT *ihn nach der Türe drängend:* Leb wohl!

FERDINAND: O laß mich noch!

EGMONT: Freund, keinen Abschied.

Er begleitet Ferdinanden bis an die Türe und reißt sich dort von ihm los. Ferdinand, betäubt, entfernt sich eilend.

EGMONT *allein:* Feindseliger Mann! Du glaubtest mir diese Wohltat nicht durch deinen Sohn zu erzeigen. Durch ihn bin ich der Sorgen los und der Schmerzen, der Furcht und jedes ängstlichen Gefühls. Sanft und dringend fordert die Natur ihren letzten Zoll. Es ist vorbei, es ist beschlossen, und was die letzte Nacht mich ungewiß auf meinem Lager wachend hielt, das schläfert nun mit unbezwinglicher Gewißheit meine Sinnen ein.

Er setzt sich aufs Ruhebett. Musik.

Süßer Schlaf! Du kommst wie ein reines Glück ungebeten, unerfleht am willigsten. Du lösest die Knoten der strengen Gedanken, vermischest alle Bilder der Freude und des Schmerzens; ungehindert fließt der Kreis innerer Harmonien, und eingehüllt in gefälligen Wahnsinn versinken wir und hören auf zu sein.

Er entschläft, die Musik begleitet seinen Schlummer. Hinter seinem Lager scheint sich die Mauer zu eröffnen, eine glänzende Erscheinung zeigt sich. Die Freiheit in himmlischem Gewand, von einer Klarheit umflossen, ruht auf einer Wolke. Sie hat die Züge von Klärchen und neigt sich gegen den schlafenden Helden. Sie drückt eine bedauernde Empfindung aus, sie scheint ihn zu beklagen. Bald faßt sie sich, und mit aufmunternder Gebärde zeigt sie ihm das Bündel Pfeile, dann den Stab mit dem Hute. Sie heißt ihn froh sein, und indem sie ihm bedeutet, daß sein Tod den Provinzen die Freiheit verschaffen werde, erkennt sie ihn als Sieger und reicht ihm einen Lorbeerkranz. Wie sie sich mit dem Kranze dem Haupte naht, macht Egmont eine Bewegung wie eines, der sich im Schlafe rührt, dergestalt, daß er mit dem Gesicht aufwärts gegen sie zu liegen kommt. Sie hält den Kranz über seinem Haupte schwebend; man hört ganz von weiten eine kriegrische Musik von Trommeln und Pfeifen; bei dem leisesten Laut derselben verschwindet die Erscheinung. Der Schall wird stärker. Egmont erwacht. Das Gefängnis wird vom Morgen mäßig erhellt. Seine erste Bewegung ist, nach dem Haupte zu greifen, er steht auf und sieht sich um, indem er die Hand auf dem Haupte behält.

Verschwunden ist der Kranz! Du schönes Bild, das Licht des Tages hat dich verscheucht! Ja, sie waren's, sie waren vereint, die beiden süßten Freuden meines Herzens. Die göttliche Freiheit, von meiner Geliebten borgte sie die Gestalt, das reizende Mädchen kleidete sich in der Freundin himmlisches Gewand. In einem ernsten Augenblick erscheinen sie vereinigt, ernster als lieblich. Mit blutbefleckten Sohlen trat sie vor mir auf, die wehenden Falten des Saumes mit Blut befleckt. Es war mein Blut und vieler Edlen Blut. Nein, es ward nicht umsonst vergossen. Schreitet durch! Braves Volk! Die Siegesgöttin führt dich an! Und wie das Meer durch eure Dämme bricht, so brecht, so reißt den Wall der Tyrannei zusammen und schwemmt ersäufend sie von ihrem Grunde, den sie sich anmaßt, hinweg!

Trommeln näher.

Horch! Horch! Wie oft rief mich dieser Schall zum freien Schritt nach dem Felde des Streits und des Siegs! Wie munter traten die Gefährten auf der gefährlichen rühmlichen Bahn! Auch ich schreite einem ehrenvollen Tode aus diesem Kerker entgegen, ich sterbe für die Freiheit, für die ich lebte und focht und der ich mich jetzt leidend opfre.

Der Hintergrund wird mit einer Reihe spanischer Soldaten besetzt, welche Hellebarden tragen.

Ja, führt sie nur zusammen! Schließt eure Reihen, ihr schreckt mich nicht. Ich bin gewohnt, vor Speeren gegen Speere zu stehn und, rings umgeben von dem drohenden Tod, das mutige Leben nur doppelt rasch zu fühlen.

Trommeln.

Dich schließt der Feind von allen Seiten ein! Es blinken Schwerter – Freunde, höh'ren Mut! Im Rücken habt ihr Eltern, Weiber, Kinder! *Auf die Wache zeigend:* Und diese treibt ein hohles Wort des Herrschers, nicht ihr Gemüt! Schützt eure Güter! Und euer Liebstes zu erretten, fallt freudig, wie ich euch ein Beispiel gebe.

Trommeln. Wie er auf die Wache los- und auf die Hintertüre zugeht, fällt der Vorhang; die Musik fällt ein und schließt mit einer Siegessymphonie das Stück.

PHIGENIE AUF TAURIS

EIN SCHAUSPIEL

Versfassung

PERSONEN

Iphigenie
Thoas, *König der Taurier*
Orest
Pylades
Arkas

Schauplatz: Hain vor Dianens Tempel.

ERSTER AUFZUG

ERSTER AUFTRITT

IPHIGENIE: Heraus in eure Schatten, rege Wipfel
　Des alten, heil'gen, dichtbelaubten Haines,
　Wie in der Göttin stilles Heiligtum,
　Tret ich noch jetzt mit schauderndem Gefühl,
　Als wenn ich sie zum erstenmal beträte,
　Und es gewöhnt sich nicht mein Geist hierher.
　So manches Jahr bewahrt mich hier verborgen
　Ein hoher Wille, dem ich mich ergebe;
　Doch immer bin ich, wie im ersten, fremd.
　Denn ach! mich trennt das Meer von den Geliebten,
　Und an dem Ufer steh ich lange Tage,
　Das Land der Griechen mit der Seele suchend;
　Und gegen meine Seufzer bringt die Welle
　Nur dumpfe Töne brausend mir herüber.
　Weh dem, der fern von Eltern und Geschwistern
　Ein einsam Leben führt! Ihm zehrt der Gram
　Das nächste Glück vor seinen Lippen weg,
　Ihm schwärmen abwärts immer die Gedanken
　Nach seines Vaters Hallen, wo die Sonne
　Zuerst den Himmel vor ihm aufschloß, wo
　Sich Mitgeborne spielend fest und fester
　Mit sanften Banden aneinanderknüpften.
　Ich rechte mit den Göttern nicht; allein
　Der Frauen Zustand ist beklagenswert.
　Zu Haus und in dem Kriege herrscht der Mann,
　Und in der Fremde weiß er sich zu helfen.
　Ihn freuet der Besitz; ihn krönt der Sieg!
　Ein ehrenvoller Tod ist ihm bereitet.

Wie eng-gebunden ist des Weibes Glück!
Schon einem rauhen Gatten zu gehorchen
Ist Pflicht und Trost; wie elend, wenn sie gar
Ein feindlich Schicksal in die Ferne treibt!
So hält mich Thoas hier, ein edler Mann,
In ernsten, heil'gen Sklavenbanden fest.
O wie beschämt gesteh ich, daß ich dir
Mit stillem Widerwillen diene, Göttin,
Dir, meiner Retterin! Mein Leben sollte
Zu freiem Dienste dir gewidmet sein.
Auch hab ich stets auf dich gehofft und hoffe
Noch jetzt auf dich, Diana, die du mich,
Des größten Königes verstoßne Tochter,
In deinen heil'gen, sanften Arm genommen.
Ja, Tochter Zeus', wenn du den hohen Mann,
Den du, die Tochter fordernd, ängstigtest,
Wenn du den göttergleichen Agamemnon,
Der dir sein Liebstes zum Altare brachte,
Von Trojas umgewandten Mauern rühmlich
Nach seinem Vaterland zurückbegleitet,
Die Gattin ihm, Elektren und den Sohn,
Die schönen Schätze, wohl erhalten hast:
So gib auch mich den Meinen endlich wieder,
Und rette mich, die du vom Tod errettet,
Auch von dem Leben hier, dem zweiten Tode!

ZWEITER AUFTRITT

Iphigenie. Arkas.

ARKAS: Der König sendet mich hierher und beut
Der Priesterin Dianens Gruß und Heil!
Dies ist der Tag, da Tauris seiner Göttin
Für wunderbare neue Siege dankt.
Ich eile vor dem König und dem Heer,
Zu melden, daß er kommt und daß es naht.

IPHIGENIE: Wir sind bereit, sie würdig zu empfangen,
   Und unsre Göttin sieht willkommnem Opfer
   Von Thoas' Hand mit Gnadenblick entgegen.
ARKAS: O fänd ich auch den Blick der Priesterin,
   Der werten, vielgeehrten, deinen Blick,
   O heil'ge Jungfrau, heller, leuchtender,
   Uns allen gutes Zeichen! Noch bedeckt
   Der Gram geheimnisvoll dein Innerstes;
   Vergebens harren wir schon jahrelang
   Auf ein vertraulich Wort aus deiner Brust.
   Solang ich dich an dieser Stätte kenne,
   Ist dies der Blick, vor dem ich immer schaudre;
   Und wie mit Eisenbanden bleibt die Seele
   Ins Innerste des Busens dir geschmiedet.
IPHIGENIE: Wie's der Vertriebnen, der Verwaisten ziemt.
ARKAS: Scheinst du dir hier vertrieben und verwaist?
IPHIGENIE: Kann uns zum Vaterland die Fremde werden?
ARKAS: Und dir ist fremd das Vaterland geworden.
IPHIGENIE: Das ist's, warum mein blutend Herz nicht heilt.
   In erster Jugend, da sich kaum die Seele
   An Vater, Mutter und Geschwister band,
   Die neuen Schößlinge, gesellt und lieblich,
   Vom Fuß der alten Stämme himmelwärts
   Zu dringen strebten: leider faßte da
   Ein fremder Fluch mich an und trennte mich
   Von den Geliebten, riß das schöne Band
   Mit ehrner Faust entzwei. Sie war dahin,
   Der Jugend beste Freude, das Gedeihn
   Der ersten Jahre. Selbst gerettet, war
   Ich nur ein Schatten mir, und frische Lust
   Des Lebens blüht in mir nicht wieder auf.
ARKAS: Wenn du dich s o unglücklich nennen willst,
   So darf ich dich auch wohl undankbar nennen.
IPHIGENIE: Dank habt ihr stets.
ARKAS: Doch nicht den reinen Dank,
   Um dessentwillen man die Wohltat tut;

Den frohen Blick, der ein zufriednes Leben
Und ein geneigtes Herz dem Wirte zeigt.
Als dich ein tief geheimnisvolles Schicksal
Vor so viel Jahren diesem Tempel brachte,
Kam Thoas, dir als einer Gottgegebnen
Mit Ehrfurcht und mit Neigung zu begegnen,
Und dieses Ufer ward dir hold und freundlich,
Das jedem Fremden sonst voll Grausens war,
Weil niemand unser Reich vor dir betrat,
Der an Dianens heil'gen Stufen nicht
Nach altem Brauch, ein blutig Opfer, fiel.

IPHIGENIE: Frei atmen macht das Leben nicht allein.
Welch Leben ist's, das an der heil'gen Stätte
Gleich einem Schatten um sein eigen Grab
Ich nur vertrauern muß? Und nenn ich das
Ein fröhlich selbstbewußtes Leben, wenn
Uns jeder Tag, vergebens hingeträumt,
Zu jenen grauen Tagen vorbereitet,
Die an dem Ufer Lethes selbstvergessend
Die Trauerschar der Abgeschiednen feiert?
Ein unnütz Leben ist ein früher Tod;
Dies Frauenschicksal ist vor allen meins.

ARKAS: Den edlen Stolz, daß du dir selbst nicht gnügest,
Verzeih ich dir, sosehr ich dich bedaure:
Er raubet den Genuß des Lebens dir.
Du hast hier nichts getan seit deiner Ankunft?
Wer hat des Königs trüben Sinn erheitert?
Wer hat den alten grausamen Gebrauch,
Daß am Altar Dianens jeder Fremde
Sein Leben blutend läßt, von Jahr zu Jahr
Mit sanfter Überredung aufgehalten
Und die Gefangnen vom gewissen Tod
Ins Vaterland so oft zurückgeschickt?
Hat nicht Diane, statt erzürnt zu sein,
Daß sie der blut'gen alten Opfer mangelt,
Dein sanft Gebet in reichem Maß erhört?

Umschwebt mit frohem Fluge nicht der Sieg
Das Heer? und eilt er nicht sogar voraus?
Und fühlt nicht jeglicher ein besser Los,
Seitdem der König, der uns weis' und tapfer
So lang geführet, nun sich auch der Milde
In deiner Gegenwart erfreut und uns
Des schweigenden Gehorsams Pflicht erleichtert?
Das nennst du unnütz, wenn von deinem Wesen
Auf Tausende herab ein Balsam träufelt?
Wenn du dem Volke, dem ein Gott dich brachte,
Des neuen Glückes ew'ge Quelle wirst
Und an dem unwirtbaren Todesufer
Dem Fremden Heil und Rückkehr zubereitest?

IPHIGENIE: Das Wenige verschwindet leicht dem Blick,
Der vorwärts sieht, wie viel noch übrigbleibt.

ARKAS: Doch lobst du den, der, was er tut, nicht schätzt?

IPHIGENIE: Man tadelt den, der seine Taten wägt.

ARKAS: Auch den, der wahren Wert zu stolz nicht achtet,
Wie den, der falschen Wert zu eitel hebt.
Glaub mir und hör auf eines Mannes Wort,
Der treu und redlich dir ergeben ist:
Wenn heut der König mit dir redet, so
Erleichtr' ihm, was er dir zu sagen denkt.

IPHIGENIE: Du ängstest mich mit jedem guten Worte;
Oft wich ich seinem Antrag mühsam aus.

ARKAS: Bedenke, was du tust und was dir nützt.
Seitdem der König seinen Sohn verloren,
Vertraut er wenigen der Seinen mehr,
Und diesen wenigen nicht mehr wie sonst.
Mißgünstig sieht er jedes Edlen Sohn
Als seines Reiches Folger an, er fürchtet
Ein einsam hülflos Alter, ja vielleicht
Verwegnen Aufstand und frühzeit'gen Tod.
Der Skythe setzt ins Reden keinen Vorzug,
Am wenigsten der König. Er, der nur
Gewohnt ist, zu befehlen und zu tun,

Kennt nicht die Kunst, von weitem ein Gespräch
Nach seiner Absicht langsam fein zu lenken.
Erschwer's ihm nicht durch ein rückhaltend Weigern,
Durch ein vorsätzlich Mißverstehen. Geh
Gefällig ihm den halben Weg entgegen.
IPHIGENIE: Soll ich beschleunigen, was mich bedroht?
ARKAS: Willst du sein Werben eine Drohung nennen?
IPHIGENIE: Es ist die schrecklichste von allen mir.
ARKAS: Gib ihm für seine Neigung nur Vertraun.
IPHIGENIE: Wenn er von Furcht erst meine Seele löst.
ARKAS: Warum verschweigst du deine Herkunft ihm?
IPHIGENIE: Weil einer Priesterin Geheimnis ziemt.
ARKAS: Dem König sollte nichts Geheimnis sein;
Und ob er's gleich nicht fordert, fühlt er's doch
Und fühlt es tief in seiner großen Seele,
Daß du sorgfältig dich vor ihm verwahrst.
IPHIGENIE: Nährt er Verdruß und Unmut gegen mich?
ARKAS: So scheint es fast. Zwar schweigt er auch von dir;
Doch haben hingeworfne Worte mich
Belehrt, daß seine Seele fest den Wunsch
Ergriffen hat, dich zu besitzen. Laß,
O überlaß ihn nicht sich selbst! damit
In seinem Busen nicht der Unmut reife
Und dir Entsetzen bringe, du zu spät
An meinen treuen Rat mit Reue denkest.
IPHIGENIE: Wie? Sinnt der König, was kein edler Mann,
Der seinen Namen liebt und dem Verehrung
Der Himmlischen den Busen bändiget,
Je denken sollte? Sinnt er, vom Altar
Mich in sein Bette mit Gewalt zu ziehn?
So ruf ich alle Götter und vor allen
Dianen, die entschloßne Göttin, an,
Die ihren Schutz der Priesterin gewiß
Und Jungfrau einer Jungfrau gern gewährt.
ARKAS: Sei ruhig! Ein gewaltsam neues Blut
Treibt nicht den König, solche Jünglingstat

Verwegen auszuüben. Wie er sinnt,
Befürcht ich andern harten Schluß von ihm,
Den unaufhaltbar er vollenden wird:
Denn seine Seel' ist fest und unbeweglich.
Drum bitt ich dich, vertrau ihm, sei ihm dankbar,
Wenn du ihm weiter nichts gewähren kannst.
IPHIGENIE: O sage, was dir weiter noch bekannt ist!
ARKAS: Erfahr's von ihm. Ich seh den König kommen;
Du ehrst ihn, und dich heißt dein eigen Herz,
Ihm freundlich und vertraulich zu begegnen.
Ein edler Mann wird durch ein gutes Wort
Der Frauen weit geführt.
IPHIGENIE *allein:* Zwar seh ich nicht,
Wie ich dem Rat des Treuen folgen soll;
Doch folg ich gern der Pflicht, dem Könige
Für seine Wohltat gutes Wort zu geben,
Und wünsche mir, daß ich dem Mächtigen,
Was ihm gefällt, mit Wahrheit sagen möge.

DRITTER AUFTRITT

Iphigenie. Thoas.

IPHIGENIE: Mit königlichen Gütern segne dich
Die Göttin! Sie gewähre Sieg und Ruhm
Und Reichtum und das Wohl der Deinigen
Und jedes frommen Wunsches Fülle dir!
Daß, der du über viele sorgend herrschest,
Du auch vor vielen seltnes Glück genießest.
THOAS: Zufrieden wär ich, wenn mein Volk mich rühmte:
Was ich erwarb, genießen andre mehr
Als ich. Der ist am glücklichsten, er sei
Ein König oder ein Geringer, dem
In seinem Hause Wohl bereitet ist.
Du nahmest teil an meinen tiefen Schmerzen,

Als mir das Schwert der Feinde meinen Sohn,
Den letzten, besten, von der Seite riß.
Solang die Rache meinen Geist besaß,
Empfand ich nicht die Öde meiner Wohnung;
Doch jetzt, da ich befriedigt wiederkehre,
Ihr Reich zerstört, mein Sohn gerochen ist,
Bleibt mir zu Hause nichts, das mich ergetze.
Der fröhliche Gehorsam, den ich sonst
Aus einem jeden Auge blicken sah,
Ist nun von Sorg' und Unmut still gedämpft.
Ein jeder sinnt, was künftig werden wird,
Und folgt dem Kinderlosen, weil er muß.
Nun komm ich heut in diesen Tempel, den
Ich oft betrat, um Sieg zu bitten und
Für Sieg zu danken. Einen alten Wunsch
Trag ich im Busen, der auch dir nicht fremd
Noch unerwartet ist: ich hoffe, dich
Zum Segen meines Volks und mir zum Segen
Als Braut in meine Wohnung einzuführen.
IPHIGENIE: Der Unbekannten bietest du zu viel,
O König, an. Es steht die Flüchtige
Beschämt vor dir, die nichts an diesem Ufer
Als Schutz und Ruhe sucht, die du ihr gabst.
THOAS: Daß du in das Geheimnis deiner Ankunft
Vor mir wie vor dem Letzten stets dich hüllest,
Wär unter keinem Volke recht und gut.
Dies Ufer schreckt die Fremden: das Gesetz
Gebietet's und die Not. Allein von dir,
Die jedes frommen Rechts genießt, ein wohl
Von uns empfangner Gast, nach eignem Sinn
Und Willen ihres Tages sich erfreut,
Von dir hofft ich Vertrauen, das der Wirt
Für seine Treue wohl erwarten darf.
IPHIGENIE: Verbarg ich meiner Eltern Namen und
Mein Haus, o König, war's Verlegenheit,
Nicht Mißtraun. Denn vielleicht, ach wüßtest du,

Wer vor dir steht und welch verwünschtes Haupt
Du nährst und schützest: ein Entsetzen faßte
Dein großes Herz mit seltnem Schauer an,
Und statt die Seite deines Thrones mir
Zu bieten, triebest du mich vor der Zeit
Aus deinem Reiche; stießest mich vielleicht,
Eh zu den Meinen frohe Rückkehr mir
Und meiner Wandrung Ende zugedacht ist,
Dem Elend zu, das jeden Schweifenden,
Von seinem Haus Vertriebnen überall
Mit kalter, fremder Schreckenshand erwartet.
THOAS: Was auch der Rat der Götter mit dir sei
Und was sie deinem Haus und dir gedenken,
So fehlt es doch, seitdem du bei uns wohnst
Und eines frommen Gastes Recht genießest,
An Segen nicht, der mir von oben kommt.
Ich möchte schwer zu überreden sein,
Daß ich an dir ein schuldvoll Haupt beschütze.
IPHIGENIE: Dir bringt die Wohltat Segen, nicht der Gast.
THOAS: Was man Verruchten tut, wird nicht gesegnet.
Drum endige dein Schweigen und dein Weigern;
Es fordert dies kein ungerechter Mann.
Die Göttin übergab dich meinen Händen;
Wie du ihr heilig warst, so warst du's mir.
Auch sei ihr Wink noch künftig mein Gesetz:
Wenn du nach Hause Rückkehr hoffen kannst,
So sprech ich dich von aller Fordrung los.
Doch ist der Weg auf ewig dir versperrt
Und ist dein Stamm vertrieben oder durch
Ein ungeheures Unheil ausgelöscht,
So bist du mein durch mehr als ein Gesetz.
Sprich offen! und du weißt, ich halte Wort.
IPHIGENIE: Vom alten Bande löset ungern sich
Die Zunge los, ein langverschwiegenes
Geheimnis endlich zu entdecken. Denn
Einmal vertraut, verläßt es ohne Rückkehr

Des tiefen Herzens sichre Wohnung, schadet,
Wie es die Götter wollen, oder nützt.
Vernimm! Ich bin aus Tantalus' Geschlecht.
THOAS: Du sprichst ein großes Wort gelassen aus.
Nennst du d e n deinen Ahnherrn, den die Welt
Als einen ehmals Hochbegnadigten
Der Götter kennt? Ist's jener Tantalus,
Den Jupiter zu Rat und Tafel zog,
An dessen alterfahrnen, vielen Sinn
Verknüpfenden Gesprächen Götter selbst,
Wie an Orakelsprüchen, sich ergetzten?
IPHIGENIE: Er ist es; aber Götter sollten nicht
Mit Menschen wie mit ihresgleichen wandeln:
Das sterbliche Geschlecht ist viel zu schwach,
In ungewohnter Höhe nicht zu schwindeln.
Unedel war er nicht und kein Verräter,
Allein zum Knecht zu groß, und zum Gesellen
Des großen Donnrers nur ein Mensch. So war
Auch sein Vergehen menschlich; ihr Gericht
War streng, und Dichter singen: Übermut
Und Untreu' stürzten ihn von Jovis Tisch
Zur Schmach des alten Tartarus hinab.
Ach, und sein ganz Geschlecht trug ihren Haß!
THOAS: Trug es die Schuld des Ahnherrn oder eigne?
IPHIGENIE: Zwar die gewalt'ge Brust und der Titanen
Kraftvolles Mark war seiner Söhn' und Enkel
Gewisses Erbteil; doch es schmiedete
Der Gott um ihre Stirn ein ehern Band.
Rat, Mäßigung und Weisheit und Geduld
Verbarg er ihrem scheuen, düstern Blick;
Zur Wut ward ihnen jegliche Begier,
Und grenzenlos drang ihre Wut umher.
Schon Pelops, der Gewaltig-Wollende,
Des Tantalus geliebter Sohn, erwarb
Sich durch Verrat und Mord das schönste Weib,
Önomaus' Erzeugte, Hippodamien.

Sie bringt den Wünschen des Gemahls zwei Söhne,
Thyest und Atreus. Neidisch sehen sie
Des Vaters Liebe zu dem ersten Sohn,
Aus einem andern Bette wachsend, an.
Der Haß verbindet sie, und heimlich wagt
Das Paar im Brudermord die erste Tat.
Der Vater wähnet Hippodamien
Die Mörderin, und grimmig fordert er
Von ihr den Sohn zurück, und sie entleibt
Sich selbst –

THOAS: Du schweigest? Fahre fort zu reden!
Laß dein Vertraun dich nicht gereuen! Sprich!

IPHIGENIE: Wohl dem, der seiner Väter gern gedenkt,
Der froh von ihren Taten, ihrer Größe
Den Hörer unterhält und still sich freuend
Ans Ende dieser schönen Reihe sich
Geschlossen sieht! Denn es erzeugt nicht gleich
Ein Haus den Halbgott noch das Ungeheuer;
Erst eine Reihe Böser oder Guter
Bringt endlich das Entsetzen, bringt die Freude
Der Welt hervor. – Nach ihres Vaters Tode
Gebieten Atreus und Thyest der Stadt,
Gemeinsam herrschend. Lange konnte nicht
Die Eintracht dauern. Bald entehrt Thyest
Des Bruders Bette. Rächend treibet Atreus
Ihn aus dem Reiche. Tückisch hatte schon
Thyest, auf schwere Taten sinnend, lange
Dem Bruder einen Sohn entwandt und heimlich
Ihn als den seinen schmeichelnd auferzogen.
Dem füllet er die Brust mit Wut und Rache
Und sendet ihn zur Königsstadt, daß er
Im Oheim seinen eignen Vater morde.
Des Jünglings Vorsatz wird entdeckt: der König
Straft grausam den gesandten Mörder, wähnend,
Er töte seines Bruders Sohn. Zu spät
Erfährt er, wer vor seinen trunknen Augen

Gemartert stirbt; und die Begier der Rache
Aus seiner Brust zu tilgen, sinnt er still
Auf unerhörte Tat. Er scheint gelassen,
Gleichgültig und versöhnt und lockt den Bruder
Mit seinen beiden Söhnen in das Reich
Zurück, ergreift die Knaben, schlachtet sie
Und setzt die ekle, schaudervolle Speise
Dem Vater bei dem ersten Mahle vor.
Und da Thyest an seinem Fleische sich
Gesättigt, eine Wehmut ihn ergreift,
Er nach den Kindern fragt, den Tritt, die Stimme
Der Knaben an des Saales Türe schon
Zu hören glaubt, wirft Atreus grinsend
Ihm Haupt und Füße der Erschlagnen hin. –
Du wendest schaudernd dein Gesicht, o König:
So wendete die Sonn' ihr Antlitz weg
Und ihren Wagen aus dem ew'gen Gleise.
Dies sind die Ahnherrn deiner Priesterin;
Und viel unseliges Geschick der Männer,
Viel Taten des verworrnen Sinnes deckt
Die Nacht mit schweren Fittichen und läßt
Uns nur in grauenvolle Dämmrung sehn.

THOAS: Verbirg sie schweigend auch. Es sei genug
Der Greuel! Sage nun, durch welch ein Wunder
Von diesem wilden Stamme du entsprangst.

IPHIGENIE: Des Atreus ältster Sohn war Agamemnon:
Er ist mein Vater. Doch ich darf es sagen,
In ihm hab ich seit meiner ersten Zeit
Ein Muster des vollkommnen Manns gesehn.
Ihm brachte Klytämnestra mich, den Erstling
Der Liebe, dann Elektren. Ruhig herrschte
Der König, und es war dem Hause Tantals
Die lang entbehrte Rast gewährt. Allein
Es mangelte dem Glück der Eltern noch
Ein Sohn, und kaum war dieser Wunsch erfüllt,
Daß zwischen beiden Schwestern nun Orest,

ERSTER AUFZUG

Der Liebling, wuchs, als neues Übel schon
Dem sichern Hause zubereitet war.
Der Ruf des Krieges ist zu euch gekommen,
Der, um den Raub der schönsten Frau zu rächen,
Die ganze Macht der Fürsten Griechenlands
Um Trojens Mauern lagerte. Ob sie
Die Stadt gewonnen, ihrer Rache Ziel
Erreicht, vernahm ich nicht. Mein Vater führte
Der Griechen Heer. In Aulis harrten sie
Auf günst'gen Wind vergebens: denn Diane,
Erzürnt auf ihren großen Führer, hielt
Die Eilenden zurück und forderte
Durch Kalchas' Mund des Königs älteste Tochter.
Sie lockten mit der Mutter mich ins Lager;
Sie rissen mich vor den Altar und weihten
Der Göttin dieses Haupt. – Sie war versöhnt:
Sie wollte nicht mein Blut und hüllte rettend
In eine Wolke mich; in diesem Tempel
Erkannt ich mich zuerst vom Tode wieder.
Ich bin es selbst, bin Iphigenie,
Des Atreus Enkel, Agamemnons Tochter,
Der Göttin Eigentum, die mit dir spricht.

THOAS: Mehr Vorzug und Vertrauen geb ich nicht
Der Königstochter als der Unbekannten.
Ich wiederhole meinen ersten Antrag:
Komm, folge mir und teile, was ich habe.

IPHIGENIE:
Wie darf ich solchen Schritt, o König, wagen?
Hat nicht die Göttin, die mich rettete,
Allein das Recht auf mein geweihtes Leben?
Sie hat für mich den Schutzort ausgesucht,
Und sie bewahrt mich einem Vater, den
Sie durch den Schein genug gestraft, vielleicht
Zur schönsten Freude seines Alters hier.
Vielleicht ist mir die frohe Rückkehr nah;
Und ich, auf ihren Weg nicht achtend, hätte

    Mich wider ihren Willen hier gefesselt?
    Ein Zeichen bat ich, wenn ich bleiben sollte.
THOAS: Das Zeichen ist, daß du noch hier verweilst.
    Such Ausflucht solcher Art nicht ängstlich auf.
    Man spricht vergebens viel, um zu versagen;
    Der andre hört von allem nur das Nein.
IPHIGENIE: Nicht Worte sind es, die nur blenden sollen;
    Ich habe dir mein tiefstes Herz entdeckt.
    Und sagst du dir nicht selbst, wie ich dem Vater,
    Der Mutter, den Geschwistern mich entgegen
    Mit ängstlichen Gefühlen sehnen muß?
    Daß in den alten Hallen, wo die Trauer
    Noch manchmal stille meinen Namen lispelt,
    Die Freude, wie um eine Neugeborne,
    Den schönsten Kranz von Säul' an Säulen schlinge!
    O sendetest du mich auf Schiffen hin!
    Du gäbest mir und allen neues Leben.
THOAS: So kehr zurück! Tu, was dein Herz dich heißt,
    Und höre nicht die Stimme guten Rats
    Und der Vernunft. Sei ganz ein Weib und gib
    Dich hin dem Triebe, der dich zügellos
    Ergreift und dahin oder dorthin reißt.
    Wenn ihnen eine Lust im Busen brennt,
    Hält vom Verräter sie kein heilig Band,
    Der sie dem Vater oder dem Gemahl
    Aus langbewährten, treuen Armen lockt;
    Und schweigt in ihrer Brust die rasche Glut,
    So dringt auf sie vergebens treu und mächtig
    Der Überredung goldne Zunge los.
IPHIGENIE: Gedenk, o König, deines edeln Wortes!
    Willst du mein Zutraun so erwidern? Du
    Schienst vorbereitet, alles zu vernehmen.
THOAS: Aufs Ungehoffte war ich nicht bereitet;
    Doch sollt ich's auch erwarten: wußt ich nicht,
    Daß ich mit einem Weibe handeln ging?
IPHIGENIE: Schilt nicht, o König, unser arm Geschlecht.

Nicht herrlich wie die euern, aber nicht
Unedel sind die Waffen eines Weibes.
Glaub es, darin bin ich dir vorzuziehn,
Daß ich dein Glück mehr als du selber kenne.
Du wähnest, unbekannt mit dir und mir,
Ein näher Band werd uns zum Glück vereinen.
Voll guten Mutes wie voll guten Willens
Dringst du in mich, daß ich mich fügen soll;
Und hier dank ich den Göttern, daß sie mir
Die Festigkeit gegeben, dieses Bündnis
Nicht einzugehen, das sie nicht gebilligt.

THOAS: Es spricht kein Gott; es spricht dein eignes Herz.
IPHIGENIE: Sie reden nur durch unser Herz zu uns.
THOAS: Und hab i c h, sie zu hören, nicht das Recht?
IPHIGENIE: Es überbraust der Sturm die zarte Stimme.
THOAS: Die Priesterin vernimmt sie wohl allein?
IPHIGENIE: Vor allen andern merke sie der Fürst.
THOAS: Dein heilig Amt und dein geerbtes Recht
   An Jovis Tisch bringt dich den Göttern näher
   Als einen erdgeborenen Wilden.
IPHIGENIE: So
   Büß ich nun das Vertraun, das du erzwangst.
THOAS: Ich bin ein Mensch; und besser ist's, wir enden.
   So bleibe denn mein Wort: Sei Priesterin
   Der Göttin, wie sie dich erkoren hat;
   Doch mir verzeih Diane, daß ich ihr
   Bisher mit Unrecht und mit innerm Vorwurf
   Die alten Opfer vorenthalten habe.
   Kein Fremder nahet glücklich unserm Ufer:
   Von alters her ist ihm der Tod gewiß.
   Nur du hast mich mit einer Freundlichkeit,
   In der ich bald der zarten Tochter Liebe,
   Bald stille Neigung einer Braut zu sehn
   Mich tief erfreute, wie mit Zauberbanden
   Gefesselt, daß ich meiner Pflicht vergaß.
   Du hattest mir die Sinnen eingewiegt,

Das Murren meines Volks vernahm ich nicht;
Nun rufen sie die Schuld von meines Sohnes
Frühzeit'gem Tode lauter über mich.
Um deinetwillen halt ich länger nicht
Die Menge, die das Opfer dringend fordert.
IPHIGENIE: Um meinetwillen hab ich's nie begehrt.
Der mißversteht die Himmlischen, der sie
Blutgierig wähnt; er dichtet ihnen nur
Die eignen grausamen Begierden an.
Entzog die Göttin mich nicht selbst dem Priester?
Ihr war mein Dienst willkommner als mein Tod.
THOAS: Es ziemt sich nicht für uns, den heiligen
Gebrauch mit leicht beweglicher Vernunft
Nach unserm Sinn zu deuten und zu lenken.
Tu deine Pflicht, ich werde meine tun.
Zwei Fremde, die wir in des Ufers Höhlen
Versteckt gefunden und die meinem Lande
Nichts Gutes bringen, sind in meiner Hand.
Mit diesen nehme deine Göttin wieder
Ihr erstes, rechtes, lang entbehrtes Opfer!
Ich sende sie hierher; du weißt den Dienst.

VIERTER AUFTRITT

IPHIGENIE *allein:* Du hast Wolken, gnädige Retterin,
Einzuhüllen unschuldig Verfolgte
Und auf Winden dem ehrnen Geschick sie
Aus den Armen, über das Meer,
Über der Erde weiteste Strecken,
Und wohin es dir gut dünkt, zu tragen.
Weise bist du und siehest das Künftige;
Nicht vorüber ist dir das Vergangne,
Und dein Blick ruht über den Deinen,
Wie dein Licht, das Leben der Nächte,
Über der Erde ruhet und waltet.

O enthalte vom Blut meine Hände!
Nimmer bringt es Segen und Ruhe;
Und die Gestalt des zufällig Ermordeten
Wird auf des traurig-unwilligen Mörders
Böse Stunden lauern und schrecken.
Denn die Unsterblichen lieben der Menschen
Weit verbreitete gute Geschlechter,
Und sie fristen das flüchtige Leben
Gerne dem Sterblichen, wollen ihm gerne
Ihres eigenen, ewigen Himmels
Mitgenießendes fröhliches Anschaun
Eine Weile gönnen und lassen.

ZWEITER AUFZUG

ERSTER AUFTRITT

Orest. Pylades.

OREST: Es ist der Weg des Todes, den wir treten:
Mit jedem Schritt wird meine Seele stiller.
Als ich Apollen bat, das gräßliche
Geleit der Rachegeister von der Seite
Mir abzunehmen, schien er Hülf' und Rettung
Im Tempel seiner vielgeliebten Schwester,
Die über Tauris herrscht, mit hoffnungsreichen,
Gewissen Götterworten zu versprechen;
Und nun erfüllet sich's, daß alle Not
Mit meinem Leben völlig enden soll.
Wie leicht wird's mir, dem eine Götterhand
Das Herz zusammendrückt, den Sinn betäubt,
Dem schönen Licht der Sonne zu entsagen.
Und sollen Atreus' Enkel in der Schlacht
Ein siegbekröntes Ende nicht gewinnen,
Soll ich wie meine Ahnen, wie mein Vater
Als Opfertier im Jammertode bluten:
So sei es! Besser hier vor dem Altar
Als im verworfnen Winkel, wo die Netze
Der nahverwandte Meuchelmörder stellt.
Laßt mir so lange Ruh', ihr Unterird'schen,
Die nach dem Blut ihr, das von meinen Tritten
Herniederträufelnd meinen Pfad bezeichnet,
Wie losgelaßne Hunde spürend hetzt!
Laßt mich, ich komme bald zu euch hinab;
Das Licht des Tags soll euch nicht sehn noch mich.

ZWEITER AUFZUG

    Der Erde schöner grüner Teppich soll
    Kein Tummelplatz für Larven sein. Dort unten
    Such ich euch auf: dort bindet alle dann
    Ein gleich Geschick in ew'ge matte Nacht.
    Nur dich, mein Pylades, dich, meiner Schuld
    Und meines Banns unschuldigen Genossen,
    Wie ungern nehm ich dich in jenes Trauerland
    Frühzeitig mit! Dein Leben oder Tod
    Gibt mir allein noch Hoffnung oder Furcht.
PYLADES: Ich bin noch nicht, Orest, wie du bereit,
    In jenes Schattenreich hinabzugehn.
    Ich sinne noch, durch die verworrnen Pfade,
    Die nach der schwarzen Nacht zu führen scheinen,
    Uns zu dem Leben wieder aufzuwinden.
    Ich denke nicht den Tod; ich sinn und horche,
    Ob nicht zu irgendeiner frohen Flucht
    Die Götter Rat und Wege zubereiten.
    Der Tod, gefürchtet oder ungefürchtet,
    Kommt unaufhaltsam. Wenn die Priesterin
    Schon, unsre Locken weihend abzuschneiden,
    Die Hand erhebt, soll dein' und meine Rettung
    Mein einziger Gedanke sein. Erhebe
    Von diesem Unmut deine Seele; zweifelnd
    Beschleunigest du die Gefahr. Apoll
    Gab uns das Wort: im Heiligtum der Schwester
    Sei Trost und Hülf' und Rückkehr dir bereitet.
    Der Götter Worte sind nicht doppelsinnig,
    Wie der Gedrückte sie im Unmut wähnt.
OREST: Des Lebens dunkle Decke breitete
    Die Mutter schon mir um das zarte Haupt,
    Und so wuchs ich herauf, ein Ebenbild
    Des Vaters, und es war mein stummer Blick
    Ein bittrer Vorwurf ihr und ihrem Buhlen.
    Wie oft, wenn still Elektra, meine Schwester,
    Am Feuer in der tiefen Halle saß,
    Drängt ich beklommen mich an ihren Schoß

Und starrte, wie sie bitter weinte, sie
Mit großen Augen an. Dann sagte sie
Von unserm hohen Vater viel: wie sehr
Verlangt ich, ihn zu sehn, bei ihm zu sein!
Mich wünscht ich bald nach Troja, ihn bald her.
Es kam der Tag –

PYLADES: O laß von jener Stunde
Sich Höllengeister nächtlich unterhalten!
Uns gebe die Erinnrung schöner Zeit
Zu frischem Heldenlaufe neue Kraft.
Die Götter brauchen manchen guten Mann
Zu ihrem Dienst auf dieser weiten Erde.
Sie haben noch auf dich gezählt; sie gaben
Dich nicht dem Vater zum Geleite mit,
Da er unwillig nach dem Orkus ging.

OREST: O wär ich, seinen Saum ergreifend, ihm
Gefolgt!

PYLADES: So haben die, die dich erhielten,
Für mich gesorgt: denn was ich worden wäre,
Wenn du nicht lebtest, kann ich mir nicht denken,
Da ich mit dir und deinetwillen nur
Seit meiner Kindheit leb und leben mag.

OREST: Erinnre mich nicht jener schönen Tage,
Da mir dein Haus die freie Stätte gab,
Dein edler Vater klug und liebevoll
Die halberstarrte junge Blüte pflegte;
Da du, ein immer munterer Geselle,
Gleich einem leichten bunten Schmetterling
Um eine dunkle Blume, jeden Tag
Um mich mit neuem Leben gaukeltest,
Mir deine Lust in meine Seele spieltest,
Daß ich, vergessend meiner Not, mit dir
In rascher Jugend hingerissen schwärmte.

PYLADES: Da fing mein Leben an, als ich dich liebte.

OREST: Sag: Meine Not begann, und du sprichst wahr.
Das ist das Ängstliche von meinem Schicksal,

Daß ich wie ein verpesteter Vertriebner
Geheimen Schmerz und Tod im Busen trage;
Daß, wo ich den gesundsten Ort betrete,
Gar bald um mich die blühenden Gesichter
Den Schmerzenszug langsamen Tods verraten.
PYLADES: Der Nächste wär ich, diesen Tod zu sterben,
Wenn je dein Hauch, Orest, vergiftete.
Bin ich nicht immer noch voll Mut und Lust?
Und Lust und Liebe sind die Fittiche
Zu großen Taten.
OREST: Große Taten? Ja,
Ich weiß die Zeit, da wir sie vor uns sahn!
Wenn wir zusammen oft dem Wilde nach
Durch Berg' und Täler rannten und dereinst,
An Brust und Faust dem hohen Ahnherrn gleich,
Mit Keul' und Schwert dem Ungeheuer so,
Dem Räuber auf der Spur zu jagen hofften;
Und dann wir abends an der weiten See
Uns aneinanderlehnend ruhig saßen,
Die Wellen bis zu unsern Füßen spielten,
Die Welt so weit, so offen vor uns lag:
Da fuhr wohl einer manchmal nach dem Schwert,
Und künft'ge Taten drangen wie die Sterne
Rings um uns her unzählig aus der Nacht.
PYLADES: Unendlich ist das Werk, das zu vollführen
Die Seele dringt. Wir möchten jede Tat
So groß gleich tun, als wie sie wächst und wird,
Wenn jahrelang durch Länder und Geschlechter
Der Mund der Dichter sie vermehrend wälzt.
Es klingt so schön, was unsre Väter taten,
Wenn es, in stillen Abendschatten ruhend,
Der Jüngling mit dem Ton der Harfe schlürft;
Und was wir tun, ist, wie es ihnen war,
Voll Müh' und eitel Stückwerk!
So laufen wir nach dem, was vor uns flieht,
Und achten nicht des Weges, den wir treten,

Und sehen neben uns der Ahnherrn Tritte
Und ihres Erdelebens Spuren kaum.
Wir eilen immer ihrem Schatten nach,
Der göttergleich in einer weiten Ferne
Der Berge Haupt auf goldnen Wolken krönt.
Ich halte nichts von dem, der von sich denkt,
Wie ihn das Volk vielleicht erheben möchte.
Allein, o Jüngling, danke du den Göttern,
Daß sie so früh durch dich so viel getan.

OREST: Wenn sie dem Menschen frohe Tat bescheren,
Daß er ein Unheil von den Seinen wendet,
Daß er sein Reich vermehrt, die Grenzen sichert
Und alte Feinde fallen oder fliehn:
Dann mag er danken! denn ihm hat ein Gott
Des Lebens erste, letzte Lust gegönnt.
Mich haben sie zum Schlächter auserkoren,
Zum Mörder meiner doch verehrten Mutter,
Und, eine Schandtat schändlich rächend, mich
Durch ihren Wink zugrund gerichtet. Glaube,
Sie haben es auf Tantals Haus gerichtet,
Und ich, der Letzte, soll nicht schuldlos, soll
Nicht ehrenvoll vergehn.

PYLADES: Die Götter rächen
Der Väter Missetat nicht an dem Sohn;
Ein jeglicher, gut oder böse, nimmt
Sich seinen Lohn mit seiner Tat hinweg.
Es erbt der Eltern Segen, nicht ihr Fluch.

OREST: Uns führt ihr Segen, dünkt mich, nicht hierher.

PYLADES: Doch wenigstens der hohen Götter Wille.

OREST: So ist's ihr Wille denn, der uns verderbt.

PYLADES: Tu, was sie dir gebieten, und erwarte!
Bringst du die Schwester zu Apollen hin
Und wohnen beide dann vereint zu Delphi,
Verehrt von einem Volk, das edel denkt,
So wird für diese Tat das hohe Paar
Dir gnädig sein, sie werden aus der Hand

ZWEITER AUFZUG

Der Unterird'schen dich erretten. Schon
In diesen heil'gen Hain wagt keine sich.

OREST: So hab ich wenigstens geruh'gen Tod.

PYLADES: Ganz anders denk ich, und nicht ungeschickt
Hab ich das schon Geschehne mit dem Künft'gen
Verbunden und im stillen ausgelegt.
Vielleicht reift in der Götter Rat schon lange
Das große Werk. Diana sehnet sich
Von diesem rauhen Ufer der Barbaren
Und ihren blut'gen Menschenopfern weg.
Wir waren zu der schönen Tat bestimmt,
Uns wird sie auferlegt, und seltsam sind
Wir an der Pforte schon gezwungen hier.

OREST: Mit seltner Kunst flichtst du der Götter Rat
Und deine Wünsche klug in ein s zusammen.

PYLADES: Was ist des Menschen Klugheit, wenn sie nicht
Auf jener Willen droben achtend lauscht?
Zu einer schweren Tat beruft ein Gott
Den edeln Mann, der viel verbrach, und legt
Ihm auf, was uns unmöglich scheint, zu enden.
Es siegt der Held, und büßend dienet er
Den Göttern und der Welt, die ihn verehrt.

OREST: Bin ich bestimmt, zu leben und zu handeln,
So nehm ein Gott von meiner schweren Stirn
Den Schwindel weg, der auf dem schlüpfrigen,
Mit Mutterblut besprengten Pfade fort
Mich zu den Toten reißt. Er trockne gnädig
Die Quelle, die, mir aus der Mutter Wunden
Entgegensprudelnd, ewig mich befleckt.

PYLADES: Erwart es ruhiger! Du mehrst das Übel
Und nimmst das Amt der Furien auf dich.
Laß mich nur sinnen, bleibe still! Zuletzt,
Bedarf's zur Tat vereinter Kräfte, dann
Ruf ich dich auf, und beide schreiten wir
Mit überlegter Kühnheit zur Vollendung.

OREST: Ich hör Ulyssen reden!

PYLADES: Spotte nicht!
  Ein jeglicher muß seinen Helden wählen,
  Dem er die Wege zum Olymp hinauf
  Sich nacharbeitet. Laß es mich gestehn:
  Mir scheinen List und Klugheit nicht den Mann
  Zu schänden, der sich kühnen Taten weiht.
OREST: Ich schätze den, der tapfer ist und grad.
PYLADES: Drum hab ich keinen Rat von dir verlangt.
  Schon ist ein Schritt getan. Von unsern Wächtern
  Hab ich bisher gar vieles ausgelockt.
  Ich weiß, ein fremdes, göttergleiches Weib
  Hält jenes blutige Gesetz gefesselt:
  Ein reines Herz und Weihrauch und Gebet
  Bringt sie den Göttern dar. Man rühmet hoch
  Die Gütige; man glaubet, sie entspringe
  Vom Stamm der Amazonen, sei geflohn,
  Um einem großen Unheil zu entgehn.
OREST: Es scheint, ihr lichtes Reich verlor die Kraft
  Durch des Verbrechers Nähe, den der Fluch
  Wie eine breite Nacht verfolgt und deckt.
  Die fromme Blutgier löst den alten Brauch
  Von seinen Fesseln los, uns zu verderben.
  Der wilde Sinn des Königs tötet uns;
  Ein Weib wird uns nicht retten, wenn er zürnt.
PYLADES: Wohl uns, daß es ein Weib ist! denn ein Mann,
  Der beste selbst, gewöhnet seinen Geist
  An Grausamkeit und macht sich auch zuletzt
  Aus dem, was er verabscheut, ein Gesetz,
  Wird aus Gewohnheit hart und fast unkenntlich.
  Allein ein Weib bleibt stet auf einem Sinn,
  Den sie gefaßt. Du rechnest sicherer
  Auf sie im Guten wie im Bösen. – Still!
  Sie kommt; laß uns allein. Ich darf nicht gleich
  Ihr unsre Namen nennen, unser Schicksal
  Nicht ohne Rückhalt ihr vertraun. Du gehst,
  Und eh sie mit dir spricht, treff ich dich noch.

ZWEITER AUFZUG

ZWEITER AUFTRITT

Iphigenie. Pylades.

IPHIGENIE:
Woher du seist und kommst, o Fremdling, sprich!
Mir scheint es, daß ich eher einem Griechen
Als einem Skythen dich vergleichen soll.
Sie nimmt ihm die Ketten ab.
Gefährlich ist die Freiheit, die ich gebe;
Die Götter wenden ab, was euch bedroht!

PYLADES: O süße Stimme! Vielwillkommner Ton
Der Muttersprach' in einem fremden Lande!
Des väterlichen Hafens blaue Berge
Seh ich Gefangner neu willkommen wieder
Vor meinen Augen. Laß dir diese Freude
Versichern, daß auch ich ein Grieche bin!
Vergessen hab ich einen Augenblick,
Wie sehr ich dein bedarf, und meinen Geist
Der herrlichen Erscheinung zugewendet.
O sage, wenn dir ein Verhängnis nicht
Die Lippe schließt, aus welchem unsrer Stämme
Du deine göttergleiche Herkunft zählst.

IPHIGENIE: Die Priesterin, von ihrer Göttin selbst
Gewählet und geheiligt, spricht mit dir.
Das laß dir gnügen; sage, wer du seist
Und welch unselig waltendes Geschick
Mit dem Gefährten dich hierhergebracht.

PYLADES: Leicht kann ich dir erzählen, welch ein Übel
Mit lastender Gesellschaft uns verfolgt.
O könntest du der Hoffnung frohen Blick
Uns auch so leicht, du Göttliche, gewähren!
Aus Kreta sind wir, Söhne des Adrasts:
Ich bin der jüngste, Cephalus genannt,
Und er Laodamas, der älteste
Des Hauses. Zwischen uns stand rauh und wild
Ein mittlerer und trennte schon im Spiel

Der ersten Jugend Einigkeit und Lust.
Gelassen folgten wir der Mutter Worten,
Solang des Vaters Kraft vor Troja stritt;
Doch als er beutereich zurücke kam
Und kurz darauf verschied, da trennte bald
Der Streit um Reich und Erbe die Geschwister.
Ich neigte mich zum ältsten. Er erschlug
Den Bruder. Um der Blutschuld willen treibt
Die Furie gewaltig ihn umher.
Doch diesem wilden Ufer sendet uns
Apoll, der Delphische, mit Hoffnung zu.
Im Tempel seiner Schwester hieß er uns
Der Hülfe segensvolle Hand erwarten.
Gefangen sind wir und hierhergebracht
Und dir als Opfer dargestellt. Du weißt's.
IPHIGENIE: Fiel Troja? Teurer Mann, versichr' es mir.
PYLADES: Es liegt. O sichre du uns Rettung zu!
Beschleunige die Hülfe, die ein Gott
Versprach. Erbarme meines Bruders dich.
O sag ihm bald ein gutes, holdes Wort;
Doch schone seiner, wenn du mit ihm sprichst,
Das bitt ich eifrig: denn es wird gar leicht
Durch Freud' und Schmerz und durch Erinnerung
Sein Innerstes ergriffen und zerrüttet.
Ein fieberhafter Wahnsinn fällt ihn an,
Und seine schöne freie Seele wird
Den Furien zum Raube hingegeben.
IPHIGENIE: So groß dein Unglück ist, beschwör ich dich:
Vergiß es, bis du mir genuggetan.
PYLADES: Die hohe Stadt, die zehen lange Jahre
Dem ganzen Heer der Griechen widerstand,
Liegt nun im Schutte, steigt nicht wieder auf.
Doch manche Gräber unsrer Besten heißen
Uns an das Ufer der Barbaren denken.
Achill liegt dort mit seinem schönen Freunde.
IPHIGENIE: So seid ihr Götterbilder auch zu Staub!

ZWEITER AUFZUG

PYLADES: Auch Palamedes, Ajax Telamons,
  Sie sahn des Vaterlandes Tag nicht wieder.
IPHIGENIE: Er schweigt von meinem Vater, nennt ihn nicht
  Mit den Erschlagnen. Ja! er lebt mir noch!
  Ich werd ihn sehn. O hoffe, liebes Herz!
PYLADES: Doch selig sind die Tausende, die starben
  Den bittersüßen Tod von Feindes Hand!
  Denn wüste Schrecken und ein traurig Ende
  Hat den Rückkehrenden statt des Triumphs
  Ein feindlich aufgebrachter Gott bereitet.
  Kommt denn der Menschen Stimme nicht zu euch?
  So weit sie reicht, trägt sie den Ruf umher
  Von unerhörten Taten, die geschahn.
  So ist der Jammer, der Mykenens Hallen
  Mit immer wiederholten Seufzern füllt,
  Dir ein Geheimnis? – Klytämnestra hat
  Mit Hülf' Ägisthens den Gemahl berückt,
  Am Tage seiner Rückkehr ihn ermordet! –
  Ja, du verehrest dieses Königs Haus!
  Ich seh es, deine Brust bekämpft vergebens
  Das unerwartet ungeheure Wort.
  Bist du die Tochter eines Freundes? bist
  Du nachbarlich in dieser Stadt geboren?
  Verbirg es nicht und rechne mir's nicht zu,
  Daß ich der erste diese Greuel melde.
IPHIGENIE: Sag an, wie ward die schwere Tat vollbracht?
PYLADES: Am Tage seiner Ankunft, da der König,
  Vom Bad erquickt und ruhig, sein Gewand
  Aus der Gemahlin Hand verlangend, stieg,
  Warf die Verderbliche ein faltenreich
  Und künstlich sich verwirrendes Gewebe
  Ihm auf die Schultern, um das edle Haupt;
  Und da er wie von einem Netze sich
  Vergebens zu entwickeln strebte, schlug
  Ägisth ihn, der Verräter, und verhüllt
  Ging zu den Toten dieser große Fürst.

IPHIGENIE: Und welchen Lohn erhielt der Mitverschworne?
PYLADES: Ein Reich und Bette, das er schon besaß.
IPHIGENIE: So trieb zur Schandtat eine böse Lust?
PYLADES: Und einer alten Rache tief Gefühl.
IPHIGENIE: Und wie beleidigte der König sie?
PYLADES: Mit schwerer Tat, die, wenn Entschuldigung
    Des Mordes wäre, sie entschuldigte.
    Nach Aulis lockt' er sie und brachte dort,
    Als eine Gottheit sich der Griechen Fahrt
    Mit ungestümen Winden widersetzte,
    Die älteste Tochter, Iphigenien,
    Vor den Altar Dianens, und sie fiel,
    Ein blutig Opfer, für der Griechen Heil.
    Dies, sagt man, hat ihr einen Widerwillen
    So tief ins Herz geprägt, daß sie dem Werben
    Ägisthens sich ergab und den Gemahl
    Mit Netzen des Verderbens selbst umschlang.
IPHIGENIE *sich verhüllend:*
    Es ist genug. Du wirst mich wiedersehn.
PYLADES *allein:* Von dem Geschick des Königshauses scheint
    Sie tief gerührt. Wer sie auch immer sei,
    So hat sie selbst den König wohl gekannt
    Und ist, zu unserm Glück, aus hohem Hause
    Hierher verkauft. Nur stille, liebes Herz,
    Und laß dem Stern der Hoffnung, der uns blinkt,
    Mit frohem Mut uns klug entgegensteuern.

DRITTER AUFZUG

ERSTER AUFTRITT

Iphigenie. Orest.

IPHIGENIE: Unglücklicher, ich löse deine Bande
　Zum Zeichen eines schmerzlichern Geschicks.
　Die Freiheit, die das Heiligtum gewährt,
　Ist, wie der letzte lichte Lebensblick
　Des schwer Erkrankten, Todesbote. Noch
　Kann ich es mir und darf es mir nicht sagen,
　Daß ihr verloren seid! Wie könnt ich euch
　Mit mörderischer Hand dem Tode weihen?
　Und niemand, wer es sei, darf euer Haupt,
　Solang ich Priesterin Dianens bin,
　Berühren. Doch verweigr' ich jene Pflicht,
　Wie sie der aufgebrachte König fordert,
　So wählt er eine meiner Jungfraun mir
　Zur Folgerin, und ich vermag alsdann
　Mit heißem Wunsch allein euch beizustehn.
　O werter Landsmann! Selbst der letzte Knecht,
　Der an den Herd der Vatergötter streifte,
　Ist uns in fremdem Lande hoch willkommen:
　Wie soll ich euch genug mit Freud' und Segen
　Empfangen, die ihr mir das Bild der Helden,
　Die ich von Eltern her verehren lernte,
　Entgegenbringet und das innre Herz
　Mit neuer, schöner Hoffnung schmeichelnd labet!
OREST: Verbirgst du deinen Namen, deine Herkunft
　Mit klugem Vorsatz? oder darf ich wissen,
　Wer mir, gleich einer Himmlischen, begegnet?
IPHIGENIE: Du sollst mich kennen. Jetzo sag mir an,

Was ich nur halb von deinem Bruder hörte,
Das Ende derer, die, von Troja kehrend,
Ein hartes, unerwartetes Geschick
Auf ihrer Wohnung Schwelle stumm empfing.
Zwar ward ich jung an diesen Strand geführt;
Doch wohl erinnr' ich mich des scheuen Blicks,
Den ich mit Staunen und mit Bangigkeit
Auf jene Helden warf. Sie zogen aus,
Als hätte der Olymp sich aufgetan
Und die Gestalten der erlauchten Vorwelt
Zum Schrecken Ilions herabgesendet,
Und Agamemnon war vor allen herrlich!
O sage mir! er fiel, sein Haus betretend,
Durch seiner Frauen und Ägisthens Tücke?

OREST: Du sagst's!

IPHIGENIE: Weh dir, unseliges Myken!
So haben Tantals Enkel Fluch auf Fluch
Mit vollen, wilden Händen ausgesät.
Und, gleich dem Unkraut, wüste Häupter schüttelnd
Und tausendfält'gen Samen um sich streuend,
Den Kindeskindern nahverwandte Mörder
Zur ew'gen Wechselwut erzeugt! Enthülle,
Was von der Rede deines Bruders schnell
Die Finsternis des Schreckens mir verdeckte.
Wie ist des großen Stammes letzter Sohn,
Das holde Kind, bestimmt, des Vaters Rächer
Dereinst zu sein, wie ist Orest dem Tage
Des Bluts entgangen? Hat ein gleich Geschick
Mit des Avernus Netzen ihn umschlungen?
Ist er gerettet? Lebt er? Lebt Elektra?

OREST: Sie leben.

IPHIGENIE: Goldne Sonne, leihe mir
Die schönsten Strahlen, lege sie zum Dank
Vor Jovis Thron! denn ich bin arm und stumm.

OREST: Bist du gastfreundlich diesem Königshause,
Bist du mit nähern Banden ihm verbunden,

Wie deine schöne Freude mir verrät,
So bändige dein Herz und halt es fest!
Denn unerträglich muß dem Fröhlichen
Ein jäher Rückfall in die Schmerzen sein.
Du weißt nur, merk ich, Agamemnons Tod.
IPHIGENIE: Hab ich an dieser Nachricht nicht genug?
OREST: Du hast des Greuels Hälfte nur erfahren.
IPHIGENIE: Was fürcht ich noch? Orest, Elektra leben.
OREST: Und fürchtest du für Klytämnestren nichts?
IPHIGENIE: Sie rettet weder Hoffnung, weder Furcht.
OREST: Auch schied sie aus dem Land der Hoffnung ab.
IPHIGENIE: Vergoß sie reuig wütend selbst ihr Blut?
OREST: Nein, doch ihr eigen Blut gab ihr den Tod.
IPHIGENIE: Sprich deutlicher, daß ich nicht länger sinne.
Die Ungewißheit schlägt mir tausendfältig
Die dunkeln Schwingen um das bange Haupt.
OREST: So haben mich die Götter ausersehn
Zum Boten einer Tat, die ich so gern
Ins klanglos-dumpfe Höhlenreich der Nacht
Verbergen möchte? Wider meinen Willen
Zwingt mich dein holder Mund; allein er darf
Auch etwas Schmerzlichs fordern und erhält's.
Am Tage, da der Vater fiel, verbarg
Elektra rettend ihren Bruder: Strophius,
Des Vaters Schwäher, nahm ihn willig auf,
Erzog ihn neben seinem eignen Sohne,
Der, Pylades genannt, die schönsten Bande
Der Freundschaft um den Angekommnen knüpfte.
Und wie sie wuchsen, wuchs in ihrer Seele
Die brennende Begier, des Königs Tod
Zu rächen. Unversehn, fremd gekleidet,
Erreichen sie Myken, als brächten sie
Die Trauernachricht von Orestens Tode
Mit seiner Asche. Wohl empfänget sie
Die Königin; sie treten in das Haus.
Elektren gibt Orest sich zu erkennen;

Sie bläst der Rache Feuer in ihm auf,
Das vor der Mutter heil'ger Gegenwart
In sich zurückgebrannt war. Stille führt
Sie ihn zum Orte, wo sein Vater fiel,
Wo eine alte, leichte Spur des frech
Vergoßnen Blutes oft gewaschnen Boden
Mit blassen, ahndungsvollen Streifen färbte.
Mit ihrer Feuerzunge schilderte
Sie jeden Umstand der verruchten Tat,
Ihr knechtisch elend durchgebrachtes Leben,
Den Übermut der glücklichen Verräter
Und die Gefahren, die nun der Geschwister
Von einer stiefgewordnen Mutter warteten. –
Hier drang sie jenen alten Dolch ihm auf,
Der schon in Tantals Hause grimmig wütete,
Und Klytämnestra fiel durch Sohnes Hand.

IPHIGENIE: Unsterbliche, die ihr den reinen Tag
Auf immer neuen Wolken selig lebet,
Habt ihr nur darum mich so manches Jahr
Von Menschen abgesondert, mich so nah
Bei euch gehalten, mir die kindliche
Beschäftigung, des heil'gen Feuers Glut
Zu nähren, aufgetragen, meine Seele
Der Flamme gleich in ew'ger, frommer Klarheit
Zu euern Wohnungen hinaufgezogen,
Daß ich nur meines Hauses Greuel später
Und tiefer fühlen sollte? – Sage mir
Vom Unglücksel'gen! Sprich mir von Orest! –

OREST: O könnte man von seinem Tode sprechen!
Wie gärend stieg aus der Erschlagnen Blut
Der Mutter Geist
Und ruft der Nacht uralten Töchtern zu:
„Laßt nicht den Muttermörder entfliehn!
Verfolgt den Verbrecher! Euch ist er geweiht!"
Sie horchten auf, es schaut ihr hohler Blick
Mit der Begier des Adlers um sich her.

Sie rühren sich in ihren schwarzen Höhlen,
Und aus den Winkeln schleichen ihre Gefährten,
Der Zweifel und die Reue, leis herbei.
Vor ihnen steigt ein Dampf vom Acheron;
In seinen Wolkenkreisen wälzet sich
Die ewige Betrachtung des Geschehnen
Verwirrend um des Schuld'gen Haupt umher.
Und sie, berechtigt zum Verderben, treten
Der gottbesäten Erde schönen Boden,
Von dem ein alter Fluch sie längst verbannte.
Den Flüchtigen verfolgt ihr schneller Fuß;
Sie geben nur, um neu zu schrecken, Rast.

IPHIGENIE: Unseliger, du bist in gleichem Fall
    Und fühlst, was er, der arme Flüchtling, leidet!
OREST: Was sagst du mir? Was wähnst du gleichen Fall?
IPHIGENIE: Dich drückt ein Brudermord wie jenen; mir
    Vertraute dies dein jüngster Bruder schon.
OREST: Ich kann nicht leiden, daß du große Seele
    Mit einem falschen Wort betrogen werdest.
    Ein lügenhaft Gewebe knüpft ein Fremder
    Dem Fremden, sinnreich und der List gewohnt,
    Zur Falle vor die Füße; zwischen uns
    Sei Wahrheit!
    Ich bin Orest! und dieses schuld'ge Haupt
    Senkt nach der Grube sich und sucht den Tod;
    In jeglicher Gestalt sei er willkommen!
    Wer du auch seist, so wünsch ich Rettung dir
    Und meinem Freunde; mir wünsch ich sie nicht.
    Du scheinst hier wider Willen zu verweilen;
    Erfindet Rat zur Flucht und laßt mich hier.
    Es stürze mein entseelter Leib vom Fels,
    Es rauche bis zum Meer hinab mein Blut
    Und bringe Fluch dem Ufer der Barbaren!
    Geht ihr, daheim im schönen Griechenland
    Ein neues Leben freundlich anzufangen!
    Er entfernt sich.

IPHIGENIE AUF TAURIS

IPHIGENIE: So steigst du denn, Erfüllung, schönste Tochter
Des größten Vaters, endlich zu mir nieder!
Wie ungeheuer steht dein Bild vor mir!
Kaum reicht mein Blick dir an die Hände, die,
Mit Frucht und Segenskränzen angefüllt,
Die Schätze des Olympus niederbringen.
Wie man den König an dem Übermaß
Der Gaben kennt – denn ihm muß wenig scheinen,
Was Tausenden schon Reichtum ist –, so kennt
Man euch, ihr Götter, an gesparten, lang
Und weise zubereiteten Geschenken.
Denn ihr allein wißt, was uns frommen kann,
Und schaut der Zukunft ausgedehntes Reich,
Wenn jedes Abends Stern- und Nebelhülle
Die Aussicht uns verdeckt. Gelassen hört
Ihr unser Flehn, das um Beschleunigung
Euch kindisch bittet; aber eure Hand
Bricht unreif nie die goldnen Himmelsfrüchte,
Und wehe dem, der, ungeduldig sie
Ertrotzend, saure Speise sich zum Tod
Genießt. O laßt das lang erwartete,
Noch kaum gedachte Glück nicht wie den Schatten
Des abgeschiednen Freundes eitel mir
Und dreifach schmerzlicher vorübergehn!

OREST *tritt wieder zu ihr:*
Rufst du die Götter an für dich und Pylades,
So nenne meinen Namen nicht mit eurem.
Du rettest den Verbrecher nicht, zu dem
Du dich gesellst, und teilest Fluch und Not.

IPHIGENIE: Mein Schicksal ist an deines fest gebunden.

OREST: Mitnichten! Laß allein und unbegleitet
Mich zu den Toten gehn. Verhülltest du
In deinen Schleier selbst den Schuldigen:
Du birgst ihn nicht vorm Blick der immer Wachen,
Und deine Gegenwart, du Himmlische,
Drängt sie nur seitwärts und verscheucht sie nicht.

Sie dürfen mit den ehrnen frechen Füßen
Des heil'gen Waldes Boden nicht betreten;
Doch hör ich aus der Ferne hier und da
Ihr gräßliches Gelächter. Wölfe harren
So um den Baum, auf den ein Reisender
Sich rettete. Da draußen ruhen sie
Gelagert; und verlaß ich diesen Hain,
Dann steigen sie, die Schlangenhäupter schüttelnd,
Von allen Seiten Staub erregend auf
Und treiben ihre Beute vor sich her.

IPHIGENIE:
Kannst du, Orest, ein freundlich Wort vernehmen?

OREST: Spar es für einen Freund der Götter auf.

IPHIGENIE: Sie geben dir zu neuer Hoffnung Licht.

OREST: Durch Rauch und Qualm seh ich den matten Schein
Des Totenflusses mir zur Hölle leuchten.

IPHIGENIE: Hast du Elektren, e i n e Schwester nur?

OREST: Die eine kannt ich; doch die älteste nahm
Ihr gut Geschick, das uns so schrecklich schien,
Beizeiten aus dem Elend unsers Hauses.
O laß dein Fragen und geselle dich
Nicht auch zu den Erinnyen; sie blasen
Mir schadenfroh die Asche von der Seele
Und leiden nicht, daß sich die letzten Kohlen
Von unsers Hauses Schreckensbrande still
In mir verglimmen. Soll die Glut denn ewig,
Vorsätzlich angefacht, mit Höllenschwefel
Genährt, mir auf der Seele marternd brennen?

IPHIGENIE: Ich bringe süßes Rauchwerk in die Flamme.
O laß den reinen Hauch der Liebe dir
Die Glut des Busens leise wehend kühlen.
Orest, mein Teurer, kannst du nicht vernehmen?
Hat das Geleit der Schreckensgötter so
Das Blut in deinen Adern aufgetrocknet?
Schleicht, wie vom Haupt der gräßlichen Gorgone,
Versteinernd dir ein Zauber durch die Glieder?

O wenn vergoßnen Mutterblutes Stimme
Zur Höll' hinab mit dumpfen Tönen ruft,
Soll nicht der reinen Schwester Segenswort
Hülfreiche Götter vom Olympus rufen?
OREST: Es ruft! es ruft! So willst du mein Verderben?
Verbirgt in dir sich eine Rachegöttin?
Wer bist du, deren Stimme mir entsetzlich
Das Innerste in seinen Tiefen wendet?
IPHIGENIE: Es zeigt sich dir im tiefsten Herzen an:
Orest, ich bin's! Sieh Iphigenien!
Ich lebe!
OREST: Du!
IPHIGENIE: Mein Bruder!
OREST: Laß! Hinweg!
Ich rate dir, berühre nicht die Locken!
Wie von Kreusas Brautkleid zündet sich
Ein unauslöschlich Feuer von mir fort.
Laß mich! Wie Herkules will ich Unwürd'ger
Den Tod voll Schmach, in mich verschlossen, sterben.
IPHIGENIE: Du wirst nicht untergehn! O daß ich nur
Ein ruhig Wort von dir vernehmen könnte!
O löse meine Zweifel, laß des Glückes,
Des lang erflehten, mich auch sicher werden.
Es wälzet sich ein Rad von Freud' und Schmerz
Durch meine Seele. Von dem fremden Manne
Entfernet mich ein Schauer; doch es reißt
Mein Innerstes gewaltig mich zum Bruder.
OREST: Ist hier Lyäens Tempel? und ergreift
Unbändig-heil'ge Wut die Priesterin?
IPHIGENIE: O höre mich! O sieh mich an, wie mir
Nach einer langen Zeit das Herz sich öffnet,
Der Seligkeit, dem Liebsten, was die Welt
Noch für mich tragen kann, das Haupt zu küssen,
Mit meinen Armen, die den leeren Winden
Nur ausgebreitet waren, dich zu fassen!
O laß mich! Laß mich! Denn es quillet heller

Nicht vom Parnaß die ew'ge Quelle sprudelnd
Von Fels zu Fels ins goldne Tal hinab,
Wie Freude mir vom Herzen wallend fließt
Und wie ein selig Meer mich rings umfängt.
Orest! Orest! Mein Bruder!

OREST: Schöne Nymphe,
Ich traue dir und deinem Schmeicheln nicht.
Diana fordert strenge Dienerinnen
Und rächet das entweihte Heiligtum.
Entferne deinen Arm von meiner Brust!
Und wenn du einen Jüngling rettend lieben,
Das schöne Glück ihm zärtlich bieten willst,
So wende meinem Freunde dein Gemüt,
Dem würd'gern Manne, zu. Er irrt umher
Auf jenem Felsenpfade; such ihn auf,
Weis ihn zurecht und schone meiner.

IPHIGENIE: Fasse
Dich, Bruder, und erkenne die Gefundne!
Schilt einer Schwester reine Himmelsfreude
Nicht unbesonnene, strafbare Lust.
O nehmt den Wahn ihm von dem starren Auge,
Daß uns der Augenblick der höchsten Freude
Nicht dreifach elend mache! Sie ist hier,
Die längst verlorne Schwester. Vom Altar
Riß mich die Göttin weg und rettete
Hierher mich in ihr eigen Heiligtum.
Gefangen bist du, dargestellt zum Opfer,
Und findest in der Priesterin die Schwester.

OREST: Unselige! So mag die Sonne denn
Die letzten Greuel unsers Hauses sehn!
Ist nicht Elektra hier, damit auch sie
Mit uns zugrunde gehe, nicht ihr Leben
Zu schwererem Geschick und Leiden friste?
Gut, Priesterin! ich folge zum Altar:
Der Brudermord ist hergebrachte Sitte
Des alten Stammes; und ich danke, Götter,

Daß ihr mich ohne Kinder auszurotten
Beschlossen habt. Und laß dir raten, habe
Die Sonne nicht zu lieb und nicht die Sterne;
Komm, folge mir ins dunkle Reich hinab!
Wie sich vom Schwefelpfuhl erzeugte Drachen,
Bekämpfend die verwandte Brut, verschlingen,
Zerstört sich selbst das wütende Geschlecht;
Komm kinderlos und schuldlos mit hinab!
Du siehst mich mit Erbarmen an? Laß ab!
Mit solchen Blicken suchte Klytämnestra
Sich einen Weg nach ihres Sohnes Herzen;
Doch sein geschwungner Arm traf ihre Brust.
Die Mutter fiel! – Tritt auf, unwill'ger Geist!
Im Kreis geschlossen tretet an, ihr Furien,
Und wohnet dem willkommnen Schauspiel bei,
Dem letzten, gräßlichsten, das ihr bereitet!
Nicht Haß und Rache schärfen ihren Dolch;
Die liebevolle Schwester wird zur Tat
Gezwungen. Weine nicht! Du hast nicht schuld.
Seit meinen ersten Jahren hab ich nichts
Geliebt, wie ich dich lieben könnte, Schwester.
Ja, schwinge deinen Stahl, verschone nicht,
Zerreiße diesen Busen und eröffne
Den Strömen, die hier sieden, einen Weg!
Er sinkt in Ermattung.

IPHIGENIE: Allein zu tragen dieses Glück und Elend,
Vermag ich nicht. – Wo bist du, Pylades?
Wo find ich deine Hülfe, teurer Mann?
Sie entfernt sich suchend.

ZWEITER AUFTRITT

OREST *aus seiner Betäubung erwachend und sich aufrichtend:*
Noch einen! reiche mir aus Lethes Fluten
Den letzten kühlen Becher der Erquickung!

DRITTER AUFZUG

Bald ist der Krampf des Lebens aus dem Busen
Hinweggespült; bald fließet still mein Geist,
Der Quelle des Vergessens hingegeben,
Zu euch, ihr Schatten, in die ew'gen Nebel.
Gefällig laßt in eurer Ruhe sich
Den umgetriebnen Sohn der Erde laben! –
Welch ein Gelispel hör ich in den Zweigen,
Welch ein Geräusch aus jener Dämmrung säuseln? –
Sie kommen schon, den neuen Gast zu sehn!
Wer ist die Schar, die herrlich miteinander
Wie ein versammelt Fürstenhaus sich freut?
Sie gehen friedlich, Alt' und Junge, Männer
Mit Weibern; göttergleich und ähnlich scheinen
Die wandelnden Gestalten. Ja, sie sind's,
Die Ahnherrn meines Hauses! – Mit Thyesten
Geht Atreus in vertraulichen Gesprächen,
Die Knaben schlüpfen scherzend um sie her.
Ist keine Feindschaft hier mehr unter euch?
Verlosch die Rache wie das Licht der Sonne?
So bin auch ich willkommen, und ich darf
In euern feierlichen Zug mich mischen.
Willkommen, Väter! euch grüßt Orest,
Von euerm Stamme der letzte Mann;
Was ihr gesät, hat er geerntet:
Mit Fluch beladen stieg er herab.
Doch leichter träget sich hier jede Bürde:
Nehmt ihn, o nehmt ihn in euern Kreis! –
Dich, Atreus, ehr ich, auch dich, Thyesten:
Wir sind hier alle der Feindschaft los. –
Zeigt mir den Vater, den ich nur einmal
Im Leben sah! – Bist du's, mein Vater?
Und führst die Mutter vertraut mit dir?
Darf Klytämnestra die Hand dir reichen,
So darf Orest auch zu ihr treten
Und darf ihr sagen: Sieh deinen Sohn! –
Seht euern Sohn! Heißt ihn willkommen!

Auf Erden war in unserm Hause
Der Gruß des Mordes gewisse Losung,
Und das Geschlecht des alten Tantalus
Hat seine Freuden jenseits der Nacht.
Ihr ruft: „Willkommen!" und nehmt mich auf.
O führt zum Alten, zum Ahnherrn mich!
Wo ist der Alte? daß ich ihn sehe,
Das teure Haupt, das vielverehrte,
Das mit den Göttern zu Rate saß.
Ihr scheint zu zaudern, euch wegzuwenden?
Was ist es? Leidet der Göttergleiche?
Weh mir! es haben die Übermächt'gen
Der Heldenbrust grausame Qualen
Mit ehrnen Ketten fest aufgeschmiedet.

DRITTER AUFTRITT

Orest. Iphigenie. Pylades.

OREST: Seid ihr auch schon herabgekommen?
   Wohl, Schwester, dir! Noch fehlt Elektra:
   Ein güt'ger Gott send uns die eine
   Mit sanften Pfeilen auch schnell herab.
   Dich, armer Freund, muß ich bedauern!
   Komm mit! komm mit! zu Plutos Thron,
   Als neue Gäste den Wirt zu grüßen.
IPHIGENIE: Geschwister, die ihr an dem weiten Himmel
   Das schöne Licht bei Tag und Nacht herauf
   Den Menschen bringet und den Abgeschiednen
   Nicht leuchten dürfet, rettet uns Geschwister!
   Du liebst, Diane, deinen holden Bruder
   Vor allem, was dir Erd und Himmel bietet,
   Und wendest dein jungfräulich Angesicht
   Nach seinem ew'gen Lichte sehnend still.
   O laß den einz'gen, spätgefundnen mir

Nicht in der Finsternis des Wahnsinns rasen!
Und ist dein Wille, da du hier mich bargst,
Nunmehr vollendet, willst du mir durch ihn
Und ihm durch mich die sel'ge Hülfe geben,
So lös ihn von den Banden jenes Fluchs,
Daß nicht die teure Zeit der Rettung schwinde!
PYLADES: Erkennst du uns und diesen heil'gen Hain
Und dieses Licht, das nicht den Toten leuchtet?
Fühlst du den Arm des Freundes und der Schwester,
Die dich noch fest, noch lebend halten? Faß
Uns kräftig an; wir sind nicht leere Schatten.
Merk auf mein Wort! Vernimm es! Raffe dich
Zusammen! Jeder Augenblick ist teuer,
Und unsre Rückkehr hängt an zarten Fäden,
Die, scheint es, eine günst'ge Parze spinnt.
OREST *zu Iphigenien:*
Laß mich zum erstenmal mit freiem Herzen
In deinen Armen reine Freude haben!
Ihr Götter, die mit flammender Gewalt
Ihr schwere Wolken aufzuzehren wandelt
Und gnädig-ernst den lang erflehten Regen
Mit Donnerstimmen und mit Windesbrausen
In wilden Strömen auf die Erde schüttet,
Doch bald der Menschen grausendes Erwarten
In Segen auflöst und das bange Staunen
In Freudeblick und lauten Dank verwandelt,
Wenn in den Tropfen frisch erquickter Blätter
Die neue Sonne tausendfach sich spiegelt
Und Iris freundlich bunt mit leichter Hand
Den grauen Flor der letzten Wolken trennt:
O laßt mich auch in meiner Schwester Armen,
An meines Freundes Brust, was ihr mir gönnt,
Mit vollem Dank genießen und behalten!
Es löset sich der Fluch, mir sagt's das Herz.
Die Eumeniden ziehn, ich höre sie,
Zum Tartarus und schlagen hinter sich

Die ehrnen Tore fernabdonnernd zu.
Die Erde dampft erquickenden Geruch
Und ladet mich auf ihren Flächen ein,
Nach Lebensfreud' und großer Tat zu jagen.
PYLADES: Versäumt die Zeit nicht, die gemessen ist!
Der Wind, der unsre Segel schwellt, er bringe
Erst unsre volle Freude zum Olymp.
Kommt! Es bedarf hier schnellen Rat und Schluß.

VIERTER AUFZUG

ERSTER AUFTRITT

IPHIGENIE: Denken die Himmlischen
Einem der Erdgebornen
Viele Verwirrungen zu
Und bereiten sie ihm
Von der Freude zu Schmerzen
Und von Schmerzen zur Freude
Tief erschütternden Übergang:
Dann erziehen sie ihm
In der Nähe der Stadt
Oder am fernen Gestade,
Daß in Stunden der Not
Auch die Hülfe bereit sei,
Einen ruhigen Freund.
O segnet, Götter, unsern Pylades
Und was er immer unternehmen mag!
Er ist der Arm des Jünglings in der Schlacht,
Des Greises leuchtend Aug' in der Versammlung:
Denn seine Seel' ist stille; sie bewahrt
Der Ruhe heil'ges, unerschöpftes Gut,
Und den Umhergetriebnen reichet er
Aus ihren Tiefen Rat und Hülfe. Mich
Riß er vom Bruder los; den staunt ich an
Und immer wieder an und konnte mir
Das Glück nicht eigen machen, ließ ihn nicht
Aus meinen Armen los und fühlte nicht
Die Nähe der Gefahr, die uns umgibt.
Jetzt gehn sie, ihren Anschlag auszuführen,
Der See zu, wo das Schiff mit den Gefährten,

In einer Bucht versteckt, aufs Zeichen lauert,
Und haben kluges Wort mir in den Mund
Gegeben, mich gelehrt, was ich dem König
Antworte, wenn er sendet und das Opfer
Mir dringender gebietet. Ach! ich sehe wohl,
Ich muß mich leiten lassen wie ein Kind.
Ich habe nicht gelernt zu hinterhalten
Noch jemand etwas abzulisten. Weh!
O weh der Lüge! Sie befreiet nicht
Wie jedes andre, wahrgesprochne Wort
Die Brust; sie macht uns nicht getrost, sie ängstet
Den, der sie heimlich schmiedet, und sie kehrt,
Ein losgedruckter Pfeil, von einem Gotte
Gewendet und versagend, sich zurück
Und trifft den Schützen. Sorg' auf Sorge schwankt
Mir durch die Brust. Es greift die Furie
Vielleicht den Bruder auf dem Boden wieder
Des ungeweihten Ufers grimmig an.
Entdeckt man sie vielleicht? Mich dünkt, ich höre
Gewaffnete sich nahen! – Hier! – Der Bote
Kommt von dem Könige mit schnellem Schritt.
Es schlägt mein Herz, es trübt sich meine Seele,
Da ich des Mannes Angesicht erblicke,
Dem ich mit falschem Wort begegnen soll.

ZWEITER AUFTRITT

Iphigenie. Arkas.

ARKAS: Beschleunige das Opfer, Priesterin!
　　Der König wartet, und es harrt das Volk.
IPHIGENIE: Ich folgte meiner Pflicht und deinem Wink,
　　Wenn unvermutet nicht ein Hindernis
　　Sich zwischen mich und die Erfüllung stellte.
ARKAS: Was ist's, das den Befehl des Königs hindert?

VIERTER AUFZUG

IPHIGENIE: Der Zufall, dessen wir nicht Meister sind.
ARKAS: So sage mir's, daß ich's ihm schnell vermelde:
Denn er beschloß bei sich der beiden Tod.
IPHIGENIE: Die Götter haben ihn noch nicht beschlossen.
Der älteste dieser Männer trägt die Schuld
Des nahverwandten Bluts, das er vergoß.
Die Furien verfolgen seinen Pfad,
Ja, in dem innern Tempel faßte selbst
Das Übel ihn, und seine Gegenwart
Entheiligte die reine Stätte. Nun
Eil ich mit meinen Jungfraun, an dem Meere
Der Göttin Bild mit frischer Welle netzend,
Geheimnisvolle Weihe zu begehn.
Es störe niemand unsern stillen Zug!
ARKAS: Ich melde dieses neue Hindernis
Dem Könige geschwind; beginne du
Das heil'ge Werk nicht eh, bis er's erlaubt.
IPHIGENIE: Dies ist allein der Priestrin überlassen.
ARKAS: Solch seltnen Fall soll auch der König wissen.
IPHIGENIE: Sein Rat wie sein Befehl verändert nichts.
ARKAS: Oft wird der Mächtige zum Schein gefragt.
IPHIGENIE: Erdringe nicht, was ich versagen sollte.
ARKAS: Versage nicht, was gut und nützlich ist.
IPHIGENIE: Ich gebe nach, wenn du nicht säumen willst.
ARKAS: Schnell bin ich mit der Nachricht in dem Lager
Und schnell mit seinen Worten hier zurück.
O könnt ich ihm noch eine Botschaft bringen,
Die alles löste, was uns jetzt verwirrt:
Denn du hast nicht des Treuen Rat geachtet.
IPHIGENIE: Was ich vermochte, hab ich gern getan.
ARKAS: Noch änderst du den Sinn zur rechten Zeit.
IPHIGENIE: Das steht nun einmal nicht in unsrer Macht.
ARKAS: Du hältst unmöglich, was dir Mühe kostet.
IPHIGENIE:
Dir scheint es möglich, weil der Wunsch dich trügt.
ARKAS: Willst du denn alles so gelassen wagen?

IPHIGENIE: Ich hab es in der Götter Hand gelegt.
ARKAS: Sie pflegen Menschen menschlich zu erretten.
IPHIGENIE: Auf ihren Fingerzeig kömmt alles an.
ARKAS: Ich sage dir, es liegt in deiner Hand.
Des Königs aufgebrachter Sinn allein
Bereitet diesen Fremden bittern Tod.
Das Heer entwöhnte längst vom harten Opfer
Und von dem blut'gen Dienste sein Gemüt.
Ja, mancher, den ein widriges Geschick
An fremdes Ufer trug, empfand es selbst,
Wie göttergleich dem armen Irrenden,
Umhergetriebnen an der fremden Grenze
Ein freundlich Menschenangesicht begegnet.
O wende nicht von uns, was du vermagst!
Du endest leicht, was du begonnen hast:
Denn nirgends baut die Milde, die herab
In menschlicher Gestalt vom Himmel kommt,
Ein Reich sich schneller, als wo trüb und wild
Ein neues Volk voll Leben, Mut und Kraft,
Sich selbst und banger Ahnung überlassen,
Des Menschenlebens schwere Bürden trägt.
IPHIGENIE: Erschüttre meine Seele nicht, die du
Nach deinem Willen nicht bewegen kannst.
ARKAS: Solang es Zeit ist, schont man weder Mühe
Noch eines guten Wortes Wiederholung.
IPHIGENIE:
Du machst dir Müh', und mir erregst du Schmerzen;
Vergebens beides: darum laß mich nun.
ARKAS: Die Schmerzen sind's, die ich zu Hülfe rufe:
Denn es sind Freunde, Gutes raten sie.
IPHIGENIE: Sie fassen meine Seele mit Gewalt,
Doch tilgen sie den Widerwillen nicht.
ARKAS: Fühlt eine schöne Seele Widerwillen
Für eine Wohltat, die der Edle reicht?
IPHIGENIE: Ja, wenn der Edle, was sich nicht geziemt,
Statt meines Dankes mich erwerben will.

VIERTER AUFZUG

ARKAS: Wer keine Neigung fühlt, dem mangelt es
An einem Worte der Entschuld'gung nie.
Dem Fürsten sag ich an, was hier geschehn.
O wiederholtest du in deiner Seele,
Wie edel er sich gegen dich betrug
Von deiner Ankunft an bis diesen Tag!

DRITTER AUFTRITT

IPHIGENIE *allein:* Von dieses Mannes Rede fühl ich mir
Zur ungelegnen Zeit das Herz im Busen
Auf einmal umgewendet. Ich erschrecke! –
Denn wie die Flut mit schnellen Strömen wachsend
Die Felsen überspült, die in dem Sand
Am Ufer liegen: so bedeckte ganz
Ein Freudenstrom mein Innerstes. Ich hielt
In meinen Armen das Unmögliche.
Es schien sich eine Wolke wieder sanft
Um mich zu legen, von der Erde mich
Emporzuheben und in jenen Schlummer
Mich einzuwiegen, den die gute Göttin
Um meine Schläfe legte, da ihr Arm
Mich rettend faßte. – Meinen Bruder
Ergriff das Herz mit einziger Gewalt:
Ich horchte nur auf seines Freundes Rat;
Nur sie zu retten, drang die Seele vorwärts.
Und wie den Klippen einer wüsten Insel
Der Schiffer gern den Rücken wendet: so
Lag Tauris hinter mir. Nun hat die Stimme
Des treuen Manns mich wieder aufgeweckt,
Daß ich auch Menschen hier verlasse, mich
Erinnert. Doppelt wird mir der Betrug
Verhaßt. O bleibe ruhig, meine Seele!
Beginnst du nun zu schwanken und zu zweifeln?
Den festen Boden deiner Einsamkeit

Mußt du verlassen! Wieder eingeschifft,
Ergreifen dich die Wellen schaukelnd, trüb
Und bang verkennest du die Welt und dich.

VIERTER AUFTRITT

Iphigenie. Pylades.

PYLADES: Wo ist sie? daß ich ihr mit schnellen Worten
  Die frohe Botschaft unsrer Rettung bringe!
IPHIGENIE: Du siehst mich hier voll Sorgen und Erwartung
  Des sichern Trostes, den du mir versprichst.
PYLADES: Dein Bruder ist geheilt! Den Felsenboden
  Des ungeweihten Ufers und den Sand
  Betraten wir mit fröhlichen Gesprächen;
  Der Hain blieb hinter uns, wir merkten's nicht.
  Und herrlicher und immer herrlicher
  Umloderte der Jugend schöne Flamme
  Sein lockig Haupt; sein volles Auge glühte
  Von Mut und Hoffnung, und sein freies Herz
  Ergab sich ganz der Freude, ganz der Lust,
  Dich, seine Retterin, und mich zu retten.
IPHIGENIE: Gesegnet seist du, und es möge nie
  Von deiner Lippe, die so Gutes sprach,
  Der Ton des Leidens und der Klage tönen!
PYLADES: Ich bringe mehr als das; denn schön begleitet
  Gleich einem Fürsten pflegt das Glück zu nahn.
  Auch die Gefährten haben wir gefunden.
  In einer Felsenbucht verbargen sie
  Das Schiff und saßen traurig und erwartend.
  Sie sahen deinen Bruder, und es regten
  Sich alle jauchzend, und sie baten dringend,
  Der Abfahrt Stunde zu beschleunigen.
  Es sehnet jede Faust sich nach dem Ruder,
  Und selbst ein Wind erhob vom Lande lispelnd,

Von allen gleich bemerkt, die holden Schwingen.
Drum laß uns eilen, führe mich zum Tempel,
Laß mich das Heiligtum betreten, laß
Mich unsrer Wünsche Ziel verehrend fassen!
Ich bin allein genug, der Göttin Bild
Auf wohlgeübten Schultern wegzutragen:
Wie sehn ich mich nach der erwünschten Last!
Er geht gegen den Tempel unter den letzten Worten, ohne zu bemerken,
daß Iphigenie nicht folgt; endlich kehrt er sich um.
Du stehst und zauderst – Sage mir – du schweigst!
Du scheinst verworren! Widersetzet sich
Ein neues Unheil unserm Glück? Sag an!
Hast du dem Könige das kluge Wort
Vermelden lassen, das wir abgeredet?

IPHIGENIE:
Ich habe, teurer Mann; doch wirst du schelten.
Ein schweigender Verweis war mir dein Anblick.
Des Königs Bote kam, und wie du es
Mir in den Mund gelegt, so sagt ich's ihm.
Er schien zu staunen und verlangte dringend,
Die seltne Feier erst dem Könige
Zu melden, seinen Willen zu vernehmen;
Und nun erwart ich seine Wiederkehr.

PYLADES: Weh uns! Erneuert schwebt nun die Gefahr
Um unsre Schläfe! Warum hast du nicht
Ins Priesterrecht dich weislich eingehüllt?

IPHIGENIE: Als eine Hülle hab ich's nie gebraucht.

PYLADES: So wirst du, reine Seele, dich und uns
Zugrunde richten. Warum dacht ich nicht
Auf diesen Fall voraus und lehrte dich
Auch dieser Fordrung auszuweichen!

IPHIGENIE: Schilt
Nur mich, die Schuld ist mein, ich fühl es wohl;
Doch konnt ich anders nicht dem Mann begegnen,
Der mit Vernunft und Ernst von mir verlangte,
Was ihm mein Herz als Recht gestehen mußte.

PYLADES: Gefährlicher zieht sich's zusammen; doch auch so
  Laß uns nicht zagen oder unbesonnen
  Und übereilt uns selbst verraten. Ruhig
  Erwarte du die Wiederkunft des Boten,
  Und dann steh fest, er bringe, was er will:
  Denn solcher Weihung Feier anzuordnen
  Gehört der Priesterin und nicht dem König.
  Und fordert er, den fremden Mann zu sehn,
  Der von dem Wahnsinn schwer belastet ist,
  So lehn es ab, als hieltest du uns beide
  Im Tempel wohlverwahrt. So schaff uns Luft,
  Daß wir aufs eiligste, den heil'gen Schatz
  Dem rauh unwürd'gen Volk entwendend, fliehn.
  Die besten Zeichen sendet uns Apoll,
  Und eh wir die Bedingung fromm erfüllen,
  Erfüllt er göttlich sein Versprechen schon.
  Orest ist frei, geheilt! – Mit dem Befreiten
  O führet uns hinüber, günst'ge Winde,
  Zur Felseninsel, die der Gott bewohnt;
  Dann nach Myken, daß es lebendig werde,
  Daß von der Asche des verloschnen Herdes
  Die Vatergötter fröhlich sich erheben
  Und schönes Feuer ihre Wohnungen
  Umleuchte! Deine Hand soll ihnen Weihrauch
  Zuerst aus goldnen Schalen streuen. Du
  Bringst über jene Schwelle Heil und Leben wieder,
  Entsühnst den Fluch und schmückest neu die Deinen
  Mit frischen Lebensblüten herrlich aus.
IPHIGENIE: Vernehm ich dich, so wendet sich, o Teurer,
  Wie sich die Blume nach der Sonne wendet,
  Die Seele, von dem Strahle deiner Worte
  Getroffen, sich dem süßen Troste nach.
  Wie köstlich ist des gegenwärt'gen Freundes
  Gewisse Rede, deren Himmelskraft
  Ein Einsamer entbehrt und still versinkt.
  Denn langsam reift, verschlossen in dem Busen,

Gedank' ihm und Entschluß; die Gegenwart
Des Liebenden entwickelte sie leicht.
PYLADES: Leb wohl! Die Freunde will ich nun geschwind
Beruhigen, die sehnlich wartend harren.
Dann komm ich schnell zurück und lausche hier
Im Felsenbusch versteckt auf deinen Wink –
Was sinnest du? Auf einmal überschwebt
Ein stiller Trauerzug die freie Stirne.
IPHIGENIE: Verzeih! Wie leichte Wolken vor der Sonne,
So zieht mir vor der Seele leichte Sorge
Und Bangigkeit vorüber.
PYLADES: Fürchte nicht!
Betrüglich schloß die Furcht mit der Gefahr
Ein enges Bündnis: beide sind Gesellen.
IPHIGENIE: Die Sorge nenn ich edel, die mich warnt,
Den König, der mein zweiter Vater ward,
Nicht tückisch zu betrügen, zu berauben.
PYLADES: Der deinen Bruder schlachtet, dem entfliehst du.
IPHIGENIE: Es ist derselbe, der mir Gutes tat.
PYLADES: Das ist nicht Undank, was die Not gebeut.
IPHIGENIE: Es bleibt wohl Undank; nur die Not entschuldigt.
PYLADES: Vor Göttern und vor Menschen dich gewiß.
IPHIGENIE: Allein mein eigen Herz ist nicht befriedigt.
PYLADES: Zu strenge Fordrung ist verborgner Stolz.
IPHIGENIE: Ich untersuche nicht, ich fühle nur.
PYLADES: Fühlst du dich recht, so mußt du dich verehren.
IPHIGENIE: Ganz unbefleckt genießt sich nur das Herz.
PYLADES: So hast du dich im Tempel wohl bewahrt;
Das Leben lehrt uns, weniger mit uns
Und andern strenge sein; du lernst es auch.
So wunderbar ist dies Geschlecht gebildet,
So vielfach ist's verschlungen und verknüpft,
Daß keiner in sich selbst noch mit den andern
Sich rein und unverworren halten kann.
Auch sind wir nicht bestellt, uns selbst zu richten;
Zu wandeln und auf seinen Weg zu sehen,

Ist eines Menschen erste, nächste Pflicht:
Denn selten schätzt er recht, was er getan,
Und was er tut, weiß er fast nie zu schätzen.
IPHIGENIE: Fast überredst du mich zu deiner Meinung.
PYLADES: Braucht's Überredung, wo die Wahl versagt ist?
Den Bruder, dich und einen Freund zu retten,
Ist nur ein Weg; fragt sich's, ob wir ihn gehn?
IPHIGENIE: O laß mich zaudern! denn du tätest selbst
Ein solches Unrecht keinem Mann gelassen,
Dem du für Wohltat dich verpflichtet hieltest.
PYLADES: Wenn wir zugrunde gehen, wartet dein
Ein härtrer Vorwurf, der Verzweiflung trägt.
Man sieht, du bist nicht an Verlust gewohnt,
Da du, dem großen Übel zu entgehen,
Ein falsches Wort nicht einmal opfern willst.
IPHIGENIE: O trüg ich doch ein männlich Herz in mir,
Das, wenn es einen kühnen Vorsatz hegt,
Vor jeder andern Stimme sich verschließt!
PYLADES: Du weigerst dich umsonst; die ehrne Hand
Der Not gebietet, und ihr ernster Wink
Ist oberstes Gesetz, dem Götter selbst
Sich unterwerfen müssen. Schweigend herrscht
Des ew'gen Schicksals unberatne Schwester.
Was sie dir auferlegt, das trage: tu,
Was sie gebeut. Das andre weißt du. Bald
Komm ich zurück, aus deiner heil'gen Hand
Der Rettung schönes Siegel zu empfangen.

FÜNFTER AUFTRITT

IPHIGENIE *allein:* Ich muß ihm folgen: denn die Meinigen
Seh ich in dringender Gefahr. Doch ach!
Mein eigen Schicksal macht mir bang und bänger.
O soll ich nicht die stille Hoffnung retten,
Die in der Einsamkeit ich schön genährt?

VIERTER AUFZUG

Soll dieser Fluch denn ewig walten? Soll
Nie dies Geschlecht mit einem neuen Segen
Sich wieder heben? – Nimmt doch alles ab!
Das beste Glück, des Lebens schönste Kraft
Ermattet endlich: warum nicht der Fluch?
So hofft ich denn vergebens, hier verwahrt,
Von meines Hauses Schicksal abgeschieden,
Dereinst mit reiner Hand und reinem Herzen
Die schwerbefleckte Wohnung zu entsühnen!
Kaum wird in meinen Armen mir ein Bruder
Vom grimm'gen Übel wundervoll und schnell
Geheilt, kaum naht ein lang erflehtes Schiff,
Mich in den Port der Vaterwelt zu leiten,
So legt die taube Not ein doppelt Laster
Mit ehrner Hand mir auf: das heilige,
Mir anvertraute, viel verehrte Bild
Zu rauben und den Mann zu hintergehn,
Dem ich mein Leben und mein Schicksal danke.
O daß in meinem Busen nicht zuletzt
Ein Widerwille keime! der Titanen,
Der alten Götter tiefer Haß auf euch,
Olympier, nicht auch die zarte Brust
Mit Geierklauen fasse! Rettet mich
Und rettet euer Bild in meiner Seele!

Vor meinen Ohren tönt das alte Lied –
Vergessen hatt ich's und vergaß es gern –,
Das Lied der Parzen, das sie grausend sangen,
Als Tantalus vom goldnen Stuhle fiel:
Sie litten mit dem edeln Freunde; grimmig
War ihre Brust und furchtbar ihr Gesang.
In unsrer Jugend sang's die Amme mir
Und den Geschwistern vor, ich merkt es wohl:

    Es fürchte die Götter
    Das Menschengeschlecht!

IPHIGENIE AUF TAURIS

Sie halten die Herrschaft
In ewigen Händen
Und können sie brauchen,
Wie's ihnen gefällt.

Der fürchte sie doppelt,
Den je sie erheben!
Auf Klippen und Wolken
Sind Stühle bereitet
Um goldene Tische.

Erhebet ein Zwist sich:
So stürzen die Gäste
Geschmäht und geschändet
In nächtliche Tiefen
Und harren vergebens,
Im Finstern gebunden,
Gerechten Gerichtes.

Sie aber, sie bleiben
In ewigen Festen
An goldenen Tischen.
Sie schreiten vom Berge
Zu Bergen hinüber:
Aus Schlünden der Tiefe
Dampft ihnen der Atem
Erstickter Titanen,
Gleich Opfergerüchen,
Ein leichtes Gewölke.

Es wenden die Herrscher
Ihr segnendes Auge
Von ganzen Geschlechtern
Und meiden, im Enkel
Die ehmals geliebten,
Still redenden Züge
Des Ahnherrn zu sehn.

VIERTER AUFZUG

So sangen die Parzen;
Es horcht der Verbannte
In nächtlichen Höhlen,
Der Alte, die Lieder,
Denkt Kinder und Enkel
Und schüttelt das Haupt.

FÜNFTER AUFZUG

ERSTER AUFTRITT

Thoas. Arkas.

ARKAS: Verwirrt muß ich gestehn, daß ich nicht weiß,
Wohin ich meinen Argwohn richten soll.
Sind's die Gefangnen, die auf ihre Flucht
Verstohlen sinnen? Ist's die Priesterin,
Die ihnen hilft? Es mehrt sich das Gerücht:
Das Schiff, das diese beiden hergebracht,
Sei irgend noch in einer Bucht versteckt.
Und jenes Mannes Wahnsinn, diese Weihe,
Der heil'ge Vorwand dieser Zögrung, rufen
Den Argwohn lauter und die Vorsicht auf.
THOAS: Es komme schnell die Priesterin herbei!
Dann geht, durchsucht das Ufer scharf und schnell
Vom Vorgebirge bis zum Hain der Göttin.
Verschonet seine heil'gen Tiefen, legt
Bedächt'gen Hinterhalt und greift sie an;
Wo ihr sie findet, faßt sie, wie ihr pflegt!

ZWEITER AUFTRITT

THOAS *allein:* Entsetzlich wechselt mir der Grimm im Busen:
Erst gegen sie, die ich so heilig hielt,
Dann gegen mich, der ich sie zum Verrat
Durch Nachsicht und durch Güte bildete.
Zur Sklaverei gewöhnt der Mensch sich gut
Und lernet leicht gehorchen, wenn man ihn

Der Freiheit ganz beraubt. Ja, wäre sie
In meiner Ahnherrn rohe Hand gefallen
Und hätte sie der heil'ge Grimm verschont:
Sie wäre froh gewesen, sich allein
Zu retten, hätte dankbar ihr Geschick
Erkannt und fremdes Blut vor dem Altar
Vergossen, hätte Pflicht genannt,
Was Not war. Nun lockt meine Güte
In ihrer Brust verwegnen Wunsch herauf.
Vergebens hofft ich, sie mir zu verbinden;
Sie sinnt sich nun ein eigen Schicksal aus.
Durch Schmeichelei gewann sie mir das Herz:
Nun widersteh ich der, so sucht sie sich
Den Weg durch List und Trug, und meine Güte
Scheint ihr ein alt verjährtes Eigentum.

DRITTER AUFTRITT

Iphigenie. Thoas.

IPHIGENIE: Du forderst mich! Was bringt dich zu uns her?
THOAS: Du schiebst das Opfer auf; sag an, warum?
IPHIGENIE: Ich hab an Arkas alles klar erzählt.
THOAS: Von dir möcht ich es weiter noch vernehmen.
IPHIGENIE: Die Göttin gibt dir Frist zur Überlegung.
THOAS: Sie scheint dir selbst gelegen, diese Frist.
IPHIGENIE: Wenn dir das Herz zum grausamen Entschluß
   Verhärtet ist, so solltest du nicht kommen!
   Ein König, der Unmenschliches verlangt,
   Findt Diener gnug, die gegen Gnad' und Lohn
   Den halben Fluch der Tat begierig fassen;
   Doch seine Gegenwart bleibt unbefleckt.
   Er sinnt den Tod in einer schweren Wolke,
   Und seine Boten bringen flammendes
   Verderben auf des Armen Haupt hinab;

Er aber schwebt durch seine Höhen ruhig,
Ein unerreichter Gott, im Sturme fort.
THOAS: Die heil'ge Lippe tönt ein wildes Lied.
IPHIGENIE: Nicht Priesterin! nur Agamemnons Tochter.
Der Unbekannten Wort verehrtest du,
Der Fürstin willst du rasch gebieten? Nein!
Von Jugend auf hab ich gelernt gehorchen,
Erst meinen Eltern und dann einer Gottheit,
Und folgsam fühlt ich immer meine Seele
Am schönsten frei; allein dem harten Worte,
Dem rauhen Ausspruch eines Mannes mich
Zu fügen, lernt ich weder dort noch hier.
THOAS: Ein alt Gesetz, nicht ich, gebietet dir.
IPHIGENIE: Wir fassen ein Gesetz begierig an,
Das unsrer Leidenschaft zur Waffe dient.
Ein andres spricht zu mir, ein älteres,
Mich dir zu widersetzen: das Gebot,
Dem jeder Fremde heilig ist.
THOAS: Es scheinen die Gefangnen dir sehr nah
Am Herzen, denn vor Anteil und Bewegung
Vergissest du der Klugheit erstes Wort,
Daß man den Mächtigen nicht reizen soll.
IPHIGENIE: Red oder schweig ich, immer kannst du wissen,
Was mir im Herzen ist und immer bleibt.
Löst die Erinnerung des gleichen Schicksals
Nicht ein verschloßnes Herz zum Mitleid auf?
Wie mehr denn meins! In ihnen seh ich mich.
Ich habe vorm Altare selbst gezittert,
Und feierlich umgab der frühe Tod
Die Knieende; das Messer zuckte schon,
Den lebenvollen Busen zu durchbohren;
Mein Innerstes entsetzte wirbelnd sich,
Mein Auge brach, und – ich fand mich gerettet.
Sind wir, was Götter gnädig uns gewährt,
Unglücklichen nicht zu erstatten schuldig?
Du weißt es, kennst mich, und du willst mich zwingen!

THOAS: Gehorche deinem Dienste, nicht dem Herrn!
IPHIGENIE: Laß ab! Beschönige nicht die Gewalt,
Die sich der Schwachheit eines Weibes freut.
Ich bin so frei geboren als ein Mann.
Stünd Agamemnons Sohn dir gegenüber
Und du verlangtest, was sich nicht gebührt,
So hat auch er ein Schwert und einen Arm,
Die Rechte seines Busens zu verteid'gen.
Ich habe nichts als Worte, und es ziemt
Dem edlen Mann, der Frauen Wort zu achten.
THOAS: Ich acht es mehr als eines Bruders Schwert.
IPHIGENIE: Das Los der Waffen wechselt hin und her:
Kein kluger Streiter hält den Feind gering.
Auch ohne Hülfe gegen Trutz und Härte
Hat die Natur den Schwachen nicht gelassen.
Sie gab zur List ihm Freude, lehrt' ihn Künste:
Bald weicht er aus, verspätet und umgeht.
Ja, der Gewaltige verdient, daß man sie übt.
THOAS: Die Vorsicht stellt der List sich klug entgegen.
IPHIGENIE: Und eine reine Seele braucht sie nicht.
THOAS: Sprich unbehutsam nicht dein eigen Urteil!
IPHIGENIE: O sähest du, wie meine Seele kämpft,
Ein bös Geschick, das sie ergreifen will,
Im ersten Anfall mutig abzutreiben!
So steh ich denn hier wehrlos gegen dich?
Die schöne Bitte, den anmut'gen Zweig,
In einer Frauen Hand gewaltiger
Als Schwert und Waffe, stößest du zurück:
Was bleibt mir nun, mein Innres zu verteid'gen?
Ruf ich die Göttin um ein Wunder an?
Ist keine Kraft in meiner Seele Tiefen?
THOAS: Es scheint, der beiden Fremden Schicksal macht
Unmäßig dich besorgt. Wer sind sie, sprich,
Für die dein Geist gewaltig sich erhebt?
IPHIGENIE:
Sie sind – sie scheinen – für Griechen halt ich sie.

IPHIGENIE AUF TAURIS

THOAS: Landsleute sind es? und sie haben wohl
Der Rückkehr schönes Bild in dir erneut?
IPHIGENIE *nach einigem Stillschweigen:*
Hat denn zur unerhörten Tat der Mann
Allein das Recht? Drückt denn Unmögliches
Nur er an die gewalt'ge Heldenbrust?
Was nennt man groß? Was hebt die Seele schaudernd
Dem immer wiederholenden Erzähler,
Als was mit unwahrscheinlichem Erfolg
Der Mutigste begann? Der in der Nacht
Allein das Heer des Feindes überschleicht,
Wie unversehen eine Flamme wütend
Die Schlafenden, Erwachenden ergreift,
Zuletzt, gedrängt von den Ermunterten,
Auf Feindes Pferden doch mit Beute kehrt,
Wird der allein gepriesen? der allein,
Der, einen sichern Weg verachtend, kühn
Gebirg' und Wälder durchzustreifen geht,
Daß er von Räubern eine Gegend säubre?
Ist uns nichts übrig? Muß ein zartes Weib
Sich ihres angebornen Rechts entäußern,
Wild gegen Wilde sein, wie Amazonen
Das Recht des Schwerts euch rauben und mit Blute
Die Unterdrückung rächen? Auf und ab
Steigt in der Brust ein kühnes Unternehmen:
Ich werde großem Vorwurf nicht entgehn
Noch schwerem Übel, wenn es mir mißlingt;
Allein euch leg ich's auf die Kniee! Wenn
Ihr wahrhaft seid, wie ihr gepriesen werdet,
So zeigt's durch euern Beistand und verherrlicht
Durch mich die Wahrheit! – Ja, vernimm, o König,
Es wird ein heimlicher Betrug geschmiedet:
Vergebens fragst du den Gefangnen nach;
Sie sind hinweg und suchen ihre Freunde,
Die mit dem Schiff am Ufer warten, auf.
Der älteste, den das Übel hier ergriffen

Und nun verlassen hat – es ist Orest,
Mein Bruder, und der andre sein Vertrauter,
Sein Jugendfreund, mit Namen Pylades.
Apoll schickt sie von Delphi diesem Ufer
Mit göttlichen Befehlen zu, das Bild
Dianens wegzurauben und zu ihm
Die Schwester hinzubringen, und dafür
Verspricht er dem von Furien Verfolgten,
Des Mutterblutes Schuldigen, Befreiung.
Uns beide hab ich nun, die Überbliebnen
Von Tantals Haus, in deine Hand gelegt:
Verdirb uns – wenn du darfst.

THOAS: Du glaubst, es höre
Der rohe Skythe, der Barbar, die Stimme
Der Wahrheit und der Menschlichkeit, die Atreus,
Der Grieche, nicht vernahm?

IPHIGENIE: Es hört sie jeder,
Geboren unter jedem Himmel, dem
Des Lebens Quelle durch den Busen rein
Und ungehindert fließt. – Was sinnst du mir,
O König, schweigend in der tiefen Seele?
Ist es Verderben? so töte mich zuerst!
Denn nun empfind ich, da uns keine Rettung
Mehr übrigbleibt, die gräßliche Gefahr,
Worein ich die Geliebten übereilt
Vorsätzlich stürzte. Weh! Ich werde sie
Gebunden vor mir sehn! Mit welchen Blicken
Kann ich von meinem Bruder Abschied nehmen,
Den ich ermorde? Nimmer kann ich ihm
Mehr in die vielgeliebten Augen schaun!

THOAS: So haben die Betrüger künstlich dichtend
Der lang Verschloßnen, ihre Wünsche leicht
Und willig Glaubenden ein solch Gespinst
Ums Haupt geworfen!

IPHIGENIE: Nein! o König, nein!
Ich könnte hintergangen werden; diese

Sind treu und wahr. Wirst du sie anders finden,
So laß sie fallen und verstoße mich,
Verbanne mich zur Strafe meiner Torheit
An einer Klippeninsel traurig Ufer.
Ist aber dieser Mann der lang erflehte
Geliebte Bruder, so entlaß uns, sei
Auch den Geschwistern wie der Schwester freundlich!
Mein Vater fiel durch seiner Frauen Schuld
Und sie durch ihren Sohn. Die letzte Hoffnung
Von Atreus' Stamme ruht auf ihm allein.
Laß mich mit reinem Herzen, reiner Hand
Hinübergehn und unser Haus entsühnen.
Du hältst mir Wort! – Wenn zu den Meinen je
Mir Rückkehr zubereitet wäre, schwurst
Du, mich zu lassen; und sie ist es nun.
Ein König sagt nicht, wie gemeine Menschen,
Verlegen zu, daß er den Bittenden
Auf einen Augenblick entferne; noch
Verspricht er auf den Fall, den er nicht hofft:
Dann fühlt er erst die Höhe seiner Würde,
Wenn er den Harrenden beglücken kann.

THOAS: Unwillig, wie sich Feuer gegen Wasser
    Im Kampfe wehrt und gischend seinen Feind
    Zu tilgen sucht, so wehret sich der Zorn
    In meinem Busen gegen deine Worte.

IPHIGENIE: O laß die Gnade wie das heil'ge Licht
    Der stillen Opferflamme mir, umkränzt
    Von Lobgesang und Dank und Freude, lodern.

THOAS: Wie oft besänftigte mich diese Stimme!

IPHIGENIE: O reiche mir die Hand zum Friedenszeichen!

THOAS: Du forderst viel in einer kurzen Zeit.

IPHIGENIE: Um Guts zu tun, braucht's keiner Überlegung.

THOAS: Sehr viel! denn auch dem Guten folgt das Übel.

IPHIGENIE: Der Zweifel ist's, der Gutes böse macht.
    Bedenke nicht; gewähre, wie du's fühlst.

FÜNFTER AUFZUG

VIERTER AUFTRITT

Orest, gewaffnet.

Die Vorigen.

OREST *nach der Szene gekehrt:*
Verdoppelt eure Kräfte! Haltet sie
Zurück! Nur wenig Augenblicke! Weicht
Der Menge nicht und deckt den Weg zum Schiffe
Mir und der Schwester!
Zu Iphigenien, ohne den König zu sehen:
                     Komm, wir sind verraten.
Geringer Raum bleibt uns zur Flucht. Geschwind!

Er erblickt den König.

THOAS *nach dem Schwerte greifend:*
In meiner Gegenwart führt ungestraft
Kein Mann das nackte Schwert.
IPHIGENIE: Entheiliget
Der Göttin Wohnung nicht durch Wut und Mord!
Gebietet eurem Volke Stillstand, höret
Die Priesterin, die Schwester!
OREST: Sage mir!
Wer ist es, der uns droht?
IPHIGENIE: Verehr in ihm
Den König, der mein zweiter Vater ward!
Verzeih mir, Bruder! doch mein kindlich Herz
Hat unser ganz Geschick in seine Hand
Gelegt. Gestanden hab ich euern Anschlag
Und meine Seele vom Verrat gerettet.
OREST: Will er die Rückkehr friedlich uns gewähren?
IPHIGENIE:
Dein blinkend Schwert verbietet mir die Antwort.
OREST *der das Schwert einsteckt:*
So sprich! Du siehst, ich horche deinen Worten.

FÜNFTER AUFTRITT

Die Vorigen.

Pylades. Bald nach ihm Arkas. Beide mit bloßen Schwertern.

PYLADES: Verweilet nicht! Die letzten Kräfte raffen
Die Unsrigen zusammen; weichend werden
Sie nach der See langsam zurückgedrängt.
Welch ein Gespräch der Fürsten find ich hier!
Dies ist des Königes verehrtes Haupt!
ARKAS: Gelassen, wie es dir, o König, ziemt,
Stehst du den Feinden gegenüber. Gleich
Ist die Verwegenheit bestraft; es weicht
Und fällt ihr Anhang, und ihr Schiff ist unser.
Ein Wort von dir, so steht's in Flammen.
THOAS: Geh!
Gebiete Stillstand meinem Volke! Keiner
Beschädige den Feind, solang wir reden.

Arkas ab.

OREST: Ich nehm es an. Geh, sammle, treuer Freund,
Den Rest des Volkes; harret still, welch Ende
Die Götter unsern Taten zubereiten.

Pylades ab.

SECHSTER AUFTRITT

Iphigenie. Thoas. Orest

IPHIGENIE: Befreit von Sorge mich, eh ihr zu sprechen
Beginnet. Ich befürchte bösen Zwist,
Wenn du, o König, nicht der Billigkeit

Gelinde Stimme hörest; du, mein Bruder,
Der raschen Jugend nicht gebieten willst.
THOAS: Ich halte meinen Zorn, wie es dem Ältern
Geziemt, zurück. Antworte mir! Womit
Bezeugst du, daß du Agamemnons Sohn
Und dieser Bruder bist?
OREST: Hier ist das Schwert,
Mit dem er Trojas tapfre Männer schlug.
Dies nahm ich seinem Mörder ab und bat
Die Himmlischen, den Mut und Arm, das Glück
Des großen Königes mir zu verleihn
Und einen schönern Tod mir zu gewähren.
Wähl einen aus den Edeln deines Heers
Und stelle mir den Besten gegenüber!
So weit die Erde Heldensöhne nährt,
Ist keinem Fremdling dies Gesuch verweigert.
THOAS: Dies Vorrecht hat die alte Sitte nie
Dem Fremden hier gestattet.
OREST: So beginne
Die neue Sitte denn von dir und mir!
Nachahmend heiliget ein ganzes Volk
Die edle Tat der Herrscher zum Gesetz.
Und laß mich nicht allein für unsre Freiheit,
Laß mich, den Fremden, für die Fremden kämpfen!
Fall ich, so ist ihr Urteil mit dem meinen
Gesprochen; aber gönnet mir das Glück
Zu überwinden, so betrete nie
Ein Mann dies Ufer, dem der schnelle Blick
Hülfreicher Liebe nicht begegnet, und
Getröstet scheide jeglicher hinweg!
THOAS: Nicht unwert scheinest du, o Jüngling, mir
Der Ahnherrn, deren du dich rühmst, zu sein.
Groß ist die Zahl der edeln, tapfern Männer,
Die mich begleiten; doch ich stehe selbst
In meinen Jahren noch dem Feinde, bin
Bereit, mit dir der Waffen Los zu wagen.

IPHIGENIE AUF TAURIS

IPHIGENIE: Mitnichten! Dieses blutigen Beweises
  Bedarf es nicht, o König! Laßt die Hand
  Vom Schwerte! Denkt an mich und mein Geschick.
  Der rasche Kampf verewigt einen Mann:
  Er falle gleich, so preiset ihn das Lied.
  Allein die Tränen, die unendlichen,
  Der überbliebnen, der verlaßnen Frau
  Zählt keine Nachwelt, und der Dichter schweigt
  Von tausend durchgeweinten Tag' und Nächten,
  Wo eine stille Seele den verlornen,
  Rasch abgeschiednen Freund vergebens sich
  Zurückzurufen bangt und sich verzehrt.
  Mich selbst hat eine Sorge gleich gewarnt,
  Daß der Betrug nicht eines Räubers mich
  Vom sichern Schutzort reiße, mich der Knechtschaft
  Verrate. Fleißig hab ich sie befragt,
  Nach jedem Umstand mich erkundigt, Zeichen
  Gefordert, und gewiß ist nun mein Herz.
  Sieh hier an seiner rechten Hand das Mal
  Wie von drei Sternen, das am Tage schon,
  Da er geboren ward, sich zeigte, das
  Auf schwere Tat, mit dieser Faust zu üben,
  Der Priester deutete. Dann überzeugt
  Mich doppelt diese Schramme, die ihm hier
  Die Augenbraune spaltet. Als ein Kind
  Ließ ihn Elektra, rasch und unvorsichtig
  Nach ihrer Art, aus ihren Armen stürzen.
  Er schlug auf einen Dreifuß auf – Er ist's –
  Soll ich dir noch die Ähnlichkeit des Vaters,
  Soll ich das innre Jauchzen meines Herzens
  Dir auch als Zeugen der Versichrung nennen?
THOAS: Und hübe deine Rede jeden Zweifel
  Und bändigt ich den Zorn in meiner Brust,
  So würden doch die Waffen zwischen uns
  Entscheiden müssen; Frieden seh ich nicht.
  Sie sind gekommen, du bekennest selbst,

Das heil'ge Bild der Göttin mir zu rauben.
Glaubt ihr, ich sehe dies gelassen an?
Der Grieche wendet oft sein lüstern Auge
Den fernen Schätzen der Barbaren zu,
Dem goldnen Felle, Pferden, schönen Töchtern;
Doch führte sie Gewalt und List nicht immer
Mit den erlangten Gütern glücklich heim.

OREST: Das Bild, o König, soll uns nicht entzweien!
Jetzt kennen wir den Irrtum, den ein Gott
Wie einen Schleier um das Haupt uns legte,
Da er den Weg hierher uns wandern hieß.
Um Rat und um Befreiung bat ich ihn
Von dem Geleit der Furien; er sprach:
„Bringst du die Schwester, die an Tauris' Ufer
Im Heiligtume wider Willen bleibt,
Nach Griechenland, so löset sich der Fluch."
Wir legten's von Apollens Schwester aus,
Und er gedachte dich! Die strengen Bande
Sind nun gelöst; du bist den Deinen wieder,
Du Heilige, geschenkt. Von dir berührt,
War ich geheilt; in deinen Armen faßte
Das Übel mich mit allen seinen Klauen
Zum letztenmal und schüttelte das Mark
Entsetzlich mir zusammen; dann entfloh's
Wie eine Schlange zu der Höhle. Neu
Genieß ich nun durch dich das weite Licht
Des Tages. Schön und herrlich zeigt sich mir
Der Göttin Rat. Gleich einem heil'gen Bilde,
Daran der Stadt unwandelbar Geschick
Durch ein geheimes Götterwort gebannt ist,
Nahm sie dich weg, dich Schützerin des Hauses;
Bewahrte dich in einer heil'gen Stille
Zum Segen deines Bruders und der Deinen.
Da alle Rettung auf der weiten Erde
Verloren schien, gibst du uns alles wieder.
Laß deine Seele sich zum Frieden wenden,

O König! Hindre nicht, daß sie die Weihe
Des väterlichen Hauses nun vollbringe,
Mich der entsühnten Halle wiedergebe,
Mir auf das Haupt die alte Krone drücke!
Vergilt den Segen, den sie dir gebracht,
Und laß des nähern Rechtes mich genießen!
Gewalt und List, der Männer höchster Ruhm,
Wird durch die Wahrheit dieser hohen Seele
Beschämt, und reines, kindliches Vertrauen
Zu einem edeln Manne wird belohnt.
IPHIGENIE: Denk an dein Wort, und laß durch diese Rede
Aus einem graden, treuen Munde dich
Bewegen! Sieh uns an! Du hast nicht oft
Zu solcher edeln Tat Gelegenheit.
Versagen kannst du's nicht; gewähr es bald!
THOAS: So geht!
IPHIGENIE: Nicht so, mein König! Ohne Segen,
In Widerwillen scheid ich nicht von dir.
Verbann uns nicht! Ein freundlich Gastrecht walte
Von dir zu uns: so sind wir nicht auf ewig
Getrennt und abgeschieden. Wert und teuer,
Wie mir mein Vater war, so bist du's mir,
Und dieser Eindruck bleibt in meiner Seele.
Bringt der Geringste deines Volkes je
Den Ton der Stimme mir ins Ohr zurück,
Den ich an euch gewohnt zu hören bin,
Und seh ich an dem Ärmsten eure Tracht:
Empfangen will ich ihn wie einen Gott,
Ich will ihm selbst ein Lager zubereiten,
Auf einen Stuhl ihn an das Feuer laden
Und nur nach dir und deinem Schicksal fragen.
O geben dir die Götter deiner Taten
Und deiner Milde wohlverdienten Lohn!
Leb wohl! O wende dich zu uns und gib
Ein holdes Wort des Abschieds mir zurück!
Dann schwellt der Wind die Segel sanfter an,

Und Tränen fließen lindernder vom Auge
Des Scheidenden. Leb wohl! und reiche mir
Zum Pfand der alten Freundschaft deine Rechte.
THOAS: Lebt wohl!

TORQUATO TASSO

EIN SCHAUSPIEL

PERSONEN

Alfons der Zweite, *Herzog von Ferrara*
Leonore von Este, *Schwester des Herzogs*
Leonore Sanvitale, *Gräfin von Scandiano*
Torquato Tasso
Antonio Montecatino, *Staatssekretär*

*Der Schauplatz ist auf Belriguardo,
einem Lustschlosse.*

ERSTER AUFZUG

ERSTER AUFTRITT

Gartenplatz, mit Hermen der epischen Dichter geziert.

Vorn an der Szene zur Rechten Virgil, zur Linken Ariost.

Prinzessin. Leonore.

PRINZESSIN: Du siehst mich lächelnd an, Eleonore,
  Und siehst dich selber an und lächelst wieder.
  Was hast du? Laß es eine Freundin wissen!
  Du scheinst bedenklich, doch du scheinst vergnügt.
LEONORE: Ja, meine Fürstin, mit Vergnügen seh ich
  Uns beide hier so ländlich ausgeschmückt.
  Wir scheinen recht beglückte Schäferinnen
  Und sind auch wie die Glücklichen beschäftigt.
  Wir winden Kränze. Dieser, bunt von Blumen,
  Schwillt immer mehr und mehr in meiner Hand;
  Du hast mit höherm Sinn und größerm Herzen
  Den zarten, schlanken Lorbeer dir gewählt.
PRINZESSIN: Die Zweige, die ich in Gedanken flocht,
  Sie haben gleich ein würdig Haupt gefunden:
  Ich setze sie Virgilen dankbar auf.
  Sie kränzt die Herme Virgils.
LEONORE: So drück ich meinen vollen, frohen Kranz
  Dem Meister Ludwig auf die hohe Stirne –
  Sie kränzt Ariostens Herme.
  Er, dessen Scherze nie verblühen, habe
  Gleich von dem neuen Frühling seinen Teil.
PRINZESSIN: Mein Bruder ist gefällig, daß er uns
  In diesen Tagen schon aufs Land gebracht;

Wir können unser sein und stundenlang
Uns in die goldne Zeit der Dichter träumen.
Ich liebe Belriguardo, denn ich habe
Hier manchen Tag der Jugend froh durchlebt,
Und dieses neue Grün und diese Sonne
Bringt das Gefühl mir jener Zeit zurück.

LEONORE: Ja, es umgibt uns eine neue Welt!
Der Schatten dieser immergrünen Bäume
Wird schon erfreulich. Schon erquickt uns wieder
Das Rauschen dieser Brunnen. Schwankend wiegen
Im Morgenwinde sich die jungen Zweige.
Die Blumen von den Beeten schauen uns
Mit ihren Kinderaugen freundlich an.
Der Gärtner deckt getrost das Winterhaus
Schon der Zitronen und Orangen ab,
Der blaue Himmel ruhet über uns,
Und an dem Horizonte löst der Schnee
Der fernen Berge sich in leisen Duft.

PRINZESSIN: Es wäre mir der Frühling sehr willkommen,
Wenn er nicht meine Freundin mir entführte.

LEONORE: Erinnre mich in diesen holden Stunden,
O Fürstin, nicht, wie bald ich scheiden soll.

PRINZESSIN: Was du verlassen magst, das findest du
In jener großen Stadt gedoppelt wieder.

LEONORE: Es ruft die Pflicht, es ruft die Liebe mich
Zu dem Gemahl, der mich so lang entbehrt.
Ich bring ihm seinen Sohn, der dieses Jahr
So schnell gewachsen, schnell sich ausgebildet,
Und teile seine väterliche Freude.
Groß ist Florenz und herrlich, doch der Wert
Von allen seinen aufgehäuften Schätzen
Reicht an Ferraras Edelsteine nicht.
Das Volk hat jene Stadt zur Stadt gemacht.
Ferrara ward durch seine Fürsten groß.

PRINZESSIN: Mehr durch die guten Menschen, die sich hier
Durch Zufall trafen und zum Glück verbanden.

LEONORE: Sehr leicht zerstreut der Zufall, was er sammelt.
Ein edler Mensch zieht edle Menschen an
Und weiß sie festzuhalten, wie ihr tut.
Um deinen Bruder und um dich verbinden
Gemüter sich, die euer würdig sind,
Und ihr seid eurer großen Väter wert.
Hier zündete sich froh das schöne Licht
Der Wissenschaft, des freien Denkens an,
Als noch die Barbarei mit schwerer Dämmrung
Die Welt umher verbarg. Mir klang als Kind
Der Name Herkules von Este schon,
Schon Hippolyt von Este voll ins Ohr.
Ferrara ward mit Rom und mit Florenz
Von meinem Vater viel gepriesen! Oft
Hab ich mich hingesehnt; nun bin ich da.
Hier ward Petrarch bewirtet, hier gepflegt,
Und Ariost fand seine Muster hier.
Italien nennt keinen großen Namen,
Den dieses Haus nicht seinen Gast genannt.
Und es ist vorteilhaft, den Genius
Bewirten: gibst du ihm ein Gastgeschenk,
So läßt er dir ein schöneres zurück.
Die Stätte, die ein guter Mensch betrat,
Ist eingeweiht; nach hundert Jahren klingt
Sein Wort und seine Tat dem Enkel wieder.

PRINZESSIN: Dem Enkel, wenn er lebhaft fühlt wie du.
Gar oft beneid ich dich um dieses Glück.

LEONORE: Das du, wie wenig andre, still und rein
Genießest. Drängt mich doch das volle Herz,
Sogleich zu sagen, was ich lebhaft fühle;
Du fühlst es besser, fühlst es tief und – schweigst.
Dich blendet nicht der Schein des Augenblicks,
Der Witz besticht dich nicht, die Schmeichelei
Schmiegt sich vergebens künstlich an dein Ohr:
Fest bleibt dein Sinn und richtig dein Geschmack,

Dein Urteil grad, stets ist dein Anteil groß
Am Großen, das du wie dich selbst erkennst.
PRINZESSIN: Du solltest dieser höchsten Schmeichelei
Nicht das Gewand vertrauter Freundschaft leihen.
LEONORE: Die Freundschaft ist gerecht, sie kann allein
Den ganzen Umfang deines Werts erkennen.
Und laß mich der Gelegenheit, dem Glück
Auch ihren Teil an deiner Bildung geben;
Du hast sie doch und bist's am Ende doch,
Und dich mit deiner Schwester ehrt die Welt
Vor allen großen Frauen eurer Zeit.
PRINZESSIN: Mich kann das, Leonore, wenig rühren,
Wenn ich bedenke, wie man wenig ist,
Und was man ist, das blieb man andern schuldig.
Die Kenntnis alter Sprachen und des Besten,
Was uns die Vorwelt ließ, dank ich der Mutter;
Doch war an Wissenschaft, an rechtem Sinn
Ihr keine beider Töchter jemals gleich;
Und soll sich eine ja mit ihr vergleichen,
So hat Lukretia gewiß das Recht.
Auch, kann ich dir versichern, hab ich nie
Als Rang und als Besitz betrachtet, was
Mir die Natur, was mir das Glück verlieh.
Ich freue mich, wenn kluge Männer sprechen,
Daß ich verstehen kann, wie sie es meinen.
Es sei ein Urteil über einen Mann
Der alten Zeit und seiner Taten Wert,
Es sei von einer Wissenschaft die Rede,
Die, durch Erfahrung weiter ausgebreitet,
Dem Menschen nutzt, indem sie ihn erhebt;
Wohin sich das Gespräch der Edlen lenkt,
Ich folge gern, denn mir wird leicht zu folgen.
Ich höre gern dem Streit der Klugen zu,
Wenn um die Kräfte, die des Menschen Brust
So freundlich und so fürchterlich bewegen,
Mit Grazie die Rednerlippe spielt,

Gern, wenn die fürstliche Begier des Ruhms,
Des ausgebreiteten Besitzes, Stoff
Dem Denker wird und wenn die feine Klugheit,
Von einem klugen Manne zart entwickelt,
Statt uns zu hintergehen, uns belehrt.
LEONORE: Und dann nach dieser ernsten Unterhaltung
Ruht unser Ohr und unser innrer Sinn
Gar freundlich auf des Dichters Reimen aus,
Der uns die letzten, lieblichsten Gefühle
Mit holden Tönen in die Seele flößt.
Dein hoher Geist umfaßt ein weites Reich,
Ich halte mich am liebsten auf der Insel
Der Poesie in Lorbeerhainen auf.
PRINZESSIN: In diesem schönen Lande, hat man mir
Versichern wollen, wächst vor andern Bäumen
Die Myrte gern. Und wenn der Musen gleich
Gar viele sind, so sucht man unter ihnen
Sich seltner eine Freundin und Gespielin,
Als man dem Dichter gern begegnen mag,
Der uns zu meiden, ja zu fliehen scheint,
Etwas zu suchen scheint, das wir nicht kennen
Und er vielleicht am Ende selbst nicht kennt.
Da wär es denn ganz artig, wenn er uns
Zur guten Stunde träfe, schnell entzückt
Uns für den Schatz erkennte, den er lang
Vergebens in der weiten Welt gesucht.
LEONORE: Ich muß mir deinen Scherz gefallen lassen,
Er trifft mich zwar, doch trifft er mich nicht tief.
Ich ehre jeden Mann und sein Verdienst,
Und ich bin gegen Tasso nur gerecht.
Sein Auge weilt auf dieser Erde kaum;
Sein Ohr vernimmt den Einklang der Natur;
Was die Geschichte reicht, das Leben gibt,
Sein Busen nimmt es gleich und willig auf:
Das weit Zerstreute sammelt sein Gemüt,
Und sein Gefühl belebt das Unbelebte.

Oft adelt er, was uns gemein erschien,
Und das Geschätzte wird vor ihm zu nichts.
In diesem eignen Zauberkreise wandelt
Der wunderbare Mann und zieht uns an,
Mit ihm zu wandeln, teil an ihm zu nehmen:
Er scheint sich uns zu nahn und bleibt uns fern;
Er scheint uns anzusehn, und Geister mögen
An unsrer Stelle seltsam ihm erscheinen.
PRINZESSIN: Du hast den Dichter fein und zart geschildert,
Der in den Reichen süßer Träume schwebt.
Allein mir scheint auch ihn das Wirkliche
Gewaltsam anzuziehn und festzuhalten.
Die schönen Lieder, die an unsern Bäumen
Wir hin und wieder angeheftet finden,
Die, goldnen Äpfeln gleich, ein neu Hesperien
Uns duftend bilden, erkennst du sie nicht alle
Für holde Früchte einer wahren Liebe?
LEONORE: Ich freue mich der schönen Blätter auch.
Mit mannigfalt'gem Geist verherrlicht er
Ein einzig Bild in allen seinen Reimen.
Bald hebt er es in lichter Glorie
Zum Sternenhimmel auf, beugt sich verehrend
Wie Engel über Wolken vor dem Bilde;
Dann schleicht er ihm durch stille Fluren nach,
Und jede Blume windet er zum Kranz.
Entfernt sich die Verehrte, heiligt er
Den Pfad, den leis ihr schöner Fuß betrat.
Versteckt im Busche, gleich der Nachtigall,
Füllt er aus einem liebekranken Busen
Mit seiner Klagen Wohllaut Hain und Luft:
Sein reizend Leid, die sel'ge Schwermut lockt
Ein jedes Ohr, und jedes Herz muß nach –
PRINZESSIN: Und wenn er seinen Gegenstand benennt,
So gibt er ihm den Namen Leonore.
LEONORE: Es ist dein Name, wie es meiner ist.
Ich nähm es übel, wenn's ein andrer wäre.

Mich freut es, daß er sein Gefühl für dich
In diesem Doppelsinn verbergen kann.
Ich bin zufrieden, daß er meiner auch
Bei dieses Namens holdem Klang gedenkt.
Hier ist die Frage nicht von einer Liebe,
Die sich des Gegenstands bemeistern will,
Ausschließend ihn besitzen, eifersüchtig
Den Anblick jedem andern wehren möchte.
Wenn er in seliger Betrachtung sich
Mit deinem Wert beschäftigt, mag er auch
An meinem leichtern Wesen sich erfreun.
Uns liebt er nicht – verzeih, daß ich es sage! –,
Aus allen Sphären trägt er, was er liebt,
Auf einen Namen nieder, den wir führen,
Und sein Gefühl teilt er uns mit; wir scheinen
Den Mann zu lieben, und wir lieben nur
Mit ihm das Höchste, was wir lieben können.
PRINZESSIN: Du hast dich sehr in diese Wissenschaft
Vertieft, Eleonore, sagst mir Dinge,
Die mir beinahe nur das Ohr berühren
Und in die Seele kaum noch übergehn.
LEONORE: Du, Schülerin des Plato! nicht begreifen,
Was dir ein Neuling vorzuschwatzen wagt?
Es müßte sein, daß ich zu sehr mich irrte;
Doch irr ich auch nicht ganz, ich weiß es wohl.
Die Liebe zeigt in dieser holden Schule
Sich nicht, wie sonst, als ein verwöhntes Kind:
Es ist der Jüngling, der mit Psychen sich
Vermählte, der im Rat der Götter Sitz
Und Stimme hat. Er tobt nicht frevelhaft
Von einer Brust zur andern hin und her;
Er heftet sich an Schönheit und Gestalt
Nicht gleich mit süßem Irrtum fest und büßet
Nicht schnellen Rausch mit Ekel und Verdruß.
PRINZESSIN: Da kommt mein Bruder! Laß uns nicht verraten,
Wohin sich wieder das Gespräch gelenkt;

Wir würden seinen Scherz zu tragen haben,
Wie unsre Kleidung seinen Spott erfuhr.

ZWEITER AUFTRITT

Die Vorigen. Alfons.

ALFONS: Ich suche Tasso, den ich nirgends finde,
  Und treff ihn – hier sogar bei euch nicht an.
  Könnt ihr von ihm mir keine Nachricht geben?
PRINZESSIN: Ich sah ihn gestern wenig, heute nicht.
ALFONS: Es ist ein alter Fehler, daß er mehr
  Die Einsamkeit als die Gesellschaft sucht.
  Verzeih ich ihm, wenn er den bunten Schwarm
  Der Menschen flieht und lieber frei im stillen
  Mit seinem Geist sich unterhalten mag,
  So kann ich doch nicht loben, daß er selbst
  Den Kreis vermeidet, den die Freunde schließen.
LEONORE: Irr ich mich nicht, so wirst du bald, o Fürst,
  Den Tadel in ein frohes Lob verwandeln.
  Ich sah ihn heut von fern; er hielt ein Buch
  Und eine Tafel, schrieb und ging und schrieb.
  Ein flüchtig Wort, das er mir gestern sagte,
  Schien mir sein Werk vollendet anzukünden.
  Er sorgt nur, kleine Züge zu verbessern,
  Um deiner Huld, die ihm so viel gewährt,
  Ein würdig Opfer endlich darzubringen.
ALFONS: Er soll willkommen sein, wenn er es bringt,
  Und losgesprochen sein auf lange Zeit.
  So sehr ich teil an seiner Arbeit nehme,
  So sehr in manchem Sinn das große Werk
  Mich freut und freuen muß, so sehr vermehrt
  Sich auch zuletzt die Ungeduld in mir.
  Er kann nicht enden, kann nicht fertig werden,

Er ändert stets, ruckt langsam weiter vor,
Steht wieder still, er hintergeht die Hoffnung;
Unwillig sieht man den Genuß entfernt
In späte Zeit, den man so nah geglaubt.
PRINZESSIN: Ich lobe die Bescheidenheit, die Sorge,
Womit er Schritt vor Schritt zum Ziele geht.
Nur durch die Gunst der Musen schließen sich
So viele Reime fest in eins zusammen;
Und seine Seele hegt nur diesen Trieb,
Es soll sich sein Gedicht zum Ganzen ründen.
Er will nicht Märchen über Märchen häufen,
Die reizend unterhalten und zuletzt
Wie lose Worte nur verklingend täuschen.
Laß ihn, mein Bruder! denn es ist die Zeit
Von einem guten Werke nicht das Maß;
Und wenn die Nachwelt mitgenießen soll,
So muß des Künstlers Mitwelt sich vergessen.
ALFONS: Laß uns zusammen, liebe Schwester, wirken,
Wie wir zu beider Vorteil oft getan!
Wenn ich zu eifrig bin, so lindre du:
Und bist du zu gelind, so will ich treiben.
Wir sehen dann auf einmal ihn vielleicht
Am Ziel, wo wir ihn lang gewünscht zu sehn.
Dann soll das Vaterland, es soll die Welt
Erstaunen, welch ein Werk vollendet worden.
Ich nehme meinen Teil des Ruhms davon,
Und er wird in das Leben eingeführt.
Ein edler Mensch kann einem engen Kreise
Nicht seine Bildung danken. Vaterland
Und Welt muß auf ihn wirken. Ruhm und Tadel
Muß er ertragen lernen. Sich und andre
Wird er gezwungen recht zu kennen. Ihn
Wiegt nicht die Einsamkeit mehr schmeichelnd ein.
Es will der Feind – es darf der Freund nicht schonen;
Dann übt der Jüngling streitend seine Kräfte,
Fühlt, was er ist, und fühlt sich bald ein Mann.

LEONORE: So wirst du, Herr, für ihn noch alles tun,
Wie du bisher für ihn schon viel getan.
Es bildet ein Talent sich in der Stille,
Sich ein Charakter in dem Strom der Welt.
O daß er sein Gemüt wie seine Kunst
An deinen Lehren bilde! daß er nicht
die Menschen länger meide, daß sein Argwohn
Sich nicht zuletzt in Furcht und Haß verwandle!
ALFONS: Die Menschen fürchtet nur, wer sie nicht kennt,
Und wer sie meidet, wird sie bald verkennen.
Das ist sein Fall, und so wird nach und nach
Ein frei Gemüt verworren und gefesselt.
So ist er oft um meine Gunst besorgt
Weit mehr, als es ihm ziemte; gegen viele
Hegt er ein Mißtraun, die, ich weiß es sicher,
Nicht seine Feinde sind. Begegnet ja,
Daß sich ein Brief verirrt, daß ein Bedienter
Aus seinem Dienst in einen andern geht,
Daß ein Papier aus seinen Händen kommt,
Gleich sieht er Absicht, sieht Verräterei
Und Tücke, die sein Schicksal untergräbt.
PRINZESSIN: Laß uns, geliebter Bruder, nicht vergessen,
Daß von sich selbst der Mensch nicht scheiden kann.
Und wenn ein Freund, der mit uns wandeln sollte,
Sich einen Fuß beschädigte, wir würden
Doch lieber langsam gehn und unsre Hand
Ihm gern und willig leihen.
ALFONS: Besser wär's,
Wenn wir ihn heilen könnten, lieber gleich
Auf treuen Rat des Arztes eine Kur
Versuchten, dann mit dem Geheilten froh
Den neuen Weg des frischen Lebens gingen.
Doch hoff ich, meine Lieben, daß ich nie
Die Schuld des rauhen Arztes auf mich lade.
Ich tue, was ich kann, um Sicherheit
und Zutraun seinem Busen einzuprägen.

Ich geb ihm oft in Gegenwart von vielen
Entschiedne Zeichen meiner Gunst. Beklagt
Er sich bei mir, so laß ich's untersuchen,
Wie ich es tat, als er sein Zimmer neulich
Erbrochen glaubte. Läßt sich nichts entdecken,
So zeig ich ihm gelassen, wie ich's sehe;
Und da man alles üben muß, so üb ich,
Weil er's verdient, an Tasso die Geduld:
Und ihr, ich weiß es, steht mir willig bei.
Ich hab euch nun aufs Land gebracht und gehe
Heut abend nach der Stadt zurück. Ihr werdet
Auf einen Augenblick Antonio sehen;
Er kommt von Rom und holt mich ab. Wir haben
Viel auszureden, abzutun. Entschlüsse
Sind nun zu fassen, Briefe viel zu schreiben;
Das alles nötigt mich zur Stadt zurück.

PRINZESSIN: Erlaubst du uns, daß wir dich hinbegleiten?

ALFONS: Bleibt nur in Belriguardo, geht zusammen
Hinüber nach Consandoli! Genießt
Der schönen Tage ganz nach freier Lust.

PRINZESSIN: Du kannst nicht bei uns bleiben? die Geschäfte
Nicht hier so gut als in der Stadt verrichten?

LEONORE: Du führst uns gleich Antonio hinweg,
Der uns von Rom so viel erzählen sollte?

ALFONS: Es geht nicht an, ihr Kinder; doch ich komme
Mit ihm so bald, als möglich ist, zurück:
Dann soll er euch erzählen, und ihr sollt
Mir ihn belohnen helfen, der so viel
In meinem Dienst aufs neue sich bemüht.
Und haben wir uns wieder ausgesprochen,
So mag der Schwarm dann kommen, daß es lustig
In unsern Gärten werde, daß auch mir,
Wie billig, eine Schönheit in dem Kühlen,
Wenn ich sie suche, gern begegnen mag.

LEONORE: Wir wollen freundlich durch die Finger sehen.

ALFONS: Dagegen wißt ihr, daß ich schonen kann.

PRINZESSIN *nach der Szene gekehrt:*
>Schon lange seh ich Tasso kommen. Langsam
>Bewegt er seine Schritte, steht bisweilen
>Auf einmal still, wie unentschlossen, geht
>Dann wieder schneller auf uns los und weilt
>Schon wieder.

ALFONS: Stört ihn, wenn er denkt und dichtet,
>In seinen Träumen nicht und laßt ihn wandeln.

LEONORE: Nein, er hat uns gesehn, er kommt hierher.

DRITTER AUFTRITT

Die Vorigen. Tasso.

TASSO *mit einem Buche, in Pergament geheftet:*
>Ich komme langsam, dir ein Werk zu bringen,
>Und zaudre noch, es dir zu überreichen.
>Ich weiß zu wohl, noch bleibt es unvollendet,
>Wenn es auch gleich geendigt scheinen möchte.
>Allein, war ich besorgt, es unvollkommen
>Dir hinzugeben, so bezwingt mich nun
>Die neue Sorge: möcht ich doch nicht gern
>Zu ängstlich, möcht ich nicht undankbar scheinen.
>Und wie der Mensch nur sagen kann: Hie bin ich!
>Daß Freunde seiner schonend sich erfreuen,
>So kann ich auch nur sagen: Nimm es hin!
>*Er übergibt den Band.*

ALFONS: Du überraschest mich mit deiner Gabe
>Und machst mir diesen schönen Tag zum Fest.
>So halt ich's endlich denn in meinen Händen
>Und nenn es in gewissem Sinne mein!
>Lang wünscht ich schon, du möchtest dich entschließen
>Und endlich sagen: Hier! es ist genug.

ERSTER AUFZUG

TASSO: Wenn ihr zufrieden seid, so ist's vollkommen;
Denn euch gehört es zu in jedem Sinn.
Betrachtet ich den Fleiß, den ich verwendet,
Sah ich die Züge meiner Feder an,
So konnt ich sagen: Dieses Werk ist mein!
Doch seh ich näher an, was dieser Dichtung
Den innern Wert und ihre Würde gibt,
Erkenn ich wohl, ich hab es nur von euch.
Wenn die Natur der Dichtung holde Gabe
Aus reicher Willkür freundlich mir geschenkt,
So hatte mich das eigensinn'ge Glück
Mit grimmiger Gewalt von sich gestoßen;
Und zog die schöne Welt den Blick des Knaben
Mit ihrer ganzen Fülle herrlich an,
So trübte bald den jugendlichen Sinn
Der teuern Eltern unverdiente Not.
Eröffnete die Lippe sich, zu singen,
So floß ein traurig Lied von ihr herab,
Und ich begleitete mit leisen Tönen
Des Vaters Schmerzen und der Mutter Qual.
Du warst allein, der aus dem engen Leben
Zu einer schönen Freiheit mich erhob,
Der jede Sorge mir vom Haupte nahm,
Mir Freiheit gab, daß meine Seele sich
Zu mutigem Gesang entfalten konnte;
Und welchen Preis nun auch mein Werk erhält,
Euch dank ich ihn, denn euch gehört es zu.
ALFONS: Zum zweitenmal verdienst du jedes Lob
Und ehrst bescheiden dich und uns zugleich.
TASSO: O könnt ich sagen, wie ich lebhaft fühle,
Daß ich von euch nur habe, was ich bringe!
Der tatenlose Jüngling – nahm er wohl
Die Dichtung aus sich selbst? Die kluge Leitung
Des raschen Krieges – hat er die ersonnen?
Die Kunst der Waffen, die ein jeder Held
An dem beschiednen Tage kräftig zeigt,

Des Feldherrn Klugheit und der Ritter Mut,
Und wie sich List und Wachsamkeit bekämpft,
Hast du mir nicht, o kluger, tapfrer Fürst,
Das alles eingeflößt, als wärest du
Mein Genius, der eine Freude fände,
Sein hohes, unerreichbar hohes Wesen
Durch einen Sterblichen zu offenbaren?
PRINZESSIN: Genieße nun des Werks, das uns erfreut!
ALFONS: Erfreue dich des Beifalls jedes Guten!
LEONORE: Des allgemeinen Ruhms erfreue dich!
TASSO: Mir ist an diesem Augenblick genug.

An euch nur dacht ich, wenn ich sann und schrieb;
Euch zu gefallen war mein höchster Wunsch,
Euch zu ergötzen war mein letzter Zweck.
Wer nicht die Welt in seinen Freunden sieht,
Verdient nicht, daß die Welt von ihm erfahre.
Hier ist mein Vaterland, hier ist der Kreis,
In dem sich meine Seele gern verweilt.
Hier horch ich auf, hier acht ich jeden Wink,
Hier spricht Erfahrung, Wissenschaft, Geschmack;
Ja, Welt und Nachwelt seh ich vor mir stehn.
Die Menge macht den Künstler irr und scheu:
Nur wer euch ähnlich ist, versteht und fühlt,
Nur der allein soll richten und belohnen!
ALFONS: Und stellen wir denn Welt und Nachwelt vor,
So ziemt es nicht, nur müßig zu empfangen.
Das schöne Zeichen, das den Dichter ehrt,
Das selbst der Held, der seiner stets bedarf,
Ihm ohne Neid ums Haupt gewunden sieht,
Erblick ich hier auf deines Ahnherrn Stirne.

Auf die Herme Virgils deutend.

Hat es der Zufall, hat's ein Genius
Geflochten und gebracht? Es zeigt sich hier
Uns nicht umsonst. Virgilen hör ich sagen:
Was ehret ihr die Toten? Hatten die

Doch ihren Lohn und Freude, da sie lebten;
Und wenn ihr uns bewundert und verehrt,
So gebt auch den Lebendigen ihr Teil.
Mein Marmorbild ist schon bekränzt genug;
Der grüne Zweig gehört dem Leben an.

Alfons winkt seiner Schwester; sie nimmt den Kranz von der Büste Virgils und nähert sich Tasso. Er tritt zurück.

LEONORE: Du weigerst dich? Sieh, welche Hand den Kranz,
   Den schönen, unverwelklichen, dir bietet!
TASSO: O laßt mich zögern! Seh ich doch nicht ein,
   Wie ich nach dieser Stunde leben soll.
ALFONS: In dem Genuß des herrlichen Besitzes,
   Der dich im ersten Augenblick erschreckt.
PRINZESSIN *indem sie den Kranz in die Höhe hält:*
   Du gönnest mir die seltne Freude, Tasso,
   Dir ohne Wort zu sagen, wie ich denke.
TASSO: Die schöne Last aus deinen teuern Händen
   Empfang ich knieend auf mein schwaches Haupt.

Er kniet nieder, die Prinzessin setzt ihm den Kranz auf.

LEONORE *applaudierend:*
   Es lebe der zum erstenmal Bekränzte!
   Wie zieret den bescheidnen Mann der Kranz!

Tasso steht auf.

ALFONS: Es ist ein Vorbild nur von jener Krone,
   Die auf dem Kapitol dich zieren soll.
PRINZESSIN: Dort werden lautre Stimmen dich begrüßen;
   Mit leiser Lippe lohnt die Freundschaft hier.
TASSO: O nehmt ihn weg von meinem Haupte wieder,
   Nehmt ihn hinweg! Er sengt mir meine Locken!
   Und wie ein Strahl der Sonne, der zu heiß
   Das Haupt mir träfe, brennt er mir die Kraft
   Des Denkens aus der Stirne. Fieberhitze
   Bewegt mein Blut. Verzeiht! Es ist zu viel!

LEONORE: Es schützet dieser Zweig vielmehr das Haupt
 Des Manns, der in den heißen Regionen
 Des Ruhms zu wandeln hat, und kühlt die Stirne.
TASSO: Ich bin nicht wert, die Kühlung zu empfinden,
 Die nur um Heldenstirnen wehen soll.
 O hebt ihn auf, ihr Götter, und verklärt
 Ihn zwischen Wolken, daß er hoch und höher
 Und unerreichbar schwebe! daß mein Leben
 Nach diesem Ziel ein ewig Wandeln sei!
ALFONS: Wer früh erwirbt, lernt früh den hohen Wert
 Der holden Güter dieses Lebens schätzen;
 Wer früh genießt, entbehrt in seinem Leben
 Mit Willen nicht, was er einmal besaß;
 Und wer besitzt, der muß gerüstet sein.
TASSO: Und wer sich rüsten will, muß eine Kraft
 Im Busen fühlen, die ihm nie versagt.
 Ach, sie versagt mir eben jetzt! Im Glück
 Verläßt sie mich, die angeborne Kraft,
 Die standhaft mich dem Unglück, stolz dem Unrecht
 Begegnen lehrte. Hat die Freude mir,
 Hat das Entzücken dieses Augenblicks
 Das Mark in meinen Gliedern aufgelöst?
 Es sinken meine Kniee! Noch einmal
 Siehst du, o Fürstin, mich gebeugt vor dir!
 Erhöre meine Bitte; nimm ihn weg!
 Daß, wie aus einem schönen Traum erwacht,
 Ich ein erquicktes neues Leben fühle.
PRINZESSIN: Wenn du bescheiden ruhig das Talent,
 Das dir die Götter gaben, tragen kannst,
 So lern auch diese Zweige tragen, die
 Das Schönste sind, was wir dir geben können.
 Wem einmal würdig sie das Haupt berührt,
 Dem schweben sie auf ewig um die Stirne.
TASSO: So laßt mich denn beschämt von hinnen gehn!
 Laßt mich mein Glück im tiefen Hain verbergen,
 Wie ich sonst meine Schmerzen dort verbarg.

Dort will ich einsam wandeln, dort erinnert
Kein Auge mich ans unverdiente Glück.
Und zeigt mir ungefähr ein klarer Brunnen
In seinem reinen Spiegel einen Mann,
Der, wunderbar bekränzt, im Widerschein
Des Himmels zwischen Bäumen, zwischen Felsen
Nachdenkend ruht: so scheint es mir, ich sehe
Elysium auf dieser Zauberfläche
Gebildet. Still bedenk ich mich und frage:
Wer mag der Abgeschiedne sein? der Jüngling
Aus der vergangnen Zeit? so schön bekränzt?
Wer sagt mir seinen Namen? sein Verdienst?
Ich warte lang und denke: Käme doch
Ein andrer und noch einer, sich zu ihm
In freundlichem Gespräche zu gesellen!
O säh ich die Heroen, die Poeten
Der alten Zeit um diesen Quell versammelt!
O säh ich hier sie immer unzertrennlich,
Wie sie im Leben fest verbunden waren!
So bindet der Magnet durch seine Kraft
Das Eisen mit dem Eisen fest zusammen,
Wie gleiches Streben Held und Dichter bindet.
Homer vergaß sich selbst, sein ganzes Leben
War der Betrachtung zweier Männer heilig,
Und Alexander in Elysium
Eilt, den Achill und den Homer zu suchen.
O daß ich gegenwärtig wäre, sie,
Die größten Seelen, nun vereint zu sehen!

LEONORE: Erwach! Erwache! Laß uns nicht empfinden,
    Daß du das Gegenwärt'ge ganz verkennst.

TASSO: Es ist die Gegenwart, die mich erhöht,
    Abwesend schein ich nur, ich bin entzückt!

PRINZESSIN: Ich freue mich, wenn du mit Geistern redest,
    Daß du so menschlich sprichst, und hör es gern.

Ein Page tritt zu dem Fürsten und richtet leise etwas aus.

ALFONS: Er ist gekommen! recht zur guten Stunde.
Antonio! – Bring ihn her – Da kommt er schon!

VIERTER AUFTRITT

Die Vorigen. Antonio.

ALFONS: Willkommen! der du uns zugleich dich selbst
Und gute Botschaft bringst.
PRINZESSIN: Sei uns gegrüßt!
ANTONIO: Kaum wag ich es zu sagen, welch Vergnügen
In eurer Gegenwart mich neu belebt.
Vor euren Augen find ich alles wieder,
Was ich so lang entbehrt. Ihr scheint zufrieden
Mit dem, was ich getan, was ich vollbracht;
Und so bin ich belohnt für jede Sorge,
Für manchen bald mit Ungeduld durchharrten,
Bald absichtsvoll verlornen Tag. Wir haben
Nun, was wir wünschen, und kein Streit ist mehr.
LEONORE: Auch ich begrüße dich, wenn ich schon zürne.
Du kommst nur eben, da ich reisen muß.
ANTONIO: Damit mein Glück nicht ganz vollkommen werde,
Nimmst du mir gleich den schönen Teil hinweg.
TASSO: Auch meinen Gruß! Ich hoffe, mich der Nähe
Des vielerfahrnen Mannes auch zu freun.
ANTONIO: Du wirst mich wahrhaft finden, wenn du je
Aus deiner Welt in meine schauen magst.
ALFONS: Wenn du mir gleich in Briefen schon gemeldet,
Was du getan und wie es dir ergangen,
So hab ich doch noch manches auszufragen,
Durch welche Mittel das Geschäft gelang.
Auf jenem wunderbaren Boden will der Schritt
Wohl abgemessen sein, wenn er zuletzt
An deinen eignen Zweck dich führen soll.

    Wer seines Herren Vorteil rein bedenkt,
    Der hat in Rom gar einen schweren Stand:
    Denn Rom will alles nehmen, geben nichts;
    Und kommt man hin, um etwas zu erhalten,
    Erhält man nichts, man bringe denn was hin,
    Und glücklich, wenn man da noch was erhält.
ANTONIO: Es ist nicht mein Betragen, meine Kunst,
    Durch die ich deinen Willen, Herr, vollbracht.
    Denn welcher Kluge fänd im Vatikan
    Nicht seinen Meister? Vieles traf zusammen,
    Das ich zu unserm Vorteil nutzen konnte.
    Dich ehrt Gregor und grüßt und segnet dich.
    Der Greis, der würdigste, dem eine Krone
    Das Haupt belastet, denkt der Zeit mit Freuden,
    Da er in seinen Arm dich schloß. Der Mann,
    Der Männer unterscheidet, kennt und rühmt
    Dich hoch! Um deinetwillen tat er viel.
ALFONS: Ich freue seiner guten Meinung mich,
    Sofern sie redlich ist. Doch weißt du wohl,
    Vom Vatikan herab sieht man die Reiche
    Schon klein genug zu seinen Füßen liegen,
    Geschweige denn die Fürsten und die Menschen.
    Gestehe nur, was dir am meisten half!
ANTONIO: Gut! wenn du willst: der hohe Sinn des Papsts.
    Er sieht das Kleine klein, das Große groß.
    Damit er einer Welt gebiete, gibt
    Er seinen Nachbarn gern und freundlich nach.
    Das Streifchen Land, das er dir überläßt,
    Weiß er, wie deine Freundschaft, wohl zu schätzen.
    Italien soll ruhig sein, er will
    In seiner Nähe Freunde sehen, Friede
    Bei seinen Grenzen halten, daß die Macht
    Der Christenheit, die er gewaltig lenkt,
    Die Türken da, die Ketzer dort vertilge.
PRINZESSIN: Weiß man die Männer, die er mehr als andre
    Begünstigt, die sich ihm vertraulich nahn?

ANTONIO: Nur der erfahrne Mann besitzt sein Ohr,
Der tätige sein Zutraun, seine Gunst.
Er, der von Jugend auf dem Staat gedient,
Beherrscht ihn jetzt und wirkt auf jene Höfe,
Die er vor Jahren als Gesandter schon
Gesehen und gekannt und oft gelenkt.
Es liegt die Welt so klar vor seinem Blick
Als wie der Vorteil seines eignen Staats.
Wenn man ihn handeln sieht, so lobt man ihn
Und freut sich, wenn die Zeit entdeckt, was er
Im stillen lang bereitet und vollbracht.
Es ist kein schönrer Anblick in der Welt,
Als einen Fürsten sehn, der klug regieret;
Das Reich zu sehn, wo jeder stolz gehorcht,
Wo jeder sich nur selbst zu dienen glaubt,
Weil ihm das Rechte nur befohlen wird.
LEONORE: Wie sehnlich wünsch ich jene Welt einmal
Recht nah zu sehn!
ALFONS: Doch wohl, um mitzuwirken?
Denn bloß beschaun wird Leonore nie.
Es wäre doch recht artig, meine Freundin,
Wenn in das große Spiel wir auch zuweilen
Die zarten Hände mischen könnten – Nicht?
LEONORE *zu Alfons:*
Du willst mich reizen, es gelingt dir nicht.
ALFONS: Ich bin dir viel von andern Tagen schuldig.
LEONORE: Nun gut, so bleib ich heut in deiner Schuld!
Verzeih und störe meine Fragen nicht.

Zu Antonio:

Hat er für die Nepoten viel getan?
ANTONIO: Nicht weniger noch mehr, als billig ist.
Ein Mächtiger, der für die Seinen nicht
Zu sorgen weiß, wird von dem Volke selbst
Getadelt. Still und mäßig weiß Gregor
Den Seinigen zu nutzen, die dem Staat

Als wackre Männer dienen, und erfüllt
Mit einer Sorge zwei verwandte Pflichten.

TASSO: Erfreut die Wissenschaft, erfreut die Kunst
Sich seines Schutzes auch? und eifert er
Den großen Fürsten alter Zeiten nach?

ANTONIO: Er ehrt die Wissenschaft, sofern sie nutzt,
Den Staat regieren, Völker kennen lehrt;
Er schätzt die Kunst, sofern sie ziert, sein Rom
Verherrlicht und Palast und Tempel
Zu Wunderwerken dieser Erde macht.
In seiner Nähe darf nichts müßig sein!
Was gelten soll, muß wirken und muß dienen.

ALFONS: Und glaubst du, daß wir das Geschäfte bald
Vollenden können? daß sie nicht zuletzt
Noch hie und da uns Hindernisse streuen?

ANTONIO: Ich müßte sehr mich irren, wenn nicht gleich
Durch deinen Namenszug, durch wenig Briefe
Auf immer dieser Zwist gehoben wäre.

ALFONS: So lob ich diese Tage meines Lebens
Als eine Zeit des Glückes und Gewinns.
Erweitert seh ich meine Grenze, weiß
Sie für die Zukunft sicher. Ohne Schwertschlag
Hast du's geleistet, eine Bürgerkrone
Dir wohl verdient. Es sollen unsre Frauen
Vom ersten Eichenlaub am schönsten Morgen
Geflochten dir sie um die Stirne legen.
Indessen hat mich Tasso auch bereichert:
Er hat Jerusalem für uns erobert
Und so die neue Christenheit beschämt,
Ein weit entferntes, hoch gestecktes Ziel
Mit frohem Mut und strengem Fleiß erreicht.
Für seine Mühe siehst du ihn gekrönt.

ANTONIO: Du lösest mir ein Rätsel. Zwei Bekränzte
Erblick ich mit Verwunderung, da ich kam.

TASSO: Wenn du mein Glück vor deinen Augen siehst,

So wünscht ich, daß du mein beschämt Gemüt
Mit eben diesem Blicke schauen könntest.
ANTONIO: Mir war es lang bekannt, daß im Belohnen
Alfons unmäßig ist, und du erfährst,
Was jeder von den Seinen schon erfuhr.
PRINZESSIN: Wenn du erst siehst, was er geleistet hat,
So wirst du uns gerecht und mäßig finden.
Wir sind nur hier die ersten stillen Zeugen
Des Beifalls, den die Welt ihm nicht versagt
Und den ihm zehnfach künft'ge Jahre gönnen.
ANTONIO: Er ist durch euch schon seines Ruhms gewiß.
Wer dürfte zweifeln, wo ihr preisen könnt?
Doch sage mir, wer druckte diesen Kranz
Auf Ariostens Stirne?
LEONORE: Diese Hand.
ANTONIO: Und sie hat wohl getan! Er ziert ihn schön,
Als ihn der Lorbeer selbst nicht zieren würde.
Wie die Natur die innig reiche Brust
Mit einem grünen, bunten Kleide deckt,
So hüllt er alles, was den Menschen nur
Ehrwürdig, liebenswürdig machen kann,
Ins blühende Gewand der Fabel ein.
Zufriedenheit, Erfahrung und Verstand
Und Geisteskraft, Geschmack und reiner Sinn
Fürs wahre Gute, geistig scheinen sie
In seinen Liedern und persönlich doch
Wie unter Blütenbäumen auszuruhn,
Bedeckt vom Schnee der leicht getragnen Blüten,
Umkränzt von Rosen, wunderlich umgaukelt
Vom losen Zauberspiel der Amoretten.
Der Quell des Überflusses rauscht darneben
Und läßt uns bunte Wunderfische sehn.
Von seltenem Geflügel ist die Luft,
Von fremden Herden Wies' und Busch erfüllt;
Die Schalkheit lauscht im Grünen halb versteckt,
Die Weisheit läßt von einer goldnen Wolke

Von Zeit zu Zeit erhabne Sprüche tönen,
Indes auf wohlgestimmter Laute wild
Der Wahnsinn hin und her zu wühlen scheint
Und doch im schönsten Takt sich mäßig hält.
Wer neben diesen Mann sich wagen darf,
Verdient für seine Kühnheit schon den Kranz.
Vergebt, wenn ich mich selbst begeistert fühle,
Wie ein Verzückter weder Zeit noch Ort,
Noch, was ich sage, wohl bedenken kann;
Denn alle diese Dichter, diese Kränze,
Das seltne festliche Gewand der Schönen
Versetzt mich aus mir selbst in fremdes Land.
PRINZESSIN: Wer ein Verdienst so wohl zu schätzen weiß,
Der wird das andre nicht verkennen. Du
Sollst uns dereinst in Tassos Liedern zeigen,
Was wir gefühlt und was nur du erkennst.
ALFONS: Komm mit, Antonio! manches hab ich noch,
Worauf ich sehr begierig bin, zu fragen.
Dann sollst du bis zum Untergang der Sonne
Den Frauen angehören. Komm! Lebt wohl!

Dem Fürsten folgt Antonio, den Damen Tasso.

ZWEITER AUFZUG

ERSTER AUFTRITT

Saal.

Prinzessin. Tasso.

TASSO: Unsicher folgen meine Schritte dir,
  O Fürstin, und Gedanken ohne Maß
  Und Ordnung regen sich in meiner Seele.
  Mir scheint die Einsamkeit zu winken, mich
  Gefällig anzulispeln: komm, ich löse
  Die neu erregten Zweifel deiner Brust!
  Doch werf ich einen Blick auf dich, vernimmt
  Mein horchend Ohr ein Wort von deiner Lippe,
  So wird ein neuer Tag um mich herum,
  Und alle Bande fallen von mir los.
  Ich will dir gern gestehn, es hat der Mann,
  Der unerwartet zu uns trat, nicht sanft
  Aus einem schönen Traum mich aufgeweckt;
  Sein Wesen, seine Worte haben mich
  So wunderbar getroffen, daß ich mehr
  Als je mich doppelt fühle, mit mir selbst
  Aufs neu in streitender Verwirrung bin.
PRINZESSIN: Es ist unmöglich, daß ein alter Freund,
  Der, lang entfernt, ein fremdes Leben führte,
  Im Augenblick, da er uns wiedersieht,
  Sich wieder gleich wie ehmals finden soll.
  Er ist in seinem Innern nicht verändert;
  Laß uns mit ihm nur wenig Tage leben,
  So stimmen sich die Saiten hin und wider,
  Bis glücklich eine schöne Harmonie

Aufs neue sie verbindet. Wird er dann
Auch näher kennen, was du diese Zeit
Geleistet hast, so stellt er dich gewiß
Dem Dichter an die Seite, den er jetzt
Als einen Riesen dir entgegenstellt.

TASSO: Ach meine Fürstin, Ariostens Lob
Aus seinem Munde hat mich mehr ergötzt,
Als daß es mich beleidigt hätte. Tröstlich
Ist es für uns, den Mann gerühmt zu wissen,
Der als ein großes Muster vor uns steht.
Wir können uns im stillen Herzen sagen:
Erreichst du einen Teil von seinem Wert,
Bleibt dir ein Teil auch seines Ruhms gewiß.
Nein, was das Herz im Tiefsten mir bewegte,
Was mir noch jetzt die ganze Seele füllt,
Es waren die Gestalten jener Welt,
Die sich lebendig, rastlos, ungeheuer
Um einen großen, einzig klugen Mann
Gemessen dreht und ihren Lauf vollendet,
Den ihr der Halbgott vorzuschreiben wagt.
Begierig horcht ich auf, vernahm mit Lust
Die sichern Worte des erfahrnen Mannes;
Doch ach! je mehr ich horchte, mehr und mehr
Versank ich vor mir selbst, ich fürchtete,
Wie Echo an den Felsen zu verschwinden,
Ein Widerhall, ein Nichts, mich zu verlieren.

PRINZESSIN: Und schienst noch kurz vorher so rein zu fühlen,
Wie Held und Dichter füreinander leben,
Wie Held und Dichter sich einander suchen
Und keiner je den andern neiden soll?
Zwar herrlich ist die liedeswerte Tat,
Doch schön ist's auch, der Taten stärkste Fülle
Durch würd'ge Lieder auf die Nachwelt bringen.
Begnüge dich, aus einem kleinen Staate,
Der dich beschützt, dem wilden Lauf der Welt,
Wie von dem Ufer, ruhig zuzusehn.

TASSO: Und sah ich hier mit Staunen nicht zuerst,
Wie herrlich man den tapfern Mann belohnt?
Als unerfahrner Knabe kam ich her,
In einem Augenblick, da Fest auf Fest
Ferrara zu dem Mittelpunkt der Ehre
Zu machen schien. Oh! welcher Anblick war's!
Den zweiten Platz, auf dem in ihrem Glanze
Gewandte Tapferkeit sich zeigen sollte,
Umschloß ein Kreis, wie ihn die Sonne nicht
So bald zum zweitenmal bescheinen wird.
Es saßen hier gedrängt die schönsten Frauen,
Gedrängt die ersten Männer unsrer Zeit.
Erstaunt durchlief der Blick die edle Menge;
Man rief: „Sie alle hat das Vaterland,
Das eine, schmale, meerumgebne Land,
Hierher geschickt. Zusammen bilden sie
Das herrlichste Gericht, das über Ehre,
Verdienst und Tugend je entschieden hat.
Gehst du sie einzeln durch, du findest keinen,
Der seines Nachbarn sich zu schämen brauche!" –
Und dann eröffneten die Schranken sich.
Da stampften Pferde, glänzten Helm und Schilde,
Da drängten sich die Knappen, da erklang
Trompetenschall, und Lanzen krachten splitternd,
Getroffen tönten Helm und Schilde, Staub,
Auf einen Augenblick, umhüllte wirbelnd
Des Siegers Ehre, des Besiegten Schmach.
O laß mich einen Vorhang vor das ganze,
Mir allzu helle Schauspiel ziehen, daß
In diesem schönen Augenblicke mir
Mein Unwert nicht zu heftig fühlbar werde.
PRINZESSIN: Wenn jener edle Kreis, wenn jene Taten
Zu Müh' und Streben damals dich entflammten,
So konnt ich, junger Freund, zu gleicher Zeit
Der Duldung stille Lehre dir bewähren.
Die Feste, die du rühmst, die hundert Zungen

Mir damals priesen und mir manches Jahr
Nachher gepriesen haben, sah ich nicht.
Am stillen Ort, wohin kaum unterbrochen
Der letzte Widerhall der Freude sich
Verlieren konnte, mußt ich manche Schmerzen
Und manchen traurigen Gedanken leiden.
Mit breiten Flügeln schwebte mir das Bild
Des Todes vor den Augen, deckte mir
Die Aussicht in die immer neue Welt.
Nur nach und nach entfernt' es sich und ließ
Mich wie durch einen Flor die bunten Farben
Des Lebens, blaß, doch angenehm, erblicken.
Ich sah lebend'ge Formen wieder sanft sich regen.
Zum erstenmal trat ich, noch unterstützt
Von meinen Frauen, aus dem Krankenzimmer,
Da kam Lukretia voll frohen Lebens
Herbei und führte dich an ihrer Hand.
Du warst der erste, der im neuen Leben
Mir neu und unbekannt entgegentrat.
Da hofft ich viel für dich und mich; auch hat
Uns bis hierher die Hoffnung nicht betrogen.

TASSO: Und ich, der ich, betäubt von dem Gewimmel
Des drängenden Gewühls, von so viel Glanz
Geblendet und von mancher Leidenschaft
Bewegt, durch stille Gänge des Palasts
An deiner Schwester Seite schweigend ging,
Dann in das Zimmer trat, wo du uns bald,
Auf deine Fraun gelehnt, erschienest – mir
Welch ein Moment war dieser! O vergib!
Wie den Bezauberten von Rausch und Wahn
Der Gottheit Nähe leicht und willig heilt,
So war auch ich von aller Phantasie,
Von jeder Sucht, von jedem falschen Triebe
Mit einem Blick in deinen Blick geheilt.
Wenn unerfahren die Begierde sich
Nach tausend Gegenständen sonst verlor,

Trat ich beschämt zuerst in mich zurück
Und lernte nun das Wünschenswerte kennen.
So sucht man in dem weiten Sand des Meers
Vergebens eine Perle, die verborgen
In stillen Schalen eingeschlossen ruht.
PRINZESSIN: Es fingen schöne Zeiten damals an,
Und hätt uns nicht der Herzog von Urbino
Die Schwester weggeführt, uns wären Jahre
Im schönen ungetrübten Glück verschwunden.
Doch leider jetzt vermissen wir zu sehr
Den frohen Geist, die Brust voll Mut und Leben,
Den reichen Witz der liebenswürd'gen Frau.
TASSO: Ich weiß es nur zu wohl, seit jenem Tage,
Da sie von hinnen schied, vermochte dir
Die reine Freude niemand zu ersetzen.
Wie oft zerriß es meine Brust! Wie oft
Klagt ich dem stillen Hain mein Leid um dich!
„Ach!" rief ich aus, „hat denn die Schwester nur
Das Glück, das Recht, der Teuern viel zu sein?
Ist denn kein Herz mehr wert, daß sie sich ihm
Vertrauen dürfte, kein Gemüt dem ihren
Mehr gleichgestimmt? Ist Geist und Witz verloschen?
Und war die eine Frau, so trefflich sie
Auch war, denn alles?" Fürstin! o verzeih!
Da dacht ich manchmal an mich selbst und wünschte
Dir etwas sein zu können. Wenig nur,
Doch etwas, nicht mit Worten, mit der Tat
Wünscht ich's zu sein, im Leben dir zu zeigen,
Wie sich mein Herz im stillen dir geweiht.
Doch es gelang mir nicht, und nur zu oft
Tat ich im Irrtum, was dich schmerzen mußte,
Beleidigte den Mann, den du beschütztest,
Verwirrte unklug, was du lösen wolltest,
Und fühlte so mich stets im Augenblick,
Wenn ich mich nahen wollte, fern und ferner.
PRINZESSIN: Ich habe, Tasso, deinen Willen nie

Verkannt und weiß, wie du dir selbst zu schaden
Geschäftig bist. Anstatt daß meine Schwester
Mit jedem, wie er sei, zu leben weiß,
So kannst du selbst nach vielen Jahren kaum
In einen Freund dich finden.
TASSO: Tadle mich!
Doch sage mir hernach: wo ist der Mann,
Die Frau, mit der ich wie mit dir
Aus freiem Busen wagen darf zu reden?
PRINZESSIN: Du solltest meinem Bruder dich vertraun.
TASSO: Er ist mein Fürst! – Doch glaube nicht, daß mir
Der Freiheit wilder Trieb den Busen blähe.
Der Mensch ist nicht geboren, frei zu sein,
Und für den Edlen ist kein schöner Glück,
Als einem Fürsten, den er ehrt, zu dienen.
Und so ist er mein Herr, und ich empfinde
Den ganzen Umfang dieses großen Worts.
Nun muß ich schweigen lernen, wenn er spricht,
Und tun, wenn er gebietet, mögen auch
Verstand und Herz ihm lebhaft widersprechen.
PRINZESSIN: Das ist der Fall bei meinem Bruder nie.
Und nun, da wir Antonio wieder haben,
Ist dir ein neuer kluger Freund gewiß.
TASSO: Ich hofft es ehmals, jetzt verzweifl' ich fast.
Wie lehrreich wäre mir sein Umgang, nützlich
Sein Rat in tausend Fällen! Er besitzt,
Ich mag wohl sagen, alles, was mir fehlt.
Doch – haben alle Götter sich versammelt,
Geschenke seiner Wiege darzubringen,
Die Grazien sind leider ausgeblieben,
Und wem die Gaben dieser Holden fehlen,
Der kann zwar viel besitzen, vieles geben,
Doch läßt sich nie an seinem Busen ruhn.
PRINZESSIN: Doch läßt sich ihm vertraun, und das ist viel.
Du mußt von einem Mann nicht alles fordern,
Und dieser leistet, was er dir verspricht.

Hat er sich erst für deinen Freund erklärt,
So sorgt er selbst für dich, wo du dir fehlst.
Ihr müßt verbunden sein! Ich schmeichle mir,
Dies schöne Werk in kurzem zu vollbringen.
Nur widerstehe nicht, wie du es pflegst!
So haben wir Lenoren lang besessen,
Die fein und zierlich ist, mit der es leicht
Sich leben läßt; auch dieser hast du nie,
Wie sie es wünschte, nähertreten wollen.

TASSO: Ich habe dir gehorcht, sonst hätt ich mich
Von ihr entfernt, anstatt mich ihr zu nahen.
So liebenswürdig sie erscheinen kann,
Ich weiß nicht, wie es ist, konnt ich nur selten
Mit ihr ganz offen sein, und wenn sie auch
Die Absicht hat, den Freunden wohlzutun,
So fühlt man Absicht, und man ist verstimmt.

PRINZESSIN: Auf diesem Wege werden wir wohl nie
Gesellschaft finden, Tasso! Dieser Pfad
Verleitet uns, durch einsames Gebüsch,
Durch stille Täler fortzuwandern; mehr
Und mehr verwöhnt sich das Gemüt und strebt,
Die goldne Zeit, die ihm von außen mangelt,
In seinem Innern wiederherzustellen,
So wenig der Versuch gelingen will.

TASSO: O welches Wort spricht meine Fürstin aus!
Die goldne Zeit, wohin ist sie geflohen?
Nach der sich jedes Herz vergebens sehnt!
Da auf der freien Erde Menschen sich
Wie frohe Herden im Genuß verbreiteten;
Da ein uralter Baum auf bunter Wiese
Dem Hirten und der Hirtin Schatten gab,
Ein jüngeres Gebüsch die zarten Zweige
Um sehnsuchtsvolle Liebe traulich schlang;
Wo klar und still auf immer reinem Sande
Der weiche Fluß die Nymphe sanft umfing;
Wo in dem Grase die gescheuchte Schlange

ZWEITER AUFZUG

    Unschädlich sich verlor, der kühne Faun,
    Vom tapfern Jüngling bald bestraft, entfloh;
    Wo jeder Vogel in der freien Luft
    Und jedes Tier, durch Berg' und Täler schweifend,
    Zum Menschen sprach: Erlaubt ist, was gefällt.
PRINZESSIN: Mein Freund, die goldne Zeit ist wohl vorbei:
    Allein die Guten bringen sie zurück;
    Und soll ich dir gestehen, wie ich denke:
    Die goldne Zeit, womit der Dichter uns
    Zu schmeicheln pflegt, die schöne Zeit, sie war,
    So scheint es mir, sowenig, als sie ist;
    Und war sie je, so war sie nur gewiß,
    Wie sie uns immer wieder werden kann.
    Noch treffen sich verwandte Herzen an
    Und teilen den Genuß der schönen Welt;
    Nur in dem Wahlspruch ändert sich, mein Freund,
    Ein einzig Wort: Erlaubt ist, was sich ziemt.
TASSO: O wenn aus guten, edlen Menschen nur
    Ein allgemein Gericht, bestellt, entschiede,
    Was sich denn ziemt! anstatt daß jeder glaubt,
    Es sei auch schicklich, was ihm nützlich ist.
    Wir sehn ja, dem Gewaltigen, dem Klugen
    Steht alles wohl, und er erlaubt sich alles.
PRINZESSIN: Willst du genau erfahren, was sich ziemt,
    So frage nur bei edlen Frauen an.
    Denn ihnen ist am meisten dran gelegen,
    Daß alles wohl sich zieme, was geschieht.
    Die Schicklichkeit umgibt mit einer Mauer
    Das zarte, leicht verletzliche Geschlecht.
    Wo Sittlichkeit regiert, regieren sie,
    Und wo die Frechheit herrscht, da sind sie nichts.
    Und wirst du die Geschlechter beide fragen:
    Nach Freiheit strebt der Mann, das Weib nach Sitte.
TASSO: Du nennest uns unbändig, roh, gefühllos?
PRINZESSIN: Nicht das! Allein ihr strebt nach fernen Gütern,
    Und euer Streben muß gewaltsam sein.

Ihr wagt es, für die Ewigkeit zu handeln,
Wenn wir ein einzig nah beschränktes Gut
Auf dieser Erde nur besitzen möchten
Und wünschen, daß es uns beständig bliebe.
Wir sind von keinem Männerherzen sicher,
Das noch so warm sich einmal uns ergab.
Die Schönheit ist vergänglich, die ihr doch
Allein zu ehren scheint. Was übrigbleibt,
Das reizt nicht mehr, und was nicht reizt, ist tot.
Wenn's Männer gäbe, die ein weiblich Herz
Zu schätzen wüßten, die erkennen möchten,
Welch einen holden Schatz von Treu' und Liebe
Der Busen einer Frau bewahren kann,
Wenn das Gedächtnis einzig schöner Stunden
In euren Seelen lebhaft bleiben wollte,
Wenn euer Blick, der sonst durchdringend ist,
Auch durch den Schleier dringen könnte, den
Uns Alter oder Krankheit überwirft,
Wenn der Besitz, der ruhig machen soll,
Nach fremden Gütern euch nicht lüstern machte:
Dann wär uns wohl ein schöner Tag erschienen,
Wir feierten dann unsre goldne Zeit.

TASSO: Du sagst mir Worte, die in meiner Brust
Halb schon entschlafne Sorgen mächtig regen.

PRINZESSIN: Was meinst du, Tasso? Rede frei mit mir.

TASSO: Oft hört ich schon, und diese Tage wieder
Hab ich's gehört, ja hätt ich's nicht vernommen,
So müßt ich's denken: edle Fürsten streben
Nach deiner Hand! Was wir erwarten müssen,
Das fürchten wir und möchten schier verzweifeln.
Verlassen wirst du uns, es ist natürlich;
Doch wie wir's tragen wollen, weiß ich nicht.

PRINZESSIN: Für diesen Augenblick seid unbesorgt!
Fast möcht ich sagen: unbesorgt für immer.
Hier bin ich gern, und gerne mag ich bleiben;
Noch weiß ich kein Verhältnis, das mich lockte;

Und wenn ihr mich denn ja behalten wollt,
So laßt es mir durch Eintracht sehn, und schafft
Euch selbst ein glücklich Leben, mir durch euch.
TASSO: O lehre mich, das Mögliche zu tun!
Gewidmet sind dir alle meine Tage.
Wenn, dich zu preisen, dir zu danken, sich
Mein Herz entfaltet, dann empfind ich erst
Das reinste Glück, das Menschen fühlen können;
Das göttlichste erfuhr ich nur in dir.
So unterscheiden sich die Erdengötter
Vor andern Menschen, wie das hohe Schicksal
Vom Rat und Willen selbst der klügsten Männer
Sich unterscheidet. Vieles lassen sie,
Wenn wir gewaltsam Wog' auf Woge sehn,
Wie leichte Wellen unbemerkt vorüber
Vor ihren Füßen rauschen, hören nicht
Den Sturm, der uns umsaust und niederwirft,
Vernehmen unser Flehen kaum und lassen,
Wie wir beschränkten, armen Kindern tun,
Mit Seufzern und Geschrei die Luft uns füllen.
Du hast mich oft, o Göttliche, geduldet,
Und wie die Sonne trocknete dein Blick
Den Tau von meinen Augenlidern ab.
PRINZESSIN: Es ist sehr billig, daß die Frauen dir
Aufs freundlichste begegnen; es verherrlicht
Dein Lied auf manche Weise das Geschlecht.
Zart oder tapfer, hast du stets gewußt,
Sie liebenswert und edel vorzustellen;
Und wenn Armide hassenswert erscheint,
Versöhnt ihr Reiz und ihre Liebe bald.
TASSO: Was auch in meinem Liede widerklingt,
Ich bin nur einer, einer alles schuldig!
Es schwebt kein geistig unbestimmtes Bild
Vor meiner Stirne, das der Seele bald
Sich überglänzend nahte, bald entzöge.
Mit meinen Augen hab ich es gesehn,

Das Urbild jeder Tugend, jeder Schöne;
Was ich nach ihm gebildet, das wird bleiben:
Tancredens Heldenliebe zu Chlorinden,
Erminiens stille, nicht bemerkte Treue,
Sophroniens Größheit und Olindens Not,
Es sind nicht Schatten, die der Wahn erzeugte,
Ich weiß es, sie sind ewig, denn sie sind.
Und was hat mehr das Recht, Jahrhunderte
Zu bleiben und im stillen fortzuwirken,
Als das Geheimnis einer edlen Liebe,
Dem holden Lied bescheiden anvertraut?

PRINZESSIN: Und soll ich dir noch einen Vorzug sagen,
Den unvermerkt sich dieses Lied erschleicht?
Es lockt uns nach, und nach, wir hören zu,
Wir hören, und wir glauben zu verstehn,
Was wir verstehn, das können wir nicht tadeln,
Und so gewinnt uns dieses Lied zuletzt.

TASSO: Welch einen Himmel öffnest du vor mir,
O Fürstin! Macht mich dieser Glanz nicht blind,
So seh ich unverhofft ein ewig Glück
Auf goldnen Strahlen herrlich niedersteigen.

PRINZESSIN: Nicht weiter, Tasso! Viele Dinge sind's,
Die wir mit Heftigkeit ergreifen sollen:
Doch andre können nur durch Mäßigung
Und durch Entbehren unser eigen werden.
So, sagt man, sei die Tugend, sei die Liebe,
Die ihr verwandt ist. Das bedenke wohl!

ZWEITER AUFTRITT

TASSO *allein*: Ist dir's erlaubt, die Augen aufzuschlagen?
Wagst du's, umherzusehn? Du bist allein!
Vernahmen diese Säulen, was sie sprach?
Und hast du Zeugen, diese stummen Zeugen
Des höchsten Glücks zu fürchten? Es erhebt

ZWEITER AUFZUG

Die Sonne sich des neuen Lebenstages,
Der mit den vorigen sich nicht vergleicht.
Herniedersteigend hebt die Göttin schnell
Den Sterblichen hinauf. Welch neuer Kreis
Entdeckt sich meinem Auge, welches Reich!
Wie köstlich wird der heiße Wunsch belohnt!
Ich träumte mich dem höchsten Glücke nah,
Und dieses Glück ist über alle Träume.
Der Blindgeborne denke sich das Licht,
Die Farben, wie er will; erscheinet ihm
Der neue Tag, ist's ihm ein neuer Sinn.
Voll Mut und Ahnung, freudetrunken schwankend
Betret ich diese Bahn. Du gibst mir viel,
Du gibst, wie Erd' und Himmel uns Geschenke
Mit vollen Händen übermäßig reichen,
Und forderst wieder, was von mir zu fordern
Nur eine solche Gabe dich berechtigt.
Ich soll entbehren, soll mich mäßig zeigen
Und so verdienen, daß du mir vertraust.
Was tat ich je, daß sie mich wählen konnte?
Was soll ich tun, um ihrer wert zu sein?
Sie konnte dir vertraun, und dadurch bist du's.
Ja, Fürstin, deinen Worten, deinen Blicken
Sei ewig meine Seele ganz geweiht!
Ja, fordre, was du willst, denn ich bin dein!
Sie sende mich, Müh' und Gefahr und Ruhm
In fernen Landen aufzusuchen, reiche
Im stillen Hain die goldne Leier mir,
Sie weihe mich der Ruh' und ihrem Preis:
Ihr bin ich, bildend soll sie mich besitzen;
Mein Herz bewahrte jeden Schatz für sie.
O hätt ein tausendfaches Werkzeug mir
Ein Gott gegönnt, kaum drückt ich dann genug
Die unaussprechliche Verehrung aus.
Des Malers Pinsel und des Dichters Lippe,
Die süßeste, die je von frühem Honig

Genährt war, wünscht ich mir. Nein, künftig soll
Nicht Tasso zwischen Bäumen, zwischen Menschen
Sich einsam, schwach und trübgesinnt verlieren!
Er ist nicht mehr allein, er ist mit dir.
O daß die edelste der Taten sich
Hier sichtbar vor mich stellte, rings umgeben
Von gräßlicher Gefahr! Ich dränge zu
Und wagte gern das Leben, das ich nun
Von ihren Händen habe – forderte
Die besten Menschen mir zu Freunden auf,
Unmögliches mit einer edeln Schar
Nach ihrem Wink und Willen zu vollbringen.
Voreiliger, warum verbarg dein Mund
Nicht das, was du empfandst, bis du dich wert
Und werter ihr zu Füßen legen konntest?
Das war dein Vorsatz, war dein kluger Wunsch.
Doch sei es auch! Viel schöner ist es, rein
Und unverdient ein solch Geschenk empfangen
Als halb und halb zu wähnen, daß man wohl
Es habe fordern dürfen. Blicke freudig!
Es ist so groß, so weit, was vor dir liegt;
Und hoffnungsvolle Jugend lockt dich wieder
In unbekannte lichte Zukunft hin.
– Schwelle, Brust! – O Witterung des Glücks,
Begünst'ge diese Pflanze doch einmal!
Sie strebt gen Himmel, tausend Zweige dringen
Aus ihr hervor, entfalten sich zu Blüten.
O daß sie Frucht, o daß sie Freude bringe!
Daß eine liebe Hand den goldnen Schmuck
Aus ihren frischen, reichen Ästen breche!

ZWEITER AUFZUG

DRITTER AUFTRITT

Tasso. Antonio.

TASSO: Sei mir willkommen, den ich gleichsam jetzt
 Zum erstenmal erblicke! Schöner ward
 Kein Mann mir angekündigt. Sei willkommen!
 Dich kenn ich nun und deinen ganzen Wert,
 Dir biet ich ohne Zögern Herz und Hand
 Und hoffe, daß auch du mich nicht verschmähst.
ANTONIO: Freigebig bietest du mir schöne Gaben,
 Und ihren Wert erkenn ich, wie ich soll,
 Drum laß mich zögern, eh ich sie ergreife.
 Weiß ich doch nicht, ob ich dir auch dagegen
 Ein Gleiches geben kann. Ich möchte gern
 Nicht übereilt und nicht undankbar scheinen:
 Laß mich für beide klug und sorgsam sein.
TASSO: Wer wird die Klugheit tadeln? Jeder Schritt
 Des Lebens zeigt, wie sehr sie nötig sei;
 Doch schöner ist's, wenn uns die Seele sagt,
 Wo wir der feinen Vorsicht nicht bedürfen.
ANTONIO: Darüber frage jeder sein Gemüt,
 Weil er den Fehler selbst zu büßen hat.
TASSO: So sei's! Ich habe meine Pflicht getan;
 Der Fürstin Wort, die uns zu Freunden wünscht,
 Hab ich verehrt und mich dir vorgestellt.
 Rückhalten durft ich nicht, Antonio; doch gewiß,
 Zudringen will ich nicht. Es mag denn sein.
 Zeit und Bekanntschaft heißen dich vielleicht
 Die Gabe wärmer fordern, die du jetzt
 So kalt beiseite lehnst und fast verschmähst.
ANTONIO: Der Mäßige wird öfters kalt genannt
 Von Menschen, die sich warm vor andern glauben,
 Weil sie die Hitze fliegend überfällt.
TASSO: Du tadelst, was ich tadle, was ich meide.

    Auch ich verstehe wohl, so jung ich bin,
    Der Heftigkeit die Dauer vorzuziehn.
ANTONIO: Sehr weislich! Bleibe stets auf diesem Sinne.
TASSO: Du bist berechtigt, mir zu raten, mich
    Zu warnen, denn es steht Erfahrung dir
    Als lang erprobte Freundin an der Seite.
    Doch glaube nur, es horcht ein stilles Herz
    Auf jedes Tages, jeder Stunde Warnung
    Und übt sich ingeheim an jedem Guten,
    Das deine Strenge neu zu lehren glaubt.
ANTONIO: Es ist wohl angenehm, sich mit sich selbst
    Beschäft'gen, wenn es nur so nützlich wäre.
    Inwendig lernt kein Mensch sein Innerstes
    Erkennen; denn er mißt nach eignem Maß
    Sich bald zu klein und leider oft zu groß.
    Der Mensch erkennt sich nur im Menschen, nur
    Das Leben lehret jedem, was er sei.
TASSO: Mit Beifall und Verehrung hör ich dich.
ANTONIO: Und dennoch denkst du wohl bei diesen Worten
    Ganz etwas anders, als ich sagen will.
TASSO: Auf diese Weise rücken wir nicht näher.
    Es ist nicht klug, es ist nicht wohlgetan,
    Vorsätzlich einen Menschen zu verkennen,
    Er sei auch, wer er sei. Der Fürstin Wort
    Bedurft es kaum, leicht hab ich dich erkannt:
    Ich weiß, daß du das Gute willst und schaffst.
    Dein eigen Schicksal läßt dich unbesorgt;
    An andre denkst du, andern stehst du bei,
    Und auf des Lebens leicht bewegter Woge
    Bleibt dir ein stetes Herz. So seh ich dich.
    Und was wär ich, ging' ich dir nicht entgegen?
    Sucht ich begierig nicht auch einen Teil
    An dem verschloßnen Schatz, den du bewahrst?
    Ich weiß, es reut dich nicht, wenn du dich öffnest;
    Ich weiß, du bist mein Freund, wenn du mich kennst:
    Und eines solchen Freunds bedurft ich lange.

Ich schäme mich der Unerfahrenheit
Und meiner Jugend nicht. Still ruhet noch
Der Zukunft goldne Wolke mir ums Haupt.
O nimm mich, edler Mann, an deine Brust,
Und weihe mich, den Raschen, Unerfahrnen,
Zum mäßigen Gebrauch des Lebens ein.
ANTONIO: In einem Augenblicke forderst du,
Was wohlbedächtig nur die Zeit gewährt.
TASSO: In einem Augenblick gewährt die Liebe,
Was Mühe kaum in langer Zeit erreicht.
Ich bitt es nicht von dir, ich darf es fordern.
Dich ruf ich in der Tugend Namen auf,
Die gute Menschen zu verbinden eifert.
Und soll ich dir noch einen Namen nennen?
Die Fürstin hofft's, sie will's – Eleonore,
Sie will mich zu dir führen, dich zu mir.
O laß uns ihrem Wunsch entgegengehn!
Laß uns verbunden vor die Göttin treten,
Ihr unsern Dienst, die ganze Seele bieten,
Vereint für sie das Würdigste zu tun.
Noch einmal! – Hier ist meine Hand! Schlag ein!
Tritt nicht zurück und weigre dich nicht länger,
O edler Mann, und gönne mir die Wollust,
Die schönste guter Menschen, sich dem Bessern
Vertrauend ohne Rückhalt hinzugeben!
ANTONIO: Du gehst mit vollen Segeln! Scheint es doch,
Du bist gewohnt zu siegen, überall
Die Wege breit, die Pforten weit zu finden.
Ich gönne jeden Wert und jedes Glück
Dir gern; allein ich sehe nur zu sehr,
Wir stehn zu weit noch voneinander ab.
TASSO: Es sei an Jahren, an geprüftem Wert:
An frohem Mut und Willen weich ich keinem.
ANTONIO: Der Wille lockt die Taten nicht herbei;
Der Mut stellt sich die Wege kürzer vor.
Wer angelangt am Ziel ist, wird gekrönt,

    Und oft entbehrt ein Würd'ger eine Krone.
    Doch gibt es leichte Kränze, Kränze gibt es
    Von sehr verschiedner Art; sie lassen sich
    Oft im Spazierengehn bequem erreichen.
TASSO: Was eine Gottheit diesem frei gewährt
    Und jenem streng versagt, ein solches Gut
    Erreicht nicht jeder, wie er will und mag.
ANTONIO: Schreib es dem Glück vor andern Göttern zu,
    So hör ich's gern, denn seine Wahl ist blind.
TASSO: Auch die Gerechtigkeit trägt eine Binde
    Und schließt die Augen jedem Blendwerk zu.
ANTONIO: Das Glück erhebe billig der Beglückte!
    Er dicht ihm hundert Augen fürs Verdienst
    Und kluge Wahl und strenge Sorgfalt an,
    Nenn es Minerva, nenn es, wie er will,
    Er halte gnädiges Geschenk für Lohn,
    Zufälligen Putz für wohlverdienten Schmuck.
TASSO: Du brauchst nicht deutlicher zu sein. Es ist genug!
    Ich blicke tief dir in das Herz und kenne
    Fürs ganze Leben dich. O kennte so
    Dich meine Fürstin auch! Verschwende nicht
    Die Pfeile deiner Augen, deiner Zunge!
    Du richtest sie vergebens nach dem Kranze,
    Dem unverwelklichen, auf meinem Haupt.
    Sei erst so groß, mir ihn nicht zu beneiden!
    Dann darfst du mir vielleicht ihn streitig machen.
    Ich acht ihn heilig und das höchste Gut:
    Doch zeige mir den Mann, der das erreicht,
    Wornach ich strebe, zeige mir den Helden,
    Von dem mir die Geschichten nur erzählten;
    Den Dichter stell mir vor, der sich Homeren,
    Virgilen sich vergleichen darf, ja, was
    Noch mehr gesagt ist, zeige mir den Mann,
    Der dreifach diesen Lohn verdiente, den
    Die schöne Krone dreifach mehr als mich
    Beschämte: dann sollst du mich knieend sehn

Vor jener Gottheit, die mich so begabte;
Nicht eher stünd ich auf, bis sie die Zierde
Von meinem Haupt auf seins hinüber drückte.

ANTONIO: Bis dahin bleibst du freilich ihrer wert.

TASSO: Man wäge mich, das will ich nicht vermeiden;
Allein Verachtung hab ich nicht verdient.
Die Krone, der mein Fürst mich würdig achtete,
Die meiner Fürstin Hand für mich gewunden,
Soll keiner mir bezweifeln noch begrinsen!

ANTONIO: Es ziemt der hohe Ton, die rasche Glut
Nicht dir zu mir noch dir an diesem Orte.

TASSO: Was du dir hier erlaubst, das ziemt auch mir.
Und ist die Wahrheit wohl von hier verbannt?
Ist im Palast der freie Geist gekerkert?
Hat hier ein edler Mensch nur Druck zu dulden?
Mich dünkt, hier ist die Hoheit erst an ihrem Platz,
Der Seele Hoheit! Darf sie sich der Nähe
Der Großen dieser Erde nicht erfreun?
Sie darf's und soll's. Wir nahen uns dem Fürsten
Durch Adel nur, der uns von Vätern kam;
Warum nicht durchs Gemüt, das die Natur
Nicht jedem groß verlieh, wie sie nicht jedem
Die Reihe großer Ahnherrn geben konnte.
Nur Kleinheit sollte hier sich ängstlich fühlen,
Der Neid, der sich zu seiner Schande zeigt:
Wie keiner Spinne schmutziges Gewebe
An diesen Marmorwänden haften soll.

ANTONIO: Du zeigst mir selbst mein Recht, dich zu verschmähn!
Der übereilte Knabe will des Manns
Vertraun und Freundschaft mit Gewalt ertrotzen?
Unsittlich, wie du bist, hältst du dich gut?

TASSO: Viel lieber, was ihr euch unsittlich nennt,
Als was ich mir unedel nennen müßte.

ANTONIO: Du bist noch jung genug, daß gute Zucht
Dich eines bessern Wegs belehren kann.

TASSO: Nicht jung genug, vor Götzen mich zu neigen,
Und, Trotz mit Trotz zu länd'gen, alt genug.
ANTONIO: Wo Lippenspiel und Saitenspiel entscheiden,
Ziehst du als Held und Sieger wohl davon.
TASSO: Verwegen wär es, meine Faust zu rühmen,
Denn sie hat nichts getan; doch ich vertrau ihr.
ANTONIO: Du traust auf Schonung, die dich nur zu sehr
Im frechen Laufe deines Glücks verzog.
TASSO: Daß ich erwachsen bin, das fühl ich nun.
Mit dir am wenigsten hätt ich gewünscht
Das Wagespiel der Waffen zu versuchen:
Allein du schürest Glut auf Glut, es kocht
Das innre Mark, die schmerzliche Begier
Der Rache siedet schäumend in der Brust.
Bist du der Mann, der du dich rühmst, so steh mir.
ANTONIO: Du weißt sowenig wer, als wo du bist.
TASSO: Kein Heiligtum heißt uns den Schimpf ertragen.
Du lästerst, du entweihest diesen Ort,
Nicht ich, der ich Vertraun, Verehrung, Liebe,
Das schönste Opfer, dir entgegentrug.
Dein Geist verunreint dieses Paradies
Und deine Worte diesen reinen Saal,
Nicht meines Herzens schwellendes Gefühl,
Das braust, den kleinsten Flecken nicht zu leiden.
ANTONIO: Welch hoher Geist in einer engen Brust!
TASSO: Hier ist noch Raum, dem Busen Luft zu machen.
ANTONIO: Es macht das Volk sich auch mit Worten Luft.
TASSO: Bist du ein Edelmann wie ich, so zeig es.
ANTONIO: Ich bin es wohl, doch weiß ich, wo ich bin.
TASSO: Komm mit herab, wo unsre Waffen gelten.
ANTONIO: Wie du nicht fordern solltest, folg ich nicht.
TASSO: Der Feigheit ist solch Hindernis willkommen.
ANTONIO: Der Feige droht nur, wo er sicher ist.
TASSO: Mit Freuden kann ich diesem Schutz entsagen.
ANTONIO: Vergib dir nur, dem Ort vergibst du nichts.
TASSO: Verzeihe mir der Ort, daß ich es litt.

ZWEITER AUFZUG

Er zieht den Degen.
Zieh oder folge, wenn ich nicht auf ewig,
Wie ich dich hasse, dich verachten soll!

VIERTER AUFTRITT

Alfons. Die Vorigen.

ALFONS: In welchem Streit treff ich euch unerwartet?
ANTONIO: Du findest mich, o Fürst, gelassen stehn
  Vor einem, den die Wut ergriffen hat.
TASSO: Ich bete dich als eine Gottheit an,
  Daß du mit einem Blick mich warnend bändigst.
ALFONS: Erzähl, Antonio, Tasso, sag mir an,
  Wie hat der Zwist sich in mein Haus gedrungen?
  Wie hat er euch ergriffen, von der Bahn
  Der Sitten, der Gesetze kluge Männer
  Im Taumel weggerissen? Ich erstaune.
TASSO: Du kennst uns beide nicht, ich glaub es wohl.
  Hier dieser Mann, berühmt als klug und sittlich,
  Hat roh und hämisch wie ein unerzogner,
  Unedler Mensch sich gegen mich betragen.
  Zutraulich naht ich ihm, er stieß mich weg;
  Beharrlich liebend drang ich mich zu ihm,
  Und bitter, immer bittrer ruht' er nicht,
  Bis er den reinsten Tropfen Bluts in mir
  Zu Galle wandelte. Verzeih! Du hast mich hier
  Als einen Wütenden getroffen. Dieser
  Hat alle Schuld, wenn ich mich schuldig machte.
  Er hat die Glut gewaltsam angefacht,
  Die mich ergriff und mich und ihn verletzte.

ANTONIO: Ihn riß der hohe Dichterschwung hinweg!
 Du hast, o Fürst, zuerst mich angeredet,
 Hast mich gefragt: es sei mir nun erlaubt,
 Nach diesem raschen Redner auch zu sprechen.
TASSO: O ja, erzähl, erzähl von Wort zu Wort!
 Und kannst du jede Silbe, jede Miene
 Vor diesen Richter stellen, wag es nur!
 Beleidige dich selbst zum zweiten Male,
 Und zeuge wider dich! Dagegen will
 Ich keinen Hauch und keinen Pulsschlag leugnen.
ANTONIO: Wenn du noch mehr zu reden hast, so sprich;
 Wo nicht, so schweig und unterbrich mich nicht.
 Ob ich, mein Fürst, ob dieser heiße Kopf
 Den Streit zuerst begonnen? wer es sei,
 Der unrecht hat? ist eine weite Frage,
 Die wohl zuvörderst noch auf sich beruht.
TASSO: Wie das? Mich dünkt, das ist die erste Frage,
 Wer von uns beiden recht und unrecht hat.
ANTONIO: Nicht ganz, wie sich's der unbegrenzte Sinn
 Gedenken mag.
ALFONS: Antonio!
ANTONIO: Gnädigster,
 Ich ehre deinen Wink, doch laß ihn schweigen:
 Hab ich gesprochen, mag er weiter reden;
 Du wirst entscheiden. Also sag ich nur:
 Ich kann mit ihm nicht rechten, kann ihn weder
 Verklagen, noch mich selbst verteid'gen, noch
 Ihm jetzt genugzutun mich anerbieten.
 Denn wie er steht, ist er kein freier Mann.
 Es waltet über ihm ein schwer Gesetz,
 Das deine Gnade höchstens lindern wird.
 Er hat mir hier gedroht, hat mich gefordert;
 Vor dir verbarg er kaum das nackte Schwert.
 Und tratst du, Herr, nicht zwischen uns herein,
 So stünde jetzt auch ich als pflichtvergessen,
 Mitschuldig und beschämt vor deinem Blick.

ZWEITER AUFZUG

ALFONS *zu Tasso:* Du hast nicht wohl getan.
TASSO: Mich spricht, o Herr,
  Mein eigen Herz, gewiß auch deines frei.
  Ja, es ist wahr, ich drohte, forderte,
  Ich zog. Allein, wie tückisch seine Zunge
  Mit wohlgewählten Worten mich verletzt,
  Wie scharf und schnell sein Zahn das feine Gift
  Mir in das Blut geflößt, wie er das Fieber
  Nur mehr und mehr erhitzt – du denkst es nicht!
  Gelassen, kalt, hat er mich ausgehalten,
  Aufs Höchste mich getrieben. Oh! du kennst,
  Du kennst ihn nicht und wirst ihn niemals kennen!
  Ich trug ihm warm die schönste Freundschaft an;
  Er warf mir meine Gaben vor die Füße;
  Und hätte meine Seele nicht geglüht,
  So war sie deiner Gnade, deines Dienstes
  Auf ewig unwert. Hab ich des Gesetzes
  Und dieses Orts vergessen, so verzeih!
  Auf keinem Boden darf ich niedrig sein,
  Erniedrigung auf keinem Boden dulden.
  Wenn dieses Herz, es sei auch, wo es will,
  Dir fehlt und sich, dann strafe, dann verstoße,
  Und laß mich nie dein Auge wiedersehn.
ANTONIO: Wie leicht der Jüngling schwere Lasten trägt
  Und Fehler wie den Staub vom Kleide schüttelt!
  Es wäre zu verwundern, wenn die Zauberkraft
  Der Dichtung nicht bekannter wäre, die
  Mit dem Unmöglichen so gern ihr Spiel
  Zu treiben liebt. Ob du auch so, mein Fürst,
  Ob alle deine Diener diese Tat
  So unbedeutend halten, zweifl' ich fast.
  Die Majestät verbreitet ihren Schutz
  Auf jeden, der sich ihr wie einer Gottheit
  Und ihrer unverletzten Wohnung naht.
  Wie an dem Fuße des Altars bezähmt
  Sich auf der Schwelle jede Leidenschaft.

Da blinkt kein Schwert, da fällt kein drohend Wort,
Da fordert selbst Beleid'gung keine Rache.
Es bleibt das weite Feld ein offner Raum
Für Grimm und Unversöhnlichkeit genug;
Dort wird kein Feiger drohn, kein Mann wird fliehn.
Hier diese Mauern haben deine Väter
Auf Sicherheit gegründet, ihrer Würde
Ein Heiligtum befestigt, diese Ruhe
Mit schweren Strafen ernst und klug erhalten;
Verbannung, Kerker, Tod ergriff den Schuldigen,
Da war kein Ansehn der Person, es hielt
Die Milde nicht den Arm des Rechts zurück;
Und selbst der Frevler fühlte sich geschreckt.
Nun sehen wir nach langem schönem Frieden
In das Gebiet der Sitten rohe Wut
Im Taumel wiederkehren. Herr, entscheide,
Bestrafe! denn wer kann in seiner Pflicht
Beschränkten Grenzen wandeln, schützet ihn
Nicht das Gesetz und seines Fürsten Kraft?

ALFONS: Mehr, als ihr beide sagt und sagen könnt,
Läßt unparteiisch das Gemüt mich hören.
Ihr hättet schöner eure Pflicht getan,
Wenn ich dies Urteil nicht zu sprechen hätte.
Denn hier sind Recht und Unrecht nah verwandt.
Wenn dich Antonio beleidigt hat,
So hat er dir auf irgendeine Weise
Genugzutun, wie du es fordern wirst.
Mir wär es lieb, ihr wähltet mich zum Austrag.
Indessen, dein Vergehen macht, o Tasso,
Dich zum Gefangnen. Wie ich dir vergebe,
So lindr' ich das Gesetz um deinetwillen.
Verlaß uns, Tasso! Bleib auf deinem Zimmer,
Von dir und mit dir selbst allein bewacht.

TASSO: Ist dies, o Fürst, dein richterlicher Spruch?

ANTONIO: Erkennest du des Vaters Milde nicht?

TASSO *zu Antonio:* Mit dir hab ich vorerst nichts mehr zu reden.

Zu Alfons: O Fürst, es übergibt dein ernstes Wort
Mich Freien der Gefangenschaft. Es sei!
Du hältst es Recht. Dein heilig Wort verehrend,
Heiß ich mein innres Herz im Tiefsten schweigen.
Es ist mir neu, so neu, daß ich fast dich
Und mich und diesen schönen Ort nicht kenne.
Doch diesen kenn ich wohl – Gehorchen will ich,
Ob ich gleich hier noch manches sagen könnte,
Und sagen sollte. Mir verstummt die Lippe.
War's ein Verbrechen? Wenigstens es scheint,
Ich bin als ein Verbrecher angesehn,
Und, was mein Herz auch sagt, ich bin gefangen.
ALFONS: Du nimmst es höher, Tasso, als ich selbst.
TASSO: Mir bleibt es unbegreiflich, wie es ist;
Zwar unbegreiflich nicht, ich bin kein Kind;
Ich meine fast, ich müßt es denken können.
Auf einmal winkt mich eine Klarheit an,
Doch augenblicklich schließt sich's wieder zu,
Ich höre nur mein Urteil, beuge mich.
Das sind zu viel vergebne Worte schon!
Gewöhne dich von nun an, zu gehorchen;
Ohnmächt'ger! du vergaßest, wo du standst;
Der Götter Saal schien dir auf gleicher Erde,
Nun überwältigt dich der jähe Fall.
Gehorche gern, denn es geziemt dem Manne,
Auch willig das Beschwerliche zu tun.
Hier nimm den Degen erst, den du mir gabst,
Als ich dem Kardinal nach Frankreich folgte;
Ich führt ihn nicht mit Ruhm, doch nicht mit Schande,
Auch heute nicht. Der hoffnungsvollen Gabe
Entäußr' ich mich mit tief gerührtem Herzen.
ALFONS: Wie ich zu dir gesinnt bin, fühlst du nicht.
TASSO: Gehorchen ist mein Los und nicht, zu denken!
Und leider eines herrlichern Geschenks
Verleugnung fordert das Geschick von mir.
Die Krone kleidet den Gefangnen nicht:

Ich nehme selbst von meinem Haupt die Zierde,
Die für die Ewigkeit gegönnt mir schien.
Zu früh war mir das schönste Glück verliehen
Und wird, als hätt ich sein mich überhoben,
Mir nur zu bald geraubt.
Du nimmst dir selbst, was keiner nehmen konnte
Und was kein Gott zum zweiten Male gibt.
Wir Menschen werden wunderbar geprüft;
Wir könnten's nicht ertragen, hätt uns nicht
Den holden Leichtsinn die Natur verliehn.
Mit unschätzbaren Gütern lehret uns
Verschwenderisch die Not gelassen spielen:
Wir öffnen willig unsre Hände, daß
Unwiederbringlich uns ein Gut entschlüpfe.
Mit diesem Kuß vereint sich eine Träne
Und weiht dich der Vergänglichkeit! Es ist
Erlaubt, das holde Zeichen unsrer Schwäche.
Wer weinte nicht, wenn das Unsterbliche
Vor der Zerstörung selbst nicht sicher ist?
Geselle dich zu diesem Degen, der
Dich leider nicht erwarb; um ihn geschlungen,
Ruhe, wie auf dem Sarg der Tapfern, auf
Dem Grabe meines Glücks und meiner Hoffnung!
Hier leg ich beide willig dir zu Füßen;
Denn wer ist wohl gewaffnet, wenn du zürnst?
Und wer geschmückt, o Herr, den du verkennst?
Gefangen geh ich, warte des Gerichts.

Auf des Fürsten Wink hebt ein Page den Degen mit dem Kranze auf und trägt ihn weg.

ZWEITER AUFZUG

FÜNFTER AUFTRITT

Alfons, Antonio.

ANTONIO: Wo schwärmt der Knabe hin? Mit welchen Farben
　Malt er sich seinen Wert und sein Geschick?
　Beschränkt und unerfahren, hält die Jugend
　Sich für ein einzig auserwähltes Wesen
　Und alles über alle sich erlaubt.
　Er fühle sich gestraft, und strafen heißt
　Dem Jüngling wohltun, daß der Mann uns danke.
ALFONS: Er ist gestraft, ich fürchte, nur zu viel.
ANTONIO: Wenn du gelind mit ihm verfahren magst,
　So gib, o Fürst, ihm seine Freiheit wieder,
　Und unsern Zwist entscheide dann das Schwert.
ALFONS: Wenn es die Meinung fordert, mag es sein.
　Doch sprich, wie hast du seinen Zorn gereizt?
ANTONIO: Ich wüßte kaum zu sagen, wie's geschah.
　Als Menschen hab ich ihn vielleicht gekränkt,
　Als Edelmann hab ich ihn nicht beleidigt,
　Und seinen Lippen ist im größten Zorne
　Kein sittenloses Wort entflohn.
ALFONS: 　　　　　　　　So schien
　Mir euer Streit, und was ich gleich gedacht,
　Bekräftigt deine Rede mir noch mehr.
　Wenn Männer sich entzweien, hält man billig
　Den Klügsten für den Schuldigen. Du solltest
　Mit ihm nicht zürnen; ihn zu leiten stünde
　Dir besser an. Noch immer ist es Zeit:
　Hier ist kein Fall, der euch zu streiten zwänge.
　Solang mir Friede bleibt, so lange wünsch ich
　In meinem Haus ihn zu genießen. Stelle
　Die Ruhe wieder her; du kannst es leicht.
　Lenore Sanvitale mag ihn erst

Mit zarter Lippe zu besänft'gen suchen:
Dann tritt zu ihm, gib ihm in meinem Namen
Die volle Freiheit wieder und gewinne
Mit edeln wahren Worten sein Vertraun.
Verrichte das, sobald du immer kannst;
Du wirst als Freund und Vater mit ihm sprechen.
Noch eh wir scheiden, will ich Friede wissen,
Und dir ist nichts unmöglich, wenn du willst.
Wir bleiben lieber eine Stunde länger
Und lassen dann die Frauen sanft vollenden,
Was du begannst; und kehren wir zurück,
So haben sie von diesem raschen Eindruck
Die letzte Spur vertilgt. Es scheint, Antonio,
Du willst nicht aus der Übung kommen! Du
Hast ein Geschäft kaum erst vollendet, nun
Kehrst du zurück und schaffst dir gleich ein neues.
Ich hoffe, daß auch dieses dir gelingt.
ANTONIO: Ich bin beschämt und seh in deinen Worten
Wie in dem klarsten Spiegel meine Schuld!
Gar leicht gehorcht man einem edlen Herrn,
Der überzeugt, indem er uns gebietet.

DRITTER AUFZUG

ERSTER AUFTRITT

PRINZESSIN *allein:* Wo bleibt Eleonore? Schmerzlicher
 Bewegt mir jeden Augenblick die Sorge
 Das tiefste Herz. Kaum weiß ich, was geschah,
 Kaum weiß ich, wer von beiden schuldig ist.
 O daß sie käme! Möcht ich doch nicht gern
 Den Bruder nicht, Antonio nicht sprechen,
 Eh ich gefaßter bin, eh ich vernommen,
 Wie alles steht und was es werden kann.

ZWEITER AUFTRITT

Prinzessin. Leonore.

PRINZESSIN: Was bringst du, Leonore? Sag mir an:
 Wie steht's um unsre Freunde? Was geschah?
LEONORE: Mehr, als wir wissen, hab ich nicht erfahren.
 Sie trafen hart zusammen, Tasso zog,
 Dein Bruder trennte sie: Allein es scheint,
 Als habe Tasso diesen Streit begonnen.
 Antonio geht frei umher und spricht
 Mit seinem Fürsten; Tasso bleibt dagegen
 Verbannt in seinem Zimmer und allein.
PRINZESSIN: Gewiß hat ihn Antonio gereizt,
 Den Hochgestimmten kalt und fremd beleidigt.
LEONORE: Ich glaub es selbst. Denn eine Wolke stand,
 Schon als er zu uns trat, um seine Stirn.

PRINZESSIN: Ach daß wir doch, dem reinen, stillen Wink
Des Herzens nachzugehn, so sehr verlernen!
Ganz leise spricht ein Gott in unsrer Brust,
Ganz leise, ganz vernehmlich, zeigt uns an,
Was zu ergreifen ist und was zu fliehn.
Antonio erschien mir heute früh
Viel schroffer noch als je, in sich gezogner.
Es warnte mich mein Geist, als neben ihn
Sich Tasso stellte. Sieh das Äußre nur
Von beiden an, das Angesicht, den Ton,
Den Blick, den Tritt! Es widerstrebt sich alles,
Sie können ewig keine Liebe wechseln.
Doch überredete die Hoffnung mich,
Die Gleisnerin: sie sind vernünftig beide,
Sind edel, unterrichtet, deine Freunde;
Und welch ein Band ist sichrer als der Guten?
Ich trieb den Jüngling an; er gab sich ganz;
Wie schön, wie warm ergab er ganz sich mir!
O hätt ich gleich Antonio gesprochen!
Ich zauderte; es war nur kurze Zeit;
Ich scheute mich, gleich mit den ersten Worten
Und dringend ihm den Jüngling zu empfehlen;
Verließ auf Sitte mich und Höflichkeit,
Auf den Gebrauch der Welt, der sich so glatt
Selbst zwischen Feinde legt; befürchtete
Von dem geprüften Manne diese Jähe
Der raschen Jugend nicht. Es ist geschehn!
Das Übel stand mir fern, nun ist es da.
O gib mir einen Rat! Was ist zu tun?
LEONORE: Wie schwer zu raten sei, das fühlst du selbst
Nach dem, was du gesagt. Es ist nicht hier
Ein Mißverständnis zwischen Gleichgestimmten;
Das stellen Worte, ja im Notfall stellen
Es Waffen leicht und glücklich wieder her.
Zwei Männer sind's, ich hab es lang gefühlt,
Die darum Feinde sind, weil die Natur

Nicht einen Mann aus ihnen beiden formte.
Und wären sie zu ihrem Vorteil klug,
So würden sie als Freunde sich verbinden;
Dann stünden sie für einen Mann und gingen
Mit Macht und Glück und Lust durchs Leben hin.
So hofft ich selbst; nun seh ich wohl, umsonst.
Der Zwist von heute, sei er, wie er sei,
Ist beizulegen; doch das sichert uns
Nicht für die Zukunft, für den Morgen nicht.
Es wär am besten, dächt ich, Tasso reiste
Auf eine Zeit von hier; er könnte ja
Nach Rom, auch nach Florenz sich wenden; dort
Träf ich in wenig Wochen ihn und könnte
Auf sein Gemüt als eine Freundin wirken.
Du würdest hier indessen den Antonio,
Der uns so fremd geworden, dir aufs neue
Und deinen Freunden näherbringen: so
Gewährte das, was itzt unmöglich scheint,
Die gute Zeit vielleicht, die vieles gibt.
PRINZESSIN: Du willst dich in Genuß, o Freundin, setzen,
Ich soll entbehren; heißt das billig sein?
LEONORE: Entbehren wirst du nichts, als was du doch
In diesem Falle nicht genießen könntest.
PRINZESSIN: So ruhig soll ich einen Freund verbannen?
LEONORE: Erhalten, den du nur zum Schein verbannst.
PRINZESSIN: Mein Bruder wird ihn nicht mit Willen lassen.
LEONORE: Wenn er es sieht wie wir, so gibt er nach.
PRINZESSIN: Es ist so schwer, im Freunde sich verdammen.
LEONORE: Und dennoch rettest du den Freund in dir.
PRINZESSIN: Ich gebe nicht mein Ja, daß es geschehe.
LEONORE: So warte noch ein größres Übel ab!
PRINZESSIN: Du peinigst mich und weißt nicht, ob du
                                                [nützest.
LEONORE: Wir werden bald entdecken, wer sich irrt.
PRINZESSIN: Und soll es sein, so frage mich nicht länger.
LEONORE: Wer sich entschließen kann, besiegt den Schmerz.

PRINZESSIN: Entschlossen bin ich nicht, allein es sei,
  Wenn er sich nicht auf lange Zeit entfernt –
  Und laß uns für ihn sorgen, Leonore,
  Daß er nicht Mangel etwa künftig leide,
  Daß ihm der Herzog seinen Unterhalt
  Auch in der Ferne willig reichen lasse.
  Sprich mit Antonio, denn er vermag
  Bei meinem Bruder viel und wird den Streit
  Nicht unserm Freund und uns gedenken wollen.
LEONORE: Ein Wort von dir, Prinzessin, gälte mehr.
PRINZESSIN: Ich kann, du weißt es, meine Freundin, nicht,
  Wie's meine Schwester von Urbino kann,
  Für mich und für die Meinen was erbitten.
  Ich lebe gern so stille vor mich hin
  Und nehme von dem Bruder dankbar an,
  Was er mir immer geben kann und will.
  Ich habe sonst darüber manchen Vorwurf
  Mir selbst gemacht; nun hab ich überwunden.
  Es schalt mich eine Freundin oft darum:
  „Du bist uneigennützig", sagte sie,
  „Das ist recht schön; allein so sehr bist du's,
  Daß du auch das Bedürfnis deiner Freunde
  Nicht recht empfinden kannst." Ich laß es gehn
  Und muß denn eben diesen Vorwurf tragen.
  Um desto mehr erfreut es mich, daß ich
  Nun in der Tat dem Freunde nützen kann;
  Es fällt mir meiner Mutter Erbschaft zu,
  Und gerne will ich für ihn sorgen helfen.
LEONORE: Und ich, o Fürstin, finde mich im Falle,
  Daß ich als Freundin auch mich zeigen kann.
  Er ist kein guter Wirt; wo es ihm fehlt,
  Werd ich ihm schon geschickt zu helfen wissen.
PRINZESSIN: So nimm ihn weg, und, soll ich ihn entbehren,
  Vor allen andern sei er dir gegönnt:
  Ich seh es wohl, so wird es besser sein.
  Muß ich denn wieder diesen Schmerz als gut

Und heilsam preisen? Das war mein Geschick
Von Jugend auf; ich bin nun dran gewöhnt.
Nur halb ist der Verlust des schönsten Glücks,
Wenn wir auf den Besitz nicht sicher zählten.
LEONORE: Ich hoffe dich, so schön du es verdienst,
Glücklich zu sehn.
PRINZESSIN: Eleonore! Glücklich?
Wer ist denn glücklich? – Meinen Bruder zwar
Möcht ich so nennen, denn sein großes Herz
Trägt sein Geschick mit immer gleichem Mut;
Allein was er verdient, das ward ihm nie.
Ist meine Schwester von Urbino glücklich?
Das schöne Weib, das edle, große Herz!
Sie bringt dem jüngern Manne keine Kinder;
Er achtet sie und läßt sie's nicht entgelten,
Doch keine Freude wohnt in ihrem Haus.
Was half denn unsrer Mutter ihre Klugheit?
Die Kenntnis jeder Art, ihr großer Sinn?
Konnt er sie vor dem fremden Irrtum schützen?
Man nahm uns von ihr weg: nun ist sie tot;
Sie ließ uns Kindern nicht den Trost, daß sie
Mit ihrem Gott versöhnt gestorben sei.
LEONORE: O blicke nicht nach dem, was jedem fehlt;
Betrachte, was noch einem jeden bleibt!
Was bleibt nicht dir, Prinzessin?
PRINZESSIN: Was mir bleibt?
Geduld, Eleonore! Üben konnt ich die
Von Jugend auf. Wenn Freunde, wenn Geschwister
Bei Fest und Spiel gesellig sich erfreuten,
Hielt Krankheit mich auf meinem Zimmer fest,
Und in Gesellschaft mancher Leiden mußt
Ich früh entbehren lernen. Eines war,
Was in der Einsamkeit mich schön ergötzte,
Die Freude des Gesangs; ich unterhielt
Mich mit mir selbst, ich wiegte Schmerz und Sehnsucht
Und jeden Wunsch mit leisen Tönen ein.

> Da wurde Leiden oft Genuß und selbst
> Das traurige Gefühl zur Harmonie.
> Nicht lang war mir dies Glück gegönnt, auch dieses
> Nahm mir der Arzt hinweg: sein streng Gebot
> Hieß mich verstummen; leben sollt ich, leiden,
> Den einz'gen kleinen Trost sollt ich entbehren.

LEONORE: So viele Freunde fanden sich zu dir,
> Und nun bist du gesund, bist lebensfroh.

PRINZESSIN: Ich bin gesund, das heißt, ich bin nicht krank;
> Und manche Freunde hab ich, deren Treue
> Mich glücklich macht. Auch hatt ich einen Freund –

LEONORE: Du hast ihn noch.

PRINZESSIN: Und werd ihn bald verlieren.
> Der Augenblick, da ich zuerst ihn sah,
> War vielbedeutend. Kaum erholt ich mich
> Von manchen Leiden; Schmerz und Krankheit waren
> Kaum erst gewichen; still bescheiden blickt ich
> Ins Leben wieder, freute mich des Tags
> Und der Geschwister wieder, sog beherzt
> Der süßen Hoffnung reinsten Balsam ein.
> Ich wagt es, vorwärts in das Leben weiter
> Hinein zu sehn, und freundliche Gestalten
> Begegneten mir aus der Ferne. Da,
> Eleonore, stellte mir den Jüngling
> Die Schwester vor; er kam an ihrer Hand,
> Und, daß ich dir's gestehe, da ergriff
> Ihn mein Gemüt und wird ihn ewig halten.

LEONORE: O meine Fürstin, laß dich's nicht gereuen!
> Das Edle zu erkennen ist Gewinst,
> Der nimmer uns entrissen werden kann.

PRINZESSIN: Zu fürchten ist das Schöne, das Fürtreffliche
> Wie eine Flamme, die so herrlich nützt,
> Solange sie auf deinem Herde brennt,
> Solang sie dir von einer Fackel leuchtet,
> Wie hold! wer mag, wer kann sie da entbehren?
> Und frißt sie ungehütet um sich her,

Wie elend kann sie machen! Laß mich nun.
Ich bin geschwätzig und verbärge besser
Auch selbst vor dir, wie schwach ich bin und krank.
LEONORE: Die Krankheit des Gemütes löset sich
In Klagen und Vertraun am leichtsten auf.
PRINZESSIN: Wenn das Vertrauen heilt, so heil ich bald;
Ich hab es rein und hab es ganz zu dir.
Ach meine Freundin! Zwar ich bin entschlossen:
Er scheide nur! Allein ich fühle schon
Den langen, ausgedehnten Schmerz der Tage, wenn
Ich nun entbehren soll, was mich erfreute.
Die Sonne hebt von meinen Augenlidern
Nicht mehr sein schön verklärtes Traumbild auf;
Die Hoffnung, ihn zu sehen, füllt nicht mehr
Den kaum erwachten Geist mit froher Sehnsucht;
Mein erster Blick hinab in unsre Gärten
Sucht ihn vergebens in dem Tau der Schatten.
Wie schön befriedigt fühlte sich der Wunsch,
Mit ihm zu sein an jedem heitern Abend!
Wie mehrte sich im Umgang das Verlangen,
Sich mehr zu kennen, mehr sich zu verstehn!
Und täglich stimmte das Gemüt sich schöner
Zu immer reinern Harmonien auf.
Welch eine Dämmrung fällt nun vor mir ein!
Der Sonne Pracht, das fröhliche Gefühl
Des hohen Tags, der tausendfachen Welt
Glanzreiche Gegenwart ist öd und tief
Im Nebel eingehüllt, der mich umgibt.
Sonst war mir jeder Tag ein ganzes Leben;
Die Sorge schwieg, die Ahnung selbst verstummte,
Und glücklich eingeschifft, trug uns der Strom
Auf leichten Wellen ohne Ruder hin:
Nun überfällt in trüber Gegenwart
Der Zukunft Schrecken heimlich meine Brust.
LEONORE: Die Zukunft gibt dir deine Freunde wieder
Und bringt dir neue Freude, neues Glück.

PRINZESSIN: Was ich besitze, mag ich gern bewahren:
   Der Wechsel unterhält, doch nutzt er kaum.
   Mit jugendlicher Sehnsucht griff ich nie
   Begierig in den Lostopf fremder Welt,
   Für mein bedürfend unerfahren Herz
   Zufällig einen Gegenstand zu haschen.
   Ihn mußt ich ehren, darum liebt ich ihn;
   Ich mußt ihn lieben, weil mit ihm mein Leben
   Zum Leben ward, wie ich es nie gekannt.
   Erst sagt ich mir: Entferne dich von ihm!
   Ich wich und wich und kam nur immer näher,
   So lieblich angelockt, so hart bestraft!
   Ein reines, wahres Gut verschwindet mir,
   Und meiner Sehnsucht schiebt ein böser Geist
   Statt Freud' und Glück verwandte Schmerzen unter.
LEONORE: Wenn einer Freundin Wort nicht trösten kann,
   So wird die stille Kraft der schönen Welt,
   Der guten Zeit dich unvermerkt erquicken.
PRINZESSIN: Wohl ist sie schön, die Welt! In ihrer Weite
   Bewegt sich so viel Gutes hin und her.
   Ach, daß es immer nur um einen Schritt
   Von uns sich zu entfernen scheint
   Und unsre bange Sehnsucht durch das Leben
   Auch Schritt vor Schritt bis nach dem Grabe lockt!
   So selten ist es, daß die Menschen finden,
   Was ihnen doch bestimmt gewesen schien,
   So selten, daß sie das erhalten, was
   Auch einmal die beglückte Hand ergriff!
   Es reißt sich los, was erst sich uns ergab,
   Wir lassen los, was wir begierig faßten.
   Es gibt ein Glück, allein wir kennen's nicht:
   Wir kennen's wohl, und wissen's nicht zu schätzen.

DRITTER AUFTRITT

LEONORE *allein:* Wie jammert mich das edle schöne Herz!
Welch traurig Los, das ihrer Hoheit fällt!
Ach, sie verliert – und denkst du zu gewinnen?
Ist's denn so nötig, daß er sich entfernt?
Machst du es nötig, um allein für dich
Das Herz und die Talente zu besitzen,
Die du bisher mit einer andern teilst,
Und ungleich teilst? Ist's redlich, so zu handeln?
Bist du nicht reich genug? Was fehlt dir noch?
Gemahl und Sohn und Güter, Rang und Schönheit,
Das hast du alles, und du willst noch ihn
Zu diesem allen haben? Liebst du ihn?
Was ist es sonst, warum du ihn nicht mehr
Entbehren magst? Du darfst es dir gestehn. –
Wie reizend ist's, in seinem schönen Geiste
Sich selber zu bespiegeln! Wird ein Glück
Nicht doppelt groß und herrlich, wenn sein Lied
Uns wie auf Himmelswolken trägt und hebt?
Dann bist du erst beneidenswert! Du bist,
Du hast das nicht allein, was viele wünschen;
Es weiß, es kennt auch jeder, was du hast!
Dich nennt dein Vaterland und sieht auf dich,
Das ist der höchste Gipfel jedes Glücks.
Ist Laura denn allein der Name, der
Von allen zarten Lippen klingen soll?
Und hatte nur Petrarch allein das Recht,
Die unbekannte Schöne zu vergöttern?
Wo ist ein Mann, der meinem Freunde sich
Vergleichen darf? Wie ihn die Welt verehrt,
So wird die Nachwelt ihn verehrend nennen.
Wie herrlich ist's, im Glanze dieses Lebens
Ihn an der Seite haben! so mit ihm
Der Zukunft sich mit leichtem Schritte nahn!
Alsdann vermag die Zeit, das Alter nichts

Auf dich, und nichts der freche Ruf,
Der hin und her des Beifalls Woge treibt:
Das, was vergänglich ist, bewahrt sein Lied.
Du bist noch schön, noch glücklich, wenn schon lange
Der Kreis der Dinge dich mit fortgerissen.
Du mußt ihn haben, und ihr nimmst du nichts:
Denn ihre Neigung zu dem werten Manne
Ist ihren andern Leidenschaften gleich.
Sie leuchten, wie der stille Schein des Monds
Dem Wandrer spärlich auf dem Pfad zu Nacht;
Sie wärmen nicht und gießen keine Lust
Noch Lebensfreud' umher. Sie wird sich freuen,
Wenn sie ihn fern, wenn sie ihn glücklich weiß,
Wie sie genoß, wenn sie ihn täglich sah.
Und dann, ich will mit meinem Freunde nicht
Von ihr und diesem Hofe mich verbannen:
Ich komme wieder, und ich bring ihn wieder.
So soll es sein! – Hier kommt der rauhe Freund;
Wir wollen sehn, ob wir ihn zähmen können.

VIERTER AUFTRITT

Leonore. Antonio.

LEONORE: Du bringst uns Krieg statt Frieden: scheint es doch,
Du kommst aus einem Lager, einer Schlacht,
Wo die Gewalt regiert, die Faust entscheidet,
Und nicht von Rom, wo feierliche Klugheit
Die Hände segnend hebt und eine Welt
Zu ihren Füßen sieht, die gern gehorcht.
ANTONIO: Ich muß den Tadel, schöne Freundin, dulden,
Doch die Entschuld'gung liegt nicht weit davon.
Es ist gefährlich, wenn man allzu lang
Sich klug und mäßig zeigen muß. Es lauert
Der böse Genius dir an der Seite

Und will gewaltsam auch von Zeit zu Zeit
Ein Opfer haben. Leider hab ich's diesmal
Auf meiner Freunde Kosten ihm gebracht.
LEONORE: Du hast um fremde Menschen dich so lang
Bemüht und dich nach ihrem Sinn gerichtet:
Nun, da du deine Freunde wieder siehst,
Verkennst du sie und rechtest wie mit Fremden.
ANTONIO: Da liegt, geliebte Freundin, die Gefahr!
Mit fremden Menschen nimmt man sich zusammen,
Da merkt man auf, da sucht man seinen Zweck
In ihrer Gunst, damit sie nutzen sollen;
Allein bei Freunden läßt man frei sich gehn,
Man ruht in ihrer Liebe, man erlaubt
Sich eine Laune, ungezähmter wirkt
Die Leidenschaft, und so verletzen wir
Am ersten die, die wir am zärtsten lieben.
LEONORE: In dieser ruhigen Betrachtung find ich dich
Schon ganz, mein teurer Freund, mit Freuden wieder.
ANTONIO: Ja, mich verdrießt – und ich bekenn es gern –,
Daß ich mich heut so ohne Maß verlor.
Allein gestehe, wenn ein wackrer Mann
Mit heißer Stirn von saurer Arbeit kommt
Und spät am Abend in ersehntem Schatten
Zu neuer Mühe auszuruhen denkt
Und findet dann von einem Müßiggänger
Den Schatten breit besessen, soll er nicht
Auch etwas Menschlichs in dem Busen fühlen?
LEONORE: Wenn er recht menschlich ist, so wird er auch
Den Schatten gern mit einem Manne teilen,
Der ihm die Ruhe süß, die Arbeit leicht
Durch ein Gespräch, durch holde Töne macht.
Der Baum ist breit, mein Freund, der Schatten gibt,
Und keiner braucht den andern zu verdrängen.
ANTONIO: Wir wollen uns, Eleonore, nicht
Mit einem Gleichnis hin und wider spielen.
Gar viele Dinge sind in dieser Welt,

Die man dem andern gönnt und gerne teilt;
Jedoch es ist ein Schatz, den man allein
Dem Hochverdienten gerne gönnen mag,
Ein andrer, den man mit dem Höchstverdienten
Mit gutem Willen niemals teilen wird –
Und fragst du mich nach diesen beiden Schätzen:
Der Lorbeer ist es und die Gunst der Frauen.
LEONORE: Hat jener Kranz um unsers Jünglings Haupt
Den ernsten Mann beleidigt? Hättest du
Für seine Mühe, seine schöne Dichtung
Bescheidnern Lohn doch selbst nicht finden können.
Denn ein Verdienst, das außerirdisch ist,
Das in den Lüften schwebt, in Tönen nur,
In leichten Bildern unsern Geist umgaukelt,
Es wird denn auch mit einem schönen Bilde,
Mit einem holden Zeichen nur belohnt;
Und wenn er selbst die Erde kaum berührt,
Berührt der höchste Lohn ihm kaum das Haupt.
Ein unfruchtbarer Zweig ist das Geschenk,
Das der Verehrer unfruchtbare Neigung
Ihm gerne bringt, damit sie einer Schuld
Aufs leichtste sich entlade. Du mißgönnst
Dem Bild des Märtyrers den goldnen Schein
Ums kahle Haupt wohl schwerlich; und gewiß,
Der Lorbeerkranz ist, wo er dir erscheint,
Ein Zeichen mehr des Leidens als des Glücks.
ANTONIO: Will etwa mich dein liebenswürd'ger Mund
Die Eitelkeit der Welt verachten lehren?
LEONORE: Ein jedes Gut nach seinem Wert zu schätzen,
Brauch ich dich nicht zu lehren. Aber doch,
Es scheint, von Zeit zu Zeit bedarf der Weise
So sehr wie andre, daß man ihm die Güter,
Die er besitzt, im rechten Lichte zeige.
Du, edler Mann, du wirst an ein Phantom
Von Gunst und Ehre keinen Anspruch machen.
Der Dienst, mit dem du deinem Fürsten dich,

Mit dem du deine Freunde dir verbindest,
Ist wirkend, ist lebendig, und so muß
Der Lohn auch wirklich und lebendig sein.
Dein Lorbeer ist das fürstliche Vertraun,
Das auf den Schultern dir als liebe Last
Gehäuft und leicht getragen ruht; es ist
Dein Ruhm das allgemeine Zutraun.

ANTONIO: Und von der Gunst der Frauen sagst du nichts:
Die willst du mir doch nicht entbehrlich schildern?

LEONORE: Wie man es nimmt. Denn du entbehrst sie nicht,
Und leichter wäre sie dir zu entbehren,
Als sie es jenem guten Mann nicht ist.
Denn sag, geläng es einer Frau, wenn sie
Nach ihrer Art für dich zu sorgen dächte,
Mit dir sich zu beschäft'gen unternähme?
Bei dir ist alles Ordnung, Sicherheit;
Du sorgst für dich, wie du für andre sorgst,
Du hast, was man dir geben möchte. Jener
Beschäftigt uns in unserm eignen Fache.
Ihm fehlt's an tausend Kleinigkeiten, die
Zu schaffen eine Frau sich gern bemüht.
Das schönste Leinenzeug, ein seiden Kleid
Mit etwas Stickerei, das trägt er gern.
Er sieht sich gern geputzt, vielmehr, er kann
Unedlen Stoff, der nur den Knecht bezeichnet,
An seinem Leib nicht dulden, alles soll
Ihm fein und gut und schön und edel stehn.
Und dennoch hat er kein Geschick, das alles
Sich anzuschaffen, wenn er es besitzt,
Sich zu erhalten; immer fehlt es ihm
An Geld, an Sorgsamkeit. Bald läßt er da
Ein Stück, bald eines dort. Er kehret nie
Von einer Reise wieder, daß ihm nicht
Ein Dritteil seiner Sachen fehle. Bald
Bestiehlt ihn der Bediente. So, Antonio,
Hat man für ihn das ganze Jahr zu sorgen.

ANTONIO: Und diese Sorge macht ihn lieb und lieber.
  Glücksel'ger Jüngling, dem man seine Mängel
  Zur Tugend rechnet, dem so schön vergönnt ist,
  Den Knaben noch als Mann zu spielen, der
  Sich seiner holden Schwäche rühmen darf!
  Du müßtest mir verzeihen, schöne Freundin,
  Wenn ich auch hier ein wenig bitter würde.
  Du sagst nicht alles, sagst nicht, was er wagt
  Und daß er klüger ist, als wie man denkt.
  Er rühmt sich zweier Flammen! knüpft und löst
  Die Knoten hin und wider und gewinnt
  Mit solchen Künsten solche Herzen! Ist's
  Zu glauben?
LEONORE: Gut! Selbst das beweist ja schon,
  Daß es nur Freundschaft ist, was uns belebt.
  Und wenn wir denn auch Lieb' um Liebe tauschten,
  Belohnten wir das schöne Herz nicht billig,
  Das ganz sich selbst vergißt und hingegeben
  Im holden Traum für seine Freunde lebt?
ANTONIO: Verwöhnt ihn nur und immer mehr und mehr,
  Laßt seine Selbstigkeit für Liebe gelten,
  Beleidigt alle Freunde, die sich euch
  Mit treuer Seele widmen, gebt dem Stolzen
  Freiwilligen Tribut, zerstöret ganz
  Den schönen Kreis geselligen Vertrauns!
LEONORE: Wir sind nicht so parteiisch, wie du glaubst,
  Ermahnen unsern Freund in manchen Fällen;
  Wir wünschen ihn zu bilden, daß er mehr
  Sich selbst genieße, mehr sich zu genießen
  Den andern geben könne. Was an ihm
  Zu tadeln ist, das bleibt uns nicht verborgen.
ANTONIO: Doch lobt ihr vieles, was zu tadeln wäre.
  Ich kenn ihn lang, er ist so leicht zu kennen
  Und ist zu stolz, sich zu verbergen. Bald
  Versinkt er in sich selbst, als wäre ganz
  Die Welt in seinem Busen, er sich ganz

In seiner Welt genug, und alles rings
Umher verschwindet ihm. Er läßt es gehn,
Läßt's fallen, stößt's hinweg und ruht in sich –
Auf einmal, wie ein unbemerkter Funke
Die Mine zündet, sei es Freude, Leid,
Zorn oder Grille, heftig bricht er aus:
Dann will er alles fassen, alles halten,
Dann soll geschehn, was er sich denken mag;
In einem Augenblicke soll entstehn,
Was jahrelang bereitet werden sollte,
In einem Augenblick gehoben sein,
Was Mühe kaum in Jahren lösen könnte.
Er fordert das Unmögliche von sich,
Damit er es von andern fordern dürfe.
Die letzten Enden aller Dinge will
Sein Geist zusammenfassen; das gelingt
Kaum einem unter Millionen Menschen,
Und er ist nicht der Mann: er fällt zuletzt,
Um nichts gebessert, in sich selbst zurück.

LEONORE: Er schadet andern nicht, er schadet sich.

ANTONIO: Und doch verletzt er andre nur zu sehr.
Kannst du es leugnen, daß im Augenblick
Der Leidenschaft, die ihn behend ergreift,
Er auf den Fürsten, auf die Fürstin selbst,
Auf wen es sei, zu schmähn, zu lästern wagt?
Zwar augenblicklich nur; allein genug,
Der Augenblick kommt wieder: er beherrscht
Sowenig seinen Mund als seine Brust.

LEONORE: Ich sollte denken, wenn er sich von hier
Auf eine kurze Zeit entfernte, sollt
Es wohl für ihn und andre nützlich sein.

ANTONIO: Vielleicht, vielleicht auch nicht. Doch eben jetzt
Ist nicht daran zu denken: denn ich will
Den Fehler nicht auf meine Schultern laden;
Es könnte scheinen, daß ich ihn vertreibe,
Und ich vertreib ihn nicht. Um meinetwillen

Kann er an unserm Hofe ruhig bleiben;
Und wenn er sich mit mir versöhnen will
Und wenn er meinen Rat befolgen kann,
So werden wir ganz leidlich leben können.
LEONORE: Nun hoffst du selbst, auf ein Gemüt zu wirken,
Das dir vor kurzem noch verloren schien.
ANTONIO: Wir hoffen immer, und in allen Dingen
Ist besser hoffen als verzweifeln. Denn
Wer kann das Mögliche berechnen? Er
Ist unserm Fürsten wert. Er muß uns bleiben.
Und bilden wir dann auch umsonst an ihm,
So ist er nicht der einz'ge, den wir dulden.
LEONORE: So ohne Leidenschaft, so unparteiisch
Glaubt ich dich nicht. Du hast dich schnell bekehrt.
ANTONIO: Das Alter muß doch einen Vorzug haben,
Daß, wenn es auch dem Irrtum nicht entgeht,
Es doch sich auf der Stelle fassen kann.
Du warst, mich deinem Freunde zu versöhnen,
Zuerst bemüht. Nun bitt ich es von dir.
Tu, was du kannst, daß dieser Mann sich finde
Und alles wieder bald im Gleichen sei.
Ich gehe selbst zu ihm, sobald ich nur
Von dir erfahre, daß er ruhig ist,
Sobald du glaubst, daß meine Gegenwart
Das Übel nicht vermehrt. Doch was du tust,
Das tu in dieser Stunde; denn es geht
Alfons heut abend noch zurück, und ich
Werd ihn begleiten. Leb indessen wohl!

FÜNFTER AUFTRITT

LEONORE *allein:* Für diesmal, lieber Freund, sind wir nicht eins;
Mein Vorteil und der deine gehen heut
Nicht Hand in Hand. Ich nütze diese Zeit
Und suche Tasso zu gewinnen. Schnell!

VIERTER AUFZUG

ERSTER AUFTRITT

Zimmer.

TASSO *allein:* Bist du aus einem Traum erwacht, und hat
　Der schöne Trug auf einmal dich verlassen?
　Hat dich an einem Tag der höchsten Lust
　Ein Schlaf gebändigt, hält und ängstet nun
　Mit schweren Fesseln deine Seele? Ja,
　Du wachst und träumst. Wo sind die Stunden hin,
　Die um dein Haupt mit Blumenkränzen spielten?
　Die Tage, wo dein Geist mit freier Sehnsucht
　Des Himmels ausgespanntes Blau durchdrang?
　Und dennoch lebst du noch und fühlst dich an,
　Du fühlst dich an und weißt nicht, ob du lebst.
　Ist's meine Schuld, ist's eines andern Schuld,
　Daß ich mich nun als schuldig hier befinde?
　Hab ich verbrochen, daß ich leiden soll?
　Ist nicht mein ganzer Fehler ein Verdienst?
　Ich sah ihn an und ward vom guten Willen,
　Vom Hoffnungswahn des Herzens übereilt:
　Der sei ein Mensch, der menschlich Ansehn trägt.
　Ich ging mit offnen Armen auf ihn los
　Und fühlte Schloß und Riegel, keine Brust.
　O hatt ich doch so klug mir ausgedacht,
　Wie ich den Mann empfangen wollte, der
　Von alten Zeiten mir verdächtig war!
　Allein was immer dir begegnet sei,
　So halte dich an d e r Gewißheit fest:
　Ich habe s i e gesehn! Sie stand vor mir!

Sie sprach zu mir, ich habe sie vernommen!
Der Blick, der Ton, der Worte holder Sinn,
Sie sind auf ewig mein, es raubt sie nicht
Die Zeit, das Schicksal noch das wilde Glück!
Und hob mein Geist sich da zu schnell empor
Und ließ ich allzu rasch in meinem Busen
Der Flamme Luft, die mich nun selbst verzehrt,
So kann mich's nicht gereun, und wäre selbst
Auf ewig das Geschick des Lebens hin.
Ich widmete mich ihr und folgte froh
Dem Winke, der mich ins Verderben rief.
Es sei! So hab ich mich doch wert gezeigt
Des köstlichen Vertrauns, das mich erquickt,
In dieser Stunde selbst erquickt, die mir
Die schwarze Pforte langer Trauerzeit
Gewaltsam öffnet. – Ja, nun ist's getan!
Es geht die Sonne mir der schönsten Gunst
Auf einmal unter; seinen holden Blick
Entziehet mir der Fürst und läßt mich hier
Auf düstrem schmalem Pfad verloren stehn.
Das häßliche, zweideutige Geflügel,
Das leidige Gefolg' der alten Nacht,
Es schwärmt hervor und schwirrt mir um das Haupt.
Wohin, wohin beweg ich meinen Schritt,
Dem Ekel zu entfliehn, der mich umsaust,
Dem Abgrund zu entgehn, der vor mir liegt?

ZWEITER AUFTRITT

Leonore. Tasso.

LEONORE: Was ist begegnet? Lieber Tasso, hat
   Dein Eifer dich, dein Argwohn so getrieben?
   Wie ist's geschehn? Wir alle stehn bestürzt.
   Und deine Sanftmut, dein gefällig Wesen,

Dein schneller Blick, dein richtiger Verstand,
Mit dem du jedem gibst, was ihm gehört,
Dein Gleichmut, der erträgt, was zu ertragen
Der Edle bald, der Eitle selten lernt,
Die kluge Herrschaft über Zung' und Lippe –
Mein teurer Freund, fast ganz verkenn ich dich.

TASSO: Und wenn das alles nun verloren wäre?
Wenn einen Freund, den du einst reich geglaubt,
Auf einmal du als einen Bettler fändest?
Wohl hast du recht, ich bin nicht mehr ich selbst,
Und bin's doch noch so gut, als wie ich's war.
Es scheint ein Rätsel, und doch ist es keins.
Der stille Mond, der dich bei Nacht erfreut,
Dein Auge, dein Gemüt mit seinem Schein
Unwiderstehlich lockt, er schwebt am Tage
Ein unbedeutend blasses Wölkchen hin.
Ich bin vom Glanz des Tages überschienen,
Ihr kennet mich, ich kenne mich nicht mehr.

LEONORE: Was du mir sagst, mein Freund, versteh ich nicht,
Wie du es sagst. Erkläre dich mit mir.
Hat die Beleidigung des schroffen Manns
Dich so gekränkt, daß du dich selbst und uns
So ganz verkennen magst? Vertraue mir!

TASSO: Ich bin nicht der Beleidigte, du siehst
Mich ja bestraft, weil ich beleidigt habe.
Die Knoten vieler Worte löst das Schwert
Gar leicht und schnell, allein ich bin gefangen.
Du weißt wohl kaum – erschrick nicht, zarte Freundin –
Du triffst den Freund in einem Kerker an.
Mich züchtiget der Fürst wie einen Schüler.
Ich will mit ihm nicht rechten, kann es nicht.

LEONORE: Du scheinest mehr, als billig ist, bewegt.

TASSO: Hältst du mich für so schwach, für so ein Kind,
Daß solch ein Fall mich gleich zerrütten könne?
Das, was geschehn ist, kränkt mich nicht so tief,
Allein das kränkt mich, was es mir bedeutet.

Laß meine Neider, meine Feinde nur
Gewähren! Frei und offen ist das Feld.
LEONORE: Du hast gar manchen fälschlich in Verdacht,
Ich habe selbst mich überzeugen können.
Und auch Antonio feindet dich nicht an,
Wie du es wähnst. Der heutige Verdruß –
TASSO: Den laß ich ganz beiseite, nehme nur
Antonio, wie er war und wie er bleibt.
Verdrießlich fiel mir stets die steife Klugheit,
Und daß er immer nur den Meister spielt.
Anstatt zu forschen, ob des Hörers Geist
Nicht schon für sich auf guten Spuren wandle,
Belehrt er dich von manchem, das du besser
Und tiefer fühltest, und vernimmt kein Wort,
Das du ihm sagst, und wird dich stets verkennen.
Verkannt zu sein, verkannt von einem Stolzen,
Der lächelnd dich zu übersehen glaubt!
Ich bin so alt noch nicht und nicht so klug,
Daß ich nur duldend gegenlächeln sollte.
Früh oder spat, es konnte sich nicht halten,
Wir mußten brechen; später wär es nur
Um desto schlimmer worden. Einen Herrn
Erkenn ich nur, den Herrn, der mich ernährt,
Dem folg ich gern, sonst will ich keinen Meister.
Frei will ich sein im Denken und im Dichten;
Im Handeln schränkt die Welt genug uns ein.
LEONORE: Er spricht mit Achtung oft genug von dir.
TASSO: Mit Schonung, willst du sagen, fein und klug.
Und das verdrießt mich eben; denn er weiß
So glatt und so bedingt zu sprechen, daß
Sein Lob erst recht zu Tadel wird und daß
Nichts mehr, nichts tiefer dich verletzt als Lob
Aus seinem Munde.
LEONORE: Möchtest du, mein Freund,
Vernommen haben, wie er sonst von dir
Und dem Talente sprach, das dir vor vielen

Die gütige Natur verlieh. Er fühlt gewiß
Das, was du bist und hast, und schätzt es auch.
TASSO: O glaube mir, ein selbstisches Gemüt
Kann nicht der Qual des engen Neids entfliehen.
Ein solcher Mann verzeiht dem andern wohl
Vermögen, Stand und Ehre; denn er denkt,
Das hast du selbst, das hast du, wenn du willst,
Wenn du beharrst, wenn dich das Glück begünstigt.
Doch das, was die Natur allein verleiht,
Was jeglicher Bemühung, jedem Streben
Stets unerreichbar bleibt, was weder Gold
Noch Schwert, noch Klugheit, noch Beharrlichkeit
Erzwingen kann, das wird er nie verzeihn.
Er gönnt es mir? Er, der mit steifem Sinn
Die Gunst der Musen zu ertrotzen glaubt?
Der, wenn er die Gedanken mancher Dichter
Zusammenreiht, sich selbst ein Dichter scheint?
Weit eher gönnt er mir des Fürsten Gunst,
Die er doch gern auf sich beschränken möchte,
Als das Talent, das jene Himmlischen
Dem armen, dem verwaisten Jüngling gaben.
LEONORE: O sähest du so klar, wie ich es sehe!
Du irrst dich über ihn; so ist er nicht.
TASSO: Und irr ich mich an ihm, so irr ich gern!
Ich denk ihn mir als meinen ärgsten Feind
Und wär untröstlich, wenn ich mir ihn nun
Gelinder denken müßte. Töricht ist's,
In allen Stücken billig sein; es heißt
Sein eigen Selbst zerstören. Sind die Menschen
Denn gegen uns so billig? Nein, o nein!
Der Mensch bedarf in seinem engen Wesen
Der doppelten Empfindung, Lieb' und Haß.
Bedarf er nicht der Nacht als wie des Tags?
Des Schlafens wie des Wachens? Nein, ich muß
Von nun an diesen Mann als Gegenstand
Von meinem tiefsten Haß behalten; nichts

    Kann mir die Lust entreißen, schlimm und schlimmer
    Von ihm zu denken.
LEONORE: Willst du, teurer Freund,
    Von deinem Sinn nicht lassen, seh ich kaum,
    Wie du am Hofe länger bleiben willst.
    Du weißt, wie viel er gilt und gelten muß.
TASSO: Wie sehr ich längst, o schöne Freundin, hier
    Schon überflüssig bin, das weiß ich wohl.
LEONORE: Das bist du nicht, das kannst du nimmer werden!
    Du weißt vielmehr, wie gern der Fürst mit dir,
    Wie gern die Fürstin mit dir lebt; und kommt
    Die Schwester von Urbino, kommt sie fast
    So sehr um deint- als der Geschwister willen.
    Sie denken alle gut und gleich von dir,
    Und jegliches vertraut dir unbedingt.
TASSO: O Leonore, welch Vertraun ist das?
    Hat er von seinem Staate je ein Wort,
    Ein ernstes Wort mit mir gesprochen? Kam
    Ein eigner Fall, worüber er sogar
    In meiner Gegenwart mit seiner Schwester,
    Mit andern sich beriet, mich fragt' er nie.
    Da hieß es immer nur: Antonio kommt!
    Man muß Antonio schreiben! Fragt Antonio!
LEONORE: Du klagst, anstatt zu danken. Wenn er dich
    In unbedingter Freiheit lassen mag,
    So ehrt er dich, wie er dich ehren kann.
TASSO: Er läßt mich ruhn, weil er mich unnütz glaubt.
LEONORE: Du bist nicht unnütz, eben weil du ruhst.
    So lange hegst du schon Verdruß und Sorge,
    Wie ein geliebtes Kind, an deiner Brust.
    Ich hab es oft bedacht und mag's bedenken,
    Wie ich es will, auf diesem schönen Boden,
    Wohin das Glück dich zu verpflanzen schien,
    Gedeihst du nicht. O Tasso! – Rat ich dir's?
    Sprech ich es aus? – Du solltest dich entfernen!
TASSO: Verschone nicht den Kranken, lieber Arzt!

VIERTER AUFZUG

Reich ihm das Mittel, denke nicht daran,
Ob's bitter sei. – Ob er genesen könne,
Das überlege wohl, o kluge, gute Freundin!
Ich seh es alles selbst, es ist vorbei!
Ich kann ihm wohl verzeihen, er nicht mir;
Und sein bedarf man, leider meiner nicht.
Und er ist klug, und leider bin ich's nicht.
Er wirkt zu meinem Schaden, und ich kann,
Ich mag nicht gegenwirken. Meine Freunde,
Sie lassen's gehn, sie sehen's anders an,
Sie widerstreben kaum und sollten kämpfen.
Du glaubst, ich soll hinweg; ich glaub es selbst –
So lebt denn wohl! Ich werd auch das ertragen.
Ihr seid von mir geschieden – werd auch mir,
Von euch zu scheiden, Kraft und Mut verliehn!
LEONORE: Ach, in der Ferne zeigt sich alles reiner,
Was in der Gegenwart uns nur verwirrt.
Vielleicht wirst du erkennen, welche Liebe
Dich überall umgab und welchen Wert
Die Treue wahrer Freunde hat und wie
Die weite Welt die Nächsten nicht ersetzt.
TASSO: Das werden wir erfahren! Kenn ich doch
Die Welt von Jugend auf, wie sie so leicht
Uns hülflos, einsam läßt und ihren Weg
Wie Sonn' und Mond und andre Götter geht.
LEONORE: Vernimmst du mich, mein Freund, so sollst du nie
Die traurige Erfahrung wiederholen.
Soll ich dir raten, so begibst du dich
Erst nach Florenz, und eine Freundin wird
Gar freundlich für dich sorgen. Sei getrost,
Ich bin es selbst. Ich reise, den Gemahl
Die nächsten Tage dort zu finden, kann
Nichts freudiger für ihn und mich bereiten,
Als wenn ich dich in unsre Mitte bringe.
Ich sage dir kein Wort, du weißt es selbst,
Welch einem Fürsten du dich nahen wirst

Und welche Männer diese schöne Stadt
In ihrem Busen hegt und welche Frauen.
Du schweigst? Bedenk es wohl! Entschließe dich.

TASSO: Gar reizend ist, was du mir sagst, so ganz
Dem Wunsch gemäß, den ich im stillen nähre;
Allein es ist zu neu: ich bitte dich,
Laß mich bedenken; ich beschließe bald.

LEONORE: Ich gehe mit der schönsten Hoffnung weg
Für dich und uns und auch für dieses Haus.
Bedenke nur, und wenn du recht bedenkst,
So wirst du schwerlich etwas Bessers denken.

TASSO: Noch eins, geliebte Freundin! sage mir,
Wie ist die Fürstin gegen mich gesinnt?
War sie erzürnt auf mich? Was sagte sie? –
Sie hat mich sehr getadelt? Rede frei.

LEONORE: Da sie dich kennt, hat sie dich leicht entschuldigt.

TASSO: Hab ich bei ihr verloren? Schmeichle nicht.

LEONORE: Der Frauen Gunst wird nicht so leicht verscherzt.

TASSO: Wird sie mich gern entlassen, wenn ich gehe?

LEONORE: Wenn es zu deinem Wohl gereicht, gewiß.

TASSO: Werd ich des Fürsten Gnade nicht verlieren?

LEONORE: In seiner Großmut kannst du sicher ruhn.

TASSO: Und lassen wir die Fürstin ganz allein?
Du gehst hinweg; und wenn ich wenig bin,
So weiß ich doch, daß ich ihr etwas war.

LEONORE: Gar freundliche Gesellschaft leistet uns
Ein ferner Freund, wenn wir ihn glücklich wissen.
Und es gelingt, ich sehe dich beglückt,
Du wirst von hier nicht unzufrieden gehn.
Der Fürst befahl's: Antonio sucht dich auf.
Er tadelt selbst an sich die Bitterkeit,
Womit er dich verletzt. Ich bitte dich,
Nimm ihn gelassen auf, so wie er kommt.

TASSO: Ich darf in jedem Sinne vor ihm stehn.

LEONORE: Und schenke mir der Himmel, lieber Freund,
Noch eh du scheidest, dir das Aug' zu öffnen:

VIERTER AUFZUG

Daß niemand dich im ganzen Vaterlande
Verfolgt und haßt und heimlich drückt und neckt!
Du irrst gewiß, und wie du sonst zur Freude
Von andern dichtest, leider dichtest du
In diesem Fall ein seltenes Gewebe,
Dich selbst zu kränken. Alles will ich tun,
Um es entzweizureißen, daß du frei
Den schönen Weg des Lebens wandeln mögest.
Leb wohl! Ich hoffe bald ein glücklich Wort.

DRITTER AUFTRITT

TASSO *allein:* Ich soll erkennen, daß mich niemand haßt,
    Daß niemand mich verfolgt, daß alle List
    Und alles heimliche Gewebe sich
    Allein in meinem Kopfe spinnt und webt!
    Bekennen soll ich, daß ich unrecht habe
    Und manchem unrecht tue, der es nicht
    Um mich verdient! Und das in einer Stunde,
    Da vor dem Angesicht der Sonne klar
    Mein volles Recht, wie ihre Tücke, liegt!
    Ich soll es tief empfinden, wie der Fürst
    Mit offner Brust mir seine Gunst gewährt,
    Mit reichem Maß die Gaben mir erteilt,
    Im Augenblicke, da er, schwach genug,
    Von meinen Feinden sich das Auge trüben
    Und seine Hand gewiß auch fesseln läßt!

    Daß er betrogen ist, kann er nicht sehen,
    Daß sie Betrüger sind, kann ich nicht zeigen;
    Und nur damit er ruhig sich betrüge,
    Daß sie gemächlich ihn betrügen können,
    Soll ich mich stille halten, weichen gar!

    Und wer gibt mir den Rat? Wer dringt so klug
    Mit treuer, lieber Meinung auf mich ein?

Lenore selbst, Lenore Sanvitale,
Die zarte Freundin! Ha, dich kenn ich nun!
O warum traut ich ihrer Lippe je!
Sie war nicht redlich, wenn sie noch so sehr
Mir ihre Gunst, mir ihre Zärtlichkeit
Mit süßen Worten zeigte! Nein, sie war
Und bleibt ein listig Herz; sie wendet sich
Mit leisen, klugen Tritten nach der Gunst.

Wie oft hab ich mich willig selbst betrogen,
Auch über sie! Und doch im Grunde hat
Mich nur – die Eitelkeit betrogen. Wohl!
Ich kannte sie und schmeichelte mir selbst.
So ist sie gegen andre, sagt ich mir,
Doch gegen dich ist's offne, treue Meinung.
Nun seh ich's wohl und seh es nur zu spät:
Ich war begünstigt, und sie schmiegte sich
So zart – an den Beglückten. Nun ich falle,
Sie wendet mir den Rücken wie das Glück.

Nun kommt sie als ein Werkzeug meines Feindes,
Sie schleicht heran und zischt mit glatter Zunge,
Die kleine Schlange, zauberische Töne.
Wie lieblich schien sie! Lieblicher als je!
Wie wohl tat von der Lippe jedes Wort!
Doch konnte mir die Schmeichelei nicht lang
Den falschen Sinn verbergen; an der Stirne
Schien ihr das Gegenteil zu klar geschrieben
Von allem, was sie sprach. Ich fühl es leicht,
Wenn man den Weg zu meinem Herzen sucht
Und es nicht herzlich meint. Ich soll hinweg?
Soll nach Florenz, sobald ich immer kann?

Und warum nach Florenz? Ich seh es wohl.
Dort herrscht der Mediceer neues Haus;
Zwar nicht in offner Feindschaft mit Ferrara,
Doch hält der stille Neid mit kalter Hand

Die edelsten Gemüter auseinander.
Empfang ich dort von jenen edlen Fürsten
Erhabne Zeichen ihrer Gunst, wie ich
Gewiß erwarten dürfte, würde bald
Der Höfling meine Treu' und Dankbarkeit
Verdächtig machen; leicht geläng es ihm.

Ja, ich will weg, allein nicht, wie ihr wollt;
Ich will hinweg, und weiter, als ihr denkt.

Was soll ich hier? Wer hält mich hier zurück?
Oh, ich verstand ein jedes Wort zu gut,
Das ich Lenoren von den Lippen lockte!
Von Silb' zu Silbe nur erhascht ich's kaum
Und weiß nun ganz, wie die Prinzessin denkt –
Ja, ja, auch das ist wahr, verzweifle nicht!
„Sie wird mich gern entlassen, wenn ich gehe,
Da es zu meinem Wohl gereicht." O fühlte
Sie eine Leidenschaft im Herzen, die mein Wohl
Und mich zugrunde richtete! willkommner
Ergriffe mich der Tod als diese Hand,
Die kalt und starr mich von sich läßt. – Ich gehe! –
Nun hüte dich und laß dich keinen Schein
Von Freundschaft oder Güte täuschen! Niemand
Betrügt dich nun, wenn du dich nicht betrügst.

VIERTER AUFTRITT

Antonio. Tasso.

ANTONIO: Hier bin ich, Tasso, dir ein Wort zu sagen,
    Wenn du mich ruhig hören magst und kannst.
TASSO: Das Handeln, weißt du, bleibt mir untersagt;
    Es ziemt mir wohl zu warten und zu hören.
ANTONIO: Ich treffe dich gelassen, wie ich wünschte,

Und spreche gern zu dir aus freier Brust.
Zuvörderst lös' ich in des Fürsten Namen
Das schwache Band, das dich zu fesseln schien.
TASSO: Die Willkür macht mich frei, wie sie mich band;
Ich nehm es an und fordre kein Gericht.
ANTONIO: Dann sag ich dir von mir: Ich habe dich
Mit Worten, scheint es, tief und mehr gekränkt,
Als ich, von mancher Leidenschaft bewegt,
Es selbst empfand. Allein kein schimpflich Wort
Ist meinen Lippen unbedacht entflohen;
Zu rächen hast du nichts als Edelmann
Und wirst als Mensch Vergebung nicht versagen.
TASSO: Was härter treffe, Kränkung oder Schimpf,
Will ich nicht untersuchen; jene dringt
Ins tiefe Mark, und dieser ritzt die Haut.
Der Pfeil des Schimpfs kehrt auf den Mann zurück,
Der zu verwunden glaubt; die Meinung andrer
Befriedigt leicht das wohl geführte Schwert —
Doch ein gekränktes Herz erholt sich schwer.
ANTONIO: Jetzt ist's an mir, daß ich dir dringend sage:
Tritt nicht zurück, erfülle meinen Wunsch,
Den Wunsch des Fürsten, der mich zu dir sendet.
TASSO: Ich kenne meine Pflicht und gebe nach.
Es sei verziehn, sofern es möglich ist!
Die Dichter sagen uns von einem Speer,
Der eine Wunde, die er selbst geschlagen,
Durch freundliche Berührung heilen konnte.
Es hat des Menschen Zunge diese Kraft;
Ich will ihr nicht gehässig widerstehn.
ANTONIO: Ich danke dir und wünsche, daß du mich
Und meinen Willen, dir zu dienen, gleich
Vertraulich prüfen mögest. Sage mir,
Kann ich dir nützlich sein? Ich zeig es gern.
TASSO: Du bietest an, was ich nur wünschen konnte.
Du brachtest mir die Freiheit wieder; nun
Verschaffe mir, ich bitte, den Gebrauch.

ANTONIO: Was kannst du meinen? Sag es deutlich an.
TASSO: Du weißt, geendet hab ich mein Gedicht:
Es fehlt noch viel, daß es vollendet wäre.
Heut überreicht ich es dem Fürsten, hoffte
Zugleich ihm eine Bitte vorzutragen.
Gar viele meiner Freunde find ich jetzt
In Rom versammelt; einzeln haben sie
Mir über manche Stellen ihre Meinung
In Briefen schon eröffnet; vieles hab ich
Benutzen können, manches scheint mir noch
Zu überlegen; und verschiedne Stellen
Möcht ich nicht gern verändern, wenn man mich
Nicht mehr, als es geschehn ist, überzeugt.
Das alles wird durch Briefe nicht getan;
Die Gegenwart löst diese Knoten bald.
So dacht ich heut den Fürsten selbst zu bitten:
Ich fand nicht Raum; nun darf ich es nicht wagen,
Und hoffe diesen Urlaub nun durch dich.
ANTONIO: Mir scheint nicht rätlich, daß du dich entfernst
In dem Moment, da dein vollendet Werk
Dem Fürsten und der Fürstin dich empfiehlt.
Ein Tag der Gunst ist wie ein Tag der Ernte:
Man muß geschäftig sein, sobald sie reift.
Entfernst du dich, so wirst du nichts gewinnen,
Vielleicht verlieren, was du schon gewannst.
Die Gegenwart ist eine mächt'ge Göttin;
Lern ihren Einfluß kennen, bleibe hier!
TASSO: Zu fürchten hab ich nichts; Alfons ist edel,
Stets hat er gegen mich sich groß gezeigt:
Und was ich hoffe, will ich seinem Herzen
Allein verdanken, keine Gnade mir
Erschleichen; nichts will ich von ihm empfangen,
Was ihn gereuen könnte, daß er's gab.
ANTONIO: So fordre nicht von ihm, daß er dich jetzt
Entlassen soll; er wird es ungern tun,
Und ich befürchte fast, er tut es nicht.

TASSO: Er wird es gern, wenn recht gebeten wird,
   Und du vermagst es wohl, sobald du willst.
ANTONIO: Doch welche Gründe, sag mir, leg ich vor?
TASSO: Laß mein Gedicht aus jeder Stanze sprechen!
   Was ich gewollt, ist löblich, wenn das Ziel
   Auch meinen Kräften unerreichbar blieb.
   An Fleiß und Mühe hat es nicht gefehlt.
   Der heitre Wandel mancher schönen Tage,
   Der stille Raum so mancher tiefen Nächte
   War einzig diesem frommen Lied geweiht.
   Bescheiden hofft ich, jenen großen Meistern
   Der Vorwelt mich zu nahen; kühn gesinnt,
   Zu edlen Taten unsern Zeitgenossen
   Aus einem langen Schlaf zu rufen, dann
   Vielleicht mit einen edlen Christenheere
   Gefahr und Ruhm des heil'gen Kriegs zu teilen.
   Und soll mein Lied die besten Männer wecken,
   So muß es auch der besten würdig sein.
   Alfonsen bin ich schuldig, was ich tat;
   Nun möcht ich ihm auch die Vollendung danken.
ANTONIO: Und eben dieser Fürst ist hier, mit andern,
   Die dich so gut als Römer leiten können.
   Vollende hier dein Werk, hier ist der Platz,
   Und um zu wirken, eile dann nach Rom.
TASSO: Alfons hat mich zuerst begeistert, wird
   Gewiß der letzte sein, der mich belehrt,
   Und deinen Rat, den Rat der klugen Männer,
   Die unser Hof versammelt, schätz ich hoch.
   Ihr sollt entscheiden, wenn mich ja zu Rom
   Die Freunde nicht vollkommen überzeugen.
   Doch diese muß ich sehn. Gonzaga hat
   Mir ein Gericht versammelt, dem ich erst
   Mich stellen muß. Ich kann es kaum erwarten.
   Flaminio de' Nobili, Angelio
   Da Barga, Antoniano und Speron Speroni!
   Du wirst sie kennen. – Welche Namen sind's!

VIERTER AUFZUG

    Vertraun und Sorge flößen sie zugleich
    In meinen Geist, der gern sich unterwirft.
ANTONIO: Du denkst nur dich und denkst den Fürsten nicht.
    Ich sage dir, er wird dich nicht entlassen;
    Und wenn er's tut, entläßt er dich nicht gern.
    Du willst ja nicht verlangen, was er dir
    Nicht gern gewähren mag. Und soll ich hier
    Vermitteln, was ich selbst nicht loben kann?
TASSO: Versagst du mir den ersten Dienst, wenn ich
    Die angebotne Freundschaft prüfen will?
ANTONIO: Die wahre Freundschaft zeigt sich im Versagen
    Zur rechten Zeit, und es gewährt die Liebe
    Gar oft ein schädlich Gut, wenn sie den Willen
    Des Fordernden mehr als sein Glück bedenkt.
    Du scheinest mir in diesem Augenblick
    Für gut zu halten, was du eifrig wünschest,
    Und willst im Augenblick, was du begehrst.
    Durch Heftigkeit ersetzt der Irrende,
    Was ihm an Wahrheit und an Kräften fehlt.
    Es fordert meine Pflicht, soviel ich kann,
    Die Hast zu mäß'gen, die dich übel treibt.
TASSO: Schon lange kenn ich diese Tyrannei
    Der Freundschaft, die von allen Tyranneien
    Die unerträglichste mir scheint. Du denkst
    Nur anders, und du glaubst deswegen
    Schon recht zu denken. Gern erkenn ich an:
    Du willst mein Wohl; allein verlange nicht,
    Daß ich auf deinem Weg es finden soll.
ANTONIO: Und soll ich dir sogleich mit kaltem Blut,
    Mit voller, klarer Überzeugung schaden?
TASSO: Von dieser Sorge will ich dich befrein!
    Du hältst mich nicht mit diesen Worten ab.
    Du hast mich frei erklärt, und diese Türe
    Steht mir nun offen, die zum Fürsten führt.
    Ich lasse dir die Wahl. Du oder ich!
    Der Fürst geht fort. Hier ist kein Augenblick

Zu harren. Wähle schnell! Wenn du nicht gehst,
So geh ich selbst, und werd es, wie es will.
ANTONIO: Laß mich nur wenig Zeit von dir erlangen
Und warte nur des Fürsten Rückkehr ab!
Nur heute nicht!
TASSO: 　　　　　Nein, diese Stunde noch,
Wenn's möglich ist! Es brennen mir die Sohlen
Auf diesem Marmorboden; eher kann
Mein Geist nicht Ruhe finden, bis der Staub
Des freien Wegs mich Eilenden umgibt.
Ich bitte dich! Du siehst, wie ungeschickt
In diesem Augenblick ich sei, mit meinem Herrn
Zu reden; siehst – wie kann ich das verbergen –,
Daß ich mir selbst in diesem Augenblick,
Mir keine Macht der Welt gebieten kann.
Nur Fesseln sind es, die mich halten können!
Alfons ist kein Tyrann, er sprach mich frei.
Wie gern gehorcht ich seinen Worten sonst!
Heut kann ich nicht gehorchen. Heute nur
Laßt mich in Freiheit, daß mein Geist sich finde!
Ich kehre bald zu meiner Pflicht zurück.
ANTONIO: Du machst mich zweifelhaft. Was soll ich tun?
Ich merke wohl, es steckt der Irrtum an.
TASSO: Soll ich dir glauben, denkst du gut für mich,
So wirke, was ich wünsche, was du kannst.
Der Fürst entläßt mich dann, und ich verliere
Nicht seine Gnade, seine Hülfe nicht.
Das dank ich dir und will dir's gern verdanken.
Doch hegst du einen alten Groll im Busen,
Willst du von diesem Hofe mich verbannen,
Willst du auf ewig mein Geschick verkehren,
Mich hülflos in die weite Welt vertreiben,
So bleib auf deinem Sinn und widersteh!
ANTONIO: Weil ich dir doch, o Tasso, schaden soll,
So wähl ich denn den Weg, den du erwählst.
Der Ausgang mag entscheiden, wer sich irrt!

Du willst hinweg! Ich sag es dir zuvor:
Du wendest diesem Hause kaum den Rücken,
So wird dein Herz zurückverlangen, wird
Dein Eigensinn dich vorwärtstreiben; Schmerz,
Verwirrung, Trübsinn harrt in Rom auf dich,
Und du verfehlest hier und dort den Zweck.
Doch sag ich dies nicht mehr, um dir zu raten;
Ich sage nur voraus, was bald geschieht,
Und lade dich auch schon im voraus ein,
Mir in dem schlimmsten Falle zu vertraun.
Ich spreche nun den Fürsten, wie du's forderst.

FÜNFTER AUFTRITT

TASSO *allein:* Ja, gehe nur, und gehe sicher weg,
Daß du mich überredest, was du willst.
Ich lerne mich verstellen, denn du bist
Ein großer Meister, und ich fasse leicht.
So zwingt das Leben uns zu scheinen, ja,
Zu sein wie jene, die wir kühn und stolz
Verachten konnten. Deutlich seh ich nun
Die ganze Kunst des höfischen Gewebes!
Mich will Antonio von hinnen treiben
Und will nicht scheinen, daß er mich vertreibt.
Er spielt den Schonenden, den Klugen, daß
Man nur recht krank und ungeschickt mich finde,
Bestellet sich zum Vormund, daß er mich
Zum Kind erniedrige, den er zum Knecht
Nicht zwingen konnte. So umnebelt er
Die Stirn des Fürsten und der Fürstin Blick.

Man soll mich halten, meint er: habe doch
Ein schön Verdienst mir die Natur geschenkt;
Doch leider habe sie mit manchen Schwächen
Die hohe Gabe wieder schlimm begleitet,

Mit ungebundnem Stolz, mit übertriebner
Empfindlichkeit und eignem düstern Sinn.
Es sei nicht anders, einmal habe nun
Den einen Mann das Schicksal so gebildet;
Nun müsse man ihn nehmen, wie er sei,
Ihn dulden, tragen und vielleicht an ihm,
Was Freude bringen kann, am guten Tage
Als unerwarteten Gewinst genießen,
Im übrigen, wie er geboren sei,
So müsse man ihn leben, sterben lassen.

Erkenn ich noch Alfonsens festen Sinn?
Der Feinden trotzt und Freunde treulich schützt,
Erkenn ich ihn, wie er nun mir begegnet?
Ja, wohl erkenn ich ganz mein Unglück nun!
Das ist mein Schicksal, daß nur gegen mich
Sich jeglicher verändert, der für andre fest
Und treu und sicher bleibt, sich leicht verändert
Durch einen Hauch, in einem Augenblick.

Hat nicht die Ankunft dieses Manns allein
Mein ganz Geschick zerstört in einer Stunde?
Nicht dieser das Gebäude meines Glücks
Von seinem tiefsten Grund aus umgestürzt?
O muß ich das erfahren, muß ich's heut!
Ja, wie sich alles zu mir drängte, läßt
Mich alles nun; wie jeder mich an sich
Zu reißen strebte, jeder mich zu fassen,
So stößt mich alles weg und meidet mich.
Und das warum? Und wiegt denn er allein
Die Schale meines Werts und aller Liebe,
Die ich so reichlich sonst besessen, auf?

Ja, alles flieht mich nun. Auch du! Auch du!
Geliebte Fürstin, du entziehst dich mir!
In diesen trüben Stunden hat sie mir

VIERTER AUFZUG

Kein einzig Zeichen ihrer Gunst gesandt.
Hab ich's um sie verdient? – Du armes Herz,
Dem so natürlich war, sie zu verehren! –
Vernahm ich ihre Stimme, wie durchdrang
Ein unaussprechliches Gefühl die Brust!
Erblickt ich sie, da ward das helle Licht
Des Tags mir trüb; unwiderstehlich zog
Ihr Auge mich, ihr Mund mich an, mein Knie
Erhielt sich kaum, und aller Kraft
Des Geists bedurft ich, aufrecht mich zu halten,
Vor ihre Füße nicht zu fallen; kaum
Vermocht ich diesen Taumel zu zerstreun.
Hier halte fest, mein Herz! Du klarer Sinn,
Laß hier dich nicht umnebeln! Ja, auch sie!
Darf ich es sagen? und ich glaub es kaum;
Ich glaub es wohl, und möcht es mir verschweigen.
Auch sie! auch sie! Entschuldige sie ganz,
Allein verbirg dir's nicht: auch sie! auch sie!

O dieses Wort, an dem ich zweifeln sollte,
Solang ein Hauch von Glauben in mir lebt,
Ja, dieses Wort, es gräbt sich wie ein Schluß
Des Schicksals noch zuletzt am ehrnen Rande
Der vollgeschriebnen Qualentafel ein.
Nun sind erst meine Feinde stark, nun bin ich
Auf ewig einer jeden Kraft beraubt.
Wie soll ich streiten, wenn sie gegenüber
Im Heere steht? Wie soll ich duldend harren,
Wenn sie die Hand mir nicht von ferne reicht?
Wenn nicht ihr Blick dem Flehenden begegnet?
Du hast's gewagt zu denken, hast's gesprochen,
Und es ist wahr, eh du es fürchten konntest!
Und ehe nun Verzweiflung deine Sinnen
Mit ehrnen Klauen auseinanderreißt,
Ja, klage nur das bittre Schicksal an
Und wiederhole nur: auch sie! auch sie!

FÜNFTER AUFZUG

ERSTER AUFTRITT

Garten.

Alfons. Antonio.

ANTONIO: Auf deinen Wink ging ich das zweitemal
Zu Tasso hin, ich komme von ihm her.
Ich hab ihm zugeredet, ja gedrungen;
Allein er geht von seinem Sinn nicht ab
Und bittet sehnlich, daß du ihn nach Rom
Auf eine kurze Zeit entlassen mögest.
ALFONS: Ich bin verdrießlich, daß ich dir's gestehe,
Und lieber sag ich dir, daß ich es bin,
Als daß ich den Verdruß verberg und mehre.
Er will verreisen; gut! ich halt ihn nicht.
Er will hinweg, er will nach Rom; es sei!
Nur daß mir Scipio Gonzaga nicht,
Der kluge Medicis ihn nicht entwende!
Das hat Italien so groß gemacht,
Daß jeder Nachbar mit dem andern streitet,
Die Bessern zu besitzen, zu benutzen.
Ein Feldherr ohne Heer scheint mir ein Fürst,
Der die Talente nicht um sich versammelt:
Und wer der Dichtkunst Stimme nicht vernimmt,
Ist ein Barbar, er sei auch, wer er sei.
Gefunden hab ich diesen und gewählt,
Ich bin auf ihn als meinen Diener stolz,
Und da ich schon für ihn so viel getan,
So möcht ich ihn nicht ohne Not verlieren.

FÜNFTER AUFZUG

ANTONIO: Ich bin verlegen, denn ich trage doch
 Vor dir die Schuld von dem, was heut geschah;
 Auch will ich meinen Fehler gern gestehn,
 Er bleibet deiner Gnade zu verzeihn:
 Doch wenn du glauben könntest, daß ich nicht
 Das Mögliche getan, ihn zu versöhnen,
 So würd ich ganz untröstlich sein. Oh! sprich
 Mit holdem Blick mich an, damit ich wieder
 Mich fassen kann, mir selbst vertrauen mag.
ALFONS: Antonio, nein, da sei nur immer ruhig,
 Ich schreib es dir auf keine Weise zu;
 Ich kenne nur zu gut den Sinn des Mannes
 Ich weiß nur allzu wohl, was ich getan,
 Wie sehr ich ihn geschont, wie sehr ich ganz
 Vergessen, daß ich eigentlich an ihn
 Zu fordern hätte. Über vieles kann
 Der Mensch zum Herrn sich machen, seinen Sinn
 Bezwinget kaum die Not und lange Zeit.
ANTONIO: Wenn andre vieles um den einen tun,
 So ist's auch billig, daß der eine wieder
 Sich fleißig frage, was den andern nützt.
 Wer seinen Geist so viel gebildet hat,
 Wer jede Wissenschaft zusammengeizt
 Und jede Kenntnis, die uns zu ergreifen
 Erlaubt ist, sollte der sich zu beherrschen
 Nicht doppelt schuldig sein? Und denkt er dran?
ALFONS: Wir sollen eben nicht in Ruhe bleiben!
 Gleich wird uns, wenn wir zu genießen denken,
 Zur Übung unsrer Tapferkeit ein Feind,
 Zur Übung der Geduld ein Freund gegeben.
ANTONIO: Die erste Pflicht des Menschen, Speis und Trank
 Zu wählen, da ihn die Natur so eng
 Nicht wie das Tier beschränkt, erfüllt er die?
 Und läßt er nicht vielmehr sich wie ein Kind
 Von allem reizen, was dem Gaumen schmeichelt?
 Wann mischt er Wasser unter seinen Wein?

Gewürze, süße Sachen, stark Getränke,
Eins um das andre schlingt er hastig ein,
Und dann beklagt er seinen trüben Sinn,
Sein feurig Blut, sein allzu heftig Wesen
Und schilt auf die Natur und das Geschick.
Wie bitter und wie töricht hab ich ihn
Nicht oft mit seinem Arzte rechten sehn;
Zum Lachen fast, wär irgend lächerlich,
Was einen Menschen quält und andre plagt.
„Ich fühle dieses Übel", sagt er bänglich
Und voll Verdruß: „Was rühmt Ihr Eure Kunst?
Schafft mir Genesung!" – „Gut!" versetzt der Arzt,
„So meidet das und das." – „Das kann ich nicht." –
„So nehmet diesen Trank." – „O nein! der schmeckt
Abscheulich, er empört mir die Natur." –
„So trinkt denn Wasser!" – „Wasser? Nimmermehr!
Ich bin so wasserscheu als ein Gebißner." –
„So ist Euch nicht zu helfen." – „Und warum?" –
„Das Übel wird sich stets mit Übeln häufen
Und, wenn es Euch nicht töten kann, nur mehr
Und mehr mit jedem Tag Euch quälen." – „Schön!
Wofür seid Ihr ein Arzt? Ihr kennt mein Übel;
Ihr solltet auch die Mittel kennen, sie
Auch schmackhaft machen, daß ich nicht noch erst,
Der Leiden los zu sein, recht leiden müsse."
Du lächelst selbst, und doch ist es gewiß.
Du hast es wohl aus seinem Mund gehört?

ALFONS: Ich hab es oft gehört und oft entschuldigt.

ANTONIO: Es ist gewiß, ein ungemäßigt Leben,
Wie es uns schwere wilde Träume gibt,
Macht uns zuletzt am hellen Tage träumen.
Was ist sein Argwohn anders als ein Traum?
Wohin er tritt, glaubt er von Feinden sich
Umgeben. Sein Talent kann niemand sehn,
Der ihn nicht neidet, niemand ihn beneiden,
Der ihn nicht haßt und bitter ihn verfolgt.

So hat er oft mit Klagen dich belästigt:
Erbrochne Schlösser, aufgefangne Briefe
Und Gift und Dolch! Was alles vor ihm schwebt!
Du hast es untersuchen lassen, untersucht,
Und hast du was gefunden? Kaum den Schein.
Der Schutz von keinem Fürsten macht ihn sicher,
Der Busen keines Freundes kann ihn laben.
Und willst du einem solchen Ruh' und Glück,
Willst du von ihm wohl Freude d i r versprechen?
ALFONS: Du hättest recht, Antonio, wenn in ihm
Ich meinen nächsten Vorteil suchen wollte!
Zwar ist es schon mein Vorteil, daß ich nicht
Den Nutzen grad und unbedingt erwarte.
Nicht alles dienet uns auf gleiche Weise;
Wer vieles brauchen will, gebrauche jedes
In seiner Art, so ist er wohl bedient.
Das haben uns die Medicis gelehrt,
Das haben uns die Päpste selbst gewiesen.
Mit welcher Nachsicht, welcher fürstlichen
Geduld und Langmut trugen diese Männer
Manch groß Talent, das ihrer reichen Gnade
Nicht zu bedürfen schien und doch bedurfte!
ANTONIO: Wer weiß es nicht, mein Fürst? Des Lebens Mühe
Lehrt uns allein des Lebens Güter schätzen.
So jung hat er zu vieles schon erreicht,
Als daß genügsam er genießen könnte.
O sollt er erst erwerben, was ihm nun
Mit offnen Händen angeboten wird:
Er strengte seine Kräfte männlich an
Und fühlte sich von Schritt zu Schritt begnügt.
Ein armer Edelmann hat schon das Ziel
Von seinem besten Wunsch erreicht, wenn ihn
Ein edler Fürst zu seinem Hofgenossen
Erwählen will und ihn der Dürftigkeit
Mit milder Hand entzieht. Schenkt er ihm noch
Vertraun und Gunst und will an seine Seite

Vor andern ihn erheben, sei's im Krieg,
Sei's in Geschäften oder im Gespräch,
So, dächt ich, könnte der bescheidne Mann
Sein Glück mit stiller Dankbarkeit verehren.
Und Tasso hat zu allem diesem noch
Das schönste Glück des Jünglings: daß ihn schon
Sein Vaterland erkennt und auf ihn hofft.
O glaube mir, sein launisch Mißbehagen
Ruht auf dem breiten Polster seines Glücks.
Er kommt, entlaß ihn gnädig, gibt ihm Zeit,
In Rom und in Neapel, wo er will,
Das aufzusuchen, was er hier vermißt
Und was er hier nur wiederfinden kann.

ALFONS: Will er zurück erst nach Ferrara gehn?

ANTONIO: Er wünscht in Belriguardo zu verweilen.
Das Nötigste, was er zur Reise braucht,
Will er durch einen Freund sich senden lassen.

ALFONS: Ich bin's zufrieden. Meine Schwester geht
Mit ihrer Freundin gleich zurück, und reitend
Werd ich vor ihnen noch zu Hause sein.
Du folgst uns bald, wenn du für ihn gesorgt.
Dem Kastellan befiehl das Nötige,
Daß er hier auf dem Schlosse bleiben kann,
Solang er will, so lang, bis seine Freunde
Ihm das Gepäck gesendet, bis wir ihm
Die Briefe schicken, die ich ihm nach Rom
Zu geben willens bin. Er kommt. Leb wohl!

ZWEITER AUFTRITT

Alfons. Tasso.

TASSO *mit Zurückhaltung:*
Die Gnade, die du mir so oft bewiesen,
Erscheinet heute mir in vollem Licht.
Du hast verziehen, was in deiner Nähe

Ich unbedacht und frevelhaft beging;
Du hast den Widersacher mir versöhnt,
Du willst erlauben, daß ich eine Zeit
Von deiner Seite mich entferne, willst
Mir deine Gunst großmütig vorbehalten.
Ich scheide nun mit völligem Vertraun
Und hoffe still, mich soll die kleine Frist
Von allem heilen, was mich jetzt beklemmt.
Es soll mein Geist aufs neue sich erheben
Und auf dem Wege, den ich froh und kühn,
Durch deinen Blick ermuntert, erst betrat,
Sich deiner Gunst aufs neue würdig machen.

ALFONS: Ich wünsche dir zu deiner Reise Glück
Und hoffe, daß du froh und ganz geheilt
Uns wiederkommen wirst. Du bringst uns dann
Den doppelten Gewinst für jede Stunde,
Die du uns nun entziehst, vergnügt zurück.
Ich gebe Briefe dir an meine Leute,
An Freunde dir nach Rom und wünsche sehr,
Daß du dich zu den Meinen überall
Zutraulich halten mögest, wie ich dich
Als mein, obgleich entfernt, gewiß betrachte.

TASSO: Du überhäufst, o Fürst, mit Gnaden den,
Der sich unwürdig fühlt und selbst zu danken
In diesem Augenblicke nicht vermag.
Anstatt des Danks eröffn' ich eine Bitte!
Am meisten liegt mir mein Gedicht am Herzen.
Ich habe viel getan und keine Mühe
Und keinen Fleiß gespart; allein es bleibt
Zu viel mir noch zurück. Ich möchte dort,
Wo noch der Geist der großen Männer schwebt,
Und wirksam schwebt, dort möcht ich in die Schule
Aufs neue mich begeben; würdiger
Erfreute deines Beifalls sich mein Lied.
O gib die Blätter mir zurück, die ich
Jetzt nur beschämt in deinen Händen weiß!

ALFONS: Du wirst mir nicht an diesem Tage nehmen,
Was du mir kaum an diesem Tag gebracht.
Laß zwischen dich und zwischen dein Gedicht
Mich als Vermittler treten: hüte dich,
Durch strengen Fleiß die liebliche Natur
Zu kränken, die in deinen Reimen lebt,
Und höre nicht auf Rat von allen Seiten!
Die tausendfältigen Gedanken vieler
Verschiedner Menschen, die im Leben sich
Und in der Meinung widersprechen, faßt
Der Dichter klug in eins und scheut sich nicht,
Gar manchem zu mißfallen, daß er manchem
Um desto mehr gefallen möge. Doch
Ich sage nicht, daß du nicht hie und da
Bescheiden deine Feile brauchen solltest;
Verspreche dir zugleich, in kurzer Zeit
Erhältst du abgeschrieben dein Gedicht.
Es bleibt von deiner Hand in meinen Händen,
Damit ich seiner erst mit meinen Schwestern
Mich recht erfreuen möge. Bringst du es
Vollkommner dann zurück, wir werden uns
Des höheren Genusses freun und dich
Bei mancher Stelle nur als Freunde warnen.
TASSO: Ich wiederhole nur beschämt die Bitte:
Laß mich die Abschrift eilig haben. Ganz
Ruht mein Gemüt auf diesem Werke nun.
Nun muß es werden, was es werden kann.
ALFONS: Ich billige den Trieb, der dich beseelt!
Doch, guter Tasso, wenn es möglich wäre,
So solltest du erst eine kurze Zeit
Der freien Welt genießen, dich zerstreuen,
Dein Blut durch eine Kur verbessern. Dir
Gewährte dann die schöne Harmonie
Der hergestellten Sinne, was du nun
Im trüben Eifer nur vergebens suchst.
TASSO: Mein Fürst, so scheint es; doch, ich bin gesund,

FÜNFTER AUFZUG

Wenn ich mich meinem Fleiß ergeben kann,
Und so macht wieder mich mein Fleiß gesund.
Du hast mich lang gesehn, mir ist nicht wohl
In freier Üppigkeit. Mir läßt die Ruh'
Am mindsten Ruhe. Dies Gemüt ist nicht
Von der Natur bestimmt, ich fühl es leider,
Auf weichem Element der Tage froh
Ins weite Meer der Zeiten hinzuschwimmen.

ALFONS: Dich führet alles, was du sinnst und treibst,
Tief in dich selbst. Es liegt um uns herum
Gar mancher Abgrund, den das Schicksal grub;
Doch hier in unserm Herzen ist der tiefste,
Und reizend ist es, sich hinabzustürzen.
Ich bitte dich, entreiße dich dir selbst!
Der Mensch gewinnt, was der Poet verliert.

TASSO: Ich halte diesen Drang vergebens auf,
Der Tag und Nacht in meinem Busen wechselt.
Wenn ich nicht sinnen oder dichten soll,
So ist das Leben mir kein Leben mehr.
Verbiete du dem Seidenwurm zu spinnen,
Wenn er sich schon dem Tode näher spinnt.
Das köstliche Geweb' entwickelt er
Aus seinem Innersten und läßt nicht ab,
Bis er in seinen Sarg sich eingeschlossen.
O geb ein guter Gott uns auch dereinst
Das Schicksal des beneidenswerten Wurms,
Im neuen Sonnental die Flügel rasch
Und freudig zu entfalten!

ALFONS: Höre mich!
Du gibt so vielen doppelten Genuß
Des Lebens; lern, ich bitte dich,
Den Wert des Lebens kennen, das du noch
Und zehnfach reich besitzest. Lebe wohl!
Je eher du zu uns zurücke kehrst,
Je schöner wirst du uns willkommen sein.

DRITTER AUFTRITT

TASSO *allein:* So halte fest, mein Herz, so war es recht!
　Es wird dir schwer, es ist das erstemal,
　Daß du dich so verstellen magst und kannst.
　Du hörtest wohl, das war nicht sein Gemüt,
　Das waren seine Worte nicht; mir schien,
　Als klänge nur Antonios Stimme wider.
　O gib nur acht! Du wirst sie nun so fort
　Von allen Seiten hören. Fest, nur fest!
　Um einen Augenblick ist's noch zu tun.
　Wer spät im Leben sich verstellen lernt,
　Der hat den Schein der Ehrlichkeit voraus.
　Es wird schon gehn, nur übe dich mit ihnen.

Nach einer Pause:

　Du triumphierst zu früh, dort kommt sie her!
　Die holde Fürstin kommt! O welch Gefühl!
　Sie tritt herein; es löst in meinem Busen
　Verdruß und Argwohn sich in Schmerzen auf.

VIERTER AUFTRITT

Prinzessin. Tasso.
Gegen das Ende des Auftritts die übrigen.

PRINZESSIN: Du denkst uns zu verlassen, oder bleibst
　Vielmehr in Belriguardo noch zurück
　Und willst dich dann von uns entfernen, Tasso?
　Ich hoffe, nur auf eine kurze Zeit.
　Du gehst nach Rom?
TASSO:　　　　　　Ich richte meinen Weg
　Zuerst dahin, und nehmen meine Freunde
　Mich gütig auf, wie ich es hoffen darf,
　So leg ich da mit Sorgfalt und Geduld

FÜNFTER AUFZUG

Vielleicht die letzte Hand an mein Gedicht.
Ich finde viele Männer dort versammelt,
Die Meister aller Art sich nennen dürfen.
Und spricht in jener ersten Stadt der Welt
Nicht jeder Platz, nicht jeder Stein zu uns?
Wie viele tausend stumme Lehrer winken
In ernster Majestät uns freundlich an!
Vollend ich da nicht mein Gedicht, so kann
Ich's nie vollenden. Leider, ach, schon fühl ich,
Mir wird zu keinem Unternehmen Glück!
Verändern werd ich es, vollenden nie.
Ich fühl, ich fühl es wohl, die große Kunst,
Die jeden nährt, die den gesunden Geist
Stärkt und erquickt, wird mich zugrunde richten,
Vertreiben wird sie mich. Ich eile fort!
Nach Napel will ich bald!

PRINZESSIN: Darfst du es wagen?
Noch ist der strenge Bann nicht aufgehoben,
Der dich zugleich mit deinem Vater traf.

TASSO: Du warnest recht, ich hab es schon bedacht.
Verkleidet geh ich hin, den armen Rock
Des Pilgers oder Schäfers zieh ich an.
Ich schleiche durch die Stadt, wo die Bewegung
Der Tausende den e i n e n leicht verbirgt.
Ich eile nach dem Ufer, finde dort
Gleich einen Kahn mit willig guten Leuten,
Mit Bauern, die zum Markte kamen, nun
Nach Hause kehren, Leute von Sorrent;
Denn ich muß nach Sorrent hinüber eilen.
Dort wohnt meine Schwester, die mit mir
Die Schmerzensfreude meiner Eltern war.
Im Schiffe bin ich still und trete dann
Auch schweigend an das Land, ich gehe sacht
Den Pfad hinauf, und an dem Tore frag ich:
Wo wohnt Cornelia? Zeigt mir es an!
Cornelia Sersale? Freundlich deutet

　　　　Mir eine Spinnerin die Straße, sie
　　　　Bezeichnet mir das Haus. So steig ich weiter.
　　　　Die Kinder laufen nebenher und schauen
　　　　Das wilde Haar, den düstern Fremdling an.
　　　　So komm ich an die Schwelle. Offen steht
　　　　Die Türe schon, so tret ich in das Haus –
PRINZESSIN: Blick auf, o Tasso, wenn es möglich ist,
　　　　Erkenne die Gefahr, in der du schwebst!
　　　　Ich schone dich; denn sonst würd ich dir sagen:
　　　　Ist's edel, so zu reden, wie du sprichst?
　　　　Ist's edel, nur allein an sich zu denken,
　　　　Als kränktest du der Freunde Herzen nicht?
　　　　Ist's dir verborgen, wie mein Bruder denkt?
　　　　Wie beide Schwestern dich zu schätzen wissen?
　　　　Hast du es nicht empfunden und erkannt?
　　　　Ist alles denn in wenig Augenblicken
　　　　Verändert? Tasso! Wenn du scheiden willst,
　　　　So laß uns Schmerz und Sorge nicht zurück.

Tasso wendet sich weg.

PRINZESSIN: Wie tröstlich ist es, einem Freunde, der
　　　　Auf eine kurze Zeit verreisen will,
　　　　Ein klein Geschenk zu geben, sei es nur
　　　　Ein neuer Mantel oder eine Waffe!
　　　　Dir kann man nichts mehr geben, denn du wirfst
　　　　Unwillig alles weg, was du besitzest.
　　　　Die Pilgermuschel und den schwarzen Kittel,
　　　　Den langen Stab erwählst du dir und gehst
　　　　Freiwillig arm dahin und nimmst uns weg,
　　　　Was du mit uns allein genießen konntest.
TASSO: So willst du mich nicht ganz und gar verstoßen?
　　　　O süßes Wort, o schöner, teurer Trost!
　　　　Vertritt mich! Nimm in deinen Schutz mich auf! –
　　　　Laß mich in Belriguardo hier, versetze
　　　　Mich nach Consandoli, wohin du willst!
　　　　Es hat der Fürst so manches schöne Schloß,

FÜNFTER AUFZUG

So manchen Garten, der das ganze Jahr
Gewartet wird, und ihr betretet kaum
Ihn e i n e n Tag, vielleicht nur e i n e Stunde.
Ja, wählet den entferntesten aus, den ihr
In ganzen Jahren nicht besuchen geht
Und der vielleicht jetzt ohne Sorge liegt,
Dort schickt mich hin! Dort laßt mich euer sein!
Wie will ich deine Bäume pflegen! die Zitronen
Im Herbst mit Brettern und mit Ziegeln decken
Und mit verbundnem Rohre wohl verwahren!
Es sollen schöne Blumen in den Beeten
Die breiten Wurzeln schlagen; rein und zierlich
Soll jeder Gang und jedes Fleckchen sein.
Und laßt mir auch die Sorge des Palastes!
Ich will zur rechten Zeit die Fenster öffnen,
Daß Feuchtigkeit nicht den Gemälden schade;
Die schön mit Stukkatur verzierten Wände
Will ich mit einem leichten Wedel säubern,
Es soll das Estrich blank und reinlich glänzen,
Es soll kein Stein, kein Ziegel sich verrücken,
Es soll kein Gras aus einer Ritze keimen!
PRINZESSIN: Ich finde keinen Rat in meinem Busen
Und finde keinen Trost für dich und – uns.
Mein Auge blickt umher, ob nicht ein Gott
Uns Hülfe reichen möchte? möchte mir
Ein heilsam Kraut entdecken, einen Trank,
Der deinem Sinne Frieden brächte, Frieden uns.
Das treuste Wort, das von der Lippe fließt.
Das schönste Heilungsmittel, wirkt nicht mehr.
Ich muß dich lassen, und verlassen kann
Mein Herz dich nicht.
TASSO: Ihr Götter, ist sie's doch,
Die mit dir spricht und deiner sich erbarmt!
Und konntest du das edle Herz verkennen?
War's möglich, daß in ihrer Gegenwart
Der Kleinmut dich ergriff und dich bezwang?

Nein, nein, du bist's! und nun ich bin es auch.
O fahre fort und laß mich jeden Trost
Aus deinem Munde hören! Deinen Rat
Entzieh mir nicht! O sprich: was soll ich tun?
Damit dein Bruder mir vergeben könne,
Damit du selbst mir gern vergeben mögest,
Damit ihr wieder zu den Euren mich
Mit Freuden zählen möget? Sag mir an!
PRINZESSIN: Gar wenig ist's, was wir von dir verlangen;
Und dennoch scheint es allzu viel zu sein.
Du sollst dich selbst uns freundlich überlassen.
Wir wollen nichts von dir, was du nicht bist,
Wenn du nur erst dir mit dir selbst gefällst.
Du machst uns Freude, wenn du Freude hast,
Und du betrübst uns nur, wenn du sie fliehst;
Und wenn du uns auch ungeduldig machst,
So ist es nur, daß wir dir helfen möchten
Und, leider! sehn, daß nicht zu helfen ist;
Wenn du nicht selbst des Freundes Hand ergreifst,
Die, sehnlich ausgereckt, dich nicht erreicht.
TASSO: Du bist es selbst, wie du zum erstenmal,
Ein heil'ger Engel, mir entgegen kamst!
Verzeih dem trüben Blick des Sterblichen,
Wenn er auf Augenblicke dich verkannt.
Er kennt dich wieder! Ganz eröffnet sich
Die Seele, nur dich ewig zu verehren.
Es füllt sich ganz das Herz von Zärtlichkeit –
Sie ist's, sie steht vor mir. Welch ein Gefühl!
Ist es Verirrung, was mich nach dir zieht?
Ist's Raserei? Ist's ein erhöhter Sinn,
Der erst die höchste, reinste Wahrheit faßt?
Ja, es ist das Gefühl, das mich allein
Auf dieser Erde glücklich machen kann,
Das mich allein so elend werden ließ,
Wenn ich ihm widerstand und aus dem Herzen
Es bannen wollte. Diese Leidenschaft

Gedacht ich zu bekämpfen, stritt und stritt
Mit meinem tiefsten Sein, zerstörte frech
Mein eignes Selbst, dem du so ganz gehörst –
PRINZESSIN: Wenn ich dich, Tasso, länger hören soll,
So mäßige die Glut, die mich erschreckt.
TASSO: Beschränkt der Rand des Bechers einen Wein,
Der schäumend wallt und brausend überschwillt?
Mit jedem Wort erhöhest du mein Glück,
Mit jedem Worte glänzt dein Auge heller.
Ich fühle mich im Innersten verändert,
Ich fühle mich von aller Not entladen,
Frei wie ein Gott, und alles dank ich dir!
Unsägliche Gewalt, die mich beherrscht,
Entfließet deinen Lippen; ja, du machst
Mich ganz dir eigen. Nichts gehöret mehr
Von meinem ganzen Ich mir künftig an.
Es trübt mein Auge sich in Glück und Licht,
Es schwankt mein Sinn. Mich hält der Fuß nicht mehr.
Unwiderstehlich ziehst du mich zu dir,
Und unaufhaltsam dringt mein Herz dir zu.
Du hast mich ganz auf ewig dir gewonnen,
So nimm denn auch mein ganzes Wesen hin!
Er fällt ihr in die Arme und drückt sie fest an sich.
PRINZESSIN *ihn von sich stoßend und hinwegeilend:*
Hinweg!
LEONORE *die sich schon eine Weile im Grunde sehen lassen, herbeieilend:*
Was ist geschehen? Tasso! Tasso!

Sie geht der Prinzessin nach.

TASSO *im Begriff, ihnen zu folgen:*
O Gott!
ALFONS *der sich schon eine Zeitlang mit Antonio genähert:*
Er kommt von Sinnen, halt ihn fest.

Ab.

TORQUATO TASSO

FÜNFTER AUFTRITT

Tasso. Antonio.

ANTONIO: O stünde jetzt, so wie du immer glaubst,
  Daß du von Feinden rings umgeben bist,
  Ein Feind bei dir, wie würd er triumphieren!
  Unglücklicher, noch kaum erhol ich mich!
  Wenn ganz was Unerwartetes begegnet,
  Wenn unser Blick was Ungeheures sieht,
  Steht unser Geist auf eine Weile still,
  Wir haben nichts, womit wir das vergleichen.

TASSO *nach einer langen Pause:*
  Vollende nur dein Amt, ich seh, du bist's!
  Ja, du verdienst das fürstliche Vertraun;
  Vollende nur dein Amt und martre mich,
  Da mir der Stab gebrochen ist, noch langsam
  Zu Tode! Ziehe! Zieh am Pfeile nur,
  Daß ich den Widerhaken grimmig fühle,
  Der mich zerfleischt!
  Du bist ein teures Werkzeug des Tyrannen;
  Sei Kerkermeister, sei der Marterknecht!
  Wie wohl, wie eigen steht dir beides an!

Gegen die Szene:

Ja, gehe nur, Tyrann! Du konntest dich
Nicht bis zuletzt verstellen, triumphiere!
Du hast den Sklaven wohl gekettet, hast
Ihn wohl gespart zu ausgedachten Qualen:
Geh nur, ich hasse dich, ich fühle ganz
Den Abscheu, den die Übermacht erregt,
Die frevelhaft und ungerecht ergreift.

Nach einer Pause:

So seh ich mich am Ende denn verbannt,
Verstoßen und verbannt als Bettler hier!
So hat man mich bekränzt, um mich geschmückt

FÜNFTER AUFZUG

Als Opfertier vor den Altar zu führen!
So lockte man mir noch am letzten Tage
Mein einzig Eigentum, mir mein Gedicht
Mit glatten Worten ab und hielt es fest!
Mein einzig Gut ist nun in euren Händen,
Das mich an jedem Ort empfohlen hätte,
Das mir noch blieb, vom Hunger mich zu retten!
Jetzt seh ich wohl, warum ich feiern soll.
Es ist Verschwörung, und du bist das Haupt.
Damit mein Lied nur nicht vollkommner werde,
Daß nur mein Name sich nicht mehr verbreite,
Daß meine Neider tausend Schwächen finden,
Daß man am Ende meiner gar vergesse,
Drum soll ich mich zum Müßiggang gewöhnen,
Drum soll ich mich und meine Sinne schonen.
O werte Freundschaft, teure Sorglichkeit!
Abscheulich dacht ich die Verschwörung mir,
Die unsichtbar und rastlos mich umspann,
Allein abscheulicher ist es geworden.

Und du, Sirene! die du mich so zart,
So himmlisch angelockt, ich sehe nun
Dich auf einmal! O Gott, warum so spät!

Allein wir selbst betrügen uns so gern
Und ehren die Verworfnen, die uns ehren.
Die Menschen kennen sich einander nicht;
Nur die Galeerensklaven kennen sich,
Die eng an e i n e Bank geschmiedet keuchen;
Wo keiner was zu fordern hat und keiner
Was zu verlieren hat, die kennen sich;
Wo jeder sich für einen Schelmen gibt
Und seinesgleichen auch für Schelmen nimmt.
Doch wir verkennen nur die andern höflich,
Damit sie wieder uns verkennen sollen.

Wie lang verdeckte mir dein heilig Bild
Die Buhlerin, die kleine Künste treibt.

Die Maske fällt; Armiden seh ich nun
Entblößt von allen Reizen – Ja, du bist's!
Von dir hat ahnungsvoll mein Lied gesungen!
Und die verschmitzte kleine Mittlerin!
Wie tief erniedrigt seh ich sie vor mir!
Ich höre nun die leisen Tritte rauschen,
Ich kenne nun den Kreis, um den sie schlich.
Euch alle kenn ich! Sei mir das genug!
Und wenn das Elend alles mir geraubt,
So preis ich's doch; die Wahrheit lehrt es mich.

ANTONIO: Ich höre, Tasso, dich mit Staunen an,
Sosehr ich weiß, wie leicht dein rascher Geist
Von einer Grenze zu der andern schwankt.
Besinne dich! Gebiete dieser Wut!
Du lästerst, du erlaubst dir Wort auf Wort,
Das deinen Schmerzen zu verzeihen ist,
Doch das du selbst dir nie verzeihen kannst.

TASSO: O sprich mir nicht mit sanfter Lippe zu,
Laß mich kein kluges Wort von dir vernehmen!
Laß mir das dumpfe Glück, damit ich nicht
Mich erst besinne, dann von Sinnen komme.
Ich fühle mir das innerste Gebein
Zerschmettert, und ich leb, um es zu fühlen.
Verzweiflung faßt mit aller Wut mich an,
Und in der Höllenqual, die mich vernichtet,
Wird Lästrung nur ein leiser Schmerzenslaut.
Ich will hinweg! und wenn du redlich bist,
So zeig es mir und laß mich gleich von hinnen!

ANTONIO: Ich werde dich in dieser Not nicht lassen;
Und wenn es dir an Fassung ganz gebricht,
So soll mir's an Geduld gewiß nicht fehlen.

TASSO: So muß ich mich dir denn gefangen geben?
Ich gebe mich, und so ist es getan;
Ich widerstehe nicht, so ist mir wohl –
Und laß es dann mich schmerzlich wiederholen,
Wie schön es war, was ich mir selbst verscherzte.

Sie gehn hinweg – O Gott! dort seh ich schon
Den Staub, der von den Wagen sich erhebt –
Die Reiter sind voraus – Dort fahren sie,
Dort gehn sie hin! Kam ich nicht auch daher?
Sie sind hinweg, sie sind erzürnt auf mich.
O küßt ich nur noch einmal seine Hand!
O daß ich nur noch Abschied nehmen könnte!
Nur einmal noch zu sagen: O verzeiht!
Nur noch zu hören: Geh, dir ist verziehn!
Allein ich hör es nicht, ich hör es nie –
Ich will ja gehn! Laßt mich nur Abschied nehmen,
Nur Abschied nehmen! Gebt, o gebt mir nur
Auf einen Augenblick die Gegenwart
Zurück! Vielleicht genes' ich wieder. Nein,
Ich bin verstoßen, bin verbannt, ich habe
Mich selbst verbannt, ich werde diese Stimme
Nicht mehr vernehmen, diesem Blicke nicht,
Nicht mehr begegnen –
ANTONIO: Laß eines Mannes Stimme dich erinnern,
Der neben dir nicht ohne Rührung steht!
Du bist so elend nicht, als wie du glaubst.
Ermanne dich! Du gibst zu viel dir nach.
TASSO: Und bin ich denn so elend, wie ich scheine?
Bin ich so schwach, wie ich vor dir mich zeige?
Ist alles denn verloren? Hat der Schmerz,
Als schütterte der Boden, das Gebäude
In einen grausen Haufen Schutt verwandelt?
Ist kein Talent mehr übrig, tausendfältig
Mich zu zerstreun, zu unterstützen?
Ist alle Kraft erloschen, die sich sonst
In meinem Busen regte? Bin ich nichts,
Ganz nichts geworden?
Nein, es ist alles da! und ich bin nichts!
Ich bin mir selbst entwandt, sie ist es mir!
ANTONIO: Und wenn du ganz dich zu verlieren scheinst,
Vergleiche dich! Erkenne, was du bist!

TASSO: Ja, du erinnerst mich zur rechten Zeit! –
Hilft denn kein Beispiel der Geschichte mehr?
Stellt sich kein edler Mann mir vor die Augen,
Der mehr gelitten, als ich jemals litt,
Damit ich mich mit ihm vergleichend fasse?
Nein, alles ist dahin! – Nur eines bleibt:
Die Träne hat uns die Natur verliehen,
Den Schrei des Schmerzens, wenn der Mann zuletzt
Es nicht mehr trägt – Und mir noch über alles –
Sie ließ im Schmerz mir Melodie und Rede,
Die tiefste Fülle meiner Not zu klagen:
Und wenn der Mensch in seiner Qual verstummt,
Gab mir ein Gott zu sagen, wie ich leide.

Antonio tritt zu ihm und nimmt ihn bei der Hand.

TASSO: O edler Mann! Du stehest fest und still,
Ich scheine nur die sturmbewegte Welle.
Allein bedenk, und überhebe nicht
Dich deiner Kraft! die mächtige Natur,
Die diesen Felsen gründete, hat auch
Der Welle die Beweglichkeit gegeben.
Sie sendet ihren Sturm, die Welle flieht
Und schwankt und schwillt und beugt sich schäumend über.
In dieser Woge spiegelte so schön
Die Sonne sich, es ruhten die Gestirne
An dieser Brust, die zärtlich sich bewegte.
Verschwunden ist der Glanz, entflohn die Ruhe. –
Ich kenne mich in der Gefahr nicht mehr
Und schäme mich nicht mehr, es zu bekennen.
Zerbrochen ist das Steuer, und es kracht
Das Schiff an allen Seiten. Berstend reißt
Der Boden unter meinen Füßen auf!
Ich fasse dich mit beiden Armen an!
So klammert sich der Schiffer endlich noch
Am Felsen fest, an dem er scheitern sollte.